DIE MEDICI-VERSCHWÖRUNG

parthas verlag

Peter Watson / Cecilia Todeschini

DIE MEDICI-VERSCHWÖRUNG

Der Handel mit Kunstschätzen aus Plünderungen italienischer Gräber und Museen

Aus dem Amerikanischen von Ulrike Seith und Jana Plewa

© 2006 Parthas Verlag GmbH I Alle Rechte vorbehalten
Parthas Verlag GmbH, Stresemannstraße 30, 10963 Berlin
www.parthasverlag.de I e-mail: info@parthasverlag.de

Lektorat: Florian Legner I Gestaltung: Pina Lewandowsky I Satz: Walter Lendl I Umschlagfoto: Gabriela Wachter I Gesamtherstellung: Albdruck, Berlin I Jede Form der Wiedergabe oder Vervielfältigung, auch auszugsweise, erfordert die schriftliche Zustimmung des Verlags.

ISBN (alt 3-86601-905-X) 978-3-86601-905-8

Vorbemerkung der Autoren 7

Prolog in der Fifth Avenue 9

1 Operation Geryon 23

2 Sotheby's, die Schweiz und die Schmuggler 46

3 Kunstliebhaber und Verbrecher –
die Leidenschaft für griechische Vasen 56

4 Korridor 17 71

5 Forensische Archäologie im Zollfreilager 76

6 Belastende Schriftstücke, Polaroids und die „Cordata" 89

7 Das Getty – „Museum der Tombaroli" 102

8 Das Metropolitan in New York und andere skrupellose Museen 121

9 „Die eigentlichen Plünderer ..." 134

10 Die „Waschanlagen" in London und New York 157

11 Telefonmitschnitte und das verheißungsvolle Gerücht 167

12 Paris: Die Durchsuchung der Wohnung Robert Hechts 177

13 Durchsuchungen in Zürich und Genf, eine Verhaftung und Vernehmungen in Zypern und Berlin 202

14 Vernehmungen in Los Angeles und Manhattan 221

15 Das Rätsel der „Waisen" 237

16 Die Fortsetzung der Cordata in Ägypten, Griechenland, Israel und Oxford 244

17 Der Niedergang von Robin Symes 260

18 Das Archiv des Holzfällers 276

19 Giacomo Medici vor Gericht 280

20 Handel mit Japan, Prozesse in Rom 295

21 Schluss: 500 Millionen Dollar + 100 000 ausgeraubte Gräber = Chippindales Gesetz 308

Epilog in der Fifth Avenue 332

Dank und Widmung 340

Dossier 341

Abbildungen 356

Vorbemerkung der Autoren

Dies ist ein Buch über Kunst, über die großen Leidenschaften, die sie weckt, und die Verbrechen, zu denen diese Leidenschaften führen können. Vor allem aber handelt es von wunderschönen antiken Skulpturen und meisterhaft bemalten griechischen und etruskischen Vasen – Kunstwerken, die uns so viel über die großen Zivilisationen der Antike, das Fundament der abendländischen Kultur, mitteilen. Es erzählt auch von einer üblen Verschwörung mit dem Ziel, diese großartigen und bedeutenden Objekte dem Erdboden zu entreißen und ins Ausland zu schmuggeln. Erstmalig erbringt es den zweifelsfreien Nachweis, dass eine große Zahl der Antiquitäten in vielen der renommiertesten Museen und berühmtesten Sammlungen aus Raubgrabungen stammen und durch die Hände korrupter Händler, Kuratoren und Auktionshäuser gegangen sind. Dieser Verschwörung galten die gewissenhaften Ermittlungen der italienischen Behörden, die zu einer Reihe bahnbrechender Gerichtsverfahren geführt und die Welt der Archäologen und der Antiquitätenhändler zutiefst erschüttert haben.

**Prolog
in der Fifth Avenue**

Am Sonntag, den 12. November 1972, stellte das Metropolitan Museum of Art in New York City in einem Artikel im *New York Times Magazine* eine sensationelle Neuanschaffung vor. Es handelte sich um eine äußerst seltene griechische Vase, einen „Kelchkrater", das heißt eine zweihenklige Schüssel, die dazu benutzt wurde, den starken, schweren Wein der antiken Griechen mit Wasser zu mischen. Der Krater war sehr groß (er fasste über 25 Liter) und er war im 6. Jahrhundert v. Chr. gefertigt worden. „Gedreht" hatte ihn der Töpfer Euxitheos und bemalt hatte ihn Euphronios, der als einer der zwei oder drei größten Meister der griechischen Vasenmalerei gilt. Seine Arbeiten sind so selten, dass bereits 132 Jahre verstrichen waren, seit 1840 das letzte bedeutende Werk von ihm gefunden worden war. Auf der ungefähr 45 Zentimeter hohen Vase sind zehn große, wohlgestaltete ockergelbe Figuren vor einem schwarzen Hintergrund abgebildet. Die Hauptfigur ist der nackte, sterbende Sarpedon, Sohn des Zeus, des größten aller Götter. Sarpedon blutet aus drei Wunden und wird von den Götterzwillingen Hypnos (Schlaf) und Thanatos (Tod) aufgehoben. Der große Krieger hat zarte Locken rötlichen Haars und seine Zähne sind im Todeskrampf zusammengepresst. Andere Figuren, die feinen Linien ihrer Rüstung in Braun-, Rot- und Violetttönen kunstvoll wiedergegeben, bereiten sich auf den Kampf vor, in dem auch sie sterben könnten. Ein weiteres, nicht unwesentliches Merkmal von „der" Euphronios-Vase, wie sie bald überall genannt wurde, war der Preis, den das Metropolitan Museum dafür bezahlt hatte: eine Million Dollar. Es war das erste Mal, dass für eine Antiquität eine Million Dollar bezahlt wurde.

Kaum war die Meldung über die Akquisition veröffentlicht, war ein Streit entfacht. Viele, darunter mehrere berühmte Archäologen und Museumskuratoren, glaubten, das Metropolitan sei übertölpelt worden. Der damalige Leiter des Museum of Fine Arts in Boston, Cornelius Vermeule, wies darauf hin, dass eine Reihe vergleichbarer Vasen auf dem Markt waren, einige davon für 25 000 Dollar, und dass der höchste Preis, der jemals für einen Krater ähnlicher Größe und ähnlichen Alters bezahlt worden war, 125 000 Dollar betrug. John Cooney vom Cleveland Museum of Art schätzte die Vase auf 150 000 bis 250 000 Dollar, während Professor Ross Holloway von der Brown University meinte, 200 000 hätte die Obergrenze sein müssen. Diesen Einschätzungen zufolge hatte das Metropolitan das Vier- bis Achtfache dessen bezahlt, was der Krater wert war.

Noch mehr Streit gab es um die Art und Weise, wie das „Met" an die Vase gekommen war.[1] Laut der damals vertretenen Version der Ereignisse hatte Dietrich von Bothmer, der Kurator der Abteilung für griechische und römische Antike, im Februar 1972 einen Brief von einem gewissen Robert E. Hecht Jr. erhalten, einem damals in Rom lebenden amerikanischen Antiquitätenhändler. Hecht war auf dem Haverford College gewesen und Erbe eines Kaufhausvermögens in Baltimore, lebte aber bereits seit den 1950er-Jahren in Europa. In seinem Brief an von Bothmer hatte er ihm eine Vase angeboten, die er als einem impressionistischen Gemälde an Schönheit, Bedeutung und Preis ebenbürtig beschrieb. (Das Met selbst hatte das Zeitalter der Millionenbeträge für impressionistische Gemälde eröffnet, als es kurz zuvor beim Kauf von Monets *Terasse à Sainte-Adresse* 1 411 200 Dollar bezahlt hatte.) Hecht schrieb, seiner Meinung nach sei die angebotene Vase dem berühmten Kelchkrater im Louvre ebenbürtig, der allgemein als eine der drei besten Keramiken gilt, die wir kennen. Im Juni des Jahres 1972 reiste Thomas Hoving, der Leiter des Met, zusammen mit von Bothmer nach Zürich, um sich den Krater anzusehen. Später sagte von Bothmer: „Als ich diese Vase sah, wusste ich, dass ich gefunden hatte, wonach ich mein Leben lang gesucht habe." Hoving lieferte eine hochtrabende Beschreibung:

„[Die Vase] ein Artefakt zu nennen, ist, als ob man die Decke der Sixtinischen Kapelle als Gemälde bezeichnen würde. Der Euphronios-Krater vereint alles, was ich an einem Kunstwerk verehre. Technisch ist er makellos, architektonisch ein Meisterwerk, er verfügt über mehrere Ebenen heroischer Thematik und enthüllt mit jedem Blick immer wieder etwas Neues. Man muss ihn nur einmal ansehen, um sich in ihn zu verlieben. Um ihn anzubeten, muss man Homer lesen und wissen, dass die Zeichnung wohl die Krönung der Kunst ist ... Für mich war die Zeichnung die schönste, die ich je gesehen habe. Eine lange, ohne Zögern ausgeführte Linie, die vom Flügel von Hypnos in einem Strich durch seinen Arm geht – purer Genius ... Ich versuchte, etwas Vergleichbares zu finden, aus welcher Zeit oder von welchem Meister auch immer. Ich konnte nur an den so genannten Alexander-Sarkophag in Istanbul denken, an die kostbaren Zeichnungen im Stundenbuch des Herzogs von Berry, das um das Jahr 1410 von den Brüdern von Limburg illustriert wurde, an das Aquarell eines Vogelflügels von Albrecht Dürer in der Albertina in Wien. Alles einzigartige Meisterwerke, und doch hatte keines so viel Seele."

Um den Preis wurde nicht gefeilscht, hieß es, und Ende August brachte Hecht die Vase persönlich nach New York. Bevor sie ausgestellt wurde, wurden (auf Kosten des Museums) noch die Risse übermalt, die die Oberfläche bedeckten, und von Bothmer begann an einem wissenschaftlichen Essay zu arbeiten, der den Artikel in der *New York Times* ergänzen sollte. Letzterer war über Punch Sulzberger in die Zeitung gekommen, der dem Stiftungsrat des Museums und zugleich der Familie angehörte, die die Zeitung besaß.

Zunächst waren Hoving und von Bothmer beide sehr wortkarg, wenn sie gefragt wurden, wie genau sie den Krater gekauft hatten oder wie viel er gekostet hatte, obgleich der Museumsleiter eines Morgens im Programm „Today" des Senders ABC TV gestand, die Vase werde für zwei Millionen Dollar versichert. Hoving hatte dem Reporter, der den ersten Artikel in der *New York Times* geschrieben hatte, erzählt, die Vase habe sich während des Ersten Weltkriegs in einer Privatsammlung in England befunden. Er wolle nichts Genaueres über die Eigentümer sagen, „weil sie andere Objekte haben, die wir vielleicht zu einem späteren Zeitpunkt kaufen möchten".

Diese nebulöse Erklärung hielt keiner genauen Überprüfung stand. Viele Archäologen standen Hovings Bericht von Anfang an skeptisch gegenüber, weil die Etrusker* immer eine Vorliebe für Euphronios gehabt hatten und unter Archäologen allgemein angenommen wurde, der Krater sei bei einer illegalen Grabung nördlich von Rom auf ehemals etruskischem Gebiet entdeckt worden. Auch in Handelskreisen realisierte man, dass eine Vase von Euphronios nicht ein halbes Jahrhundert lang in einer Privatsammlung gelegen haben konnte, ohne dass jemand davon gewusst hätte.

Dann war da „Bob" Hecht, der Händler. In der Türkei war er damals nach einem Skandal eine Persona non grata: Er hatte bei einem Binnenflug von Izmir nach Istanbul ein paar antike Goldmünzen hervorgeholt, um sie zu betrachten. Eine Stewardess bemerkte die Münzen und alarmierte den Flugkapitän, der wiederum den Flughafen anfunkte. Bei der Ankunft wartete die Polizei auf Hecht, verhaftete ihn und beschlagnahmte die Münzen

---

* Ein Volk aus der antiken Landschaft Etrurien in Italien, die einem heutigen Gebiet nördlich von Rom über Grosseto, Siena, Florenz bis nach Perugia in Umbrien entspricht.

– die illegal ausgegraben worden waren. Die Münzen wurden konfisziert und Hecht ausgewiesen.

Auch in Italien war er Anfang der 1960er-Jahre festgenommen worden, weil er in einen Antiquitätenschmuggel-Skandal verwickelt war, wurde aber freigesprochen.

Die Redaktion der *Times* bekam allmählich den Eindruck, dass der Artikel über den Kauf der Vase Teil einer sorgfältig inszenierten Theateraufführung war. Niemand lässt sich gern als gutgläubiger Trottel verkaufen und so wurde ein Team von Reportern beauftragt, die wahre Geschichte herauszufinden. Einer von ihnen – Nicholas Gage – begann damit, dass er die Aufzeichnungen des Zolls am John F. Kennedy-Flughafen in New York vom 31. August 1972 durchforstete, dem Tag, an dem die Vase angekommen war. Nach mehreren Stunden fand er Unterlagen zu einer Vase im Wert von einer Million Dollar, die an jenem Tag an Bord des TWA-Flugs 831 in Begleitung von Robert E. Hecht Jr. eingetroffen war. Flug Nummer 831 kam aus Zürich, also war das Gages nächstes Ziel. Dort sprach er mit drei Händlern, die alle von Gerüchten erzählten, die Vase sei Ende 1971 in einer Nekropole nördlich von Rom ausgegraben und Hecht von einem ziemlich bekannten Mittelsmann für 100 000 Dollar verkauft worden. In Rom hörte Gage von anderen dieselbe Geschichte.

Mittlerweile wurde von Bothmer in New York etwas entgegenkommender. Zuallererst bekannte er, die Vase könne aus England, sie könne aber auch aus Italien gekommen sein. „Aber es macht keinen Unterschied, ob es die 3198ste oder die 3199ste Vase war, die dort gefunden wurde." Alles, was zähle, sei, ob sie echt oder gefälscht und wie schön sie wäre. „Warum können sie die Leute nicht einfach so betrachten, wie es die Archäologen tun, als ein Kunstobjekt?" Dieser Satz beschädigte von Bothmers Ansehen unter Archäologen schwer. In einem Brief an den Herausgeber der *New York Times* sprach Margaret Thompson von der American Numismatic Society vielen aus dem Herzen, als sie schrieb: „Ich bin empört … [J]eder Archäologe, der diese Bezeichnung verdient, weiß, dass Ort und Umstände einer Entdeckung von großer Bedeutung für die archäologische Dokumentation sind." Unterstützt wurde sie vom Mitteilungsblatt der Association for Field Archaeology, das in einem Leitartikel feststellte, die Veröffentlichung des absurden Preises des Kraters habe „auf einen Schlag" die Preise für alle Antiquitäten enorm in die Höhe getrieben. „Dieser Kauf ermutigt zwangsläufig Spekulanten, deren

Ziel beim Kauf antiker Kunst … Steuereinsparungen sind, die dadurch erzielt werden können, dass die Objekte zu ihrem neuen Marktwert an Museen oder Bildungseinrichtungen gespendet [und diese Spenden abgesetzt] werden … Solange Akquisition um jeden Preis das Kredo unserer wichtigsten Sammlungen ist, können sie nicht der Wissenschaft dienen, sondern lediglich Unmut erregen und zu Straftaten ermutigen." Und in der Tat: In diesem Jahr erteilten die Wissenschaftler von Bothmer bei der Jahresversammlung des Archaeological Institute of America (AIA), die traditionell zwischen Weihnachten und Neujahr stattfindet und 1972 in Philadelphia abgehalten wurde, eine demütigende Rüge. Von Bothmer war ein berühmter Mann. Geboren in Deutschland, hatte er in Berlin studiert und anschließend in Oxford bei J. D. Beazley, dem großen Historiker und Kenner griechischer Vasen. Im Zweiten Weltkrieg (inzwischen in die USA ausgewandert und dort zum Kriegsdienst einberufen) wurde er im Pazifik verwundet und erhielt einen Bronzestern für Tapferkeit – all dies, bevor er zum Metropolitan stieß. 1972 war er für den sechsköpfigen Aufsichtsrat des AIA nominiert – eine Nominierung, die normalerweise zur Wahl führt. Direkt vor dem Wahlgang wurde aber aus dem Versammlungssaal heraus eine siebte Nominierung vorgenommen. Von Bothmer erhielt die wenigsten Stimmen und war somit draußen.

Die englische Provenienz der Vase war nicht das Einzige, was von Bothmer über sie berichtete. Er erzählte auch, zum ersten Mal gesehen habe er sie im Garten von Fritz Bürki, einem Restaurator, der im Züricher Telefonbuch als „Sitzmöbelschreiner" aufgeführt war. Die Vase sei zerbrochen, aber wieder zusammengesetzt gewesen, und abgesehen von ein paar Splittern vollständig. Weiter gab von Bothmer zum Besten, das Met sende, wenn ihm ein Objekt ohne bekannte Provenienz angeboten werde, normalerweise eine Fotografie davon an die Behörden jener Länder, „die es als Teil ihres kulturellen oder künstlerischen Erbes betrachten könnten". Dieses Verfahren war allerdings im Fall der Euphronios-Vase nicht zur Anwendung gekommen, weil Hecht – wie sich nun plötzlich herausstellte – doch eine Herkunft bescheinigt hatte. Der Krater habe demnach einem armenischen Händler namens Dikran A. Sarrafian gehört, der in Beirut lebte. Hecht hatte zwei Briefe von ihm vorgelegt. Einer trug das Datum 10. Juli 1971, das heißt ein paar Monate vor der mutmaßlichen illegalen Grabung. In diesem ersten Brief hieß es: „Angesichts der sich verschlimmernden Situation im N.O. [Nahen Osten] habe ich beschlossen, mich in Australien niederzulassen, wahrscheinlich in N.S.W. [Neusüdwales]. Ich bin gerade dabei zu verkaufen, was ich besitze, und habe mich entschieden, auch meinen rotfigurigen Krater zu verkaufen, den ich schon so lange habe und den Sie bei meinen Freunden in der Schweiz gesehen haben." Erwähnt wurde auch ein Preis von „eine[r] Million Dollar und wenn möglich mehr" und eine Provision von 10 Prozent für Hecht. Im zweiten Brief mit einem Datum vom September 1972 wurde bestätigt, dass Sarrafians Vater die Vase 1920 in London im Tausch gegen einige griechische und römische Gold- und Silbermünzen erworben hatte.

Als er von diesen Briefen erfuhr, eilte der tatkräftige Nicholas Gage nach Beirut und machte Sarrafian ausfindig, der ihm bei mehreren Whiskys im Hotel St. George erzählte, Hecht sei erst vor kurzem da gewesen, aber gleich wieder abgereist. Sarrafian war laut Gage ein kleiner Münzenhändler, der auch archäologischen Tourismus organisierte. Zunächst wollte er nicht sagen, wie viel genau Hecht ihm für die Vase bezahlt hatte oder warum er in solcher Eile eingeflogen war, um ihn zu treffen. Er gab zu, dass er selbst nicht sammle – weder Vasen noch Statuen –, er habe aber „eine Hutschachtel voller Stücke" geerbt. Und diesen Mann wollte Thomas Hoving anfänglich nicht beim Namen nennen, weil er andere „bedeutende Objekte" besitze, die das Museum vielleicht erwerben wolle.

Diese ganze Serie von unwahrscheinlichen, widersprüchlichen und rätselhaften Ereignissen hatte in Italien einen Aufruhr verursacht – wie auch die Tatsache, dass keine der Bruchstellen durch eines der Gesichter der zehn Figuren ging. So viel Glück grenzte an ein Wunder. Es sei denn, die Vase war womöglich absichtlich und sorgfältig zerbrochen worden, um sie leichter außer Landes schmuggeln zu können.

Gage gab nicht auf. Wieder in Rom, fuhr er einem Hinweis folgend nach Cerveteri, einem ehemals etruskischen Städtchen nördlich von Rom, ging dort von Tür zu Tür und fragte nach einem Mann, der als *il Ciccone* („der Fettsack") bekannt war. In seiner Reportage berichtete Gage später, wie er schließlich zu einem Steinhaus mit zwei Zimmern geführt wurde, wo er „einen kleinen, stämmigen, unrasierten und barfüßigen Mann" vorfand. Dieser Mann war Armando Cenere, ein Landarbeiter und Steinmetz, der gestand, auch ein *tombarolo*, ein Grabräuber, zu sein. Am späteren Abend, als sie an seinem Ofen zusammen saßen, gestand Cenere darüber hinaus, er sei Teil eines sechsköpfigen Teams gewesen, das Mitte November 1971 in Sant' Angelo, nicht weit von seinem Wohnort entfernt, gegraben und Boden und Henkel einer griechischen Vase gefunden hatte. Er war als Wachposten eingeteilt, während die anderen das gesamte Grab leerten, wozu sie eine Woche benötigten. Sie fanden viele Stücke, darunter eine geflügelte Sphinx, die sie auf einem Feld liegen ließen, um die Polizei auf die falsche Fährte zu locken.

Cenere erinnerte sich an ein Keramikobjekt, das einen Mann zeigte, der aus drei Wunden blutete. Als ihm dann eine Fotografie der Euphronios-Vase des Metropolitan vorgelegt wurde, erkannte er das Porträt des sterbenden Sarpedon. Sein Anteil an der brüderlich geteilten Zahlung habe 5,5 Millionen Lire (ca. 8800 Dollar) betragen.

Seine Aussage war zwar sehr anschaulich, stellte aber keinen schlüssigen Beweis dar. Er hätte sich täuschen oder die Einzelheiten erfinden können – in der Hoffnung, dafür bezahlt oder ins Rampenlicht gerückt zu werden. Wenn er und seine Freunde die Vase gefunden hatten und sie zerbrochen war, war schwer zu erklären, warum keine der Bruchstellen durch eines der Gesichter ging. Thomas Hoving akzeptierte die Version des Tombarolo jedenfalls nicht. Er ging sogar so weit zu behaupten, die *Times* versuche dem Met etwas anzuhängen.

Schließlich kam der Fall in Italien vor Gericht. Im Zeugenstand widerrief Cenere alles, was er der *New York Times* erzählt hatte. Er und Hecht wurden freigesprochen, wobei Letzterer trotzdem nun auch in Italien zur Persona non grata erklärt wurde. Er zog nach Paris.

Als Dietrich von Bothmer Ende 1972 auf der Jahresversammlung des Archaeological Institute of America (auf der er nicht in den Aufsichtsrat gewählt wurde) seinen Vortrag hielt, referierte er über die Sage von Sarpedon und illustrierte seine Ausführungen mit Dias von Euphronios' Darstellung dieser Figur. Im Verlauf seiner Präsentation zeigte von Bothmer nicht nur Szenen vom neuen Krater des Metropolitan, sondern auch von einer früheren Behandlung desselben Themas auf einem kleineren Trinkgefäß, einer Kylix. Diese Schale war ein zweites bisher unbekanntes Werk von Euphronios. Was für ein außerordentlicher Zufall: Der Krater, der 50 Jahre lang in Sarrafians Sammlung geschlummert hatte, kommt plötzlich auf den Markt und zur gleichen Zeit taucht noch ein Euphronios auf! Was von Bothmer zu diesem Zeitpunkt noch nicht wusste, war, dass man im Laufe der inzwischen eingeleiteten italienischen Ermittlungen zum Metropolitan-Krater Gerüchte über die Existenz eines zweiten Werkes von Euphronios – einer Kylix – gehört hatte, auf der ebenfalls ein sterbender Krieger abgebildet war. Als er später von Journalisten zur Rede gestellt wurde, sagte von Bothmer, er habe eine Fotografie der Kylix, aber nie das Objekt selbst gesehen. Das Foto wolle er niemandem zeigen, weil „der Eigentümer bevorrechtigte Ansprüche darauf" haben könnte – obwohl er das Foto ohne weiteres für seinen Vortrag benutzt hatte. Außerdem wisse er nicht, wo sich das eigentliche Objekt befinde. „Es soll in Norwegen sein."

Während sie über diese Kylix sprachen, verstrickten sich Hoving und von Bothmer in ein handfestes Durcheinander darüber, wer nun was gesehen hatte – und wann. Als erstes änderte Hoving seine Geschichte. In einem Interview mit David Shirey von der *New York Times* sagte er zunächst, er habe weder die Kylix noch eine Fotografie davon je zu Gesicht bekommen. Später rief er den Reporter zurück: „Ich möchte Ihnen unmissverständlich sagen, dass ich die Schale nie gesehen habe. Eine Fotografie habe ich gesehen." Ein Grund für diesen Sinneswandel mag gewesen sein, dass ihm – ein bisschen spät – ein anderes Interview eingefallen war, das er dem Londoner *Observer* gegeben hatte. Dem *Observer*-Reporter gegenüber hatte sich Hoving sehr wohl daran erinnert, eine Kylix von Euphronios angeboten bekommen zu haben – eine signierte Schale in Form von Fragmenten, von der Stücke fehlten, auf der aber Sarpedon abgebildet war, wie er von Hypnos und Thanatos davongetragen wurde. Hoving hatte dem Reporter erzählt, die Schale sei ungefähr 20 Jahre vor dem Krater hergestellt worden.

Später, noch bevor Gage den ersten seiner Artikel veröffentlichte, sagte von Bothmer, Hecht habe die Kylix gehabt, und zwar schon vor dem Krater. Bei dieser Gelegenheit sagte er auch, er, von Bothmer, habe die Kylix im Juli 1971 in Zürich gesehen, womit er seiner früheren Version widersprach, der zufolge er die Kylix nie gesehen hatte und nicht wusste, wo sie sich befand. Dem Reporter vom *Observer* teilte er mit, er wolle nicht zu viel über diese Schale sagen, weil er sie kaufen wolle.

Observer: Da hat Robert Hecht aber Glück, nicht wahr ... dass er zuerst die Vase hatte und dann die Schale?
Von Bothmer: Andersherum: Die Schale befand sich bereits ein paar Jahre in seinem Besitz, mir wurde sie im Juli 1971 gezeigt. [Pause.] Ich habe in Zürich Halt gemacht und mir die Schale angesehen und habe meine Notizen und meine Daten. Ich würde es anders ausdrücken: Die Schale war zu dem Preis, der mir damals genannt wurde, nicht halb so interessant wie nach

dem Erscheinen [der Vase]. Also, wenn man zwei Objekte derselben Art hat, gewinnen sie an Bedeutung.

Von Bothmer ließ also durchblicken, dass der Euphronios-Krater erst *nach* Juli 1971 aufgetaucht war. Wusste er damals also nichts von Sarrafians Brief an Robert Hecht, der das Datum 10. Juli 1971 trug und bestätigte, dass sich der Krater schon seit über 50 Jahren im Familienbesitz der Sarrafians befunden hatte und dass Hecht ihn bereits im Juli 1971 in Zürich gesehen hatte?

Damit war das Verwirrspiel noch nicht zu Ende. Sarrafian behauptete später in einer eidesstattlichen Erklärung, als er die Vase 1971 Hecht zur Verfügung gestellt habe, sei sie zerbrochen gewesen, und er habe Hecht gewarnt, „dass ich nicht für etwaige fehlende Stücke verantwortlich bin".

Das war verwirrend und widersprüchlich. Hecht hatte auch gesagt, er habe die Restaurierung „vor drei Jahren" in Auftrag gegeben, also 1969. Wie konnte das sein, wenn die Vase erst im Juli 1971 aufgetaucht war?

Fritz Bürki hatte berichtet, als er die Vase im Sommer 1971 erhalten habe, sei sie bereits restauriert gewesen, aber so schlecht, dass er sie in Stücke brechen und von vorn beginnen musste. Und von Bothmer hatte zuvor gesagt, als er die Vase zum ersten Mal gesehen habe, sei sie noch nicht vollständig restauriert gewesen, deshalb habe er Bürki autorisiert, die Risse zu füllen und zu übermalen, für ein Honorar von 800 Dollar.

Keine Version stimmte mit der anderen überein.

Dann gab es diese Widersprüche hinsichtlich der Art der Fragmente. In seiner eidesstattlichen Erklärung hatte Sarrafian gesagt, Hecht sei gewarnt worden, „dass ich nicht für etwaige fehlende Stücke verantwortlich bin". Wie konnte er wissen, dass Stücke fehlten, wenn die Vase doch laut Hoving aus 60 bis 100 Fragmenten bestand? Und warum sollte er sich Sorgen machen, wenn der enorme Preis der Vase, wiederum laut Hoving, zum Teil darauf zurückzuführen war, dass sie sich in einem perfekten Zustand befand oder, wie es in einem späteren Dokument hieß, zu 99,44 Prozent vollständig war und nur ein paar Splitter fehlten?

Auch der geforderte Preis war verdächtig. In seinem Brief vom Juli 1971 hatte Sarrafian Hecht beauftragt, die Vase für „eine Million Dollar und wenn möglich mehr" zu verkaufen. Warum wählte er einen so hohen Zielpreis, wenn der bis dahin höchste Preis, der je für eine Vase bezahlt worden war, „nur" 125 000 Dollar betrug?

Das waren noch nicht alle Widersprüche. Sarrafian erzählte Nicholas Gage, Robert Hecht habe den Großteil des Geldes selbst behalten, während ihm in seinem Brief vom Juli 1971 lediglich eine Provision von 10 Prozent zugedacht war. „Bob Hecht war schlau, ich war dumm", sagte Sarrafian. „Ich hätte ihm keine Rechnung ausgestellt, normalerweise stellt ein Händler einem anderen Händler keine Rechnungen aus, aber er bat ausdrücklich darum. Sagte, er wolle sie für die Steuer ... Ich habe ihm eine Rechnung gegeben, auf der ein fantastischer Preis für die Vase aufgeführt war. Ich habe nicht einmal eine Viertelmillion Dollar dafür bekommen. Der überwiegende Teil des Geldes ging an Hecht."

Eine letzte Ungereimtheit ist, dass Sarrafian in seinem Brief vom 10. Juli 1971 bemerkt, angesichts der sich verschlimmernden Situation im Nahen Osten habe er beschlossen, sich in Australien niederzulassen, und dies sei einer der Gründe, warum er verkaufen wolle. Er zog nie aus dem Libanon weg. Er und seine Frau kamen 1977 bei einem Autounfall in Beirut ums Leben.

Das Durcheinander, das die Euphronios-Vase umgab – wo sie herkam, wann sie zusammengesetzt wurde, wem wie viel bezahlt wurde, in welcher Beziehung sie zur Kylix stand – war also ziemlich groß. Kein Wunder, dass Dietrich von Bothmers Berufskollegen sowie die meisten Händler und Journalisten beiderseits des Atlantiks die offizielle Version so skeptisch beurteilten. Bob Hecht hatte sich zu diesem Zeitpunkt bereits einen zweifelhaften Ruf erworben, aber Hoving, von Bothmer und der Stiftungsrat des Museums schienen sich daran nicht allzu sehr zu stören.

Einen aber störte es. Oscar White Muscarella, Jahrgang 1931, war ein Assistenzkurator des Metropolitan Museum in der Abteilung für nahöstliche Kunst. Er hatte in klassischer Archäologie an der University of Pennsylvania promoviert – damals die beste archäologische Fakultät in den Vereinigten Staaten und eine der drei besten der Welt. Er war an Ausgrabungen in der Mesa Verde in Colorado, am Swan Creek in South Dakota, in Gordion in der Türkei und an fünf Ausgrabungsstätten im Iran beteiligt, bei einer davon als Leiter und bei drei weiteren als Ko-Leiter. 1974 war er gerade 40 Jahre alt geworden und Autor eines von der Kritik gut aufgenommenen Fachbuchs und von über 25 wissenschaftlichen Artikeln. Seine Laufbahn enthielt aber noch eine weitere, ungewöhnliche Auszeichnung: Obwohl er immer noch im Metropolitan arbeitete, war ihm dort bereits drei Mal gekündigt worden.

Es war eine undurchsichtige Geschichte, bei der es scheinbar um Muscarellas Unfähigkeit ging, mit seinen Kollegen zusammenzuarbeiten, sei es in den Ausgrabungsstätten oder im Museum selbst. In Wirklichkeit hatten die gegen ihn erhobenen Einwände mehr mit seiner Einmischung in die Museumspolitik zu tun als mit seiner Arbeit. Er hatte sich aktiv für die Rechte der Frauen eingesetzt, denen auf denselben Stellen weniger bezahlt wurde, er hatte gegen den Plan der Museumsarchitekten Einspruch erhoben, die einige große („ehrwürdige") Magnolien und Ulmen fällen lassen wollten, um Platz für einen neuen Gebäudeflügel zu schaffen, und, was vielleicht am meisten ausschlaggebend war, er war einer von mehreren untergeordneten Kuratoren gewesen, die das Kuratorenforum ins Leben gerufen hatten – keine richtige Gewerkschaft, aber doch eine eindeutige Bedrohung der etablierten Machtstruktur des Metropolitan Museum. Außerdem hatte er in den Jahren 1970 bis 1972 vier Mal Mitteilungen an die Museumsverwaltung verfasst, in denen er zu einer Änderung der Ankaufspolitik für Antiquitäten aufgerufen und darauf aufmerksam gemacht hatte, dass das Met geraubte und geschmuggelte Artefakte erwarb.

Zum ersten Mal war ihm im Juli 1971 von Thomas Hoving gekündigt worden, angeblich, weil er nicht mit Kollegen auskommen konnte und daher nicht in der Lage war, richtig auszugraben. Er wurde für sechs Monate beurlaubt, damit er sich nach einer anderen Stelle umsehen könne, und aus der Abteilung für antike nahöstliche Kunst versetzt. Muscarella aber wollte nicht widerstandslos gehen, nahm sich einen Anwalt – und das Datum seines Weggangs wurde zweimal verschoben. Im August 1972 wurde er mit einer Frist von nur einem Monat erneut entlassen, weil das Museum zusätzliche Hinweise erhalten hatte, dass angeblich seine Teamfähigkeit bei Ausgrabungen zu wünschen übrig lies. Diesmal erreichte Muscarella eine einstweilige Verfügung. Zur gleichen Zeit ermittelte die amerikanische Bundesbehörde für Arbeitsbeziehungen gegen das Metropolitan, weil es einige andere Mitarbeiter aufgrund ihrer gewerkschaftlichen Aktivitäten entlassen hatte. Infolge dessen wurden mehrere Museumsmitarbeiter wieder eingestellt. Muscarella war einer von ihnen.

Als die *New York Times* Anfang 1973 recherchierte, wie die Euphronios-Vase tatsächlich in das Met gekommen war, sagte Muscarella einem *Times*-Reporter, er sei gegen den Kauf des Kraters gewesen und sei der Überzeugung, dass er aus einem geplünderten Grab in Italien und nicht, wie Hoving und von Bothmer behaupteten, von Dikran Sarrafian aus Beirut stamme. Auch seine Einschätzung, der Stiftungsrat habe die Provenienz der Vase nicht genügend geprüft, wurde zitiert. „Sie haben sich ihrer Verantwortung entzogen", sagte er. „Sie hätten jede mögliche Herkunft der Vase prüfen sollen, bevor sie sie kauften."

Muscarellas Ansichten wurden am 24. Februar 1973 in der *Times* veröffentlicht. Vier Tage später sprach der Vizepräsident und interne Rechtsbeistand des Museums bei einem personalpolitischen Treffen darüber und kündigte an: „Jetzt werden wir endgültig sehen, dass wir ihn los werden."[2] Muscarella gab später ein Fernsehinterview im Programm *„Straight Talk"* (Deutliche Worte), in dem er sich erneut gegen den Kauf der Vase aussprach, und in der Zeitschrift *Association of Field Archaeology News* schrieb er über „Die Rolle der Kuratoren bei den Plünderungen". Ende 1973 hielt er einen Vortrag beim Archaeological Institute of America, wieder über die Rolle der Kuratoren bei Plünderungen, und danach wurde er gebeten, bei anderen Organisationen ebenfalls darüber zu referieren. Anfang 1974 wurde sein Artikel aus den *Field Archaeology News* in weiteren wissenschaftlichen Zeitschriften nachgedruckt.

Noch 1974, im Oktober, wurde ihm wegen unprofessionellen Verhaltens zum dritten Mal gekündigt, zum Jahresende. Inzwischen war sein Anwalt Steven Hyman, ein Partner in der Anwaltssozietät des „radikalen" Verteidigers William Kunstler, so entsetzt über die Taktiken, die das Met gegen seinen Klienten einsetzte, dass er sich einverstanden erklärte, auf sein Honorar zu verzichten. Hyman erreichte eine Verfügung (diesmal keine einstweilige) und das Gericht beauftragte einen für beide Seiten annehmbaren Anwalt namens Harry Rand mit einer Tatsachenfeststellung. Die zwölf Tage der Anhörung waren auf die Zeit zwischen dem 11. September und dem 26. November 1975 verteilt. Vier Monate später, im März 1976, legte Harry Rand ein 1379 Seiten umfassendes Urteil vor, in dem Muscarella völlig entlastet wurde. Rand schloss mit der Feststellung, nicht eine Einzige der Anschuldigungen Hovings gegen den Kurator entspreche den Tatsachen.

Damit war die Angelegenheit noch nicht ganz abgeschlossen. Muscarella wurde zwar, wie angeordnet, wieder eingestellt, aber der Stiftungsrat genehmigte die Einstellung erst im Dezember 1976 und erst im Mai 1977 erhielt er die schriftliche Bestätigung des Museums, dass er ein Mitkurator in der Abteilung für antike nahöstliche Kunst sei, gegen den keine disziplinarrechtlichen Maßnahmen ergriffen wurden (*„of good standing"*). Im März 1978 wurde ihm schließlich mitgeteilt, er werde zum „gehobenen wissenschaftlichen Mitarbeiter befördert". Dieser Posten sei gleichbedeutend mit der Stellung eines vollen Kurators, hieß es, aber in Wirklichkeit wurde er aufs Abstellgleis geschoben. Seit 1978 hat Oscar Muscarella außer dem Ausgleich für den Anstieg der Lebenshaltungskosten keine Gehaltserhöhung oder Beförderung erhalten, und selbst damit war im Jahr 2000 Schluss.

Thomas Hoving und seine Politik zu kritisieren, insbesondere seine Ankaufspolitik im Falle des Euphronios-Kraters, hat einen hohen Preis gekostet. Aber Muscarella ist heute, während wir dieses Buch schreiben, immer noch beim Metropolitan Museum – wie auch die umstrittene Vase. Fast 30 Jahre später geben ihm die Vorgänge in Italien Recht, und das in vielerlei Hinsicht mehr, als selbst er es für möglich gehalten hätte.

Anmerkungen

1 Das Met hatte sich bereits den Zorn vieler Archäologen zugezogen, weil es etwa zur selben Zeit angekündigt hatte, es werde eine Sammlung sehr seltener antiker Münzen veräußern. Diese Münzen, ungefähr 11 000 Stück, waren als Leihgabe bei der American Numismatic Society gewesen, wo sie über mehrere Jahrzehnte hinweg eine Art Bibliothek für Architektur- und Kunsthistoriker gebildet hatten. Auf die Münzen geprägt waren zum Beispiel die einzigen überlieferten Portraits vieler antiker Tempel, Herrscher und Bräuche und ihre Daten dienten als wichtige Bestätigung geschichtlicher Ereignisse. Für Thomas Hoving aber, den Leiter des Met, und für den Kurator von dessen griechisch-römischer Abteilung, Dietrich von Bothmer, war eine prachtvolle Vase ein viel begehrenswerteres Objekt für eine Ausstellung. Mit dem Verkauf der Münzen sollte ein Teil der Kosten für den Krater bestritten werden.

2 Quelle dieser Information war Stuart Silver, der Leiter der Design-Abteilung des Met.

1
Operation Geryon

Mit einem Raubüberfall im tiefen Süden Italiens fing alles an. Melfi ist eine kleine Stadt in der bergigen Basilicata, östlich von Neapel und nördlich von Potenza. Die Landschaft ist schroff, durchfurcht von ausgetrockneten Flussbetten, Narben vergangener Erdbeben, die Erde von der mediterranen Sonne gebleicht. Melfi selbst mag verschlafen und unauffällig sein, dafür ist seine mittelalterliche Burg geradezu spektakulär. 365 Zimmer soll sie beherbergen – eines für jeden Tag des Jahres – und ihre neun bedrohlichen quadratischen Ziegeltürme, deren ältester im Jahre 1041 erbaut wurde, bilden eine imposante Silhouette, eingerahmt von den Konturen des Monte Vultura – einer dunkelroten Felsmasse, die sich über eintausend Meter hoch auftürmt. Zu Zeiten Friedrichs II. war Melfi die normannische Hauptstadt des Südens und 1089 bekräftigte Papst Urban II. während eines dort abgehaltenen Konzils seinen Aufruf zum ersten Kreuzzug ins Heilige Land.

Am Donnerstag, dem 20. Januar 1994, war es in Melfi kühl, klar und sonnig. Ein leichter Olivengeruch lag in der Luft, als die Pflücker auf den Feldern unter der Burg im Schatten der Bäume ihr Mittagessen verzehrten. Es war 13:45 Uhr. An diesem Tag waren keine Besucher in der Burg. 1950 waren das Gebäude an den italienischen Staat zurückgegeben und drei Räume in ein archäologisches Museum verwandelt worden. Eine der Hauptattraktionen dieses Museums waren die „Vasen von Melfi". Diese acht Terrakottavasen sind 2500 Jahre alt und in den Farben Weiß, Rot und Braun meisterhaft dekoriert. Sie zeigen klassische Motive aus der griechischen Antike, Leier spielende Göttinnen, mit Girlanden gekrönte Athleten, Tanz- und Festszenen.

Luigi Maschito langweilte sich. Seit fast drei Jahren gehörte er nun schon zu den Museumswächtern in Melfi und die Langeweile hatte ihn oft geplagt, aber an sonnigen Tagen wie diesem war es besonders schlimm und er wäre viel lieber draußen auf den Feldern gewesen oder hätte zusammen mit seinem Hund die unteren Regionen des Monte Vultura erkundet. Maschito hatte ein neues Buch mit Kreuzworträtseln als Hilfsmittel gegen die quälende Langeweile dabei. Doch selbst damit, und trotz des einfachen Holzstuhls, auf dem er saß, konnte er nicht verhindern, dass er ab und zu einnickte. Sein Mittagessen hatte er schon verzehrt, und das machte ihn immer schläfrig. Das auf seinen Knien aufgeschlagene Rätselbuch fiel auf den Boden. Er öffnete seine

Augen und beugte sich hinunter, um es aufzuheben. Seine Stirn stieß gegen etwas Hartes – und als er aufblickte, stockte ihm der Atem. Er blickte auf eine Pistolenmündung.

Der Mann, der die Pistole in der Hand hielt, sagte nichts, hielt aber einen Finger an die Lippen. Maschito wusste, was er damit meinte – wer hätte das nicht? Er wehrte sich nicht, als ein anderer Mann ihn an seinen Stuhl fesselte. „*Merda! Cazzo!*", dachte er. „Ist das wirklich wahr?" Wie waren sie unbemerkt hereingekommen? Die Burg war nur über eine alte Steinbrücke zu erreichen und sie hatte nicht eine, sondern zwei Schutzmauern. Sie mussten gewusst haben, dass das Burgleben um die Mittagszeit zum Stillstand kam.

Maschitos Schultern wurden mit einem Seil hart nach hinten gezogen. In stummem Entsetzen saß er da, während die drei dunkelhaarigen, sonnenbebrillten Männer, alle zwischen 30 und 40 Jahre alt, einen Schraubenschlüssel nahmen und auf die Vitrine schlugen, in der sich die Vasen von Melfi befanden.

Das Glas brach sofort und fiel in einem Scherbenregen auf den Fußboden. Der Angstschweiß lief Maschitos Stirn hinunter und in seine Augen, als er beobachtete, wie die drei Männer ihre Arme ausstreckten, um nach den acht kostbaren Vasen zu greifen. Noch immer sprachen sie nicht – die gesamte Aktion wurde ohne ein einziges Wort durchgeführt. Einer nahm drei der kleineren Objekte heraus. Der zweite holte die kleinste, krugförmige Vase und legte sie in eine der anderen, eine größere kübelförmige mit Henkeln. Diese steckte er dem Mann mit der Pistole unter den Arm, sodass dieser noch eine Hand für seine Waffe frei hatte. Dann nahm er die verbleibenden Vasen, von denen eine einen schmalen Hals hatte, sodass sie leichter zu halten war, und eilte aus dem Raum. Offensichtlich hatten sie diesen Ablauf zuvor geübt.

Der Mann mit der Pistole richtete diese erneut auf Maschito. Er hob den Pistolenlauf und führte ihn als erneute Warnung senkrecht an seine Lippen. Dann war auch er gegangen.

Maschito war kein Narr. Er befreite seine Hände aus den Fesseln, bevor er anfing zu rufen und zu schreien. Umgehend erschienen zwei seiner Kollegen. Sie hatten sogar gehört, wie die Alarmanlage ansprang, als das Glas der Vitrine zersprang, waren aber davon ausgegangen, es handle sich um einen Fehlalarm. Nicht im Traum hatten sie damit gerechnet, dass es ein echter Raubüberfall sein könnte, folglich hatten sie sich auch nicht beeilt.

Als sie sahen, dass Maschito an den Stuhl gefesselt war, rannte einer zu ihm hin, während der andere, Massimo Tolve, sich umdrehte und die Verfolgung aufnahm. Er rannte aus dem Gebäude, durch die Torbögen in den beiden Mauern und hinaus über die Steinbrücke, den einzigen Weg aus der Burganlage.

Hinter der Brücke führte die Straße steil abwärts und ein Stück weiter unten befand sich ein Parkplatz. Als Tolve die Brücke überquert hatte, sah er ein Auto auf dem Parkplatz rückwärts fahren. Er beobachtete, wie es kurz stillstand, während der Gang gewechselt wurde, dann beschleunigte es bergab und fuhr nach Westen auf die Straße nach Calitri.

Dank des kurzen Stillstands konnte er der Polizei später zwei Dinge über das Auto erzählen: dass es ein Lancia Delta war und dass es ein Schweizer Nummernschild hatte.

In der römischen Altstadt, direkt gegenüber der Jesuitenkirche Sant' Ignazio mit der berühmten *Trompe-l'oeil*-Kuppel von Andrea Pozzo (1642–1709), liegt ein reich verzierter, vierstöckiger, weiß- und ockerfarbener barocker Palazzo. Dieses prächtige Gebäude ist das öffentliche Gesicht und Hauptquartier des Kunstdezernats der Carabinieri – die italienische Art auszudrücken, welcher Wert dem kulturellen Erbe beigemessen wird. Darüber hinaus verfügt das Dezernat über zwölf regionale Einheiten und eine davon – die in Neapel – wurde nun zum Einsatzzentrum der Melfi-Ermittlungen. Auf einer der gestohlenen Vasen war Herakles zu sehen, mit einem Rundschild und im Kampf mit Geryon. Weil dieser mit seinen drei Oberkörpern und sechs Armen der Vielgestaltigkeit der Unterwelt des Antiquitätenhandels ähnelt, gab der Carabinieri-General Conforti den Melfi-Ermittlungen den Decknamen „Operation Geryon".

Als die Vasen von Melfi gestohlen wurden, war Conforti 57 Jahre alt und leitete das Kunstdezernat seit gut vier Jahren. In Serre in der Nähe von Salerno geboren, spricht er trotz der vielen Jahre, die er in Rom verbracht hat, noch immer mit einem deutlich erkennbaren süditalienischen Akzent. Er wuchs noch zu einer Zeit auf, in der es normal war, seinen Vater mit *Voi*, der italienischen Sie-Form, anzureden. An der Universität von Neapel studierte er Jura, zog dann aber eine Laufbahn bei den Strafverfolgungsbehörden vor und stieß mit 19 Jahren zu den Carabinieri. In den fast 40 Jahren, die zwischen diesem Zeitpunkt und der Operation Geryon lagen, wurde er mit einer schwierigen Aufgabe nach der anderen betraut. Ende der 1960-er, in den Jahren bewaffneter Rebellionen, war er auf Sardinien; damals brauchten seine Frau und seine erste Tochter Leibwächter. 1969 ging er nach Neapel, um in Poggioreale mit dem berüchtigten Gefängnis die Zügel zu übernehmen. Dieses Revier beschreibt Conforti selbst als *fetente* – ekelhaft und stinkend –, einen Ort, an dem sich seine Frau samt Tochter mit Wasser und Notfallarznei in ihr Schlafzimmer einschließen musste und nicht herauskam, ehe er zu Hause war. Er wurde befördert und mit der Leitung des Ermittlungsdezernats in Neapel beauftragt, zu einer Zeit, als die Camorra und die sizilianische Cosa Nostra erstarkten und in das Drogengeschäft einstiegen. Eine der wichtigsten Mafia-Figuren entkam damals aus dem Gefängnis und – mit den Worten Confortis: „Es gab einen Mord nach dem anderen." Unter den Familien herrschte Krieg. Seine dortigen Erfolge führten zu einer weiteren Beförderung, diesmal nach Guiliano, in die wohl am stärksten von der Camorra durchdrungene Gegend im Hinterland Neapels. Danach erhielt er die Leitung der gesamten Region Neapel. Gegen Ende der 1970er-Jahre wurde er nach Rom versetzt und erhielt das Kommando über die dortige Abteilung zur Bekämpfung der organisierten Kriminalität – zu einer Zeit, als der Terrorismus auf dem Vormarsch war, insbesondere die Roten Brigaden.

Conforti war also bereits mit sämtlichen schwierigen und hartnäckigen Kriminalitätsproblemen Italiens befasst. Er weiß, „wie der Hase läuft", und hat über lange Zeit undercover gearbeitet, gegen die gefährlichsten und bestorganisierten Verbrecher Italiens. 1990 wurde ihm die Leitung des Kunstdezernats übertragen. Sein Auftrag war dessen „Wiederbelebung". Damals hatte das Dezernat nur 60 Mitarbeiter, die alle im Palazzo an der Piazza Sant' Ignazio arbeiteten – und sonst nirgends. Innerhalb von zwei Jahren hatte Conforti eine Abteilung in Palermo eingerichtet, zwei Jahre später eine in Florenz. Als Nächstes – zur Zeit des Raubes von Melfi gerade frisch eröffnet – war Neapel an der Reihe. Die Eröffnung der Abteilungen in Bari, Venedig und Turin sollte noch folgen.

Im Kunstdezernat merkte er bald, dass in Italien zwar die Kunstmuseen gut bewacht, die archäologischen Schätze aber wie Stiefkinder behandelt wurden. Ihnen wurde weniger Geld zugeteilt und staatlicherseits weniger Priorität eingeräumt. Daher traf ihn der Raub von Melfi besonders hart. Nur ein Aspekt dieser Angelegenheit gab ihm Anlass zur Hoffnung:

„Ein spektakulärer Diebstahl wie der von Melfi hat immer einen länderübergreifenden Bezug. In diesem Fall wurde dies durch das Schweizer Nummernschild bewiesen, aber ich hätte ohnehin einen internationalen Zusammenhang vermutet. Für den Diebstahl eines Gegenstandes, der in der Region verbleiben soll, muss man nicht das Risiko eines bewaffneten Raubüberfalls eingehen. Wenn Diebe wichtige, berühmte Objekte stehlen, dann machen sie dies entweder, weil sie bereits einen Käufer haben, oder weil sie denken, dass sie einen Käufer in petto haben. Manchmal konnten wir Diebstähle und Plünderungen bis zur schweizerischen Grenze verfolgen, aber dort kommen unsere Ermittlungen in der Regel zum Erliegen. Unsere Zuständigkeit reicht nicht weiter, die schweizerischen Gesetze nützen den Verbrechern und ich habe immer gehofft, wir könnten unsere Ermittlungen eines Tages bis jenseits der italienischen Grenze ausdehnen, um die internationalen Zusammenhänge des Antiquitätenhandels aufzudecken. Als die Vasen von Melfi gestohlen wurden und wir erfuhren, dass die Diebe ein Auto aus der Schweiz benutzt hatten, dachte ich: ‚Das könnte das Sprungbrett sein, das uns über die Grenze bringt'."

Conforti konnte nicht ahnen, wie sich die Dinge entwickeln sollten.

Die italienische Polizei – in freier Übertragung, denn eigentlich sind die Carabinieri Teil der Armee – hat einen Vorteil gegenüber ähnlichen Behörden in anderen Ländern. Weil die Plünderung von Antiquitäten ein so weit verbreitetes Problem ist, werden immer einige Verdächtige überwacht. Insbesondere das Abhören von Telefongesprächen ist eine Routineangelegenheit. Die Aufzeichnung wird durch Stimmen in der jeweiligen Leitung aktiviert und die Abhörerlaubnis muss alle 15 Tage erneuert werden. Nach einem groß angelegten Diebstahl wie dem in Melfi sind Abhöraktionen jedoch unentbehrlich, weil der Telefonverkehr der Polizei verrät, auf wen sie sich konzentrieren muss.

Aus langer Erfahrung wussten die Polizeiinspektoren, worauf sie achten mussten. Auf unterster Ebene, bei den *tombaroli*, den Grabräubern, stehen stets einfache Arbeiter oder Landarbeiter, die nicht viele Telefongespräche führen. Als Nächstes kommen jene, die von den Tombaroli *capi zona* genannt werden: die Chefs der jeweiligen Region. Die Grabräuber verkaufen ihre Funde in der Regel an einen solchen *capo zona*. Dies sind häufig Angestellte, mit einem gewissen Maß an Bildung; manchmal ist zu erkennen, dass sie regelmäßig Auslandsgespräche führen. Nach dem Raubüberfall in Melfi war ein plötzlicher Anstieg telefonischer Aktivitäten festzustellen, deren Zentrum in der Gegend von Casal di Principe lag. Casal di Principe ist ein Provinzstädtchen nördlich von Neapel, im Zentrum der Region, aus der der köstliche Büffel-Mozzarella stammt.

Eine Analyse der aufgezeichneten Telefongespräche ergab, dass insbesondere vier Männer in jüngster Zeit viele Auslandsgespräche geführt hatten. Einer von ihnen, Pasquale Camera, war von besonderem Interesse, weil eine Überprüfung seiner Vorgeschichte die höchst aufschlussreiche Information erbrachte, dass er einmal Hauptmann bei der *Guardia di Finanza*, der italienischen Zoll- und Steuerfahndung gewesen war. Er achtete darauf, sein eigenes Telefon nicht zu oft zu benutzen, aber die wenigen Gespräche, die er darüber führte, gingen nach Deutschland, in die Schweiz und nach Sizilien.

Dieser frühe Höhepunkt telefonischer Aktivitäten währte allerdings nicht lange und es schien, als seien die Ermittlungen zum Erliegen gekommen. Das Frühjahr kam und ging, der Sommer ebenfalls. Dann erhielt das Hauptbüro des Kunstdezernats an der Piazza Sant' Ignazio einen Anruf von der deutschen Polizei aus München. Die dortigen Beamten sagten, sie hätten eine Anfrage von der griechischen Polizei erhalten, mit der Bitte, eine Durchsuchung im Haus eines in München lebenden Antiquitätenhändlers durchzuführen. Dieser war ein Italiener namens Antonio Savoca, auch als „Nino" bekannt, und stand unter dem Verdacht, am Antiquitätenschmuggel aus Griechenland und Zypern beteiligt zu sein. Angesichts seiner Nationalität fragten die Deutschen, ob die Carabinieri an der bevorstehenden Durchsuchung teilnehmen wollten. General Conforti ließ sich nicht zweimal bitten. Er wählte zwei Mitarbeiter aus, die den ersten Alitalia-Flug nach München nahmen. Die Hausdurchsuchung war für den 14. Oktober 1994 geplant.

Bei der Vorbesprechung am Morgen dieses Tages waren zwölf Personen im Polizeihauptquartier München versammelt: zwei Italiener, zwei Griechen, acht Deutsche. Savoca, wurde ihnen berichtet, lebte in einer dreistöckigen Villa in Pullach, einer wohlhabenden, waldigen und ruhigen Gegend im Süden der Stadt. Die Villa war seit einiger Zeit überwacht worden und den Polizisten wurde eine Skizze des Hauses und des umgebenden Gartens gezeigt. Das Anwesen wurde von einer hohen Hecke umrahmt, hinter der sich einige ausgewachsene Bäume und ein gepflegter Rasen mit Blumenbordüre befanden. Vier Personen wurden dazu bestimmt, das Haus von außen zu bewachen, sodass acht an der eigentlichen Durchsuchung teilnehmen konnten. Jedem dieser acht wurde ein Raum zugewiesen, der gleich nach dem Zugriff auf das Gebäude zu durchforsten war.

Gegen 7:00 Uhr morgens kam die Gruppe in Pullach an. Es war wolkig und es sah nach Regen aus. In einer ruhigen Sackgasse lag Savocas Haus mit dem steil abfallenden Mansardendach. Alle waren in Uniform erschienen, was einen einschüchternden Eindruck vermittelte. Die Villa war schnell umstellt, der kommandierende deutsche Polizeihauptmann klingelte an der Tür und Savoca selbst antwortete. Seine Familie kam ursprünglich aus Messina auf Sizilien, er selbst wurde jedoch in Cernobbio am Comer See geboren.

Er bekam seine Rechte verlesen und mitgeteilt, er könne einen Rechtsanwalt anrufen, wenn er dies wünsche, die Polizei müsse aber nicht auf dessen Eintreffen warten. Er schien nervös, war aber noch relativ ruhig im Vergleich zu seiner Frau, Doris Seebacher. Sie war außer sich vor Wut, was Confortis Leute als viel versprechendes Zeichen interpretierten. Neben Savoca und seiner Frau befanden sich noch drei weitere Personen in der Villa: ihre beiden Kinder und Savocas Mutter. Letztere blieb bei den Kindern, während die Polizei die Zimmer durchsuchte. Das Beweisrecht verlangte, dass Savoca oder seine Frau die gesamte Zeit über bei der Hausdurchsuchung anwesend waren.

Gleich rechts hinter der Eingangstür befand sich ein riesiges Arbeitszimmer mit einem Schreibtisch in der Mitte, Bücherregalen und einer Vitrine mit Beleuchtung und ausgestellten Antiquitäten. Für die Italiener war dies nichts Ungewöhnliches. Wer in den illegalen Antiquitätenhandel verwickelt ist, inszeniert sich oft als Sammler; die entwendeten Antiquitäten werden in ordentlich beleuchteten Vitrinen aufbewahrt, um Verdachtsmomente zu zerstreuen. Die Polizisten verbrachten mehrere Minuten damit, Wände, Böden und Decken auf versteckte Fächer abzuklopfen, fanden aber nichts. Hinter dem Arbeitszimmer war eine große Küche und dahinter eine imposante Wendeltreppe aus Marmor, die sowohl nach unten als auch nach oben führte. Zuerst versuchten sie es unten.

Der Keller war in drei Bereiche aufgeteilt. Der erste Raum war ein Lagerraum, italienisch *magazzino*, der unzählige Kisten mit Antiquitätenscherben enthielt, an denen oft noch die Erde klebte und die alle sorgfältig etikettiert waren: „rotfigurig", „schwarzfigurig", „attisch", „apulisch" und so weiter. Das schien viel versprechend. In diesem Raum befanden sich auch ein paar vollständige Objekte, vor allem Vasen. Die zweite Einrichtung im Keller war ein riesiges Labor, makellos sauber und angelegt wie eine Apotheke, mit wissenschaftlichen Instrumenten, Lanzetten, Lupen, Chemikalienbehältern, Farben, Pinseln und anderen Hilfsmitteln, mit denen die zerbrechlichen Antiquitäten gereinigt und in ihrer früheren Pracht wiederhergestellt werden konnten. Das war womöglich noch viel versprechender als das *magazzino*.

Hinter dem Labor wartete allerdings erst recht eine Überraschung, etwas, das keinem der vor Ort anwesenden Polizisten je begegnet war, weder den Italienern, noch den Deutschen, noch den aus Athen eingeflogenen Griechen. Es war ein Wasserbecken. Auf den ersten Blick sah es aus wie ein Schwimmbecken, 1,50 Meter tief, über 18 Meter lang und um die 9 Meter breit. Es war gefliest und mit Skimmern ausgestattet, um für eine effiziente Wasserzirkulation zu sorgen. Aber dieses Becken wurde nicht zum Schwimmen benutzt. Im Wasser standen, wie riesige Schachfiguren in Reihen aufgestellt, mindestens 20 antike Vasen und Gefäße. So reinigte Savoca die größeren Antiquitäten: Sie wurden in das Becken getaucht und dort ein paar Tage lang stehen gelassen. Die Chemikalien im Wasser entfernten die Verkrustungen und anderen Verunstaltungen, die sich im Lauf der Jahrhunderte angesammelt hatten. Die Polizisten waren sprachlos. Das war Restaurierung im industriellen Maßstab. Überwiegend kamen die Vasen aus Italien, aber einige auch aus Bulgarien und Griechenland. Neben dem Becken standen ein paar Kunststoffbehälter mit schärferen Chemikalien zur Reinigung der Vasen mit hartnäckigen Verkrustungen. Der Geruch der Chemikalien in den Kunststoffbehältern war recht stark und keiner wagte es, nach den darin liegenden Kunstwerken zu greifen. Savoca schwieg. Es war unmöglich zu leugnen, wofür das Becken benutzt wurde.

Für die Carabinieri waren das „Schwimmbecken" und sein Inhalt allerdings nur die erste von mehreren Überraschungen an diesem Tag. Ordentlich aufgereiht und in sehr sauberem Zustand standen neben dem Becken drei der wunderschönen Vasen, die aus Melfi gestohlen worden waren. Ihre Höhe reichte von ca. 20 Zentimetern bis über 60 Zentimeter. Eine zeigte einen nackten Knaben mit einem Diadem, der eine *Phiale* (eine flache Schale) mit Leckereien trug. Auf einer anderen war eine Frau mit einer Krone abgebildet, die tanzte und ein antikes Tamburin spielte. Auf der dritten war ein Krieger in Rüstung zu sehen, mit Schild und Speer, in entspannter Unterhaltung mit einem Mädchen. Sie schienen ihre Reise über die Alpen unbeschädigt überstanden zu haben. Was die Italiener betraf, hatte sich ihre Reise bereits mehr als gelohnt, aber der Tag und die Überraschungen waren noch nicht zu Ende. Sie stiegen wieder die große Marmor-Wendeltreppe nach oben. Über dem Erdgeschoss, im ersten Stock, befanden sich die Schlafzimmer, aber darüber war ein weiteres Geschoss in das Mansardendach eingebaut, ein Raum mit schrägen Wänden. Als die Mannschaft dieses Dachgeschoss erreichte, erwartete sie noch eine

Überraschung. Rings um die Wände waren Regale, die, wie auch der Boden dieses Raumes, mit Antiquitäten voll gestopft waren: vielen hunderten von Vasen, Stelen und Steinplatten mit eingemeißelten Inschriften; Bronzen, Statuen und Mosaike; Fresken, Schmuck und Silber. Der überwiegende Teil der Objekte war italienischen Ursprungs, aber auch hier war bulgarisches und griechisches Material zu finden. Und in der Mitte des Raumes standen die übrigen Vasen von Melfi.

Neben den Vasen stand ein kleiner Schreibtisch. Darin wurde Savocas persönliches Archiv gefunden. Und was für eines! Savoca hatte die akribische, geradezu obsessive Gewohnheit, jede Transaktion, die er tätigte, auf Karteikarten festzuhalten. Diese 12 mal 20 Zentimeter großen Karten enthielten den Namen jedes Objekts, das er gekauft hatte, das Datum der Transaktion, den Preis, den er dafür bezahlt hatte, und sogar den Namen des Verkäufers – mit Unterschrift. Dieser Fund war für die Ermittler Gold wert.

Den Rest des Tages verbrachten die Beamten damit, den Inhalt der Villa zu fotografieren; Savoca wurde mitgeteilt, all diese Objekte seien beschlagnahmt. Die Italiener identifizierten die Vasen von Melfi und einige andere aus einer Stadt namens Scrimbia – einem anderen entlegenen Ort im Süden Italiens – als Diebesgut. Sie verbrachten an diesem Nachmittag aber auch mehrere Stunden damit, das Karteikarten-Archiv nach dem Namen desjenigen zu durchsuchen, der Savoca die Vasen von Melfi verkauft hatte. Gegen 16:30 Uhr fanden sie schließlich, wonach sie gesucht hatten. Die Unterschrift war nicht zu verwechseln, und es war ein Name, der ihnen bekannt war: Luigi Coppola. Abgesehen von seinem Namen gab es zwei Dinge, die Confortis Leute bereits über Coppola wussten: erstens, dass er aus Casal di Principe kam; zweitens, dass er ein *capo zona* war, der mit dem Mann zusammenarbeitete, dessen Telefon sie abgehört hatten – Pasquale Camera.

In Casal di Principe wurde daraufhin die Überwachung von Camera verstärkt und Coppola zusätzlich auf die Liste der abzuhörenden Telefonanschlüsse gesetzt. Aber, wie es oft bei Ermittlungen der Fall ist, war der Durchbruch in München längst nicht so ertragreich, wie er damals zu versprechen schien. Die wenigen Male, die Camera sein Telefon benutzte, war er noch immer sehr verschwiegen, und es wurde Weihnachten, ohne dass weitere Fortschritte erzielt worden wären. Anfang 1995, nach einigen juristischen Streitereien, wurden die Vasen von Melfi zurückgeschickt und das Ereignis wurde mit einer ausführlichen Zeremonie begangen, der die örtlichen Abgeordneten, der Bürgermeister, der örtliche Polizeichef und Conforti beiwohnten. Für kurze Zeit wurde der Vasenwächter Luigi Maschito in seiner Heimatstadt erneut zu einer kleinen Berühmtheit und in der örtlichen Zeitung abgelichtet.

Die Abhörungen in Casal die Principe wurden fortgesetzt, brachten aber nicht viel Neues zum Vorschein, nichts, was es Conforti ermöglicht hätte, zu handeln. Wieder einmal schienen die Ermittlungen zum Erliegen gekommen zu sein. Das Frühjahr verstrich und es wurde Sommer. Die Hälfte von Confortis Leuten war in Urlaub, als die Dinge ins Rollen kamen.

Pasquale Camera war ein dicker Mann, der knapp 180 Kilogramm wog, und wie dieses Gewicht vermuten lässt, aß und trank er gern. Am 31. August, einem Donnerstag, aß er im Restaurant Luciano in Santa Maria di Capua Vetere, in der Nähe von Casal di Principe, zu Mittag. Dann fuhr er auf die *Autostrada del Sole*, Italiens wichtigste Nord-Süd-Autobahn, um nach Rom zu gelangen.

Die Carabinieri folgten ihm nicht. Sie wussten, wohin er fuhr – zu seiner Wohnung in Rom –, eine Verfolgung war nicht nötig. Beschatten kann viel Zeit kosten und beim Einsatz von Autos außerdem gefährlich werden. Zudem hatte Conforti vor langer Zeit – als er noch Leiter der Ermittlungsabteilung in Neapel war – gelernt, dass Autos verräterisch sind. Deshalb benutzte Conforti im Kunstdezernat zur Beschattung nur Mietwagen, anonyme Modelle, die täglich gewechselt wurden. Für verdeckte Ermittlungen mietete er teurere Modelle, zum Beispiel einen Mercedes, wenn seine Leute als reiche Sammler auftreten mussten.

Der Augusttag war heiß und schwül und auf der *Autostrada del Sole* nicht viel Verkehr. Zwischen 14:30 und 15:00 Uhr, kurz vor der Ausfahrt nach Cassino mit dem großen Berg Montecassino und seinem historischen Benediktinerkloster kam Cameras beigefarbener Renault 21 von der Straße ab, knallte gegen die Leitplanke und überschlug sich. Camera war sofort tot. Später gab es Gerüchte, sein Auto sei manipuliert gewesen, aber Conforti hält dies für unwahrscheinlich. Er geht eher davon aus, dass Camera nach einem schweren Mittagessen am Steuer eingeschlafen ist. Er war zu breit für seinen Sicherheitsgurt, den er deshalb nicht angelegt hatte, und die hohe Aufprallgeschwindigkeit sowie das Überschlagen des Fahrzeugs waren tödlich.

In Italien fallen Verkehrsunfälle unter die Zuständigkeit der *Polizia Stradale*, die auch in diesem Fall hinzugezogen wurde. Wenn sich Unfälle aber in der

Nähe kleiner Städte wie Cassino ereignen, werden die örtlichen Carabinieri ebenfalls informiert. Zusätzlich zu der Information, dass ein Unfall mit Todesfolge stattgefunden hatte, wurde ihnen in diesem Fall auch mitgeteilt, dass im Handschuhfach des Autos einige Fotografien archäologischer Objekte gefunden worden waren. Zufällig war der damalige Befehlshaber der Carabinieri in Cassino selbst vor nicht allzu langer Zeit beim Kunstdezernat gewesen. Als er über den Inhalt des Handschuhfachs informiert wurde, rief er sofort bei seinen ehemaligen Kollegen auf der Piazza Sant' Ignazio an, die wiederum die Nachricht zu ihren Leuten vor Ort weiterleiteten.

Die Information kam genau zur rechten Zeit. Etwa eine Stunde vorher hatten die Leute, die in der *procura*, dem Büro der Staatsanwaltschaft in Santa Maria di Capua Vetere, die Abhöraktionen überwachten, mysteriöse Nachrichten aufgefangen, mit denen sie nichts anfangen konnten. „Der Hauptmann ist tot", erzählten sich die Tombaroli am Telefon. Die Kollegen in Cassino konnten die Situation aufklären – Pasquale Camera war ja Hauptmann bei der *Guardia di Finanza* gewesen, die zu jener Zeit für ihre Korruption berüchtigt war.

Conforti sah seine Chance gekommen – eine Gelegenheit, die sich vielleicht nie wieder bieten würde. Innerhalb von einer Stunde hatten seine Leute einen Richter in Santa Maria di Capua Vetere kontaktiert und sich ein *decreto di perquisizione*, einen Durchsuchungsbefehl, besorgt, der sie zur Durchsuchung von Cameras Wohnung in Rom ermächtigte.

Von Neapel nach Rom fährt man normalerweise in zwei Stunden. An jenem Abend erreichten sie Cameras Wohnung im Bezirk San Lorenzo im Nordosten Roms wegen des starken Verkehrsaufkommens erst um 21:00 Uhr. Unterwegs hatten sie noch die Werkzeuge eingepackt, mit denen sie die Wohnungstür aufbrechen konnten. Als sie allerdings dort waren und dicht gedrängt um die Tür herum standen, sah sie ein Nachbar, der ihnen – als er begriffen hatte, wer sie waren – einen Wohnungsschlüssel anbot. Dennoch durften die Carabinieri laut italienischem Recht die Wohnung erst durchsuchen, wenn ein Verwandter kontaktiert und ihm die Möglichkeit eingeräumt worden war, bei der Durchsuchung anwesend zu sein. Der hilfsbereite Nachbar hatte die Telefonnummer von Cameras Mutter in Neapel. Es war kein angenehmer Anruf. Wenige Stunden nachdem ihr Sohn tödlich verunglückt war, baten die Polizisten die alte Frau, als Zeugin bei der Durchsuchung seiner Wohnung zugegen zu sein. Cameras Schwager erklärte sich bereit, von Neapel her zu kommen, und erst als er angekommen war, konnte die Durchsuchung beginnen. Inzwischen war es 23:00 Uhr.

Die großzügig geschnittene Wohnung lag zwischen der Piazza Bologna und La Sapienza, Roms ältester Universität. Sie befand sich in einem relativ neuen Gebäude und bestand aus einem quadratischen Wohnzimmer, einem daran anschließenden großen Arbeitszimmer und einem Balkon, der an der Südseite entlang führte und einen Blick auf die Straßen freigab. Die Carabinieri hätten einiges darum gegeben, sich so eine Wohnung leisten zu können. Die Möbel waren ein bisschen protzig, Tapeten, Gardinen, Lampenschirme in Pastelltönen gehalten. Davon abgesehen war die im zweiten Stock gelegene Wohnung allerdings unglaublich unaufgeräumt. Überall waren Papiere verstreut, Essensreste verschimmelten, schmutzige Wäsche lag, wo sie gerade hingefallen war. Acht Personen waren an der Durchsuchung beteiligt und ihr erstes Ziel war, Ordnung in das Chaos zu bringen. Hunderte von Fotografien, vor allem Polaroids, stapelweise Unterlagen und eine Unzahl von Antiquitäten lagen herum, Letztere teils echt, teils offensichtliche Fälschungen.

Die Ermittler verbrachten in jener Nacht einige Stunden damit, den Inhalt der Wohnung zu sichten und versiegelten dann die Tür. Sie riefen Conforti an, der zu Hause noch wach war. Er gehört zu den Menschen, die wenig Schlaf brauchen, und seine Leute wussten, dass er auf die Neuigkeiten gespannt sein würde.

Die nächsten Tage verbrachten sie mit der Untersuchung des beschlagnahmten Materials und machten dabei einige Entdeckungen. Erstens fanden sie Telefonrechnungen für fünf unterschiedliche Funktelefone, die alle auf den Namen einer gewissen Wanda d'Agata registriert waren. Zweitens war den Stromrechnungen und Mietzahlungen zu entnehmen, dass die Wohnung auf denselben Namen lief: Wanda d'Agata. Die Ermittler brauchten nicht lange, um zu schlussfolgern, dass Wanda eine praktische „Strohfrau" für Camera war. Wenn er sich von einem Ort zum anderen bewegte und Antiquitäten aus Raubgrabungen oder Diebesgut kaufte und verkaufte, benutzten er und seine Kontaktpersonen nur auf diese Frau registrierte Handys. Alles, was aus offiziellen Dokumenten hervorging, war folglich, dass Wanda sich selbst angerufen hatte. Deshalb schien Camera sein eigenes Telefon nicht oft zu benutzen. Die Wohnung war auf ihren Namen angemietet, um Camera für sämtliche Behörden unsichtbar zu machen. Dieser Modus operandi war äußerst verdächtig – und sehr effektiv.

Was die Ermittlungen einen großen Schritt nach vorn brachte und Cameras Beteiligung am und Bedeutung für den Antiquitätenhandel bestätigte, waren die im Handschuhfach des Fahrzeugs gefundenen Fotografien archäologischer Objekte. Einen Tag nach der Durchsuchung der Wohnung in Rom trafen sie im Ermittlungsbüro ein. Es handelte sich um ca. 50 Fotos und eines davon zeigte einen Kelchkrater von Asteas, einem italienischen Vasenmaler aus dem 4. Jahrhundert v. Chr., ein anderes eine sehr beeindruckende Artemis-Statue. In der griechischen Mythologie und laut Hesiod, einem der frühesten griechischen Schriftsteller nach Homer, ist Artemis die Tochter von Zeus und die Schwester Apollos. Sie liebt die Jagd und den Tanz und ist eine der drei jungfräulichen Göttinnen des Olymp. Außerdem ist sie bekannt für ihren Zorn und ihre Eifersucht, die sie dazu treibt, viele andere zu töten – Menschen wie Götter.

Für Conforti und seine Leute war sofort offensichtlich, dass diese Statue in der Tat ein außergewöhnlich wertvolles Objekt war. Alle Ermittler im Kunstdezernat werden vom italienischen Kultusministerium in Kunstgeschichte fortgebildet – in Malerei, Skulptur und Zeichnung –, und weil sie es mit vielen Objekten zu tun haben und eine beachtliche Anzahl an Fälschungen zu sehen bekommen, entwickeln sie rasch ein Auge für die Qualität der Kunstwerke. Diese Artemis aus weißem Marmor war ungefähr 1,20 Meter hoch und zeigte die Göttin mit über der Stirn geflochtenen und seitlich am Hals herabfallenden Haaren, bekleidet mit einem langen Chiton und Sandalen. Der Chiton fiel in dreieckigen Falten und über ihren Brüsten trug sie einen Jagdriemen. Den Blick gerade nach vorn gerichtet, zeigte sich auf ihrem Gesicht ein leichtes Lächeln. Ihre Arme waren an den Ellbogen abgesägt, aber ansonsten war sie unbeschädigt.

Dass es Artemis war, wussten die Ermittler aus einem einfachen Grund: Fast drei identische Versionen dieser klassischen Darstellung waren bekannt, jeweils eine in Neapel, in Florenz und in Venedig. Alle drei standen in Museen und waren römische Kopien aus dem 1. Jahrhundert n. Chr., Kopien eines verlorenen griechischen Originals, das aus dem 5. oder 6. Jahrhundert v. Chr. stammen musste. Da keine der Statuen vermisst wurde, war diese Artemis ein wichtiger Fund. Womöglich war sie sogar die ursprüngliche, griechische Artemis. In Anbetracht der Verbindungen Cameras mit der Region Neapel und insbesondere mit Santa Maria di Capua Vetere, lieferte die Fotografie starke Hinweise darauf, dass die Statue in dieser Region ausgegraben worden war. Wer konnte wissen, was bei den illegalen Grabungen an einem offensichtlich so wichtigen Ort sonst noch entwendet worden war? Also wurde die Suche nach dieser Artemis zu einer vorrangigen Aufgabe des Kunstdezernats. Auf der Fotografie aus dem Handschuhfach waren im Hintergrund Fleischerhaken zu sehen, die Statue war also in eine Metzgerei gebracht worden. Kurze Zeit später fanden die Carabinieri in Cameras Wohnung eine andere Fotografie der Artemis-Statue, vor einem anderen, weniger auffälligen Hintergrund. Camera war offensichtlich am Handel mit diesem wertvollen und schönen Objekt in vorderster Linie beteiligt.

Der zweite Durchbruch, der auf die Durchsuchung von Cameras Wohnung zurückzuführen war, ergab sich durch die anderen Namen, die in den von den Carabinieri beschlagnahmten Dokumenten erwähnt wurden. Diese Namen führten zu Ermittlungen in zwei Richtungen. Zum einen führten sie nach und nach zu sage und schreibe 70 weiteren Hausdurchsuchungen, bei denen hunderte von Vasen und andere aus Raubgrabungen stammende Objekte sichergestellt wurden und die zur Verhaftung von 19 Personen führten, die alle bei den entsprechenden Gerichtsverhandlungen schuldig gesprochen wurden. Aus unserer Perspektive ist allerdings die zweite Richtung die interessantere. Unter den erwähnten Personen in den Dokumenten befand sich Wanda d'Agatas Sohn, Danilo Zicchi.

Seine Wohnung wurde Ende September 1994 durchsucht, wobei zwei Entdeckungen gemacht wurden. Erstens war aus den Möbeln, der Tapete und anderen Einrichtungsmerkmalen zu erkennen, dass hier die Statue der Artemis fotografiert worden war, nachdem sie die Metzgerei verlassen hatte. Konfrontiert mit diesen Beweisen und der Androhung ausgiebiger und höchst unangenehmer Aufmerksamkeiten seitens der Carabinieri, beschloss Zicchi zu reden – zumindest bis zu einem gewissen Punkt. Er räumte ein, diese Wohnung sei „seit Jahren" als „Lager" für – oftmals auf Sizilien – geplünderte Antiquitäten verwendet worden. Die Objekte würden mehrere Monate oder noch länger in seiner Wohnung gelagert und dann, auf Anweisung, packe er sie in Kisten und schicke sie über die im Erdgeschoss unter seiner Wohnung gelegenen Postfiliale ins Ausland. (Der Mitarbeiter jener Filiale bestätigte später, Zicchi habe in der Tat „seit Jahren" Pakete ins Ausland versandt.) Die Objekte wurden laut Zicchi fast immer als Fragmente geschickt. So benötigten sie weniger Platz und waren nicht so auffällig; sollte ein Paket, aus welchem Grund auch immer, aufbrechen, war eine Ansammlung unordentlicher Bruchstücke zudem weit weniger verdächtig als ein vollständiges Objekt. Zicchi erzählte auch, er habe Pasquale

Camera getroffen, als dieser Hauptmann bei der *Guardia di Finanza* gewesen sei und einen Hinweis über seine Aktivitäten erhalten habe. Statt ihn strafrechtlich zu belangen, waren die beiden zu engen Geschäftskollegen geworden.

Die zweite Entdeckung in Zicchis Wohnung war Cameras Pass. Zusammen mit der Tatsache, dass Cameras eigene Wohnung auf einen anderen Namen lief, wie auch mehrere seiner Telefone, bestätigte dies – falls überhaupt noch eine Bestätigung erforderlich war –, wie sehr sich Camera bemüht hatte, unbemerkt zu bleiben. Er blieb so unauffällig wie dies nur möglich war, wenn er noch ins Ausland reisen wollte, um seinen Geschäftsinteressen nachzugehen und seine Gewinne aus diesen Geschäften zur Bank zu bringen. Abgesehen davon war es, als existiere er gar nicht.

Die Ermittler nahmen am Ende dieser ersten Durchsuchung ungefähr 60 Objekte mit. Sie planten eine zweite Durchsuchung, wenn Zicchi sich wieder in Sicherheit wiegen würde. Bevor sie dazu Gelegenheit hatten, erhielt Conforti allerdings einen Anruf von Daniela Rizzo, einer Archäologin der Villa Giulia, Roms herrlichen etruskischen Museums. Sie arbeitete eng mit dem Kunstdezernat zusammen und stellte fest, ob mutmaßlich aus Raubgrabungen stammende Objekte echt waren oder nicht und, falls ja, von wo sie höchstwahrscheinlich entwendet worden waren. Diesmal rief sie allerdings an, um zu berichten, dass eine alte Frau zu ihr Kontakt aufgenommen habe, die erzählte, ihr Sohn habe gerade eine Antiquitätensammlung geerbt und sie wolle unbedingt, dass sie, Rizzo, sie begutachte, für echt erkläre und registriere, damit ihr Sohn sie rechtmäßig besitzen könne (so funktioniert das italienische System). Rizzo wurde so vehement unter Druck gesetzt und die alte Frau bestand so eisern darauf, dass sie „sofort" die Objekte registriere, dass sie Verdacht schöpfte.

„Wie lautet der Name dieser Frau", fragte Conforti, und vor allem, „wer ist ihr Sohn"? „Sein Name ist Danilo Zicchi", sagte Rizzo. „Wie viele Objekte möchte er registrieren?" „Um die 80, glaube ich."

60 Objekte waren beschlagnahmt worden. Und jetzt, durch einen glücklichen „Zufall", hatte Zicchi weitere 80 „geerbt"?

Schließlich erklärte sich Rizzo einverstanden, Zicchi am nächsten Tag einen Besuch abzustatten, um seine Objekte zu „begutachten". Begleitet wurde sie von einem „Kollegen", der natürlich ein Ermittler in Zivil aus Confortis Kunstdezernat war. Weitere warteten auf der Straße, bereit hineinzuschwärmen, sobald sie dazu aufgefordert würden.

An diesem Tag entdeckten sie etwas unvergleichlich viel Wertvolleres als 80 Antiquitäten: den zweiten der drei Ausgangspunkte der jahrelangen Ermittlungen (nach dem Diebstahl in Melfi), die schließlich auch zu diesem Buch führten. Diese Entdeckung unterlag äußerster Geheimhaltung, nur Conforti und der Staatsanwalt in Rom wurden darüber informiert. In einem Ordner auf einem Schreibtisch in Zicchis Wohnung lag, einfach so, ein einzelnes, von Hand beschriebenes Stück liniertes, gelochtes Papier. Die Schrift darauf war die Handschrift Pasquale Cameras und das Ganze stellte nichts weniger dar, als ein Organigramm des geheimen Antiquitätennetzwerks in ganz Italien, der Schweiz und anderen Ländern, das jede einzelne Person in der gesamten Hierarchie benannte – von ganz oben bis ganz unten, und alle dazwischen dazu. Darüber hinaus war vermerkt, in welcher Beziehung diese Personen zueinander standen, wer wem lieferte, wer zu wem in Konkurrenz stand, aus welchen Regionen Italiens welche Mittelsmänner lieferten und welche Verbindungen diese zu internationalen Händlern, Museen und Sammlern hatten. Es war atemberaubend!

Die blaue Kugelschreiberschrift war gut lesbar, offenkundig nach einigen Vorüberlegungen zu Papier gebracht, und Zicchi bestätigte, dass es Cameras Schrift war. Rechts oben stand mit großen Buchstaben „Robert (Bob) Hecht", mit zwei waagrechten Pfeilen zu „Paris und USA – Museen und Sammler". Hechts Name war unterstrichen und diese Linie bildete den Anfangs- bzw. Endpunkt weiterer Pfeile zu und von seinem Namen. Unter ihm standen einige internationale Händler und Sammler, über ganz Europa verteilt. Ihre Namen waren ebenfalls in größerer Schrift geschrieben: Als Erstes stand da Gianfranco Becchina aus Basel und Castelvetrano (auf Sizilien) sowie der Name seiner Firma: Antike Kunst Palladion. Als Nächstes kam Nicholas Goutulakis aus Paris, Genf und Athen, der mit einem in beide Richtungen zeigenden Pfeil mit Hecht verbunden war. Die anderen Namen lauteten: George Ortiz aus Genf und Argentinien, „Frida" aus Zürich, Sandro Cimicchi, ein Restaurator in Basel, und Giacomo Medici aus Rom, Vulci, Santa Marinella und Genf.

Unter diesen sechs standen weitere Namen, in kleinerer Schrift. Unter Becchina stand Elia Borowsky, ein „M. Bruno" aus Lugano, Cerveteri und Turin (mit anderen Angaben in Klammern, zur Angabe seiner Zuständigkeitsbereiche: Norditalien, Rom, Latium, Kampanien, Apulien, Sardinien, Sizilien). Unter ihm stand Dino Brunetti aus Cerveteri, gefolgt von Franco Luzzi aus

Ladispoli, einem Küstenstädtchen nördlich von Rom, und unter ihm die Worte „*Tombaroli di*", gefolgt von einer Reihe von Orten wie Grosseto, Montalto di Castro, Orvieto, Cerveteri, Casal di Principe und Marcenise. Unter Becchina stand außerdem Raffaele Monticelli (Apulien, Kalabrien, Kampanien, Sizilien) und unter ihm Aldo Bellezza („Foggia" und andere Orte). Medici war mit punktierten Linien unter seinem Namen mit „Alessandro Anedda (Rom)" und (ebenfalls) mit Franco Luzzi aus Ladispoli verbunden; ein durchgezogener Pfeil verband ihn mit „Elio – stab. in Santa Marinella" („stab." ist die Abkürzung für *stabilimento*, Fabrik), „Benedetto d'Aniello" aus Neapel und „Pierluigi Manetti" aus Rom.

Für sich genommen bewies dieses Blatt Papier natürlich nichts und einige der aufgeführten Personen arbeiteten im Bereich der Antiquitätenrestaurierung und hatten unter Umständen nichts weiter gemacht, als ein bisschen Abwechslung in ihre rechtmäßige Arbeit zu bringen. Es enthielt aber Indizienbeweise gegen Viele der genannten Personen. Viele Namen waren den Carabinieri bekannt, ein paar wenige nicht. Vor allem aber zeigte es die unterschiedlichen Beteiligungsebenen, die Rolle der Schweiz im heimlichen Antiquitätenhandel und die Verbindungen unter den einzelnen Beteiligten. Mit anderen Worten, es war das Selbstporträt der Unterwelt. Nie zuvor war etwas Ähnliches gefunden worden. Nach einigen Tagen wurde das Dokument von den Wenigen, die innerhalb des Kunstdezernats und bei der Staatsanwaltschaft von seiner Existenz wussten, nur noch „das Organigramm" genannt.

„In dem Moment, als ich das voll gekritzelte Stück Papier vor mir sah", sagte Conforti, „dachte ich zurück an das Jahr 1977 in Neapel, als wir das Organigramm der Camorra gefunden hatten. Organisierte Verbrecher sind in dieser Hinsicht schon komisch – schließlich haben die Roten Brigaden denselben Fehler gemacht: Sie schreiben über sich selbst, bringen es zu Papier. Das organisierte Verbrechen ändert sich also nicht wirklich, es variiert nur. Und diesmal war es dasselbe. Es verschaffte uns die Möglichkeit, uns in ein Gebiet vorzuwagen, in dem wir vorher zwar nicht gerade nichts wussten, aber keine Gewissheiten hatten."

Aus Sicht der Carabinieri war das Organigramm von ganz unmittelbarer Bedeutung für die Identifikation der beiden hochrangigsten italienischen Figuren innerhalb des Netzwerks. Unter den internationalen Händlern befand sich Bob Hecht, der in Paris ansässige Amerikaner; „Frida" war Frederique Tchacos-Nussberger, eine in Zürich wohnhafte, in Ägypten geborene Griechin; Nicholas Goutulakis war Nikolas Koutoulakis, ein griechischer Zyprer mit Wohnsitz in Paris (inzwischen verstorben); George Ortiz war ein Erbe des aus dem Zinnbergbau stammenden Ortiz-Patiño-Vermögens, er kam aus Bolivien, nicht aus Argentinien, wohnte aber wie angegeben in Genf; Elia – oder Eli – Borowsky war ein Händler und Sammler polnischer Herkunft, der lange Jahre in Kanada verbracht hatte und zu der Zeit in Israel lebte. Das Netzwerk war ziemlich international. Aber das Organigramm nannte auch zwei Italiener, Gianfranco Becchina und Giacomo Medici, als hochrangige Figuren, und die Linien und Verbindungen unter ihren Namen verdeutlichten, dass diese beiden Männer die Hauptverantwortlichen dafür waren, Antiquitäten aus Italien heraus zu bringen.

Die Operation Geryon hatte zur Rückführung der Vasen von Melfi und zu 19 Festnahmen geführt. Daher wurde sie im Herbst 1995 eingestellt. So konnte sich Conforti denjenigen zuwenden, die er für die dicksten Fische hielt: Gianfranco Becchina und Giacomo Medici.

Der Mann auf Cameras Organigramm, für den sich Conforti am meisten interessierte, war Giacomo Medici. Seit Jahren war dieser Händler dem Carabinieri-General bekannt, er hatte sogar mehrmals „Überraschungsbesuche" in seinen Häusern gemacht. Eine ehemals in seinem Besitz befindliche Immobilie, die an ein geschütztes archäologisches Gebiet grenzt, war auf Anraten von Archäologen vom Staat enteignet worden.

Selbstverständlich hörte Conforti auch Medicis Telefon ab. Die Abhöraktion war aufschlussreich, weil sich schnell herausstellte, dass einer der *capi zona* in der Region Neapel – einer derjenigen, die nach dem Diebstahl von Melfi beobachtet wurden –, ein gewisser Roberto Cilli, seinen Telefongesprächen zufolge eine besonders enge Verbindung zu Medici hatte. Cilli stammte aus einer Roma-Familie, die die italienische Staatsbürgerschaft erhalten hatte. Er lebte in Montalto di Castro in Latium, nördlich von Tarquinia (einem der berühmtesten etruskischen Zentren), in der Via dei Grottini. Cillis Vater war ein bekannter Tombarolo gewesen und seine Frau war noch berühmter: als Wahrsagerin, zu deren Kunden einige der oberen Zehntausend und diverse Fernsehstars gehörten.

Bevor sich die Ermittler allerdings Cilli zuwenden konnten, trat eine weitere unerwartete Wendung ein. In London tauchte im Katalog für eine Antiquitätenversteigerung des Auktionshauses Sotheby's die Fotografie eines

Sarkophags auf, der auf der Liste gestohlener Werke des italienischen Kunstdezernats stand. Er war aus der Kirche von San Saba in Rom entwendet worden. Für einen Ermittler ist das Vorgehen im Falle gestohlener Objekte immer leichter als bei solchen aus illegalen Grabungen. Zu gestohlenen Werken gibt es Unterlagen, während Objekte aus Raubgrabungen schon fast per Definition keine Spuren hinterlassen, wenn sie mitten in der Nacht von Tombaroli ausgegraben werden. Als demnach Sotheby's die Beweise für den Diebstahl des Sarkophages vorgelegt wurden, blieb dem Auktionshaus keine andere Wahl, als den Carabinieri mitzuteilen, dass er von einem Unternehmen namens Editions Services mit Sitz in Genf in Auktion gegeben wurde und diese Firma von einem französischsprachigen Schweizer namens Henri Albert Jacques geleitet wurde. Die Adresse wurde als Avenue Krieg 7 angegeben. Sofort sandten die italienischen Behörden eine offizielle Anfrage an die Schweiz mit der Bitte, Jacques verhören und die Geschäftsräume von Editions Services besichtigen zu dürfen.

Da der Sarkophag ohne Zweifel gestohlen war, wurde die Erlaubnis schnell erteilt. Auf Anfrage teilte Jacques jedoch mit, er sei lediglich der Verwalter des fraglichen Unternehmens, ein „Treuhänder", eigentlich ein kleiner Untergebener, der sich um die Finanzen kümmere und als offizielle „Fassade" agiere. Darüber hinaus sei Avenue Krieg 7 kaum mehr als eine Briefkastenadresse. In Wirklichkeit befinde sich das Unternehmen in dem vor der Stadtgrenze Genfs gelegenen Zollfreilager und der wirkliche Besitzer, der „wirtschaftliche Eigentümer", sei ein Italiener namens Giacomo Medici.

Nach der Hausdurchsuchung bei Savoca und dem Unfall Cameras mit der anschließenden Entdeckung des Organigramms war dies die Fortsetzung einer außerordentlichen Glückssträhne und vorläufig wurde kein Gedanke mehr daran verschwendet, Cilli zu benutzen, um Medici unter Druck zu setzen. An die Schweiz erging eine weitere offizielle Anfrage; dieses Mal wurde um die Erlaubnis zur Durchsuchung der Geschäftsräume von Editions Services im Genfer Freilager gebeten.

Der *Port Franc* in Genf, das Zollfreilager – wörtlich „Freihafen" – ist ein riesiger Lagerhallenkomplex im Südwesten der Stadt, in dem Waren gelagert werden können, ohne offiziell in die Schweiz eingeführt zu werden, sodass keine Steuern fällig werden, solange diese Waren nicht offiziell über die Schweizer Grenze gelangen. Der Vorteil dieser Einrichtung für die Schweiz besteht darin, dass hunderte, wenn nicht tausende von Menschen, die im Zollfreilager arbeiten und in Genf leben, das Geschäftsleben anregen und eine beträchtliche Menge an Devisen ins Land bringen.

Wieder reagierte die Schweiz schnell und am 13. September 1995 fand die Durchsuchung statt. In letzter Minute war Medici kontaktiert worden, war aber in Urlaub auf Sardinien und konnte an diesem Tag nicht zurückkommen. Diesmal bestand das Durchsuchungskommando aus einem Schweizer Richter, drei Schweizer Polizisten, angeführt von einem Inspektor, drei von Confortis Leuten, einem amtlichen Fotografen und dem stellvertretenden Leiter des Freilagers. Die Räume von Editions Services befanden sich im vierten Stock eines einfachen, stählernen Lagerhauses, in Korridor 17, Raum 23. In Italien ist die 17 eine Unglückszahl – eine Tradition, die aus dem antiken Rom und der Verwendung römischer Zahlen herrührt. In römischen Zahlen wird 17 „XVII" geschrieben und ist somit ein Anagramm von „VIXI", zu Deutsch: „ich habe gelebt", mit anderen Worten: „Jetzt bin ich tot". Daher wurde Medicis Lagerraum von diesem Tag an stets „Korridor 17" genannt.

Die Tür zu Raum 23 war, wie die anderen Türen auch, eine anonyme graue Metalltür. Der stellvertretende Leiter des Freilagers hatte einen Schlüssel und ließ auf Anweisung des Richters alle hinein. „Raum 23" bestand in Wirklichkeit aus drei Räumen. Im äußeren – dem ersten, den die Gruppe betrat – standen ein Sofa, ein paar Stühle und ein Glastisch, der von einem riesigen Steinkapitell getragen wurde. Am hinteren Ende befand sich ein Fenster aus Milchglas, an den restlichen Wänden standen Schränke. Auf den ersten Blick war es ein gewöhnlicher Raum, eine Art Wohnzimmer, und kein besonders schickes dazu; ein dünner brauner Teppich bedeckte den Boden. Als die Carabinieri begannen, die Schränke zu öffnen, änderten sie ihre Meinung allerdings schnell. An diesem Raum war nichts Gewöhnliches. Alle Schränke enthielten Regalbretter, und jedes war voll gepackt mit Antiquitäten, quoll geradezu über davon: Vasen, Statuen, Bronzen; Kandelaber, Fresken, Mosaike; Glasobjekte, Fayence-Tiere, Schmuck und noch mehr Vasen. Manche waren in Zeitungspapier eingeschlagen; Fresken lagen auf dem Boden oder lehnten an den Wänden; andere Vasen waren in Obstkisten eingepackt und an vielen klebte Erde. An manchen hingen Etiketten von Sotheby's angebunden.

Aber das war nicht alles. Im äußeren Teil von Raum 23 befand sich auch ein riesiger Safe, 1,50 Meter hoch und einen Meter breit. Erstaunlicherweise war er nicht abgeschlossen.

Wenn der Inhalt der Schränke schon erstaunlich war, so war es der des Safes erst recht. Einer von Confortis Leuten stieß einen Pfiff aus, als er realisierte, worauf er blickte. Im Safe waren 20 der erlesensten Teller der griechischen Klassik, die bis dahin ans Licht gekommen waren, sowie einige rotfigurige Vasen berühmter klassischer Vasenmaler. Eine davon erkannten die Carabinieri sofort als einen Euphronios. Zusammen müssen die Objekte einige Millionen Dollar wert gewesen sein.

Die Teller und die Vase von Euphronios wurden herausgenommen und auf den Tisch mit der Glasplatte gestellt. Der Fotograf tat, was er mit all den anderen Objekten auch getan hatte: Er machte mehrere Aufnahmen aus verschiedenen Winkeln. Dann begab sich das Team in den inneren Raum und ließ den rangniedersten Schweizer Polizisten, den unerfahrensten, Teller und Vase in den Safe zurückstellen. Die Teller räumte er ohne Schwierigkeiten zurück, aber als die Vase an der Reihe war, hob er sie, verständlicherweise, an den Henkeln. Es war ihm einfach nicht in den Sinn gekommen, dass die Vase aus Scherben zusammengesetzt war, die nur lose geklebt waren. Eine erfahrene Kraft, einer von Confortis Leuten zum Beispiel, hätte gewusst, dass die Henkel das Gewicht der Vase nicht tragen würden. So löste sich der Körper vollständig und fiel auf den Boden, wo er in Stücke brach – entlang der Linien, an denen die Scherben ursprünglich zusammengeklebt worden waren. Das Geräusch der zerbrechenden Vase hallte durch den Raum und alle blieben wie angewurzelt stehen. Später wurde bekannt, dass Giacomo Medici annähernd 800 000 Dollar dafür bezahlt hatte.

Die Bruchstücke der Euphronios-Vase wurden aufgesammelt und vorsichtig in den Safe zurückgelegt. Dann begab sich das Team wieder in den inneren Raum, der nicht weniger erstaunlich war, wenn auch auf andere Art. Auch er war zum Bersten gefüllt, jedoch nicht mit Antiquitäten, sondern mit Unterlagen. Tausende von Fotografien (später wurde ihre Zahl auf 4000–5000 geschätzt) waren dort gelagert, vor allem Polaroids, aber auch Negative, Bilder von Antiquitäten, die häufig noch erdverkrustet waren. Stapelweise wurden Unterlagen gefunden, Rechnungen, Frachtbriefe, Zustandsberichte, Briefe und Schecks. Die Briefköpfe auf manchen Rechnungen und Briefen erzählten eine eigene Geschichte: Atlantis Antiquities, New York; Robin Symes Limited, London; Phoenix Ancient Art S.A., Genf; J. Paul Getty Museum, Los Angeles.

Offensichtlich empfing Medici im äußeren Raum potentielle Käufer und zeigte dort Verkaufsobjekte in einer sicheren und diskreten Umgebung. Genauso offensichtlich ging aus der Art und Weise, wie die Dokumente im inneren Raum verstreut waren, hervor, dass Medici hier nie Besuch erwartet hätte: Alles lag einfach herum, ohne den geringsten Versuch, etwas zu verbergen.

Im inneren Raum wurde ebenfalls alles fotografiert: alle Unterlagen, die Fotoalben, der Inhalt der Schubladen und Schränke und die Gesamtansicht, damit sich die Behörden später sicher sein konnten, dass nichts entwendet worden war. Am Ende dieses Tages wurde die Tür zu Raum 23 abgeschlossen, Absperrband über den Türrahmen geklebt und ein großes Wachssiegel am Schlüsselloch angebracht, in das das Amtszeichen des Genfer Richters gedrückt wurde.

Als Conforti über den Inhalt von Korridor 17 informiert wurde, staunte selbst er. Er arbeitet gern im Garten, und als ihn die Carabinieri an diesem Abend von der Abflughalle des Genfer Flughafens aus anriefen, war es nach 20:00 Uhr und er goss gerade seine große Sammlung exotischer Pflanzen. „Wir hatten oft genug vom Zollfreilager gehört – Port Franc dies, Port Franc das, Port Franc, Port Franc, Port Franc. Aber wir hatten immer gedacht, es sei ein Umschlagplatz und wären nie auf die Idee gekommen, dass es sich bei diesem so genannten ‚Freihafen' um große Lagerhallen handeln könnte. Was für eine Entdeckung! Als ich diese Neuigkeiten hörte, dachte ich einen Moment lang, dass sich vielleicht – vielleicht! – die Zusammenhänge entwirren ließen. In diesem Moment spürte ich, dass die Arbeit, die ich seit 1990 im Kunstdezernat geleistet hatte, ihre ersten Früchte trug, den Nachweis ihrer Berechtigung erbrachte."

Aber – und das war ein großes Aber – die Objekte befanden sich auf schweizerischem Boden. Medici wiederum war italienischer Staatsbürger. Würde die Schweiz wollen, dass das Genfer Zollfreilager als Zwischenstation für wertvolle, kulturgeschichtlich bedeutende – und geraubte! – italienische Objekte in die Schlagzeilen geriet, die an die Auktionshäuser, Sammler und Museen in London, Los Angeles und anderswo weitergereicht wurden? Beim ersten Besuch der italienischen Behörden im Freilager war Medici nicht anwesend gewesen. Welche Argumente würde er benutzen, welche konnte er benutzen, um den Antiquitäten in seinen Lagerräumen den Anstrich von Legalität zu geben? Würden die Schweizer um der lieben Ruhe willen die Sache im Sande verlaufen lassen?

Zu Hause in Italien wurde aufgrund des Fundes in Genf der Staatsanwalt Dr. Paolo Giorgio Ferri damit beauftragt, gegen Medici und sein Genfer Unternehmen zu ermitteln. Aus dem, was in der Schweiz gefunden wurde, ging hervor, dass Medici der größte „Fang" war, der den Carabinieri in Bezug auf illegal ausgegrabene Antiquitäten je ins Netz gegangen war. Wie nah würden sie ihm kommen können?

Paolo Ferri, bei Ermittlungsbeginn 48 Jahre alt, mit leiser Stimme und einem freundlichen Lächeln, nimmt seine Sache genau. An der Universität La Sapienza hat er sein Jura-Studium absolviert, gefolgt von einer steilen Karriere in der Staatsanwaltschaft, wo er mit schweren Verbrechen befasst war – vor allem Mord und Drogenhandel. Während er sich aber an die Arbeit machte und überlegte, wie er Medici am besten anpacken könne, wartete eine Überraschung auf ihn. Zeitgleich mit den Carabinieri war auch ein anderes Ermittlerteam im Zollfreilager gewesen. Noch waren sie sich nicht begegnet, aber das sollte sich bald ändern.

2
Sotheby's, die Schweiz und die Schmuggler

Die andere Ermittlung, die im Genfer Zollfreilager vor sich ging, hatte ihre Ursprünge im Schicksal von James Hodges, einem Angestellten des 1744 gegründeten internationalen Auktionshauses Sotheby's. Hodges, der 1995 Anfang dreißig war, hatte bei Sotheby's verschiedene Posten innegehabt, unter anderem als Verwaltungskraft in der Antiquitätenabteilung. Er war dort für den gesamten Kauf und Verkauf betreffenden Schriftverkehr und für alle finanziellen Transaktionen zwischen dem Unternehmen und seinen Kunden verantwortlich und hatte – was Antiquitäten anbetraf – Zugang zu höchst vertraulichen Informationen.

1991 war Hodges vor Gericht gestanden. Die Anklage bezog sich auf den Diebstahl zweier Antiquitäten seines Arbeitgebers – einen Helm und einen Steinkopf –, die Fälschung einer Freigabebescheinigung, die ihm scheinbar die Erlaubnis gab, diese Objekte bei sich zu Hause zu haben, und 18 Fälle von falscher Kontoführung. Bei Letzteren wurde er im Wesentlichen beschuldigt, zwei auf erfundene Namen laufende Konten eingerichtet und sich selbst regelmäßig kleine Summen überwiesen zu haben. Hodges wurde schuldig gesprochen, Helm und Kopf gestohlen und die Freigabebescheinigung gefälscht zu haben, hinsichtlich der falschen Kontoführung aber freigesprochen. Er wurde zu neun Monaten Haft verurteilt.

Bevor er strafverfolgt wurde, hatte James Hodges einige interne Unterlagen von Sotheby's fotokopiert oder gestohlen, die seiner Ansicht nach das Unternehmen in einem schlechten Licht zeigten, da sie auf unehrliches oder unmoralisches Verhalten hindeuteten. Ursprünglich wollte er diese Dokumente als Sicherheit benutzen, als Verhandlungsinstrument, für den Fall, dass Sotheby's seine eigene Unredlichkeit entdecken sollte. Als er dann aber aufflog, ließ sich das Auktionshaus auf keinen Handel ein und bestand auf einer Strafanzeige. Somit betrachtete Hodges die Veröffentlichung von Sotheby's eigenen (und weiter ausufernden) Vergehen als gerechte Strafe und wandte sich mit seinen Unterlagen an einen der Autoren dieses Buches (Peter Watson).

Diese Unterlagen schienen nahe zu legen, dass Sotheby's in vielen unterschiedlichen Bereichen unredlich handelte. Einige Dokumente zeigten, dass drei Personen in der Schweiz über Jahre hinweg tausende von Antiquitäten in London in Auktion gegeben hatten, deren Herkunft völlig ungeklärt war. Diese drei waren Serge Vilbert, Christian Boursaud – und Giacomo Medici. In einer berühmt-berüchtigten Auktion bot Sotheby's laut Brian Cook, dem renommierten Verwalter der Abteilung für griechische und römische Antiquitäten im British Museum, „eine ganze Ladung geschmuggelter Antiquitäten" an, einschließlich eines Dutzends apulischer Vasen.[1]

Das Unternehmen wurde unter Druck gesetzt, die Vasen zurückzuziehen – von einem italienischen Regierungsvertreter, der zu diesem Zweck nach London geflogen war, sowie von dem für Antiquitäten der Region Apulien zuständigen Professor Felice Lo Portos, der wissen ließ, dass vor kurzem in der Nähe von Apri (einer alten, reichen Siedlung nahe Foggia) ein großes Grab aus dem 4. Jahrhundert ausgeplündert worden war. Er gehe davon aus, dass die Vasen der bevorstehenden Auktion von dort stammten. Andere britische Museen, wie das Royal Museum of Scotland in Edinburgh, schlossen sich dem Aufruf des British Museum an, die Vasen vom Verkauf zurückzuziehen, und Lord Jenkins of Putney, ein ehemaliger Kunstminister Großbritanniens, brachte das Thema im Parlament zur Sprache.

Trotz der negativen Schlagzeilen, die das Thema im Londoner *Observer* machte, vertrat Sotheby's die Ansicht, es gäbe „keine Beweise" dafür, dass die zum Verkauf angebotenen Vasen aus Raubgrabungen stammten oder geschmuggelt seien. Als Peter Watson mit Felicity Nicholson, der Leiterin der Antiquitätenabteilung des Unternehmens sprach, sagte diese: „Ich glaube nicht, dass man jemals wirklich weiß, woher Antiquitäten kommen. Wir gehen davon aus, dass unsere Kunden die rechtmäßigen Eigentümer der Gegenstände sind, die sie verkaufen." Daraufhin bezeichnete sie Cook als „eine umständliche Person, jemand, der nicht unbedingt die Meinung der gesamten akademischen Welt vertritt."

Ungeachtet der zahlreichen Gegenstimmen wurde die Auktion durchgeführt und die Vasen verkauften sich recht gut. Nach ein paar ergebnislosen Tagen in London flog der italienische Sondergesandte nach Hause und der Skandal verlief im Sande. James Hodges aber, der diese Ereignisse von seiner Position als Verwalter in der Antiquitätenabteilung aus beobachtete, wusste, dass alle apulischen Vasen, von denen Brian Cook vermutete, sie seien in Italien illegal ausgegraben und dann geschmuggelt worden, aus einer einzigen Quelle stammten: Christian Boursaud – ein Händler aus der Schweiz mit einem Büro in Genf und einem Unternehmen namens Hydra Gallery.

Darüber hinaus konnte Hodges gut die weiteren Entwicklungen beobachten. Ein paar Monate nach dem Skandal kündigte Boursaud Felicity Nicholson in einem Brief die Schließung seiner Galerie an, wofür er gesundheitliche Gründe anführte. Im Antwortbrief Nicholsons fiel Hodges folgende Formulierung auf: „Hinsichtlich der Objekte, die hier bei uns sind, gehe ich davon aus, dass Sie *als Beauftragter* des Eigentümers gehandelt haben und erwarte selbstverständlich dessen Anweisungen bezüglich der restlichen Objekte von ihm, die wir zu Verkaufszwecken hier aufbewahren" (Hervorhebung der Autoren].

Mit dieser Formulierung im Hinterkopf hörte er Gespräche von Felicity Nicholson mit anderen Fachkräften der Antiquitätenabteilung und kam zu dem Schluss, dass Boursaud lediglich eine „Fassade" und der wahre Eigentümer der Objekte, der den entscheidenden Einfluss über diesen Handel ausübte, ein gewisser Giacomo Medici war. Und der Grund für Boursauds Rückzug lag nicht in seinem Gesundheitszustand, sondern darin, dass er sich nach dem Medienrummel um die Auktion mit Medici zerstritten hatte.

Trotz seiner Stellung hörte Hodges nie wieder etwas von Boursaud, erkannte aber zu einem späteren Zeitpunkt, dass die damals von der Hydra Gallery in Auktion gegebenen Objekte ziemlich genau jenen entsprachen, die nun von einer neuen Galerie angeboten wurden: Editions Services. In der im Juli 1987 durchgeführten Auktion befand sich ein Marmor-Pilaster, der ehemals Hydra gehört hatte und nicht verkauft worden war, der nun aber als Eigentum von Editions Services verkauft wurde. Es konnte also kein Zweifel bestehen: Die Hydra Gallery war als Editions Services auferstanden. Wer auch immer hinter diesen Unternehmen stand, war ein kluger Mann. Und die Person hinter Hydra Gallery und Editions Services war ein und dieselbe: Giacomo Medici.

Während der gesamten 1980er-Jahre verkaufte er vermutlich mehr Antiquitäten über Sotheby's als jeder andere Einzeleigentümer. Über die Jahre waren tausende von Objekten von Medici durch die Auktionshallen gewandert und Millionen Pfund hatten ihren Besitzer gewechselt. Keine dieser Antiquitäten verfügte über eine gesicherte Herkunft, da sie alle aus Raubgrabungen stammten und aus Italien herausgeschmuggelt worden waren.

Das war nicht alles. Aus den von Hodges gelieferten Unterlagen ging hervor, dass Editions Services seinen Sitz in der Avenue Krieg 7 in Genf hatte und auf den Namen Henri Albert Jacques eingetragen war. Die Unterlagen ergaben weiter, dass diese Angaben – Avenue Krieg und H. A. Jacques – noch von einem weiteren Unternehmen verwendet wurden, das ebenfalls viele Antiquitäten ohne bekannte Provenienz bei Sotheby's in Auktion gab. Es führte die Bezeichnung Xoilan Trader Inc. und sein Eigentümer war Robin Symes. Andere entwendete Dokumente zeigten, dass Symes und Felicity Nicholson zusammengearbeitet hatten, um eine Statue der ägyptischen Löwengöttin aus Italien herauszuschmuggeln. Es war eine übersichtliche, eng verflochtene Welt, die nur wenige Tage nach der Durchsuchung von Korridor 17 in einem britischen Fernsehprogramm bloßgestellt wurde. Kurze Zeit später nahm Conforti Kontakt zu den britischen Ermittlern auf.

Warum waren italienische Polizisten und britische Journalisten zur selben Zeit am selben Ort und ermittelten gegen dieselben Personen, die dieselben illegalen Praktiken betrieben? Teilweise war es natürlich Zufall, eine Folge von Hodges misslicher Lage bei Sotheby's. Aber es gab auch einen tiefer liegenden Grund, warum der Insider Hodges beobachten konnte, was er beobachtete.

Tatsache ist, dass sich die Einstellungen zum Handel mit Antiquitäten fragwürdiger Provenienz (das heißt mit hoher Wahrscheinlichkeit aus Raubgrabungen stammend und geschmuggelt) sowie die diesbezüglichen Gesetze fortwährend ändern, wie sich auch sonstige Moralvorstellungen im Laufe der Jahre ändern. Die Länder, die Quellen archäologischer Materialien sind – im Mittelmeerraum, Mittel- und Südamerika, Westafrika und Asien – vertreten zunehmend eine härtere Linie, wenn es um den Schutz ihres Erbes geht. Zum Teil ist dies auf die kulturelle Identität von Ländern zurückzuführen, die ihre Unabhängigkeit erlangt haben, insbesondere nach dem Zweiten Weltkrieg, zum Teil auf den Tourismus: Ordnungsgemäß ausgegrabene archäologische Stätten können große Attraktionen und somit Einnahmequellen sein.

Einzelne Versuche, die Bewegungen von Kulturgütern zu kontrollieren, gab es in Form erster Gesetze bereits 1834 in Griechenland, 1872 in Italien und 1887 in Frankreich. Nach dem Ersten Weltkrieg wurde im neu gegründeten Völkerbund über die Einführung von Kontrollmechanismen der illegalen Ausbeutung kulturellen Eigentums – insbesondere Antiquitäten – debattiert, aber der daraus entstandene Vertrag von Sèvres wurde nie ratifiziert. In den 1930er-Jahren wurden diesbezüglich ergriffene Maßnahmen vom *Office International des Musées* (OIM) koordiniert. Ein Entwurf einer Konvention über die Rückführung von Objekten künstlerischen, historischen oder wissenschaftlichen Interesses wurde vorbereitet, aber der Widerstand der Kunstmarktländer (insbesondere der Niederlande, Großbritanniens und der Vereinigten Staaten) war stark und 1939 fand die Initiative mit dem Kriegsausbruch ein Ende. Nach dem Krieg, im Jahr 1946, zeigte die UNESCO Interesse an einer Konvention zum Schutz von Kulturgut in Kriegszeiten, was zur Haager Konvention von 1954 und zwei Jahre später zu einer Reihe von Empfehlungen zu internationalen Grundregeln für archäologische Grabungen führte. Darin wurde festgehalten, der Kunsthandel solle nichts unternehmen, was den Schmuggel archäologischen Materials fördern könne. In den 1960ern verabschiedete die UNESCO auf Betreiben Perus und Mexikos strengere Empfehlungen zur Verbesserung des internationalen „moralischen Klimas" und dies führte wiederum 1964 zur Einrichtung eines Fachausschusses mit Mitgliedern aus etwa 30 Ländern, deren Aufgabe die Erstellung eines Konventionsentwurfs war. Dieses Gremium brachte schließlich 1970 das „Übereinkommen über Maßnamen zum Verbot und zur Verhütung der unzulässigen Einfuhr, Ausfuhr und Überbringung von Kulturgut" zustande, das im gleichen Jahr am 14. November von der 16. Versammlung der UNESCO angenommen wurde. Es ist nicht das einzige Gesetz oder Übereinkommen zu diesem Thema; auch eine Reihe von Handelsabkommen haben Import und Export kultureller Güter zum Inhalt. Aber als Wendepunkt in diesem Bereich gilt allgemein das Übereinkommen von 1970. Viele Archäologen sind zwar ausnahmslos gegen den internationalen Handel mit jeglichen archäologischen Materialien, aber die meisten gehen heute etwas pragmatischer an die Sache heran und vertreten die Meinung, man sollte nicht mit Antiquitäten handeln oder anderweitig befasst sein, die keine Provenienz haben und die nach 1970, also nach der UNESCO-Konvention, entdeckt wurden. Objekte ohne bekannte Provenienz in Sammlungen, die vorher gebildet worden waren, wurden zwar unter Umständen ebenfalls illegal ausgegraben, aber in erster Linie geht es darum, dem Plündern jetzt Einhalt zu gebieten, und für diesen Zweck genügt das Jahr 1970 als Trennungslinie.

Nicht alle Staaten ratifizierten das Übereinkommen mit derselben Begeisterung. Im Folgenden sind die Ratifizierungsdaten verschiedener Staaten aufgeführt, aus denen ein Muster ersichtlich wird: 1980 Zypern, 1973 Ägypten, 1997 Frankreich, 1981 Griechenland, 1979 Italien, 1974 Jordanien, 1980 Peru, 1981 Türkei, 2003 Vereinigtes Königreich Großbritannien und Nordirland, 1983 Vereinigte Staaten. Deutschland, Dänemark und die Niederlande haben das Übereinkommen immer noch nicht ratifiziert, die Schweiz erst im Jahre 2004. Mit anderen Worten: Die meisten Marktstaaten zögern noch immer, und das, obwohl nachgewiesen ist, dass das archäologische Erbe der Welt – die materiellen Überreste vergangener menschlicher Zivilisationen – mit unverminderter Geschwindigkeit zerstört wird.

1983 ergab eine Studie, dass 58,6 Prozent aller Maya-Stätten in Belize von Plünderern beschädigt waren. Von 1989 bis 1991 erfasste eine regionale Studie in Mali 830 archäologische Stätten, 45 Prozent davon waren bereits beschädigt, 17 Prozent stark beschädigt. 1996 wurde eine Auswahl von 80 dieser malischen Kulturstätten erneut besichtigt und die Plünderungen hatten um 20 Prozent zugenommen. Eine Erhebung in einem Distrikt im Norden Pakistans ergab, dass fast die Hälfte der buddhistischen Heiligtümer, Stupas und Klöster durch illegale Ausgrabungen stark beschädigt oder zerstört war. In Andalusien sind 14 Prozent aller bekannten archäologischen Stätten von illegalen Ausgrabungen betroffen. Von 1940 bis 1968 wurden Schätzungen zufolge ungefähr 100 000 Löcher in die peruanische Fundstätte Batan Grande gegraben und 1965 erbrachte die Plünderung eines einzigen Grabes vermutlich etwa 40 Kilogramm Goldschmuck, was ungefähr 90 Prozent des gesamten peruanischen Goldes entspricht, das bis jetzt in Sammlungen weltweit vorgefunden wurde. 1997 wurden in der Provinz Qinghai in China die historischen Gräber von Reshui, eine der zehn berühmtesten archäologischen Stätten des Landes, von über eintausend ortsansässigen Personen geplündert, die die Gräber mit Sprengstoff und Planierraupen „ausgruben". In der inneren Mongolei wurden behördlichen Schätzungen zufolge 4000 bis 15 000 Gräber geplündert und die chinesischen Behörden schätzen, dass jährlich 5000 bis 12 000 Objekte aus Raubgrabungen auf den Markt kommen. He Shuzhong von der staatlichen Verwaltung für kulturelles Erbe in Peking, der uns diese Zahlen nannte, berichtete auch, dass mindestens ein chinesisches Tourismusunternehmen sogar einen „Ausgrabungskurs" anbietet. Er selbst wurde einmal körperlich angegriffen, als er zufällig auf Plünderer traf. In Niger schätzen Archäologen an der Abdou-Moumouni-Universität in Niamey den Anteil geplünderter Stätten in den Gebieten Bura, Bangare und Jebu auf über 90 Prozent und in anderen Gebieten wie Windigalo und Kareygooru den Anteil zerstörter Stätten auf 50 Prozent. Und das ist bei Weitem nicht alles.

Die Plünderungen im Irak sind natürlich ziemlich bekannt – zwischen dem Ende des ersten Golfkriegs im Jahre 1991 und 1994 wurde in elf regionale Museen eingebrochen; dabei wurden 3000 Kunstwerke und 484 Handschriften entwendet, von denen nur 54 wieder beschafft werden konnten.

Nach dem zweiten Golfkrieg, im April 2003, wurden mindestens 13 515 Objekte aus dem Museum in Bagdad gestohlen, von denen bis Juni 2004 ungefähr 4000 wiedererlangt wurden. Auch wenn die aus „religiösen" Gründen erfolgte Zerstörung der bahamaischen Buddhas durch die Taliban ein großes Medienecho fand, wurden die meisten Kulturgüter Afghanistans durch die Suche nach veräußerbaren Antiquitäten und Manuskripten zerstört; diese Zerstörung hat sich seit der Entmachtung der Taliban fortgesetzt, wenn nicht verschlimmert.

Weitere Informationen zum Ausmaß des illegalen Handels sind offiziellen Polizeistatistiken zu entnehmen. In der Türkei gab es zum Beispiel von 1993 bis 1995 über 17 500 offizielle polizeiliche Ermittlungen wegen gestohlener Antiquitäten. 1998 berichtete das türkische Ministerium für Schmuggel und organisiertes Verbrechen, im Jahr zuvor seien 565 Personen inhaftiert worden, die über 10 000 archäologische Objekte in ihrem Besitz hatten. Die griechische Polizei teilte mit, sie habe von 1987 bis 2001 genau 23 007 Artefakte aufgespürt. 1997 fand die deutsche Polizei in München 50 bis 60 Kisten mit 139 Ikonen, 61 Fresken und vier Mosaiken, die von Kirchenwänden in Nordzypern geraubt worden waren.

Italien geht es nicht besser. Das Kunstdezernat der Carabinieri wurde im Jahre 1969, mitten in der Vorbereitung der UNESCO-Konvention, gegründet – infolge vermehrter Plünderungen und Schwarzmarktaktivitäten, die mit dem wachsenden Nachkriegswohlstand im Westen und dem zunehmenden Organisationsgrad des Kunstmarkts in Verbindung gebracht wurden. Der offizielle Titel dieser neuen Einrichtung lautete *„Commando Carabinieri Ministero Pubblica Istruzione – Nucleo Tutela Patrimonio Artistica"* (Carabinieri-Abteilung des Bildungsministeriums – Kommando für den Schutz des kulturellen Erbes) oder kurz TPA, heute TPC. Italien wurde damit zum ersten Land, das eine Polizeibehörde speziell zur Bekämpfung von Kunst- und archäologischen Verbrechen hatte. 1975 wurde das TPA Teil des neuen Ministeriums für Kunst und Umwelt und zog in das prachtvolle Gebäude, das von Filippo Raguzzini (1680–1771) entworfen wurde und wo es noch heute residiert. Bereits im Jahre 1980 wurde eine computergestützte Datenbank entwickelt. Zu den bekanntesten wiederbeschafften Werken gehören die *Geißelung Christi* von Piero della Francesca, die 1975 in Urbino gestohlen und ein Jahr später in der Schweiz wiedergefunden wurde; Raphaels *Madonna Esterhazy*, 1983 in Budapest gestohlen und zwei Monate später in Griechenland gefunden; außerdem wiedergefundene Werke von Dürer, Tintoretto und Giorgione. Das TPA hatte sich an der Ausbildung der Kunstdezernate anderer Nationen beteiligt, einschließlich Palästina und Ungarn, und 2003, nach dem zweiten Golfkrieg, wurden die Italiener gebeten, bei der Organisation des Schutzes der vielen archäologischen Stätten des Irak zu helfen. Seit seiner Gründung hat das TPA über 180 000 Kunstwerke wiederbeschafft, von denen sich fast 8000 im Ausland befanden, sowie über 350 000 Antiquitäten. Es hat 76 000 Fälschungen aufgedeckt und Anklage gegen fast 12 000 Personen erhoben.

In den 1980er-Jahren führten Händler in den Marktländern Ethikkodexe ein und Museen änderten ihre Einkaufspolitik, aber leider muss gesagt werden, dass dies oft nur Augenwischerei war. In den 1990er-Jahren wollte die UNESCO die Konvention von 1970 verschärfen, insbesondere hinsichtlich der geforderten Sorgfaltspflicht der Händler, Sammler und Museen, der *„Due Diligence"* beim Kauf von Kulturgut, dessen Geschichte nicht vollständig dokumentiert ist. Dies führte zur UNIDROIT-Konvention, die 1995 von den Mitgliedsstaaten angenommen wurde und im Juli 1998 in Kraft trat. Diese Konvention besagt im Wesentlichen, dass Händler, Sammler und Museen aktive Schritte unternehmen (im Fachjargon: *„Due Diligence"* durchführen) müssen, um sich davon zu überzeugen, dass Kulturgut ohne eine ausreichend dokumentierte Geschichte nicht illegal ausgegraben oder geschmuggelt wurde. Mit anderen Worten: Der „in gutem Glauben" handelnde Käufer ist dafür verantwortlich, Beweise für diesen guten Glauben beizubringen. In Großbritannien wurde im Jahre 2004 ein neues Gesetz eingeführt, das den wissentlichen Handel mit unerlaubt ausgegrabenen archäologischen Objekten unter Strafe stellt.

Somit fanden in den 1990ern wichtige Veränderungen statt, die Früchte lang andauernder Bemühungen. Diese bildeten einen Teil des breiteren Panoramas, vor dem sich die Ermittlungen der Carabinieri und auch unsere eigenen journalistischen Recherchen abspielten. Das italienische Kunstdezernat erkannte, dass es letztendlich die Quellen der Nachfrage – die Auktionshäuser, Händler, Museen und Sammler in den Marktländern – trocken legen musste; deshalb war die Entdeckung des Organigramms von so überragender Bedeutung.

Anmerkung

1 Ein paar Hintergrundinformationen dazu: Mitte der 1980er-Jahre arbeitete Peter Watson für den Londoner *Observer*. Ein paar Mal im Jahr traf er sich mit Brian Cook, dem hoch angesehenen Leiter der Abteilung für griechische und römische Antiquitäten im British Museum. 1985 trafen sie sich in Cooks Büro mit Blick auf den Haupteingang des Museums in der Great Russell Street. Auf seinem Schreibtisch lag ein Katalog der nächsten Antiquitätenauktion von Sotheby's, die in 14 Tagen stattfinden sollte. „Hier", sagte er leise, „hier ist eine Story für dich. Sotheby's verkauft eine ganze Ladung geschmuggelter Antiquitäten." Er erklärte, was er damit meinte und wie er sich so sicher sein konnte. Teil dieser Auktion waren zwölf apulische Vasen, wie sie die meisten aus Museen kennen: In der Regel haben sie einen schwarzen Hintergrund mit klar umrissenen, fein gezeichneten bräunlich-roten Figuren und weißen filigranen Dekorationen. Apulien ist eine Region in Süditalien mit der Hauptstadt Foggia, die einst Teil der Magna Graecia war. Cook erklärte, der wichtigste Punkt, den es zu verstehen gelte, sei, dass die Welt apulischer Vasen im Prinzip eine geschlossene Angelegenheit sei, das heißt, jede einzelne legal ausgegrabene Vase (um die 6000 sind der Wissenschaft bekannt) sei in einem dreibändigen Verzeichnis aufgeführt, das von Dale Trendall zusammengestellt und bis 1983 von Alexander Cambitoglou aktualisiert worden war. Jede zwischen 1983 und dem Datum der Zusammenkunft von Watson und Cook legal ausgegrabene Vase wäre in einer Reihe kleiner Fachzeitschriften veröffentlicht worden. Cook kannte diese Fachblätter gut, und keine der bei Sotheby's angebotenen Vasen sei dort oder im Trendall-Cambitoglou veröffentlicht worden. Diese Vasen seien daher per Definition illegal ausgegraben und aus Italien geschmuggelt worden.

„Eine oder zwei könnten Trendall oder Cambitoglou verpasst haben, aber nicht die große Anzahl, die wir heute in den Auktionshäusern sehen." Einige der Vasen in der Sotheby's-Auktion seien sehr bedeutend und es gebe eine, die im Katalog auf 60 000 Pfund geschätzt wurde und die das British Museum sehr gerne erworben hätte. Aber man hielt die Auktion für unethisch und würde somit nicht mit bieten. Vielmehr wollte der Stiftungsrat, dass solche Auktionen gestoppt würden, und hatte nach einiger Überlegung Cook bevollmächtigt, mit der Presse zu sprechen.

Als Watson das Museum verließ, begleitete ihn Cook noch ein Stück bis zu der Stelle, an der die eigenen apulischen Vasen des Museums ausgestellt waren. Dort betonte er nochmals, wie wichtig diese Vasen sind. Hauptinhalt ihrer Darstellungen sind oft Szenen aus der Mythologie, aus dem Theater, dem luxuriösen Leben der Herrschenden, manche haben sogar eine allgemeine politische oder gesellschaftspolitische Aussage. Abgesehen davon, dass manche von ihnen sehr schön sind, sind sie auch wertvolle geschichtliche Dokumente. Was sie darstellen, steht außerdem oft in Bezug zu ihrem Fundort. Werden Vasen also illegal ausgegraben und ins Ausland geschmuggelt, gehen der Wissenschaft unweigerlich wichtige Informationen verloren. Der heimliche Handel ist somit mehr als eine Übertretung italienischer Gesetze, er ist ein wesentlicher Verlust für die Wissenschaft und für unser Verständnis der klassischen Welt.

Abgesehen von diesen apulischen Vasen hatte James Hodges auch Unterlagen zu zwei weiteren Antiquitäten. Zum einen über eine Statue des ägyptischen Pharaos Psammetich I., der im 7. Jahrhundert v. Chr. lebte; diese Statue befand sich den Unterlagen zufolge bereits in London, als sie Sotheby's angeboten wurde, aber illegal. Hodges erhielt die Aufgabe, sie in die Schweiz zu exportieren und von dort aus – legal – erneut zu importieren. Die Unterlagen, die Hodges hatte und uns sehen ließ, zeigten, dass die Mitarbeiter bei Sotheby's sehr wohl wussten, dass die Statue illegal aus Rom importiert worden war, und aus ihrem Schriftverkehr ging genau hervor, wie dieses Problem umgangen werden sollte.

Das zweite Objekt war die Statue einer weiteren ägyptischen Gottheit, eine Statue von Sekhmet, der Löwengöttin, die Felicity Nicholson in Genua gesehen hatte und in London verkaufen wollte, wo sie einen weit höheren Preis erzielen würde. Das hieß, die Statue musste aus Italien herausgeschmuggelt werden. Diesmal überredete Nicholson einen engen Freund und Kollegen, den Londoner Händler Robin Symes, dazu, den Schmuggel durchzuführen und zu beaufsichtigen, wofür er einen Anteil der Gewinne aus dem Verkauf erhalten sollte. Symes tat, worum er gebeten worden war, aber als die Statue London erreichte und ausgeleuchtet wurde, damit sie gut fotografiert werden könnte, stellte sich witzigerweise heraus, dass es sich um eine Fälschung handelte. Von daher mussten Symes' Auslagen ersetzt werden und deshalb produzierte der Fall so viel internen Schriftverkehr – Schriftstücke, die Hodges stahl.

3
Kunstliebhaber und Verbrecher – die Leidenschaft für griechische Vasen

Skulpturen waren schon immer beliebt und wurden im Verlauf der Geschichte immer wieder geschaffen. Ihre Anziehungskraft und Schönheit sind offenkundig. Vasen sind anders. Wie Skulpturen wurden auch keramische Behältnisse im Verlauf der Geschichte an verschiedenen Orten und immer wieder hergestellt. Aber griechische Vasen sind etwas Besonderes, zum einen wegen der großen Vielfalt ihrer Formen, vor allem aber wegen der Dramatik der Malereien, die sie zieren und die eine ganz eigene Klasse bilden. Dies hat bei Kunstliebhabern, Kennern und Sammlern eine Leidenschaft entfacht, die die Liebhaberei sämtlicher anderer Vasen übertrifft.

Angesichts der schieren Zahl ausgegrabener Vasen kann kaum ein Zweifel an ihrer Beliebtheit im Altertum bestehen. Ein athenischer Dichter des 5. Jahrhunderts v. Chr., der die bemerkenswertesten Produkte verschiedener Völker aufführte, pries Athen für die Erfindung der Töpferscheibe, des Töpferofens und der erlesensten Keramikprodukte. Platon schrieb, eine edle Keramikvase könne sehr schön sein, wenn auch nicht so schön wie eine junge Frau. Plinius bemerkte, zu seiner Zeit (er starb 79 n. Chr. beim Ausbruch des Vesuv) benutze der überwiegende Teil der Menschheit irdene Gefäße. Einige römische Gräber enthielten bereits griechische und etruskische Vasen.

In der Moderne entwickelte sich die Leidenschaft für das Sammeln dieser außergewöhnlichen Relikte allerdings erst gegen Mitte des 18. Jahrhunderts. In den Sammlungen der Renaissance gab es zwar Vasen (laut Giorgio Vasari hatten zum Beispiel die Medici in Florenz eine Vasensammlung), und in einem römischen Kunstführer dieser Zeit werden bei fünf Sammlungen antike Vasen erwähnt, aber ihre Beliebtheit im 18. Jahrhundert folgte erst auf die Entdeckung der verschütteten Reste von Pompeji und Herculaneum. Diese Orte, die im Jahre 79 n. Chr. durch den Ausbruch des Vesuv zerstört worden waren, der in weitem Umkreis Asche regnen ließ und in einem großen Gebiet etliche Städte zerstörte, wurden ab Ende der 1730er-Jahre und die ganzen 1740er hindurch entdeckt. Die Ausgrabung ganzer Städte – deren Einwohner von den plötzlichen Eruptionen so unerwartet getroffen wurden, dass sie mitten in der Ausübung ihrer alltäglichen Verrichtungen überrascht wurden und ihre Körper wie auf ewig erstarrt erhalten blieben – regte die Fantasie in Europa und anderswo an und war einer der Hauptgründe dafür, dass Archäologie so populär wurde. Es war eine lebendige Szene, mit der sich jeder identifizieren konnte. Ganze Zimmer, ganze Häuser, ganze Tempel und Gräber, Reihen von Geschäften und Villen, ja sogar ganze Theater wurden im Lauf der Jahrzehnte ausgegraben, mit bezaubernden Fresken, bedeutenden Skulpturen, Silberschätzen, Rüstungen und anderen Objekten, teils luxuriös, teils alltäglich.

Der dominikanische Mönch Antonio da Viterbo schrieb von „Truscomania", aber erst der deutsche Kunsthistoriker Johann Joachim Winckelmann, der in den 1760er-Jahren mehrmals Pompeji und Herculaneum besuchte, hatte maßgeblich zu dem beigetragen, was später als Klassizismus bezeichnet wurde – mit seinem Buch *Geschichte der Kunst des Altertums*, das in der zweiten Hälfte des 18. Jahrhunderts ganz Europa im Sturm eroberte. Darin schrieb er, das Faszinierende an der griechischen Kunst, ihr definierendes Merkmal sei ihre „edle Einfalt und stille Größe" – ein Ausdruck, der Berühmtheit erlangte. Generationen von Deutschen und anderen, Persönlichkeiten wie Herder, Goethe und Byron waren von der Kultur der alten Griechen begeistert. Goethe bemerkte bei seiner Italienreise im Jahre 1787: „Sie bezahlen jetzt großes Geld für die Etrurischen Vasen und gewiß finden sich schöne und treffliche Stücke darunter. Kein Reisender der nicht etwas davon besitzen wollte." Im Vatikan befand sich eine frühe Vasensammlung. Ursprünglich wurden diese Vasen für etruskisch gehalten und spielten eine Rolle bei der Entwicklung der Theorie, ein großes und unabhängiges Etrurien bilde die Grundlage der westlichen Zivilisation. Winckelmann allerdings behauptete, sie seien überwiegend griechischen Ursprungs. Gesetze zur Überwachung ihrer Ausfuhr wurden bereits 1624 und erneut 1755 erlassen.

Die Etrusker waren in der Tat ein geheimnisumwobenes Volk. Sie bildeten die früheste städtische Zivilisation im nördlichen Mittelmeerraum, mit einer zwischen dem 9. und dem 1. Jahrhundert v. Chr. gelegenen Blütezeit. Den größten Einfluss übten sie vom 6. bis zum 3. Jahrhundert v. Chr. aus. Vieles, was wir über sie wissen, stammt aus den Schriften der alten Griechen und Römer. Laut dem griechischen Historiker Herodot zum Beispiel bewohnten sie ursprünglich das Land Lydien – den heutigen Westen der Türkei –, waren aber nach einer großen Hungersnot gezwungen dort wegzuziehen; die Hälfte der Bevölkerung zog fort, die andere Hälfte blieb. Ihr damaliger Anführer war Tyrrhenos, von dem sie die Bezeichnung „Tyrrhener" (und somit das „Tyrrhenische Meer" entlang der Westküste Italiens) ableiteten. Eine andere Theorie besagt, sie hätten die Türkei nach dem Fall Trojas verlassen; die neuesten archäologischen Forschungen aber legen nahe, dass sich die Etrusker in Wirklichkeit aus der Villanovakultur entwickelten, Nachfahren eines Volkes waren, das im 9. und 8. Jahrhundert v. Chr. in Mittelitalien florierte und eine aktive künstlerische Tradition hatte, insbesondere was Bronzeschmuck und Glasperlen betrifft. Etruskische Städte entstanden im 7. Jahrhundert v. Chr. dort, wo ehemals Siedlungen der Villanovakultur gelegen hatten. Nach 700 v. Chr. bauten die Etrusker eine Reihe autonomer Stadtstaaten: Arretium (Arezzo), Caisra (Caere oder das moderne Cerveteri), Veii (Veji), Tarchna (Tarquinii oder das moderne Tarquinia) und Velch (Volci oder das moderne Vulci).

Die ersten etruskischen Kunstwerke, die entdeckt wurden, waren zwei Bronzen, die 1553 bzw. 1556 zur Zeit der Renaissance gefunden wurden. Ende des 18. Jahrhunderts begannen richtige etruskische Ausgrabungen und im 19. Jahrhundert wurden an mehreren Stätten große archäologische Funde gemacht, einschließlich Tarquinia, Cerveteri und Vulci – Kulturen, die sämtlich bei den im Genfer Lagerhaus entdeckten Objekten vertreten sind.

Bis heute wurden um die 6000 Grabstätten von professionellen, autorisierten Archäologen untersucht. Die italienischen Archäologen, die die Objekte in Medicis Lager in Genf begutachteten, gehen davon aus, dass tausende von Gräbern entweiht worden sein müssen, um sein Lager zu füllen, sodass unerlaubte Grabungen in etwa dieselbe Anzahl von Gräbern zerstört haben, wie legal und wissenschaftlich korrekt ausgegraben wurden. Mit anderen Worten, es ist gleich viel durch Plünderer verloren gegangen, wie von anerkannten Archäologen gefunden wurde.

Von den Etruskern wurden keine literarischen Werke oder geschichtlichen Aufzeichnungen gefunden, aber etwa 9000 vorwiegend auf Gräbern eingemeißelte Inschriften in etruskischer Schrift. Zuerst wurden 1964 die zweisprachigen phönizisch-etruskischen Goldbleche von Pyrgi im Hafen des alten Caere gefunden. Aus ihnen ging die Einmaligkeit des etruskischen Schreibsystems hervor, dessen Buchstaben zwar aus dem griechischen Alphabet übernommen wurden, dessen Grammatik aber keiner anderen europäischen Sprache gleicht. Den Aufzeichnungen ist zu entnehmen, dass die Religion ganz im Zentrum der etruskischen Kultur stand. Die Römer selbst benutzten einige etruskische Bücher über die Kunst der Weissagung. Anscheinend folgten die Etrusker drei heiligen Büchern zur Weissagung des Götterwillens. Eines behandelte die Deutung der Eingeweide von Tieren, ein zweites Blitze und ein drittes den Vogelflug. Die etruskischen Sagen waren stark von den Griechen beeinflusst, vor allem durch die Tatsache, dass ihre Götter menschliche Eigenschaften und Veranlagungen hatten. Andererseits waren in der etruskischen Religion die Sphären, die Menschen bzw. Götter bevölkerten, klar definiert und die Rituale folgten genau festgelegten Verfahrensweisen, um nicht den Zorn der Gottheiten heraufzubeschwören – man musste auf Zeichen achten, um zu wissen, wie man sich verhalten sollte. Einige göttliche Wesen waren von der hellenischen Kultur übernommen, zum Beispiel Aplu (Apollo), Artumes (Artemis), Maris (Mars) und Hercle (Hercules). Im Gegensatz zu vielen anderen antiken Zivilisationen scheint es in Etrurien keinen großen Unterschied zwischen dem Status von Männern und Frauen gegeben zu haben.

Die Etrusker waren Bauern, aber sie hatten auch einen militärischen Bereich und befestigten ihre Städte. Außerdem waren sie gute Seefahrer und unterhielten aktive Handelsbeziehungen mit den Phöniziern und mit Karthago, lange vor Rom. Sie betrieben Eisen-, Kupfer, Zinn-, Blei- und Silberbergbau und diese Wohlstandsquellen trugen zum Erfolg ihrer Zivilisation vom 8. bis zum 6. Jahrhundert v. Chr. bei. Ihr Niedergang begann im 5. Jahrhundert und beschleunigte sich im darauf folgenden. Ihre größte Schwäche war die Unfähigkeit der etruskischen Stadtstaaten, sich gegen den römischen Angriff zu verbünden, und im 3. Jahrhundert v. Chr. wurden sie von Rom eingenommen. Ihre Sprache, ihre Bräuche und ihre Kultur wurden unterdrückt, ihre ganze Zivilisation verschwandt.

In Wissenschaft, Technik und Kunst waren die Etrusker weit fortgeschritten. Vieles, was wir als typisch römische Technik betrachten, war in Wirklichkeit etruskisch: Steinbögen, gepflasterte Straßen, Aquädukte und Abwasserkanäle. Sie hatten eine eigene starke Tradition der Malerei und Skulptur und sind genauso Gründer der westlichen Kultur wie die Griechen und Römer. Das Erdenleben betrachteten sie als etwas Flüchtiges, ohne bleibende Bedeutung. So bauten sie ihre Häuser aus Holz oder Lehm, für ein kurzes Erdenleben, ihre Gräber aber für immer. In Cerveteri, wo der Friedhof ebenfalls eine richtige Stadt mit Straßen und Plätzen, mit enormen Tumuli und in den Fels gehauenen Gräbern ist, wird diese Einstellung am deutlichsten. Diese Totenstadt ist ein Abbild der Stadtplanung und der architektonischen Muster, die auch in einer „lebendigen" antiken Stadt verwendet wurden. Ohne Cerveteri wüssten wir nicht, wie antike Architektur aussah. Die *tombe a camera* (Kammergräber) waren für ganze Familien ausgelegt und wurden über mehrere Generationen genutzt. Sie waren aufwändig möbliert und mit Stuckarbeiten und Terrakottafiguren, Schafslebern aus Bronze (für Weissagungszwecke), Fresken, Vasen, Reliefs, Waffen wie Speere und Schwerter, Haushaltsgegenständen und – weil Grabinhalte den Wohlstand oder gesellschaftlichen Status einer Familie widerspiegelten – Goldschmuck ausgestattet.

Cerveteri ist riesig, aber es gibt eine vollständige Stadt, die noch fantastischer ist – Tarquinia (in der Nähe des Braccianosees). Sie war ein florierendes Geschäfts- und Handelszentrum und beherbergte zugleich 6000 Gräber, die über komplizierte unterirdische Treppenhäuser zu erreichen waren. 200 davon sind besonders berühmt für ihre Malereien, die bis zum 7. Jahrhundert v. Chr. zurückreichen. Von Amts wegen werden sie nach dem Rotationsprinzip geöffnet, damit die lichtempfindlichen Wandmalereien, die sie zieren, länger erhalten bleiben. Ohne Tarquinia und seine Wandmalereien wüssten wir nicht, wie das tägliche Leben im antiken Etrurien vonstatten ging.

Ungefähr 30 Kilometer entfernt, in der Nähe von Canino, liegt Vulci. Hier sind weitere Gräber zu finden, aber bekannter ist es für seine antike Burg und seine Brücke, eines der ersten Beispiele für die Bogenbauweise. Schon im 8. Jahrhundert v. Chr. war Vulci eine aktive Stadt; in der Antike war sie für ihr Handwerk und ihre Landwirtschaft berühmt. Gestärkt durch die Anwesenheit griechischer Arbeitskräfte wurde Vulci für seine Keramik, Skulpturen und Bronzeobjekte gleichermaßen berühmt sowie für die gute Verarbeitungsqualität seiner Waren, die Märkte im gesamten Mittelmeerbereich erreichten. In Vulci wurden mindestens vier Nekropolen gebaut und es war üblich, Statuen von Fabeltieren zur Bewachung der Gräber aufzustellen. In diesen Gräbern wurden sehr reichhaltige Grabschätze gefunden, insbesondere eine große Anzahl von Keramiken aus griechischer und Bronzeobjekten aus örtlicher Herstellung. In anderen befanden sich Malereien, in denen die griechischen Sagen mit den etruskischen vermengt waren.

Dass griechische Vasen so hoch geschätzt werden, hat verschiedene Gründe. Zum Ersten ist die Herstellung von Keramiken – Objekten aus Ton, die in einem Ofen gebrannt werden – eine der Praktiken, die eine Zivilisation definieren. Im Nahen Osten wurden die ersten Töpfe um 6700 v. Chr. hergestellt. Zunächst waren sie einfach und unbemalt, aber man konnte trockene Vorräte wie Getreide und andere Samen außerhalb der Reichweite von Ratten und Vögeln lagern; flüssige Vorräte konnten so gelagert werden, dass nur sehr wenig verdampfte, was der Entwicklung von Bier und Wein förderlich war, und sie erleichterten den Transport und förderten dadurch den Handel. Im Laufe der Jahrhunderte wurden die Keramiken in Form, Funktion und Dekoration immer ausgefeilter. In der griechischen Klassik schließlich erreichte dieser Bereich menschlichen Schaffens seinen Höhepunkt.

Unser Wort „Keramik" kommt vom griechischen *keramos*, Töpferton. Das Gebiet Athens, in dem die Töpfer lebten, war den Römern als Ceramicus bekannt und schloss an die Agora, den Markt- und Versammlungsplatz an, entlang den Ufern des Eridanos. Der feine Ton von Ceramicus und die brillante Technik vieler griechischer Töpfer führten zur Kreation mannigfaltiger Vasenformen für verschiedene Funktionen. Wissenschaftler und Sammler unterscheiden heute etwa 100 unterschiedliche Formen, die jeweils ihren eigenen Namen haben. Eine *amphora* beispielsweise ist eine Vase mit zwei Henkeln für Lagerung und Transport. Das Wort *krater* bedeutet „Mischkrug" und beschreibt eine große Vase. Eine *oinochoe* ist ein kleiner Krug, der in den *krater* getaucht wurde, um den (mit Wasser gemischten) Wein in eine Trinkschale, eine *kylix* zu gießen. Die *kylix* wird manchmal auch „Symposion-Vase" genannt, weil sie oft in den Malereien auf den Vasen abgebildet ist und auf den abendlichen Gelagen verwendet wurde. Eine weitere gängige Vasenform ist die der *hydria* – ein dreihenkliger Krug, der auf vielerlei Weise eingesetzt wurde: zum Wasser holen, als Wahlurne für die Abstimmungen auf den Versammlungen und als Behältnis für die Asche der Toten. Das Wort *psykter* bedeutet „Kühler"; diese Vasen wurden mit einer Mischung aus Wasser und Wein gefüllt in einen mit kaltem Wasser gefüllten *krater* gestellt, um so den Wein zu kühlen. Ein *lekythos* ist eine Taschenflasche für kosmetische Öle, Parfüms oder Gewürze; häufig wurde sie auch im Zusammenhang mit Bestattungen benutzt, um ihren Inhalt über die Toten zu gießen. Eine kleine runde Flasche mit schmalem Hals, ein *aryballos*, wurde benutzt, um Öl aufzubewahren und auszugießen. In attischen Vasenmalereien ist oft zu sehen, wie diese Fläschchen an den Handgelenken von Athleten baumeln. Ein *alabastron* ist ein kleines eiförmiges Gefäß für Parfüm, höchstens 10 bis 15 Zentimeter hoch. Es sind zwar um die 100 Vasenarten bekannt, aber nur etwa 20 wurden im Alltag verwendet.

Der dritte – und krönende – Aspekt griechischer Vasen ist ihre Dekoration. Viele Archäologen und Kunsthistoriker sind der Überzeugung, nach den sehr schönen, aber geheimnisvollen Höhlenmalereien, die von den Frühmenschen vor ungefähr 30 000 Jahren überwiegend in Europa geschaffen wurden, seien die griechischen Vasenmalereien für lange Zeit die höchste Errungenschaft menschlicher Kunst gewesen, bis dann über eintausend Jahre später die großen Kathedralen des Hochmittelalters entstanden. Dies ist einer der Gründe dafür, dass die griechische Antike so hoch geschätzt wird. Sir Peter Hall schreibt in seinem Buch *Cities in Civilisation* von 1998 im Kapitel „The Fountainhead" („Der Urquell") über das antike Athen:

„Der entscheidende Punkt, was Athen betrifft, ist seine Vorreiterrolle. In so vielen Dingen, die seither für die westliche Zivilisation und ihre Inhalte von Bedeutung waren, war diese Stadt die Erste. Das Athen des 5. Jahrhunderts v. Chr. gab uns die Demokratie … Es gab uns die Philosophie einschließlich der politischen Philosophie, in einer so abgerundeten, so vollständigen Ausprägung, dass anschließend mehr als ein Jahrtausend lang kaum jemand etwas Wesentliches hinzufügte. Es hinterließ uns die erste systematische schriftliche Aufzeichnung der Geschichte. Es systematisierte medizinische und naturwissenschaftliche Erkenntnisse und gründete diese Erkenntnisse erstmals auf Verallgemeinerungen empirischer Beobachtungen. Es schuf die erste lyrische Dichtung und dann die Komödie und die Tragödie – und wiederum alles in einem so außergewöhnlichen Maß an Perfektion und Reife, als seien diese Kunstformen schon jahrhundertelang unter der griechischen Sonne herangewachsen. Und es hinterließ uns die erste naturalistische Kunst; zum ersten Mal fingen menschliche Wesen den kleinsten Lufthauch, die Eigenart eines Lächelns ein und hielten es für immer fest."

Das ist es, was in so vielen Menschen eine Leidenschaft für griechische Vasen weckt.

Bemalte griechische Vasen sind schon aus dem 2. Jahrtausend v. Chr. bekannt – und bis kurz vor Ende des 1. Jahrhunderts v. Chr. Zu Beginn dieser Zeitspanne gab es viele örtliche Stile, aber Mitte des 6. Jahrhunderts v. Chr. übertrafen die Vasen aus Attika, insbesondere die aus seiner Hauptstadt Athen, die der nächstbesten Konkurrenz aus Korinth an Quantität und Qualität. Diese attische Vorrangstellung endete erst mit dem Ende des verhängnisvollen Peloponnesischen Kriegs im Jahre 404 v. Chr., der Athen seiner einträglichen Märkte beraubte. Danach begann der Niedergang der attischen Vasenmalerei; in anderen Teilen der griechischen Welt, insbesondere auf Sizilien und in Süditalien, wurde sie jedoch fortgesetzt.

Zunächst waren die Hauptmotive dem Meeresleben entnommen. Auf diese Werke folgte eine Periode, in der mit einem Zirkel oder Lineal Muster auf die Oberflächen der Vasen gezeichnet wurden, der so genannte geometrische Stil. Menschliche Figuren erscheinen im 8. Jahrhundert v. Chr., zusammen mit östlichen Gestaltungselementen: Pflanzenornamenten, Fabelwesen und Ungeheuern. Zu jener Zeit gelang in Korinth ein entscheidender Durchbruch: die Einführung der schwarzfigurigen Technik, oft mit eingeritzten roten und weißen Linien. In der zweiten Hälfte des 7. Jahrhunderts v. Chr. verbreitete sich dieser Stil auch nach Athen, wo die Kunstfertigkeit, die das Ritzen erforderte, umgehend die Entwicklung eines persönlichen Stils einzelner Künstler förderte. Von da an werden die persönliche Note der Künstler als Zeichen ihrer Kreativität und Individualität und eine Konzentration auf menschliche Figuren zu den grundlegenden Merkmalen der Vasenmalerei in ihrer Blütezeit.

Viele der abgebildeten Szenen stammen aus der griechischen Mythologie, auch wenn sie keine „Buchillustrationen" im modernen Sinn sind. Dem Künstler war es freigestellt zu malen, was er wollte, und so entwickelten sich die ersten wirklich hervorragenden Maler. Kenner unterscheiden fast 900 Vasenmaler, die etwa die Hälfte der erhaltenen Vasen bemalt haben, aber nur 40 haben uns ihren Namen hinterlassen, die anderen werden anhand eines bestimmten Meisterwerks benannt. Unter den großen Meistern der attischen schwarzfigurigen Vasen waren Sophilos, Kleitias, Nearchos, Lydos, Exekias und der Amasismaler.

Ab diesem Punkt enthalten die Malereien mehr und mehr dieses spezielle Element persönlicher Erfahrung, das es uns – 2500 Jahre später – so leicht macht, uns mit ihnen zu identifizieren. Die Malereien auf griechischen Vasen sind naturalistisch. Die einzelnen Figuren sind angezogen wie antike Griechen, sie führen Tätigkeiten aus, die antike Griechen ausführten, aber wir erkennen uns trotzdem in ihnen wieder: Sie schwatzen am Brunnen, ihre Hunde sind Nervensägen, sie ohrfeigen ihre aufsässigen Kinder, alte Männer gieren nach jungen Frauen, junge Frauen lächeln schüchtern, wenn junge Athleten vorbeigehen. Das sind echte Menschen, deren Eigenarten und Gefühle sich in ihrem Ausdruck widerspiegeln: Verschmitztheit, Verlegenheit, Sarkasmus, Ekel … Wir bekommen Mitleid mit den trübsinnigen Trauernden in einer Bestattungsszene. Oft sind die Vasen von unglaublicher Schönheit, aber zugleich sind sie Dokumente, die das antike Leben in all seinem Glanz zeigen und doch ohne etwas zu verbergen. Deshalb sind diese Vasen so bedeutend und deshalb ist es wichtig zu wissen, wo und wann sie gefunden wurden.

Gegen Ende des 6. Jahrhunderts v. Chr. fühlten sich Künstler von den Grenzen der schwarzfigurigen Technik eingeschränkt und die neue Technik der rotfigurigen Vasen entstand. Dazu wurden die Figuren in der Farbe des Tons belassen (der beim Brennen rot wurde), die Details wurden mit feinen Linien aus schwarzem Schlicker oder verdünntem Schlicker gezeichnet, die nach dem Brennen dunkelbraun oder von durchscheinendem Gelb waren. Der gesamte Hintergrund war glänzend schwarz. So erschienen die Figuren, als ob sie von moderner Theaterbeleuchtung angestrahlt würden, wirkten dramatischer und realistischer.

Nun begannen die besten Künstler die wirklich herausragenden Meisterwerke zu fertigen, mit neuen Themen, die gut zu den Konturen der Vasen passten. Auch bei den Vasen selbst entwickelten sich neue Formen, die dem hoch zivilisierten Leben entsprachen, das im perikleischen Athen – während seiner Blütezeit unter dem Staatsmann und General Perikles (ca. 495–429 v. Chr.) – vorherrschte. Die Generation der besten Vasenmaler war als „die Pioniere" bekannt (weil sie mit neuen Techniken experimentierten) und die drei berühmtesten unter ihnen waren Euphronios, Euthymides und Phintias. Euphronios (Hauptschaffenszeit um 520–500 v. Chr.) signierte acht attische Vasen als Maler und, als er schon älter war, zwölf Schalen als Töpfer, die von anderen Künstlern dekoriert wurden. Sein besonderes Interesse galt der Abbildung des menschlichen Körpers. Er experimentierte mit der perspektivischen Zeichnung, um seinen Bildern mehr Tiefe zu geben. Euthymides (Hauptschaffenszeit um 515–500 v. Chr.) signierte acht athenische Vasen, sechs als Maler und zwei als Töpfer. Auf einer Bauchamphora von ihm in München befindet sich die Inschrift „Euthymides, Sohn des Polias, hat es gezeichnet, wie niemals Euphronios", die im Allgemeinen eher als spielerische Herausforderung des jüngeren Künstlers denn als Verhöhnung aufgefasst wird. Sie zeigt jedenfalls, dass die Künstler die Werke der anderen kannten. Phintias (Hauptschaffenszeit um 520–500 v. Chr.) signierte sechs Vasen als Maler und drei als Töpfer. Die Schreibweise seines Namens variiert, da er offenbar nicht besonders gut lesen und schreiben konnte. Diese Periode wurde als *primavera* bezeichnet – ein Frühling, den die Malerei erst wieder in der italienischen Renaissance erleben sollte. Mit anderen Worten: Euphronios, Euthymides und Phintias werden zu Recht als ebenbürtig mit Raphael, Michelangelo und Leonardo da Vinci betrachtet.

Die nächste Phase der attischen rotfigurigen Maler begann mit dem Berliner Maler und dem Kleophradesmaler. Der Berliner Maler erhielt seinen Namen wegen einer großen Amphora in der Berliner Antikensammlung. Seine Figuren sind so sorgfältig der Form seiner Vasen angepasst, dass viele Wissenschaftler glauben, er müsse Töpfer und Maler zugleich gewesen sein. Darüber hinaus zeichnet diese Figuren eine klare Schlichtheit und Eleganz aus, die wir heute „klassisch" nennen. Der Kleophradesmaler (Hauptschaffenszeitzeit um 505–475 v. Chr.) ist nach dem Töpfer Kleophrades benannt, Sohn des (schwarzfigurigen Malers) Amasis, dessen Signatur auf einer großen rotfigurigen Schale erscheint, die jetzt in der Bibliothèque Nationale in Paris steht. In dieser Phase sind die Szenen heiterer, mit spielerischen Umrandungen, und es sind weniger Figuren abgebildet. Ungefähr zu gleicher Zeit begannen sich auch die Schalenmaler zu einer besonderen Berufsgruppe zu entwickeln. Schalen- oder Kylixmalerei war wohl die persönlichste aller Malereiformen, da diese bemalten Trinkgefäße in den Symposien benutzt wurden. Die großen Schalenmaler waren Onesimos, Duris (der 280 Vasen schuf und 40 signierte) und der Brygosmaler.

Gegen Ende des 5. Jahrhunderts v. Chr. änderte sich die Vasenmalerei erneut; es kam eine Vorliebe für neue Kompositionen und bestimmte mythische Themen auf. Wissenschaftler sehen dies heute als Reaktion auf das Aufblühen der Wandmalereien in Athen, die leider verloren gegangen sind. Dies ist ein weiterer Grund für die Bedeutung der Vasenmalerei dieser späten Phase. Ein Lieblingsthema war die Schlacht zwischen den Athenern und den Amazonen, ein mythischer Vorläufer des nicht so lange zurückliegenden Sieges der Athener über die Perser. Nun wird der menschliche Körper in sehr unterschiedlichen, aber lockeren Posen gezeigt, es wird stärker perspektivisch gezeichnet und die Falten der Gewänder verlieren ihre Steifheit, verbergen den darunter verborgenen Körper und enthüllen ihn zugleich. (Die Bildhauerei entwickelte sich in eine ähnliche Richtung.)

404 v. Chr., nach der Niederlage der Athener im Peloponnesischen Krieg, verlor Athen seinen Markt im Westen. Ab diesem Punkt begann die Vasenmalkunst an anderen Orten aufzublühen. Für kurze Zeit kamen apulische Malereien in Mode. Bis zum Ende des 4. Jahrhunderts v. Chr. fand die rotfigurige Vasenherstellung in allen Teilen der antiken Welt ein Ende.

Keramiken sind das wichtigste Studienmaterial für die Erforschung der Antike, weil sie über mehrere Jahrhunderte in großen Mengen hergestellt wurden und zahlreich erhalten sind. Die Vasenmalerei sage uns mehr über die Griechen, ihr Aussehen, ihre Tätigkeiten und ihren Glauben als jeder literarische Text, wird in einer Lobrede auf die Durchschnittsvase festgestellt. Selbst schlecht bemalte Vasen erhielten oft eine besondere Bedeutung, weil sie eine bestimmte Geschichte zum ersten Mal erzählten oder über ein bestimmtes Detail Aufschluss gäben. Hier vermindere der Durchschnitt nicht den Wert des Besten, sondern lenke, der breiten Basis einer Pyramide gleich, den Blick auf die Spitze. Besagte Lobrede wurde von keinem Geringeren als Dietrich von Bothmer verfasst.

Einer der ersten Liebhaber, der eine größere Vasensammlung zusammenkaufte, war Sir William Hamilton. Er war Mitglied der Society of Antiquaries und wurde zum britischen Gesandten am Hof von Neapel ernannt, wo er nicht eine, sondern gleich zwei Sammlungen griechischer und etruskischer Vasen anlegte. Die erste, aus 730 Objekten bestehende Sammlung wurde 1772 für 8400 britische Pfund an das British Museum verkauft. Seine zweite Sammlung war noch erlesener als die erste und bestand aus relativ frisch ausgegrabenen Vasen. Er sandte sie nach England, damit sie dort verkauft würde. Ein Teil ging auf See verloren, aber die verbleibenden Objekte erreichten London und wurden dort versteigert. Diese Auktion hatte großen Einfluss auf den englischen Geschmack und einer, der diesen Vasen „verfiel", war Joshua Wedgewood. Er entwickelte eine moderne Version griechischer und italienischer Vasen (in seiner Manufaktur namens Etruria), die so populär wurde, dass sich die Objekte manchmal für den dreifachen Preis der Originale verkauften.

Hamiltons Hauptkonkurrent in Italien war der Franzose Vivant Denon, der später bei der Gründung des Musée Napoleon, dem heutigen Louvre, eine Rolle spielte. Seine Sammlung griechischer und etruskischer Vasen bestand aus 520 Objekten. Ein 1775 veröffentlichter Touristenführer zählte 42 Vasensammlungen in 18 europäischen Städten auf.

Das wiedererwachte Interesse an der griechischen Antike – angeregt durch die Ausgrabungen südlich von Neapel und Winckelmanns Schriften – war einer der Hauptfaktoren für die Entstehung der neoklassizistischen Bewegung in der Kunst, von der Europa um die Wende zum 19. Jahrhundert erfasst wurde. Auch Romantiker waren der klassischen Welt verfallen, nicht nur Byron, sondern auch John Keats, der die berühmte *Ode auf eine griechische Urne* schrieb:

O Attische! ... Du kaltes Hirtenspiel!
Wenn uns das Alter fortrafft eines Tags,
Sollst du bestehn, von Leid, dem hier nichts gleicht,
Umringt, ein Freund dem Menschen, dem du sagst:
„Schönheit ist Wahrheit, Wahrheit schön – soviel
Wißt ihr auf Erden, und dies Wissen reicht."

Im 19. Jahrhundert nahm dieses Interesse weiter zu, genährt von den Ausgrabungen nördlich von Pompeji und Herculaneum. In George Dennis' Buch *Die Städte und Begräbnisplätze Etruriens* wurde die Erhabenheit und Perfektion der Vasen gefeiert, die in den Ausgrabungen zu Tage gefördert worden waren, und nach Paris und London entstanden Sammlungen in weiteren europäischen Hauptstädten – in Berlin, Kopenhagen, Petersburg und Wien. In München wurde die Sammlung von Ludwig I. als „Prologue to the Renaissance" ausgestellt. Die Funde in Vulci, viele davon auf dem Land von Lucien Bonaparte, wurden als „The Raphaels of Antiquity" ausgestellt. Die neuen Entdeckungen leiteten das „goldene Zeitalter" der Vasensammler ein. Zu dieser Zeit wurde die Sammlung von Marchese Gianpietro Campana gebildet, die mit 3791 Objekten wohl die größte war, die je zusammengetragen wurde. Die Vereinigten Staaten folgten dem Trend gegen Ende des Jahrhunderts. Für die erste Vasensammlung im Boston Museum of Fine Arts war E. P. Warren verantwortlich. Er ließ sich als einer von mehreren Vasenforschern Ende des 19. Jahrhunderts in Rom nieder, als dort sonntags auf der Piazza Montanova Antiquitätenmärkte stattfanden. Im 19. Jahrhundert, als in europäischen und nordamerikanischen Universitäten Lehrstühle für klassische Archäologie eingerichtet wurden, erwarben viele Institutionen Sammlungen zu Studienzwecken.

Anfang des 20. Jahrhunderts gelang den Vasenkennern ein weiterer Schritt nach vorn, als der britische Archäologe J. D. Beazley die Morelli-Technik auf die Einordnung griechischer Vasen anwandte. Der Oxforder Student wurde in Lincoln Professor für klassische Archäologie und Honorary Fellow des Metropolitan Museum in New York. Giovanni Morelli wiederum war ein italienischer Kunsthistoriker des späten 19. Jahrhunderts (mit starkem Einfluss auf Bernard Berenson), der Freud'sche Theorien für die Zuordnung von Kunstwerken einsetzte. Er beschäftigte sich mit Gemälden der Frührenaissance, die oft nicht signiert sind, und gelangte zu der Überzeugung, dass viele Maler ihre Identität in den „unbewussten" Teilen ihrer Bilder offenbaren – in jenen Bereichen wie Ohren, Augenbrauen oder Fußknöcheln, wo sie vielleicht nicht ganz aufmerksam sind oder die keinen Teil der Hauptaussage des Gemäldes bilden. Diese Merkmale sind laut Morelli in verschiedenen Gemälden eines Künstlers immer sehr ähnlich. Beazley adaptierte diese Methode für die Identifizierung griechischer Vasen, sodass er sie Gruppen zuordnen konnte. Entweder er schrieb sie Malern zu, die einige wenige Vasen signiert hatten, oder er versah sie mit Bezeichnungen wie „Berliner Maler" oder „Villa Giulia Maler", wenn keines der Werke signiert war. In diesen Fällen wurde der Maler nach seinem Meisterwerk benannt. Mit der Zeit konnte diesen Künstlern ein Œuvre zugeordnet werden, ja sogar eine künstlerische Entwicklung, im Verlaufe derer sich ihr Stil entwickelte, reifte und sich (eventuell) verschlechterte. Indem er so Namen und Identitäten lieferte, belebte Beazley den Vasenmarkt erneut. Seine Errungenschaft war ein Geschenk für Sammler und Händler, weil sie dazu beitrug, eine anonyme Masse von Objekten in die archäologische Entsprechung des Marktes für die alten Meister oder ähnlicher etablierter Märkte zu verwandeln. Dasselbe erreichten andere Wissenschaftler anschließend für Vasenmaler in anderen Teilen der klassischen Welt. Diese Methode war so erfolgreich, dass George Dennis' Buch *Die Städte und Begräbnisplätze Etruriens* 1973 neu herausgegeben wurde.

Auch heute noch werden griechische und etruskische Vasen leidenschaftlich geliebt und rege gehandelt. Seit dem Zweiten Weltkrieg wurden 71 private Sammlungen auktioniert. In den Vereinigten Staaten befinden sich die großen Vasensammlungen (abgesehen von Boston) im Metropolitan Museum of Art in New York (von 1906 bis 1928 aufgebaut und 1941 und 1956 ergänzt), in der Duke University Classical Collection in Durham, North Carolina, und im San Antonio Museum (gegründet in den 1990er-Jahren). Mehrere große Sammlungen im Wert von Millionen von Dollar wurden seit dem Zweiten Weltkrieg zusammengetragen. Die Leidenschaft der Archäologen hat nicht nachgelassen, obgleich sie anderen Themen gilt – zum Beispiel, ob die Vasen in diesen Sammlungen aus Raubgrabungen stammen und ob sie in der Antike wirklich so wertvoll waren, wie manche meinen. So oder so rufen diese Altertümer immer noch leidenschaftliche Gefühle hervor.

Nach Etrurien und Griechenland folgte: Rom. Während des gesamten Bestehens des Römischen Reichs war die Verehrung der griechischen Lebensweise, Ideenwelt und künstlerischen Leistungen einer der vorherrschenden Einflüsse.

Wenn wir heute von den Werken der „klassischen Antike" sprechen, meinen wir damit griechische und römische Literatur und Kunst. Dabei waren die Römer diejenigen, die den Begriff einer „Klassik" überhaupt erst einführten, den Gedanken, dass das Beste, was in der Vergangenheit gedacht, geschrieben, gemalt und entworfen wurde, erhaltenswert und gewinnbringend ist.

Die Römer hatten auch einen Begriff namens *utilitas*, worunter sie Nützlichkeit gepaart mit Unsentimentalität und Stolz auf römische Errungenschaften verstanden, und dieser Begriff hatte großen Einfluss auf die Innovation in den bildenden Künsten. Porträts waren in Griechenland realistischer geworden, aber sie waren immer noch bis zu einem gewissen Grad idealisiert. Nicht so in Rom. Der Kaiser wollte vielleicht, dass sich in seinen Abbildern die Würde seines Amtes widerspiegelt, aber für andere Familien galt: je realistischer, desto besser. In Rom war es – zumindest bei den Patrizierfamilien – Tradition, Wachsmasken der Vorfahren aufzubewahren, die bei Bestattungen von den lebenden Familienmitgliedern getragen wurden. Aus diesem Brauch entwickelte sich die römische Tradition der Bronze- und Steinbüsten, die in erster Linie realistisch waren. Deshalb sind römische Skulpturen so lebhaft, wertvoll und begehrt.

Durch die Erfindung des *opus caementitium*, des römischen Zements, veränderte sich die Architektur grundlegend. Gegen Ende des 3. Jahrhunderts fand man, eventuell aufgrund afrikanischer Traditionen, heraus, dass eine Mischung aus Wasser, Kalk und einem körnigen Material wie Sand zu einer haltbaren Substanz aushärtete, die entweder zur Verbindung von Mauerwerk oder als eigenständiges Baumaterial verwendet und, in gewissen Grenzen, in Formen gegossen werden konnte. Diese Entdeckung hatte zwei unmittelbare Folgen. Erstens konnten nun größere öffentliche Gebäude wie Bäder oder Theater in der Mitte der Stadt gebaut werden. Es mussten keine großen Steine mehr über weite Entfernungen transportiert werden. Stattdessen konnten Sand und Ziegel in kleineren, viel handlicheren Mengen herbeigeschafft werden. Viel kompliziertere Gebäude konnten errichtet werden, die mehr Menschen aufnehmen konnten. Zweitens konnten die Bauarbeiten – weil Ziegel und Mörtel im feuchten Zustand formbar waren und somit nicht behauen werden mussten – von weniger qualifizierten Arbeitern ausgeführt werden, sogar Sklaven konnten diese Arbeit übernehmen. Also wurde Bauen viel billiger. All dies führte dazu, dass Monumentalbauten in viel größerem Maßstab als zuvor errichtet werden konnten, was einer der Gründe dafür ist, dass Rom heute eine Stadt mit einer solchen Vielzahl klassischer Ruinen ist – schönem Mauerwerk, mit Mörtel gebunden.

In Rom genoss die griechische Kultur eine immense Hochachtung. Seit dem 1. Jahrhundert v. Chr. waren griechische Skulpturen und Kopien griechischer Skulpturen in vielen reichen Haushalten Roms zu finden. Viele dieser Kopien waren sehr gut und heute kennen wir einen Großteil der griechischen Skulpturen nur oder überwiegend über die römischen Kopien. Zunächst plünderten römische Generäle, so viel sie konnten: Im Jahre 264 v. Chr. raubte ein römischer General 2000 Statuen aus dem besiegten Volsinii. Bald richteten sich die griechischen Künstler auf die römische Nachfrage ein und in Athen wuchs ein blühender Kunsthandel heran (mit den so genannten neoattischen Werkstätten, die den Geschmack der römischen „Touristen" bedienten). Später eröffneten griechische Künstler Geschäfte am Tiber. Rom selbst war eine Mischung aus griechischen Ideen und lateinischem Ehrgeiz, aber nur ist davon – unter anderem dank dem Zement – viel mehr übrig als von Athen.

Zu den Antiquitäten, mit denen Giacomo Medici handelte, gehörten einige der erlesensten Objekte, die je von Menschen geschaffen wurden. Viele Aspekte dieser folgenreichen Epochen unserer Vergangenheit liegen immer noch im Dunkeln. Praktisch die Hälfte der Geschichte der griechischen, etruskischen und römischen Kultur in Italien wird wegen der Raubgräberei auch für immer im Dunkeln bleiben. Der angerichtete geistes- und kunstgeschichtliche Schaden ist immens. Und Giacomo Medici spielte eine größere Rolle darin als alle anderen.

4
Korridor 17

Es dauerte ein Jahr, bis die beiden Ermittlungen im Genfer Freilager miteinander verknüpft wurden. Der Staatsanwalt Dr. Ferri realisierte, dass in London wesentliche Beweisstücke, mit seinen Worten „*der* Beweis", dafür zu finden war, dass Medici eine, ja vielleicht die zentrale Figur im Schmuggel illegal ausgegrabener Antiquitäten aus Italien und in die weltweiten Märkte war. Wenn die Unterlagen von Sotheby's, zu denen uns Hodges Zugang verschafft hatte, mit den Fotografien und Schriftstücken aus Korridor 17 im Genfer Zollfreilager abgeglichen und Übereinstimmungen gefunden würden, könnte er außerdem zweifelsfrei nachweisen, dass ein Großteil des Handelsvolumens der Antiquitätenabteilung eines weltweit führenden Auktionshauses aus Objekten bestand, die aus italienischen Fundstätten geraubt worden waren. Auch für Conforti war die Querverbindung zu Sotheby's von überragender Bedeutung. Er hatte gehofft, schon der Raubüberfall in Melfi könnte zur Aufdeckung der aus Italien herausführenden Verbindungen beitragen.

Aufgrund der parallelen Recherchen, die wir zu geschmuggelten Antiquitäten aus Indien und zu Gemälden Alter Meister aus Italien durchgeführt hatten (im Fernsehen ausgestrahlt und als Buch veröffentlicht), schloss Sotheby's im März 1997 in London drei Abteilungen – Antiquitäten, Asiatische Antiquitäten und Asiatische Kunst – und trennte sich von mehreren „Spezialisten". Außerdem hielt das Unternehmen in London keine Antiquitätenauktionen mehr ab.

Nachdem die Unterlagen von Hodges dazu benutzt worden waren, die Londoner Ermittlungen abzuschließen, konnten die Originale an Conforti und Dr. Ferri übergeben werden. Die Tatsache, dass Sotheby's aufgehört hatte, in London Antiquitäten zu verkaufen, war vielleicht das vielsagendste Eingeständnis, dass an diesem Handelszweig etwas faul war.

In der Schweiz wurde den Italienern zweifellos mit einer anderen Einstellung begegnet als zuvor, nachdem das Land als Zwischenstation des unrechtmäßigen Handels mit Antiquitäten aus Italien und Indien bloßgestellt worden war. Nach monatelangen Ausflüchten – und nachdem Ferri Sotheby's Unterlagen erhalten hatte, die seiner Meinung nach bewiesen, dass Medici von Genf aus operierte – begannen die Schweizer im Frühjahr 1997 über einen zweiten Besuch in Korridor 17 zu sprechen.

Dieser zweite Besuch fand schließlich im Juli statt und unterschied sich deutlich vom ersten. Die Gruppe wurde von einem Genfer Richter namens Dr. Bertari und seinem Assistenten angeführt. Anwesend waren auch Paolo Ferri, zwei von Confortis Leuten, zwei Schweizer Polizisten und fünf italienische Gutachter für die Anklagevertretung – drei Archäologen, deren Assistent und ein Dokumentenexperte; außerdem zwei archäologische Gutachter für das italienische Kultusministerium, das in diesem Fall zivilrechtlicher Kläger war, ein Vertreter des Zollfreilagers und diesmal auch Giacomo Medici selbst, zusammen mit seinem Rechtsanwalt Cleto Cucci aus Rimini, der bereits viele Tombaroli verteidigt hatte und sicherlich auch deshalb in Pasquale Cameras Organigramm stand. Er hatte einen Assistenten und zwei archäologische Gutachter für die Verteidigung mitgebracht. Insgesamt waren sie also zu zwanzigst.

Die Stimmung war angespannt, insbesondere unter den Archäologen. In den dazwischen liegenden Monaten schien zwar an der Oberfläche nicht viel passiert zu sein, aber die Fotografien des Genfer Lagers, die der Schweizer Polizeifotograf aufgenommen hatte, waren nach Rom überstellt worden. Dort waren sie untersucht worden, und zwar nicht nur von Ferri und von Confortis Mitarbeitern, sondern auch von Daniela Rizzo sowie von Anna Maria Moretti, der Leiterin des Museums Villa Giulia, die zugleich der *Soprintendenza per i Beni Archeologici*, der Archäologiebehörde von Südetrurien vorstand. Als sie die Fotografien betrachteten, wurde ihnen nicht nur der riesige Umfang von Medicis Aktivitäten bewusst, auch die hohe Qualität vieler der beschlagnahmten Objekte entging ihnen nicht. Moretti und Rizzo kamen daher zu dem Schluss, dass die archäologische Begutachtung der Objekte im Freilager, wenn es so weit war, von den besten Experten durchzuführen war, die zur Verfügung standen. Es durfte kein Zweifel über den Status der Objekte in Medicis Besitz bestehen bleiben. Sie wählten drei Personen aus, die Daniela Rizzo später „*mostri sacri*", die drei heiligen Ungeheuer, nannte, sehr renommierte Wissenschaftlerinnen und Wissenschaftler. Alle drei waren Größen in ihrem Fach, etablierte, weltweit anerkannte Autoritäten für die Art von Objekten, die im Freilager gefunden worden waren, und alle genossen ein solches Ansehen, dass ihr Urteil nicht in Zweifel gezogen werden würde.

Bei diesen dreien handelte es sich um Gilda Bartoloni und Giovanni Colonna, Professoren für Etruskologie und italische Archäologie an der Universität La Sapienza in Rom, und Fausto Zevi, ebenfalls Professor an der La Sapienza und der führende Spezialist für römische Archäologie und die Magna Graecia. Professor Zevi war wohl der Bekannteste von den dreien und Professor Bartoloni die Erfahrenste in juristischen Belangen, weil sie bereits zuvor bei Gerichtsverfahren gegen Tombaroli als Zeugin aufgetreten war.

An diesem Julitag, als sie einer nach dem anderen durch die Sicherheitskontrolle am Eingang des Freilagers gingen und den kleinen Platz mit seiner schwarzen Skulptur (einer Botero-Imitation) überquerten, als sie mit dem Aufzug in den vierten Stock fuhren, war die Spannung zwischen den Archäologen förmlich greifbar. Für Medici erschienen zwei Gutachter, eine Schweizerin und eine Italienerin. Die Schweizer Archäologin, Fiorella Cottier-Angeli, war für die italienischen Wissenschaftler keine bekannte Größe. Die andere Expertin allerdings, Teresa Amorelli Falconi, war den dreien durchaus bekannt. Sie war Professorin an der Universität Palermo gewesen und zuvor an der Universität in Rom – und das war die Ursache für die dicke Luft. Amorelli Falconi erschien häufig als Sachverständige für die Verteidigung bei Antiquitätenraubfällen. Manchmal wichen ihre Antworten auf Fragen zur Provenienz archäologischer Objekte stark von der Meinung anderer Wissenschaftler ab. Nachdem sie die Fotografien der Objekte in Medicis Freilager gesehen hatten – die Qualität, die Menge und die deutlichen Hinweise darauf, dass sie erst vor kurzem ausgegraben worden waren – fragten sich Bartoloni, Colonna und Zevi, wie eine angesehene Archäologin überhaupt für die Gegenseite in Erscheinung treten konnte. „Es war peinlich", sagte Bartoloni, „wir konnten es kaum mit ansehen."

In Korridor 17 nahm der Schweizer Richter das Wachssiegel vom Schloss ab und öffnete die Tür. Dann trat er beiseite, um die anderen eintreten zu lassen. Als Erster ging sein Assistent, gefolgt von den Schweizer Polizisten, den Carabinieri, Dr. Ferri, den Archäologen und dem Dokumentenexperten. Schließlich waren sie alle in Medicis Vorführraum versammelt.

Psychologisch gesehen war dies ein wichtiger Moment für Bartoloni und die anderen Gutachter. Ja, sie hatten die Fotografien des Schweizer Polizeifotografen gesehen. Sie waren von hervorragender Qualität und hatten den Italienern eine recht gute Vorstellung davon vermittelt, was sie hier erwartete. Aber die Objekte leibhaftig vor sich zu sehen, das war etwas anderes, war eine viel emotionalere Erfahrung für die drei „heiligen Ungeheuer".

Der Schweizer Richter hatte Medici mitgeteilt, er könne unter der Voraussetzung bei der Begutachtung dabei sein, dass er sich nicht einmische. Als die Experten aber begannen, sich in den Räumen zu bewegen und die Objekte miteinander zu besprechen, fiel es ihm schwer zu schweigen. Bartoloni verschlug es den Atem, als sie die Kisten einer Obstbaukooperative aus Cerveteri sah, die mit in italienische Zeitungen eingeschlagenen Antiquitäten gefüllt waren. In anderen Kisten waren die Fragmente nach Typ und Farbe sortiert. „Es war wie ein Supermarkt da drinnen", sagte sie, „es brach einem das Herz."

Medici konnte nicht schweigen. Einmal, als Bartoloni und ihre Kollegen darüber sprachen, aus welcher Region bestimmte Objekte zu kommen schienen und auf Amorelli Falconis Zustimmung oder Widerspruch warteten, wandte sich Medici an den Richter mit den Worten „Wie können meine Sachverständigen wissen, wo etwas herkommt, wenn ich es ihnen nicht sage?" Er realisierte wohl im ersten Augenblick nicht, was er da sagte.

Der Richter wies Medici nachdrücklich darauf hin, dass er still sein solle, woraufhin der Händler die Beherrschung verlor und etwas in der Richtung brüllte wie: „Sie können einem Bürger nicht verbieten, über die Herkunft seiner Objekte Auskunft zu geben." Alle seine Objekte im Freilager seien rechtmäßig gekauft, behauptete er. Das war seine Vorstellung von Provenienz. Der Richter ließ sich jedoch nicht von Medici einschüchtern und antwortete gelassen: „Sie sind kein Schweizer Bürger." Mit anderen Worten, Medici hatte nicht alle Rechte, die er zu haben glaubte.

Den gesamten Vormittag über blieb die Stimmung angespannt, aber in der Mittagspause – warum auch immer – beschloss Medici, nachmittags nicht zurückzukehren. Von da an wurden Bartoloni und die anderen in Ruhe gelassen und konnten die Objekte im Freilager untersuchen, ohne dass er sich ständig einmischte.

Bartoloni sagte, sie habe jedes einzelne Objekt in Korridor 17 berührt. Bei ihrem ersten Besuch in Genf blieben sie nur drei oder vier Tage, aber im Laufe der folgenden Monate kamen sie mehrmals zurück. „Wir arbeiteten unermüdlich und sprachen sehr wenig", erinnert sie sich. Es blieb eine sehr emotionsgeladene Erfahrung für sie alle. Manchmal, sagte Bartoloni, wurde ihr regelrecht schlecht und sie war immer wieder erstaunt über die Qualität der Antiquitäten Medicis. „Meine Entrüstung wuchs von Tag zu Tag ... manche Stücke waren so wichtig und so schön." Sie fand sogar ein paar Stücke, die denen, die sie selbst in den 1980er-Jahren in Cerveteri ausgegraben hatte, bis aufs Haar glichen. „Wo hatte Medici diese Dinge her? Vor der Grabung, an der ich beteiligt war, wussten wir nichts von ihnen. Sie konnten unmöglich vorher den Erdboden verlassen haben." Und weiter: „Mir war immer bewusst, dass die Tombaroli eine Plage sind, aber selbst ich hätte mir nicht im Traum vorgestellt, dass der heimliche Handel solche Ausmaße hatte – und Objekte solcher Qualität betraf. Aus dem, was ich sah, schloss ich, dass Crustumerium in diesem Moment geplündert wurde, so wie Cerveteri in den 1970ern geplündert worden war." Bei diesem ersten Besuch fielen ihr auch ein paar Fälschungen auf. Viele echte Objekte hatten außerdem gefälschte Inschriften – weil sich dadurch ihr Wert erhöht.

Aber ihre wissenschaftliche Neugier wuchs ebenfalls. Den Antiquitäten so nahe zu sein, ihre Qualität mit eigenen Augen zu sehen, das ungeheure Ausmaß dieses Handels zu erfassen, noch die Erde an so vielen Objekten zu sehen – dieser erste Besuch im Korridor 17 war für Bartoloni, Colonna und Zevi überwältigend. Was an diesem Tag im Genfer Zollfreilager stattfand, war, wie uns Conforti berichtete, etwas nie da Gewesenes. Den Schweizern war es genauso bewusst wie den Italienern.

Die Italiener begriffen auch, dass sich die Schweizer verändert hatten, weil sie nun von weiteren Besuchen im Zollfreilager sprachen und den Sachverständigen, die die Objekte sehr genau untersuchen mussten, zu verstehen gaben, sie könnten praktisch kommen und gehen, wie es ihnen passte. Für Medici bleibe Korridor 17 versiegelt, nicht aber für sie.

Die Untersuchung durch renommierte Archäologen bildete einen wesentlichen Teil der Anklage gegen Medici, war aber zugleich mehr als das: Zum ersten Mal konnten archäologische Experten eine solche Menge geraubter Antiquitäten begutachten. Somit dienten diese Besuche nicht nur dem Gesetzesvollzug, sondern wurden zum Keim eines neuen Wissenschaftszweigs. Sie boten fachkundigen Experten die Möglichkeit, neue Einsichten in diesen bislang unbekannten Teil kultureller Überlieferung zu gewinnen – auf einem nie da gewesenen Niveau und in unvorstellbarer Menge. Die Untersuchungen in Korridor 17 waren in jeder Hinsicht bahnbrechend und ihre Ergebnisse werden die Antiquitätenwelt und das Antiquitätensammeln für immer verändern.

5
Forensische Archäologie im Zollfreilager

In Italien, mit seinen hunderttausenden von archäologischen Stätten und seiner Geschichte weit verbreiteter Raubgrabungen, wuchs parallel mit Confortis Carabinieri-Abteilung für den Kampf gegen den illegalen Antiquitätenhandel ein neues Spezialgebiet heran: forensische Archäologie. Neben ihren normalen Tätigkeiten bei legalen Ausgrabungen machen es sich forensische Archäologen zur Aufgabe, sich bezüglich heimlicher Grabungen und der Techniken der Grabräuber auf dem Laufenden zu halten, zu wissen, welche Gegenden gerade stark geplündert und die Gegenstände welcher Kulturen gefälscht werden, welche Kulturen und Objekte bei Händlern und Sammlern beliebt sind, was in den Auktionshäusern versteigert wird und was wiedergefunden wurde. Sie arbeiten eng mit den verschiedenen Staatsanwälten und Kunstdezernaten in ganz Italien zusammen.

Sie werden grundsätzlich hinzugezogen, wenn geraubte Antiquitäten beschlagnahmt werden, wie wenige es auch sein mögen. Ihre Aufgabe ist zunächst einmal festzustellen, ob die beschlagnahmten oder wiedergefundenen Objekte echt oder gefälscht sind. Dies ist eine grundlegende Frage, von der natürlich auch abhängt, was für eine Anklage erhoben wird.

Es gibt weit weniger forensische Archäologen als spezialisierte Carabinieri-Kunstdezernate, aber wo es sie gibt, sind sie den verschiedenen archäologischen Denkmalämtern zugeordnet, die verschiedene Gebiete Italiens ausgraben und bewahren: Etrurien, Kampanien, Apulien und so weiter. Aus den Fotografien, die bei der ersten Durchsuchung von Medicis Lager im September 1995 gemacht worden waren, ging hervor, dass unter den Objekten in Genf viele etruskische waren und daher das Kunstdezernat Rat und Hilfe von Daniela Rizzo benötigte – der forensischen Archäologin an der Villa Giulia, Roms größtem etruskischen Museum. Neben ihren anderen Aufgaben war Rizzo Leiterin des *Ufficio Sequestri e Scavi Clandestini*, des Amts für heimliche Grabungen und beschlagnahmte Objekte, und so waren ihr die Techniken der Tombaroli und die Schäden, die sie anrichten konnten, bestens bekannt. Rizzo hatte ebenfalls an der La Sapienza studiert und Ferri und Conforti bereits in der Vergangenheit bei ihren Ermittlungen geholfen. Sie hatte zusammen mit Anna Maria Moretti, der damaligen Direktorin der Archäologiebehörde von Südetrurien und jetzigen der von Latium, bei der Auswahl von Bartoloni, Colonna und

Zevi geholfen – Spezialisten, die nicht nur die akademischen Qualifikationen mitbrachten, sondern sich auch die erforderliche Zeit nehmen konnten.

Bei ihren Arbeitsaufenthalten in Genf arbeiteten die Archäologen hart und sprachen tagsüber kaum miteinander, ihre Abende aber verbrachten sie in den Restaurants auf dem Hügel der Altstadt, wo die übrigen Anwesenden bei jeder Mahlzeit mit gelehrten Debatten zwischen den Professoren Bartoloni und Zevi bedacht wurden, die sich, wie es schien, über nichts einig waren.

Sechs Mal reisten die Archäologen zwischen Juli 1997 und April 1999 zum Zollfreilager, wo sie insgesamt 23 Tage verbrachten. Ihren Abschlussbericht überreichten sie Ferri am 2. Juli 1999, fast auf den Tag genau zwei Jahre, nachdem die Schweizer ihnen Zugang zum Zollfreilager gewährt hatten. Der Bericht umfasste 58 eng betippte Seiten.

Dr. Bartoloni und ihre zwei Kollegen ermittelten, dass sich in Medicis Lager 3800 Objekte befanden, teils intakt, teils als Fragmente. Zusätzlich zu den Objekten wurden sehr viele Fotografien gefunden, über 4000, auf denen noch mehr Antiquitäten abgebildet waren, die bereits durch Medicis Hände gegangen und mit großer Wahrscheinlichkeit an Museen und Sammler rund um die Welt verkauft worden waren. In Anbetracht dieser Fotografien schätzten die Sachverständigen die Zahl der Objekte, mit denen Medici gehandelt hatte, auf ungefähr 7000.

Dies war das erste Mal, dass renommierte Wissenschaftler und Archäologen den Lagerbestand eines Antiquitätenhändlers mit so vielen Objekten ohne Provenienz überprüfen konnten und Professor Bartoloni und ihre Kollegen waren sorgsam darauf bedacht, diese Chance nicht zu vergeuden. Ihr Bericht war folgendermaßen aufgeteilt: Auf ein Vorwort folgte ein Verzeichnis der „mutmaßlich in Italien" gefundenen Antiquitäten. Als Nächstes kam eine Liste von „mutmaßlich in anderen Ländern" gefundenen Antiquitäten und dann eine Liste von *Pasticci*, das heißt antiken Objekten, an denen herumgepfuscht worden war, um ihren Handelswert zu steigern. Die offensichtlichsten Beispiele hierfür waren antike Vasen, bei denen die Lücken zwischen den Fragmenten von modernen Restauratoren gefüllt, oder solche, die von modernen Fälschern mit Inschriften versehen worden waren. Darauf folgte eine Liste mit Objekten „zweifelhafter antiker Herstellung", was bedeutete, dass sich die Experten nicht ganz sicher waren, ob diese Objekte echte Antiquitäten oder moderne

Fälschungen waren. Daran schloss sich eine wesentlich größere Gruppe von Antiquitäten an, die von den Experten als „in der Moderne hergestellte Imitate antiker Objekte" bezeichnet wurden – die also von A bis Z gefälscht waren. Es folgte eine Liste mit Objekten, die „keine Antiquitäten imitieren", eine seltsame Gruppe von Gegenständen, die vielleicht einen unerfahrenen Sammler überzeugen, aber keinen professionellen Händler, Kurator oder Archäologen täuschen konnten. Der Bericht schloss mit einigen Anhängen technischer Natur mit den wissenschaftlichen Informationen zu allen 3800 Objekten aus dem Lager. Es war ein Unterfangen von enormem Umfang gewesen.

Die bei weitem größte Gruppe wurde als „Objekte antiker Herkunft, von prähistorisch bis Spätmittelalter" bezeichnet und in zwei Unterkategorien aufgeteilt: „1a) Objekte, die mit Sicherheit oder an Sicherheit grenzender Wahrscheinlichkeit aus Grabungen auf italienischem Boden stammen" und „1b) Objekte aus Grabungen, die vermutlich außerhalb Italiens stattfanden". Kategorie 1a war natürlich diejenige, die für die Italiener von vorrangigem Interesse war, aber Medici besaß auch einige äußerst interessante und bedeutende nicht-italienische Objekte.

Aber zunächst zur Liste 1a, den Objekten aus italienischen Grabungen. Für diese Kategorie wurden 49 Seiten benötigt. 58 verschiedene Arten von Antiquitäten waren darunter, von Keramiken aus der Eisenzeit und Bronzen der Villanovakultur (9. und 8. Jahrhundert v. Chr.) über etruskische, kampanische und latinische architektonische Terrakotten aus dem 6., 5. und 4. Jahrhundert v. Chr. bis zu attischen schwarzfigurigen und rotfigurigen Vasen in allen erdenklichen Formen, apulischen rotfigurigen Keramiken, Keramiken aus Teano, Votivterrakotten aus Mittelitalien aus dem 4. und 3. Jahrhundert v. Chr. und römischen Bauelementen, römischen Wandgemälden, römischen Silber-, Gold-, Edelstein- und Elfenbeinprodukten. Noch viele Kategorien könnten hinzugefügt werden, eher technische, aber dennoch wichtige Kategorien, die Archäologen, Kuratoren und erfahrenen Sammlern viel bedeuten, z. B. Buccheri, Keramiken der geometrischen Epoche, Eulenskyphoi (ein *skyphos* ist ein becherartiges Trinkgefäß mit zwei Henkeln, das gewöhnlich auf einem kleinen Fuß steht), filigrane Lekythoi und für den Transport vorgesehene Amphoren.

Das unglaubliche Ausmaß und die Vielfalt von Medicis Lagerbeständen war der erste Punkt, den der Sachverständigenbericht hervorhob. Für so viele so vielfältige Objekte von so hoher Qualität, schätzten sie, mussten tausende von Gräbern entweiht worden sein. Die geografische Breite der mutmaßlichen Fundorte wurde als Zweites betont. Wir beschränken uns immer noch auf die italienischen Antiquitäten, aber diese kamen aus Genua, Mittelitalien, Vulci, Tarquinia und Cerveteri im Herzen des antiken Etrurien; sie waren nördlich von Rom, in Latium, Kampanien, Kalabrien, Apulien und Tarent, auf Sizilien und auf Sardinien entwendet worden. In ganz Italien gab es keinen Ort, der von Medicis Plünderungen verschont geblieben wäre.

Das Ausmaß und die geografische Reichweite dieser Raubzüge sind nicht zu vernachlässigende Größen. Im Gegenteil, sie stehen im Zentrum von Italiens Versuchen, auf seine Probleme in diesem Bereich aufmerksam zu machen. Aber zum wirklich bahnbrechenden Ereignis wurde die Untersuchung von Medicis enormen Lagerbeständen durch zwei andere Faktoren: Es konnte zweifelsfrei bewiesen werden, dass erstens diese große Ansammlung von Antiquitäten wirklich illegal aus Italien entwendet worden war und zweitens der illegale Handel nicht unerheblich ist, sondern in der Tat Objekte von großer Bedeutung mit einschließt.

Den lebhaftesten Beweis lieferten, an die Wände des Lagerhauses angelehnt und in einem Fall auf dem Boden liegend, eine Reihe von Fresken, Wandmalereien in rot, grün, blau und grau. Einige zeigten Frauen, Pferde, Blumenvasen, architektonische Elemente der einen oder anderen Art. Für Zevi ging aus dem Stil der Malereien klar hervor, dass sie aus Pompeji oder Herculaneum oder einem ähnlichen Fundort stammten – nur von wo genau? Es sollte ein paar Wochen dauern, bis sie Antwort auf diese Frage bekamen.

Nicht weniger deutlich war die Tatsache, dass in Medicis Lager 300 Fragmente gefunden wurden, unter anderem Bauteile von Dächern, verzierte Terrakottaziegel, kleine Köpfe für die Außenseiten der Gebäude, die – alle erdverkrustet – grob in italienische Zeitungen mit Daten von Dezember 1993 bis Oktober 1994 eingeschlagen waren . Darüber hinaus wurden sie zusammen in einer großen Holzkiste und ein paar rot-grauen Kunststoffkisten mit der Aufschrift „Orto Fr. Cerveteri" aufbewahrt, was für *Orto Frutticola Cerveteri* steht – eine bekannte Obst- und Gemüsekooperative aus Cerveteri.

Gleichermaßen belastend war bei genauerer Betrachtung, dass so viele der Fotografien in Medicis Lager mit einer Polaroidkamera aufgenommen worden waren, insbesondere mit dem beliebten Modell SX-70 (zwei Polaroidkameras und ein normaler Fotoapparat wurden beschlagnahmt). Die Polaroidfotografie wurde erst 1948 und somit neun Jahre nach Inkrafttreten des relevanten italienischen Gesetzes zur Beschränkung der Antiquitätenausfuhr erfunden, und die SX-70 wurde erst viel später eingeführt – im Oktober 1972 in den Vereinigten Staaten und in Europa noch später. Somit sind Polaroidaufnahmen schmutziger Antiquitäten ohne Provenienz schon für sich genommen eine Art Beweis dafür, dass diese Objekte dem Erdboden auf illegale Weise entnommen wurden. Des Weiteren befanden sich viele der fotografierten Antiquitäten in so einem Zustand, dass jeder anständige und erfahrene Archäologe bestätigen könnte, dass sie offensichtlich nicht mit wissenschaftlichen oder professionellen Methoden ausgegraben wurden. Professionell (und legal) ausgegrabene Objekte sehen ganz anders aus: Sie werden am Fundort fotografiert, sodass der Kontext zu erkennen ist, neben einem Maßstab, der ihre ungefähre Größe erkennen lässt, und ordnungsgemäß mit Datum versehen.

Die professionelle Analyse der Professoren Bartoloni, Colonna und Zevi war detailliert und insgesamt vernichtend. Objekte wurden bestimmten italienischen Ortschaften zugeordnet, in Genf gefundene Kunstwerke jenen zugeordnet, die entweder aus legalen Grabungen in einem bestimmten Grab oder einer bestimmten Villa bekannt waren oder aus Beschlagnahmungen illegaler Gegenstände in jüngster Vergangenheit stammten und im Rahmen verdeckter Ermittlungen der Carabinieri wiedergefunden wurden.

Nur mit einem so umfangreichen Fund waren solch aufschlussreiche Nebeneinanderstellungen möglich. Unter den in Genf beschlagnahmten Objekten befand sich beispielsweise eine *fibula* aus dem 9. Jahrhundert v. Chr. Die Fibel wird zu Recht als „Großmutter" der Sicherheitsnadel bezeichnet, aber ihre Verwendung war in der Antike viel weit reichender; sie wurde eingesetzt, um die Stoffbahnen der Kleidung zusammenzuhalten, und wurde zu einem Schmuckelement, das oft den gesellschaftlichen und wirtschaftlichen Status des Trägers anzeigte. Ein Teil dieser speziellen Fibel war aus einem gezwirnten Goldfaden gefertigt, was sehr selten vorkommt. Die Experten wiesen darauf hin, dass die Fibel große Ähnlichkeiten mit einer legal in Tarquinia in der Nekropole von Poggio dell' Impiccato ausgegrabenen habe, die aus der zweiten Hälfte des 9. Jahrhunderts v. Chr. stammt. Eine andere, mit einer Katzenfigur geschmückte Fibel hatte starke Ähnlichkeiten mit einer im „Grab des Kriegers" in Tarquinia gefundenen. Hunderte Male konnten die Experten konkrete Zuordnungen vornehmen (siehe Dossier ab Seite 341).

Um ein weiteres Beispiel zu nennen: 32 Miniaturtassen und 20 Miniatur-*olle* (Weinkrüge mit dicken Henkeln) hatten „starke Ähnlichkeiten" mit einer Reihe von Miniaturvasen (hauptsächlich *olle*), die 1992 nach Aufdeckung einer illegalen Grabung bei einer anschließenden offiziellen in Bandinella Canino gefunden worden waren.

In einem weiteren Fall trugen fünf *kantharoi* (breite Trinkgefäße mit hohen Henkeln wie große Ohren) und drei Amphoren eine Art „Kegelfrieshenkel". Dies ist eine sehr ungewöhnliche und somit wertvolle Verzierung, bei der die Henkel mit einer Reihe kleiner Kegel geprägt sind. Den Experten zufolge ist „leicht zu erkennen", dass diese Gefäße aus Crustumerium stammen, wo Trinkschalen und Amphoren die berühmten Kegelfrieshenkel erhielten. Darüber hinaus vermerken sie, Francesco di Gennaro, ein Inspektor der Archäologiebehörde Roms, habe über weit verbreitete Grabungen in der Gegend von Marcigliana und Monte del Bufalo berichtet, in der die Nekropole von Crustumerium liegt. Mit anderen Worten, die Gegenstände in Medicis Lager und die Raubgrabungen, über die di Gennaro berichtete, passen genau zusammen. Diese Nekropole war von großer Bedeutung für unser heutiges Wissen über etruskische Begräbnisriten, die Entwicklung der Architekturstile und die Herstellungstechniken von Vasen. Ihr größter Grabstättenkomplex jedoch, südöstlich von Monte del Bufalo, ist in einem solchen Ausmaß von Raubgrabungen betroffen, dass die Experten zu folgenden Schlussfolgerungen gelangen:

„Die Hälfte aller Grabstätten wurde geplündert ... Die Gesamtzahl der geplünderten Grabmonumente ... wird inzwischen auf mindestens eintausend geschätzt; die Grabstätten sind großflächig zerstört und geplündert ... Archäologisches Material, das zweifellos aus Crustumerium kommt, wurde vor kurzem beschlagnahmt (zum Beispiel wurden beim Monte Rotondo in der Nähe von Rom Fotografien von zum Verkauf angebotenen Objekten in Cerveteri und Ladispoli herumgereicht), wird aber auch auf dem amerikanischen Antiquitätenmarkt zum Verkauf angeboten, wo eine große Zahl von Objekten aus Crustumerium in den Antiquitätengeschäften Manhattans ausgestellt ist ..."

Somit konnten die Experten die Kegelfrieshenkel der in Genf beschlagnahmten Vasen dazu benutzen, Medici mit einigen der schlimmsten Plünderungen neuerer Zeit in Verbindung zu bringen.

Weiter befanden sich in Genf 153 etruskisch-korinthische *aryballoi* und Alabaster. Diese große Zahl von Objekten kann nach Meinung der Sachverständigen nur „durch die Plünderung von etwa 20 bis 30 Kammergräbern in Südetrurien" zusammengetragen worden sein. In diesem Fall war der Beweis für die vor kurzer Zeit erfolgte Plünderung sehr eindrücklich: An einer der kleinen Vasen befanden sich immer noch die Überreste eines erdverkrusteten Eisennagels, mit dem sie an der Wand befestigt gewesen war.

Andere Aspekte des Fachwissens der Sachverständigen kamen im Hinblick auf die Herstellungsmethoden zum Einsatz. Die von den Etruskern entwickelten Bucchero-Keramiken sind zum Beispiel innen und außen schwarz. Sie wurden in einem Reduktionsbrand, das heißt in einem Ofen ohne Sauerstoff gebrannt. „Es ist bekannt", schrieben die Experten, „dass dies die ‚Nationalkeramik' der Etrusker war", die in ganz Etrurien und Kampanien von Mitte des 7. bis Anfang des 5. Jahrhunderts v. Chr. hergestellt wurde, in Caere schon ab circa 675 v. Chr. Buccheri wurden umfangreich untersucht und die winzigen Unterschiede der mineralischen Zusammensetzung des Tons wurden spezifischen Produktionsstätten zugeordnet. In Medicis Genfer Lager befanden sich 118 intakte Vasen. „Nach unserem heutigen Wissensstand kann die überwiegende Mehrheit der Vasen den *botteghe* [Werkstätten] zugeordnet werden, die zwischen 675 und 575 v. Chr. in Caere oder Caeres kulturellem Gebiet tätig waren."

Für die auf dem griechischen Festland hergestellten Keramiken kam eine andere Beweisführung zur Anwendung. Wie der Bericht verdeutlicht, waren die griechischen Kolonien in Süditalien und Sizilien und etruskische Städte die Hauptabnehmer der in Griechenland – in Athen, Sparta, Korinth und auf Euböa – gefertigten Vasen. Gehandelt wurden insbesondere Amphoren und Parfümfläschchen. Etrurien scheint allerdings aus irgendeinem Grund eine besondere Stellung innegehabt zu haben, weil nur dort „Objekte außergewöhnlicher Qualität gefunden wurden". Die Wissenschaft geht davon aus, dass diese als Muster „zu Werbezwecken" geschickt wurden, um den internationalen Handel anzukurbeln und um zu zeigen, was die verschiedenen *botteghe* leisten konnten. Zum Beispiel ist bekannt, dass bestimmte Vasenformen zwar in Griechenland hergestellt wurden, aber ausschließlich für den Export nach Italien oder Sizilien bestimmt waren. Ein Beispiel für diese Praxis sind die so genannten *nolane*. Ihre Form ist attisch, aber gefunden wurden sie hauptsächlich in Nola, nordöstlich von Neapel, in Gela an der Südküste Siziliens, in Capua, nördlich von Neapel, und in Vulci. Statistischen Erhebungen zufolge wurde von über 800 bekannten Objekten dieser Art nur ein Einziges in

Griechenland gefunden. Die Sachverständigen schließen: „Es ist zweifelsfrei festzustellen, dass das Material, das bei Medici beschlagnahmt wurde, eine nahezu vollständige Beispielsammlung aus den oben genannten Werkstätten enthält."

In Medicis Beständen im Zollfreilager befand sich noch eine andere Art von Beweisen, die von den Experten entschlüsselt werden konnte: Selbst Vasen, die theoretisch aus Griechenland hätten kommen können, waren zum Teil mit speziellen Kennzeichen versehen, mit Inschriften, die nach der Ankunft an ihrem Bestimmungsort aus einem bis dato unbekannten Grund in die Vasen geritzt wurden. Die Wissenschaftler bezogen sich in ihrem Bericht auf eine richtungsweisende Studie von Alan W. Johnston mit dem Titel *Trademarks on Greek Vases* (1979), in der die Untersuchung von 3500 Vasen dieser Art zu dem Schluss führte, „bis heute" trage „keine auf dem griechischen Festland gefundene Vase Kennzeichen dieser Art". Diese Kennzeichen seien praktisch nur auf Vasen zu finden, die „für den Westen bestimmt waren, ... für Etrurien, Kampanien oder Sizilien". Mehr noch, die Kennzeichen bestehen ausschließlich aus Buchstaben des etruskischen Alphabets. Einige dieser Vasen waren bei Medici in italienische Zeitungen verpackt.

Einen weiteren Hinweis auf ihre italienische Herkunft liefert die Tatsache, dass viele der Vasen intakt waren. Dieses wichtige Detail mag für die meisten von uns keine besondere Bedeutung haben, für Archäologen und Etruskologen aber ist es so gut wie sicher, dass die Vasen nur deshalb nicht zerbrochen sind, weil es in den etruskischen Nekropolen so genannte Kammergräber gibt, die im antiken Griechenland nicht gebaut wurden. Fast alle Vasen, die bei legalen Grabungen intakt gefunden wurden, stammten aus Kammergräbern.

In Anbetracht der im Prolog beschriebenen Ereignisse hinsichtlich der Euphronios-Vase verwundert es nicht, dass die Experten viel Sorgfalt auf die in Medicis Genfer Lagerräumen gefundenen Objekte berühmter Künstler verwendeten. Ihr besonderes Augenmerk richteten sie auf Exekias und Euphronios.

Wie Bartoloni und ihre Kollegen feststellten, identifizierte J. D. Beazley in seiner 1956 erschienenen Veröffentlichung *Attic Black-Figure Vase Painters* – noch heute ein Nachschlagewerk für schwarzfigurige Keramiken – 16 Vasen von Exekias, deren Herkunft bekannt war, und weitere 16, deren Herkunft unbekannt war. Laut Beazley kamen 13 der Vasen mit ordnungsgemäßer Provenienz aus Etrurien (fünf aus Vulci, fünf aus Orvieto, je eine aus anderen

Orten Italiens) und nur drei aus anderen Ländern (zwei aus Athen, eine aus Frankreich). Für Euphronios listet die ebenfalls von Beazley verfasste ähnliche Veröffentlichung *Attic Red-Figure Vase-Painters* von 1963 13 Vasen auf, deren Herkunft bekannt war, und neun unbekannter Herkunft. Von den Euphronios-Vasen mit Provenienz kamen neun aus Etrurien (zwei aus Cerveteri, zwei aus Vulci, je eine aus anderen Orten), drei aus Griechenland und eine aus Olbia am Schwarzen Meer.

Die Sachverständigen fügten hinzu, im Falle von Euphronios seien 1990/91 in einer Ausstellung in Arezzo, Paris und Berlin 18 Vasen oder Vasenfragmente ausgestellt worden, die Beazley nicht bekannt waren (die Euphronios-Vase im Metropolitan Museum ist hier nicht mitgezählt). Keine Einzige dieser neuen Vasen oder Fragmente ließ auf ihre Provenienz schließen. Von diesen 18 Objekten befanden sich elf in amerikanischen Sammlungen oder Museen, fünf in der Schweiz und zwei in Deutschland. Wie die Sachverständigen trocken anmerken, sind für Objekte, die Bestandteil älterer Sammlungen sind, viel mehr wissenschaftlich interessante Informationen verfügbar als für Objekte neuerer Sammlungen.

J. D. Beazleys Arbeit war auch aus einem anderen Grund wichtig. Er hatte ein derart geschultes Auge für die Vasen und verfügte über so viel Ansehen, dass ihn nach der Veröffentlichung seiner Bücher auch Besitzer von Vasen ohne Provenienz aufsuchten, weil eine Zuordnung durch ihn ihren Wert steigerte. Bei späteren Auflagen bildete Beazley somit diese Vasen ohne bekannte Provenienz mit ab und ordnete sie ein. Die Sachverständigen weisen darauf hin, dass Medici Vasen in seinem Besitz hatte, die eigentlich in Beazleys Veröffentlichungen enthalten sein müssten, darin aber *nicht* enthalten sind, und dies die Schlussfolgerung nahe legt, dass sie erst nach der Veröffentlichung der Bücher ausgegraben wurden – Bücher, die ihrerseits lange nach In-Kraft-Treten der italienischen Antiquitätengesetze erschienen sind.

Dies ist längst nicht alles, was die drei Experten an Beweisen zusammentrugen. Ihr ausführlicher Bericht enthält viele andere Fälle, in denen sie zum Beispiel den Stil eines bestimmten Malers oder einer bestimmten *bottega* erkannten, deren Arbeiten aus italienischen Grabungsstätten bekannt sind, sowie eine Vielzahl von Inschriften, die in etruskischer Schrift in die Vasen geritzt worden waren. Die Beweise, dass die überwiegende Mehrheit von Medicis Antiquitäten illegal aus Italien ausgeführt worden war, waren überwältigend. „Medici besaß so viele bedeutende Objekte", sagt Professor Bartoloni mit einer

Mischung aus Trauer und Wut in der Stimme. „Als Archäologe oder Archäologin kann man hoffen, es im Laufe seiner Berufslaufbahn vielleicht mit ein oder zwei wichtigen Gräbern zu tun zu bekommen. Zu wissen, dass Medici all diese Objekte auf der ganzen Welt verteilt hatte ... es brach einem das Herz."

Von denjenigen, die gegen eine Beschränkung des Handels mit Antiquitäten ohne bekannte Provenienz eintreten, wird oft vorgebracht, die Mehrzahl der auf dem Markt befindlichen Antiquitäten sei relativ unbedeutend und daher solle man nicht allzu besorgt sein, weil der Wissensverlust durch diesen internationalen gesetzwidrigen Handel in Wirklichkeit nebensächlich und ohne Belang sei. Im weiteren Verlauf dieses Buches wird es noch viele Gelegenheiten geben, sich mit diesem populären Mythos zu befassen – und ihn zu widerlegen. Hier beschränken wir uns zunächst auf drei Feststellungen. Die erste wurde bereits durch die Erwähnung einer Reihe von Veröffentlichungen über die Handelspraktiken der antiken Griechen angedeutet – zum Beispiel durch Alan Johnstons Untersuchung über den Export von Vasen mit und ohne „Kennzeichnungen". Darin sind viele Informationen über den Handel in der Antike enthalten, über wirtschaftliche Aktivitäten im Herkunfts- wie im Empfängerland sowie über die Beziehungen zwischen beiden. Dieser Untersuchungsbericht wirft auch ein Licht auf Geschmacksfragen, das heißt darauf, welche Künstler, Formen und Verzierungen wo beliebt waren. Auch die *nolane*-Vasen wurden erwähnt – griechische Amphoren, die in Griechenland, aber ausschließlich für den Export nach Etrurien gefertigt wurden. 1991 ergab eine Studie von 800 dieser Vasen, dass nur ein einziges Exemplar in Griechenland gefunden wurde. Medici hatte mehrere davon. Man stelle sich vor, wie sich unser Wissen antiker Handelspraktiken verändern würde, stammte auch nur eine dieser Vasen nicht aus Italien. Auch „Alltagsvasen", schlecht bemalte Stücke von durchschnittlicher Qualität – um Dietrich von Bothmer aufzugreifen –, können uns eine Menge über die Geschichte offenbaren.

Zweitens ist da die Tatsache, dass das ungeheure Ausmaß des Raubs der „Durchschnittsobjekte" schwer wiegende Folgen mit sich bringt. Ein kleiner Dolch aus Bronze, der sich in Medicis Besitz befand, wurde auf das 15. Jahrhundert v. Chr. datiert. In dieser Zeit wurden Waffen in Wasser oder in der Nähe von Gipfeln deponiert. Aber die Bedeutung dieser Kultstätten liegt noch im Dunkeln. Wer weiß, ob nicht die genaue Fundstätte genau dieses Dolches Archäologen Aufschluss über wesentliche Aspekte dieses Kultes gegeben hätte? Ein kleines Boot aus Bronze wiederum, das etwas jünger ist und ebenfalls in Genf beschlagnahmt wurde, ähnelt jenen, die immer mit sardinischen Stammesführern in Verbindung gebracht werden. Wahrscheinlich wurde es zusammen mit anderen Besitztümern des Stammesführers gefunden, die nun alle verloren sind. Medici besaß auch fünf Verbindungsstücke, die zu einem Pferdegeschirr gehörten: Das heißt bei der Grabung müsste auch ein Streitwagen entdeckt worden sein, der viel interessanter und wertvoller gewesen wäre (bei einer legalen Ausgrabung in Vulci wurde in der Tat ein Bronze-Streitwagen gefunden). Mehrere Beile aus dem 8. Jahrhundert v. Chr. wurden an einem Platz gefunden. Aller Wahrscheinlichkeit nach wurden sie nicht in einem Grab gefunden, sondern waren gemäß eines kultischen Rituals vergraben worden. Wer weiß, wie interessant und wichtig dieser Kult war oder aus welchen Handlungen er bestand und was er bedeutete? All dieses potenzielle Wissen ist verloren. Dasselbe gilt für sechs halbrunde Messer, die bei Medici gefunden wurden. Die Kantharoi mit den Kegelfrieshenkel, die zu Fundstücken aus illegalen Grabungen in der Nähe von Monte del Bufalo in Crustumerium passen, wurden von einem Netzwerk geliefert, das im Laufe der Jahre über eintausend Gräber geplündert hat. Wie kann jemand die Stirn haben zu behaupten, die Plünderung von eintausend Gräbern schade unserem Wissensstand nicht?

Bei Medici befanden sich auch 153 etruskisch-korinthische Salbgefäße – den Sachverständigen zufolge die Frucht der Plünderung von 20 bis 30 Kammergräbern in Südetrurien. Bei diesen Plünderungen müssen viele andere wichtige Gegenstände entdeckt worden sein – alles verloren. Die 118 intakten Bucchero-Vasen sind ebenfalls ein Hinweis auf die Plünderung vieler Kammergräber. Sie kommen alle aus einer *bottega*, über die wir höchstwahrscheinlich nie etwas erfahren werden. Keramiken im geometrischen Stil, von denen einige in Medicis Lager gefunden wurden, sind zwar bei vielen nicht so beliebt, weil sie eher schlicht sind, waren aber dennoch in den vergangenen 30 Jahren von großem wissenschaftlichen Interesse, weil sie eventuell Auskunft über die frühe griechische Besiedlung Italiens geben können und über eventuelle Reisen der Griechen an die tyrrhenische und sizilianische Küste noch vor dieser Besiedlung. Gleichzeitig deuten diese Keramiken auf die Möglichkeit einer frühen Ansiedlung griechischer Handwerker in Italien hin. Die Kenntnis der genauen Fundorte und die genaue Datierung, die dadurch ermöglicht wird, sind daher sehr wichtig. Wieder einmal sind Alltagsobjekte von großer Bedeutung.

Daneben aber war der Großteil der Medici-Bestände keineswegs alltäglich. Im Gegenteil, als die Sachverständigen die Objekte im Freilager eines nach dem anderen begutachteten, hielten sie, wie ihr Bericht verdeutlicht, viele davon für „bedeutend", „bemerkenswert", „einzigartig", „außergewöhnlich" und „prachtvoll". Neben den Vasen von Euphronios und Exekias und der Fibel aus der Villanovakultur war eine seltene etruskische *bacellata* (Flachrelief) von besonderem Interesse, weil sie zwei Inschriften mit Vor- und Nachnamen des Besitzers trug, eine innen und eine außen, und das ist sehr ungewöhnlich. Es gab auch einen sehr seltenen und wichtigen dreihenkligen Bronzekessel, von der gleichen Art wie der aus dem Vorraum des Regolini-Galassi-Grabes in Cerveteri, und einen schlauchförmigen *askos* (eine kleinere, ungefähr 8 Zentimeter lange Vase für Öl oder Parfüm, oft in Tierform) aus mehrschichtiger Bronze und mit kleinen Ketten verziert; etwas Ähnliches wurde nur im reichhaltigen Grab mit dem Bronze-Streitwagen in Vulci gefunden. Eine seltene Keramikflasche eines Pilgers, wie sie aus Veio kommen, zwei prachtvolle Amphoren, die dem Kranichmaler zugeschrieben werden, der im zweiten Viertel des 7. Jahrhunderts v. Chr. in Caere tätig war, sowie ein außergewöhnlicher *askos* desselben Künstlers waren Teil des Lagerbestands. Eine Figur aus Vulci war vom Feolimaler verziert und Medici besaß auch eine mehrfarbige *oinochoe* von ihm – nur ein anderes Exemplar dieser Art ist laut Meinung der Experten bekannt. Ein großes *alabastron* von Tarquinia war in einem ähnlichen Stil gehalten wie das des „Malers des dreiköpfigen Wolfs", aber unterschiedlich genug, dass es von jemand anderem bemalt worden sein musste, einem Unbekannten, eventuell von einem Schüler. Auch zwei große, in etruskischem Stil gefertigte kampanische Amphoren aus einer sehr außergewöhnlichen *bottega* waren zu finden. Mit Inschriften von „Fans" verzierte Buccheri waren nach Expertenmeinung einmalig, und es gab genug Vasen aus Cerveteri, Kelche, Schöpfkellen und weibliche Karyatiden-Säulen, die selten oder wertvoll genug waren, um im Bericht einzeln dargestellt zu werden – insgesamt 57 Stücke. Dasselbe traf auf die etruskischen Bronzeobjekte aus archaischer Zeit, die sieben Paar seltener etruskischer Goldohrringe und zwei hausförmige Bestattungsstelen aus Cerveteri zu – „es sind keine vergleichbaren Objekte bekannt". Ein Trinkgefäß aus der Umgebung des Malers Naukratis in der Manier des Jagdmalers ähnelte lediglich einem bekannten Stück, das Ende der 1980er-Jahre auf dem Schweizer Antiquitätenmarkt auftauchte und wieder verschwand. Verschiedene *lekythoi* waren selten oder bemerkenswert, sowie eine rotfigurige *hydria* (ein Wasservorratsbehälter), „die einzig bekannte Arbeit des Rycroftmalers in dieser Technik".

Medicis Antiquitätenbestand war beachtenswert – wegen der bedeutenden Objekte, die darunter waren, genauso wie wegen seiner unglaublichen Größe und Vielfalt.

Dass es den Sachverständigen relativ leicht fiel, so viele Objekte spezifischen Kulturen, Nekropolen, Werkstätten, Malern und sogar einzelnen Gräbern zuzuordnen, mag seltsam erscheinen, bis man realisiert, wie einmalig dieses Unterfangen war. Normalerweise können Archäologen nur die Fotografien von Objekten im Auktionskatalog betrachten; oder an Besichtigungstagen um freie Sicht kämpfen und einen kurzen Blick darauf werfen, wenn mehrere oder viele andere dasselbe tun; oder es dann ansehen, wenn ein Objekt bereits in dem Museum oder der Sammlung ausgestellt wird, in der es verbleibt. Man könnte fragen, ob die Tatsache, dass auf den Fotografien in den Katalogen der Auktionshäuser zum Beispiel nie die auf vielen Objekten vorhandenen etruskischen „Kennzeichnungen" zu sehen sind, auf eine Art Mittäterschaft der Auktionshäuser hindeutet.

Der Sachverständigenbericht zeigt deutlich, dass die überwiegende Mehrheit der Objekte in Medicis Besitz aus Italien stammt, von Grabräubern ausgegraben und über regionale Mittelsmänner an ihn weitergeleitet wurde. Auf dem einen oder anderen Weg sind sie in das Genfer Zollfreilager gelangt. In diesem einen Lager befanden sich genug Antiquitäten, um den internationalen Markt zwei Jahre lang zu sättigen. Die Frage, die sich nach dieser Entdeckung unweigerlich stellte, lautete: Was wäre vor dem Einschreiten des Kunstdezernats die nächste Station von Giacomo Medicis Schätzen gewesen?

6
Belastende Schriftstücke, Polaroids und die „Cordata"

Die Antiquitäten bildeten zwar den anschaulichsten und bewegendsten Teil des beschlagnahmten Lagerinhalts, aber für Ferri und Conforti waren die in Medicis Büro hinter dem Ausstellungsraum gefundenen Unterlagen nicht weniger interessant. Während sich die drei Archäologen auf die Objekte konzentrierten, war Maurizio Pellegrini für die schriftlichen und fotografischen Unterlagen verantwortlich, ein Fotograf und Dokumentenexperte, der teils in der Staatsanwaltschaft und teils in der Villa Giulia arbeitete. Er war kein formell ausgebildeter Archäologe, verfügte aber über großes Wissen auf diesem Gebiet und seine Untersuchung der Unterlagen war eine Detektivarbeit, die nicht weniger komplex oder weniger anstrengend war als die gewaltige Aufgabe der Archäologen.

Pellegrini war auf den ersten Blick ein zurückhaltender und freundlicher Mensch, der sich aber als zielstrebig, hartnäckig und willensstark erwies. Er hatte etwas Pedantisches, war auf Genauigkeit versessen, wie man es sein muss, um die in Briefen, Rechnungen und Fotografien verborgenen Spuren und Verbindungen zu entdecken. Bei ihren Reisen nach Genf arbeitete Pellegrini Schulter an Schulter mit Bartoloni, Colonna und Zevi.

Der Umfang der Aufgabe, die vor Pellegrini lag, kann daran gemessen werden, dass sich in Medicis Lagerräumen 30 Alben mit Polaroidaufnahmen, 15 Umschläge mit Fotografien und zwölf Umschläge mit Filmrollen befanden. Neben den Fotoalben, schätzte Pellegrini, wurden etwa 100 ganze entwickelte Filme beschlagnahmt, was insgesamt 3600 Fotografien ergibt. Außerdem gab es genug Papiere, um 173 *faldoni*, weiße Aktendeckel, zu füllen, die jeweils etwa 15 Zentimeter dick und mit weißen Schnüren zugebunden waren.

Seine Aufgabe wurde auch dadurch nicht gerade einfacher, dass er die Dokumente zunächst nur in der Schweiz einsehen konnte. Er durfte nichts fotokopieren, musste sich auf Notizen beschränken, und sich für Dinge, die von besonderem Interesse waren, auf sein Gedächtnis verlassen. Wenn er nach Rom zurückkehrte, fuhr er kreuz und quer durch die Stadt, um seine Notizen beispielsweise mit Ausstellungskatalogen in Museumsbibliotheken zu vergleichen oder mit Auktionskatalogen von Sotheby's. Es war mühselig, aber als er erste Fortschritte machte und Medicis geschäftliche Arrangements besser zu verstehen begann, startete er über Ferri eine offizielle Anfrage an die Schweizer Behörden, Teile der Unterlagen zur Verfügung zu stellen. Dieser Anfrage wurde stattgegeben und gegen Ende 1998 reiste er alleine nach Genf, um zu fotokopieren, was er brauchte.

Genau wie die Archäologen bei der Untersuchung der beschlagnahmten Objekte im Genfer Zollfreilager in einer nie da gewesenen Situation arbeiteten, befand sich auch Pellegrini in einer einzigartigen Position, weil er nicht nur zu den beschlagnahmten Unterlagen Medicis Zugang hatte, sondern auch zu den Dokumenten von James Hodges und zu offiziellen Aufzeichnungen von Sotheby's, aus denen für eine Reihe von dessen Londoner Auktionen hervorging, wer was ge- und verkauft hatte. Pellegrini hatte außerdem Zugriff auf wissenschaftliche Veröffentlichungen und auf die Akten der Staatsanwaltschaft zu laufenden Fällen in Italien. Daher verfügte er über eine einmalig günstige Ausgangslage, von der aus er die Verbindungen der Antiquitäten-Unterwelt betrachten konnte.

Das Erste, was ihm auffiel, war, dass einige der Unterlagen Originale, andere Fotokopien waren. Das war zwar eine sehr einfache Feststellung, sollte sich aber beim Nachweis der Verbindungen zwischen Medici und anderen Akteuren im Untergrund als wichtig erweisen. Die zweite wesentliche Beobachtung war, dass es dreierlei fotografische Materialien gab: erstens normale Fotografien, auf Papier oder auch als Negative, und zweitens Polaroidfotos. Professionelle Archäologen benutzen keine Polaroids, weil die Qualität für eine wissenschaftliche Aufzeichnung einfach nicht gut genug ist. Daher war die Verwendung von Polaroidfotografien ein deutlicher Hinweis auf heimliche Aktivitäten, vor allem weil sie den Vorteil bieten, dass sie sofort verfügbar sind und nicht von einem unabhängigen Labor entwickelt werden müssen. Der dritte Typ fotografischer Materialien waren offizielle Fotografien, die in wissenschaftlichen Berichten veröffentlicht worden waren.

Es gab aber noch einen anderen Aspekt der Fotografien, insbesondere der Polaroids, der schon früh Pellegrinis Interesse weckte: Zunächst waren da Fotografien von Objekten mit Erdverkrustungen oder kalkartigen Ablagerungen, auf denen die Antiquitäten oft zerbrochen und unvollständig abgebildet waren. Diese Objekte wurden in der Nähe ihres Fundorts fotografiert, auf nahe gelegenen Feldern oder Bauernhöfen, in den Häusern der Tombaroli, in einem Fall sogar auf der Ladefläche eines Lkw. Dann gab es aber auch viele Polaroids, auf denen dieselben Objekte in restauriertem Zustand abgebildet waren.

Oft waren die Nahtstellen und die Lücken, wo Teile der Vase fehlten, die *lacunae*, noch sichtbar.

Die dritte Kategorie von Fotografien, wiederum Polaroids, zeigte erneut dieselben Objekte, nun aber vollständig restauriert, die Bruchstellen mit Farbe bedeckt und poliert, sodass sie fast wie neu aussahen. Während er sich durch die Dokumente arbeitete, stellte Pellegrini manchmal fest, dass diese restaurierten Objekte auch in den Katalogen von Auktionshäusern oder in Veröffentlichungen von Museen abgebildet waren.

Schließlich fand sich noch eine äußerst interessante Sorte von Fotografien, auf denen Medici (und manchmal andere) zu sehen waren, wie sie in bestimmten Museen neben ausgestellten Antiquitäten standen. Im Laufe der Monate ordnete Pellegrini die Fotografien so, dass für dutzende von Objekten eine vollständige Abfolge rekonstruiert wurde: das Objekt im Boden, schmutzig und in Scherben, dann im restaurierten Zustand und schließlich in weltberühmten Museen. Wie sich herausstellte, war Medici ein eifriger Buchhalter und die Fotografien vermittelten eine erste Ahnung davon, in welchem Ausmaß er in den Antiquitätenschmuggel verwickelt war. Viele Fotos trugen Aufschriften, die zu anderen Unterlagen führten, und viele zeigten Inneneinrichtungen, die er im Verlauf der Ermittlungen wiedererkannte. Auch dies half ihm dabei, das komplexe Beziehungsnetz zusammenzupuzzeln, das schließlich vollständig bloßgelegt werden sollte.

Irgendwo musste Pellegrini einen Anfang machen, also wählte er die Fotoreihe, die mit Abstand die schockierendste war: einen Ordner, auf dessen Außenseite die Worte *Pitture romane Via Bo.* standen. Er enthielt einige Klarsichthüllen mit Negativen, Reiseunterlagen, die darauf hinzudeuten schienen, dass gewisse Fresken zwischen der Schweiz und den Vereinigten Staaten verkehrt waren, und eine Hand voll Rechnungen, aus denen hervorzugehen schien, dass die Fresken für 141 000 Dollar gehandelt wurden. Auf Papier mit einem Briefkopf von „Atlantis Antiquities, 40 East 69th Street" befand sich eine Pro-Forma-Rechnung, auf der 16 Objekte aufgeführt wurden, unter anderem „Noir et jaune. Dessins géométrique", „Rouge, vert, brun. 5 figures encadrées" und so weiter. Die Liste schien sich auf die Fresken im Lagerhaus zu beziehen oder auf einige davon, aber erst Wochen später sollte sich das Ganze aufklären. Bei einem weiteren Besuch hatte Pellegrini eine digitale Spezialkamera dabei, mit der er Negative in Positivbilder umwandeln konnte.

Er steckte verschiedene Negative in das Gerät und kam schließlich zu den Wandgemälden.

„*Mi è preso un colpo!*", stieß er hervor, „mich trifft der Schlag". Er traute seinen Augen nicht und rief die anderen Professoren herbei. Zevi, der als Erster bei ihm war, nahm die Kamera. „Er war sprachlos", sagt Pellegrini, „entsetzt."

Die Fotografien zeigten eine bestürzende Bilderfolge, „etwas wirklich Grauenhaftes". Die ersten Bilder zeigten drei Wände einer pompejischen Villa, wie jeder Fachmann erkennen konnte, weil die Wände mit Fresken im Illusionsstil bemalt waren. Die Dekoration römischer Villen durchlief Kunsthistorikern und Archäologen zufolge vom 2. Jahrhundert v. Chr. bis 79 n. Chr. vier Stilepochen. Der Illusionismus ist die zweite davon und Wandmalereien dieses „zweiten" Stils unterscheiden sich von vorhergehenden und nachfolgenden Stilen durch mythologische Szenen, panoramaartige Landschaften mit mehr Tiefenwirkung und bestimmte architektonische Besonderheiten.

Auf den Fotografien waren insgesamt neun Wände abgebildet, aber drei waren besonders interessant. Zwei davon waren in den Farben Rot, Hellblau und Grau bemalt. Auf diesen Wänden waren im Vordergrund zwei weibliche Figuren zu sehen und hinter ihnen Miniaturmasken und kleinere Figuren. Auf der rechten Wand befand sich das Abbild eines zweigeschossigen Gebäudes und ein ähnliches, symmetrisches Muster auf der linken Wand gegenüber. Mit anderen Worten, in dieser ersten Bilderfolge war der Raum – oder ein Teil davon – intakt. „Die Fresken sind hervorragend erhalten, sowohl malerisch als auch baulich." Neben den Wänden des Raumes war auf den Fotografien allerdings auch viel mit *lapillae* gemischte Erde zu sehen, die den Boden bedeckte und den Raum mindestens kniehoch füllte; *lapillae* überkrusten auch den Deckenbereich und sind für jeden italienischen Archäologen ein verräterisches Zeichen: kleine Bällchen vulkanischer Asche, die sich nach dem Ausbruch des Vesuv im Jahre 79 n. Chr. bildeten und die südlich von Neapel eine große Fläche unter sich begruben. Zusätzlich zu Thema und Stil der Fresken war dies eine weitere Bestätigung dafür, dass dieser Raum Teil einer Villa gewesen war, die beim Ausbruch des berühmten Vulkans verschüttet wurde, den Archäologen aber nicht bekannt war. Die erste Bilderreihe bestätigte also, dass es sich um eine sehr wichtige Entdeckung handelte, die einige Tombaroli bei einer heimlichen „Ausgrabung" gemacht hatten. Bei der nächsten Bilderreihe allerdings lief es einem kalt den Rücken herunter.

Diese zweite Bilderreihe zeigte das Bild der mittleren Wand – der Wand mit den beiden weiblichen Figuren und den Figurinen – zusammengestückelt wie ein riesiges Puzzlespiel. Das Fresko war von den rechts und links davon gelegenen Nachbarfresken getrennt und in ungleichförmigen Stücken aus der Wand geschnitten worden, jedes Stück in etwa so groß wie ein Laptop. Anschließend hatte man es – in Form holzgerahmter Paneele – wieder zusammengefügt. Dass es sich um dasselbe Fresko handelte, war trotz der Lücken zwischen den einzelnen Stücken offenkundig, die beiden Frauen waren deutlich zu erkennen. In seinem Bericht erwähnte Pellegrini, dass dieser Vorgang, der gewöhnlich (wenn er von Archäologen durchgeführt wird) eine Präzisionsarbeit ist, hier offensichtlich undurchdacht und in Eile verrichtet worden war, ohne jegliche Rücksicht auf die Zusammengehörigkeit oder Unversehrtheit der Bilder, sondern einfach so, dass das Fresko möglichst schnell und leicht ins Ausland geschmuggelt werden konnte. Andere Bilderreihen zeigten, dass dasselbe Verfahren auch auf die rechte und linke Wand angewandt worden war.

Ein weiteres Fresko war ähnlich brutal behandelt worden. Auf dieser Wand, die überwiegend ockerfarben gehalten und mit grünen bis schwarzen Malereien versehen war, waren von dunklen Borten umgebene Vasen in verschiedenen Formen abgebildet und (weiter oben) ein sich aufbäumendes Pferd in einem Kreis aus Blättern. Auch diese Bilder waren in ähnlich große Stücke zerteilt und beim Zusammensetzen auf einer Tischplatte auf Böcken fotografiert wurden; Pinsel, Gläser und anderes Restaurierungszubehör waren mit im Bild. Auf dem nächsten Foto waren die Teile grob zusammengestellt, zwischen den einzelnen Segmenten jeweils 2 bis 3 Zentimeter Platz, dann enger beieinander, während die Restauration durchgeführt wurde. Es scheint fast, als seien die Restauratoren stolz auf ihren Vandalismus gewesen.

Das war immer noch nicht alles. Zwei der auf den Fotografien abgebildeten Wände wurden im Freilager gefunden, eingepackt in Luftpolsterfolie und an eine Wand gelehnt, als ob sie bald verschickt werden sollten. Die dritte Wand aber fehlte und war vermutlich bereits verkauft worden. Sie wurde seither nicht mehr gesehen. Dasselbe gilt für andere Fotografien von Fresken, die sich wahrscheinlich an anderen Wänden derselben Villa befanden und dieselbe Behandlung erfahren hatten. Auch sie fehlten. Auf ihnen war unter anderem ein Kopf in einer halbkreisförmigen Lünette zu sehen. Dieses Stück lag in Medicis Freilager-Räumen einfach auf dem Boden. Die Ermittler wissen nicht einmal, wie viele Fresken Medici hatte oder was er verkauft hat. Nach den Wandmaßen zu schließen, scheinen die Fotografien nur einen Teil des vermutlich viel größeren Raumes zu dokumentieren.

Was vielleicht noch schlimmer war als alles Bisherige, waren die letzten Fotografien des Freskos mit dem Pferd und den Vasen. Am Ende wurden diese Bilder nämlich nicht wieder zusammengesetzt. Diesmal wurden aus den Stücken einzelne Paneele mit kleineren Abmessungen gebildet, die, wie Pellegrini schlussfolgerte, leichter auf dem Markt unterzubringen waren, für erschwinglichere Preise verkauft werden konnten und doch als Einzelstücke insgesamt mehr einbrachten, als wenn „nur ein" Fresko verkauft worden wäre. In den schriftlichen Unterlagen waren Fotokopien von zwei der Vasen – in den rechteckigen Umrandungen – enthalten, die bei einem Kommissionsschein für ein Auktionshaus lagen und mit dem Wert „$ 10" versehen waren, was, wie Pellegrini bemerkte, eine Abkürzung für „10 000 Dollar" gewesen sein muss.

Das war also der betrübliche Ausgangspunkt für Pellegrini. Er offenbarte das Ausmaß des Handels mit Antiquitäten aus illegalen Grabungen und die Brutalität der Tombaroli und ihrer Auftraggeber gegenüber bedeutenden und schönen antiken Objekten sowie die völlige Nichtachtung der archäologischen Bedeutung von Italiens Kulturerbe. Offenbar wurde auch, wie unangemessen das Wort „Ausgrabung" ist, wenn es zur Beschreibung dieser Aktivitäten benutzt wird. Die Fresken von mindestens einer Villa wurden auf plumpe und unbeholfene Weise aus ihrem Umfeld gerissen und an so genannte Sammler verkauft, die vielleicht vorgeben, an archäologischen Objekten interessiert zu sein, aber offensichtlich keinerlei Interesse am ursprünglichen und zugehörigen Kontext haben. Man fragt sich, was noch aus dieser Villa, die offensichtlich keinem armen Mann gehört hatte, gefunden und geraubt wurde. Diese Gleichgültigkeit gegenüber dem historischen Kontext betrifft jedes einzelne Glied der Kette: von den Tombaroli, Mittelsmännern, Schmugglern und Restauratoren bis zum Personal der Auktionshäuser, zu Sammlern und Museumskuratoren – wo auch immer die Objekte letztendlich landen. Nichts weiter als eine Frage des Geldes und der Habgier.

Pellegrini fertigte Fotokopien von der pompejischen Villa an und hängte sie über seinen Schreibtisch. Sie spornten ihn an, die Unterlagen mit noch größerer Entschlossenheit zu durchforsten. Für den Mann mit dem freundlichen Lächeln sollten die nächsten Monate zu einer Art Kreuzzug werden.

Giacomo Medici war zwar die vorrangige Zielperson der Staatsanwaltschaft und die ungeheure Menge und Qualität der in Genf gefundenen Antiquitäten bestätigte, dass er wirklich einer der großen illegalen Händler war, aber die italienischen Behörden wussten auch, dass er bei Weitem nicht die einzige wichtige Figur im Untergrundnetz des Antiquitätenhandels war. Die Erfahrungen vieler Jahre, das in Rom gefundene Organigramm von Pasquale Camera und die von James Hodges beigebrachten Unterlagen von Sotheby's unterstrichen, dass Medici nur eine Figur aus einem viel größeren Netzwerk war, wenn auch vielleicht die wichtigste. Somit war Pellegrini von Anfang an vor allem darauf bedacht, die Unterlagen nach anderen mächtigen Namen zu durchforsten, Namen, die Medici mit der internationalen Antiquitätenwelt in Verbindung bringen würden: die großen Auktionshäuser, Händler, Galerien, Sammler und Museen in der Schweiz, in Deutschland, Japan, Paris, London und New York, die so oft hinsichtlich der zwielichtigen Quellen ihrer Exponate ein Auge zuzudrücken schienen. Würden Medicis Unterlagen diese Zusammenhänge erhellen?

Angespornt von den Beweisen zu den Fresken der pompejischen Villa suchte Pellegrini als Nächstes erneut in den Unterlagen aus London. Er erinnerte sich, dass Medici viele Jahre lang eine bedeutende Zahl von Antiquitäten ohne Provenienz bei Sotheby's in London zur Auktion eingeliefert hatte und dass andere, zuerst Christian Boursaud und dann Serge Vilbert, als Strohmänner für ihn tätig gewesen waren. (Obwohl Medici der Eigentümer der Antiquitäten war, erschien sein Name nie in den Verträgen oder schriftlichen Aufzeichnungen, im besten Fall lautete die Bezeichnung „Guido", der Name seines Vaters.) Pellegrini erkannte auch, dass das Personal bei Sotheby's von Medicis Beteiligung wusste – wusste, dass er der Eigentümer war, und dass er eine Verwaltungsadresse in Genf mit einem anderen Antiquitätenhändler namens Robin Symes teilte, dem bereits der Handel mit gestohlenen und geschmuggelten Antiquitäten nachgewiesen worden war.

Weiter entdeckte Pellegrini, dass sich die Hydra Gallery diskret in Editions Services verwandelt hatte, und zwar nicht nur wegen der unwillkommenen Presseberichterstattung, sondern weil der Streit zwischen Boursaud und Medici über die Eignerschaft von Hydra im Jahre 1986 zu einem Gerichtsverfahren geführt hatte, das Letzterer gewann. Die bloße Existenz dieses Gerichtsverfahrens bestätigte praktischerweise Medicis Interesse an Hydra und Editions Services.

Als Pellegrini sich weiter durch die Unterlagen arbeitete, stellte er fest, dass die Hydra Gallery und Editions Services nicht die einzigen Unternehmen waren, über die Medici Antiquitäten einlieferte. Mindestens drei weitere – Mat Securitas, Arts Franc und Tecafin Fiduciaire – kauften und verkauften Antiquitäten ohne Provenienz bei Sotheby's in London.

Abgesehen von Sotheby's und den verschiedenen Unternehmen Medicis in Genf suchte Pellegrini auch nach anderen Namen, nach Händlern, die in der Antiquitätenwelt bekannt sind und die alle besonders enge Beziehungen zu Medici zu pflegen schienen. Neben Robin Symes und seinem griechischen Partner Christo Michaelides fand er: in Zürich Frederique („Frida") Tchacos-Nussberger, Fritz und Harry Bürki, ein aus Vater und Sohn bestehendes Restauratorenteam, sowie Ali und Hischam Aboutaam, beide libanesischer Herkunft; Letztere schienen ebenfalls über einen Lagerraum im Genfer Zollfreilager zu verfügen. Schließlich gab es noch zwei Männer in Paris: Nikolas Koutoulakis, ein Händler aus Kreta, und Robert Hecht, dem – zusammen mit seinem dortigen Partner Jonathan Rosen – Atlantis Antiquities in New York gehörte.

Zwei weitere Personengruppen waren stark vertreten. Eine davon war eine Gruppe von Sammlern oder Sammlern und Händlern, denen Medici anscheinend bei der Bildung ihrer Sammlungen behilflich gewesen war. Dazu gehörten zum Beispiel die Brüder Nelson Bunker und William Herbert Hunt. In den 1970ern hatte sich dieses illustre Paar am spekulativen Aufkauf des auf dem Weltmarkt befindlichen Silbers versucht. 1973 hatten sie begonnen, Silber zu kaufen, als eine Unze noch 1,95 Dollar kostete; 1980 kostete die Unze dann 54,00 Dollar und die Hunts und ihre Kollegen besaßen 200 Millionen Unzen, in etwa die Hälfte der weltweit lieferbaren Menge. Dann intervenierte die Regierung und im März des Jahres war der Preis auf 10,80 Dollar gesunken. Die Hunts (und viele andere) gingen Bankrott, in ihrem Fall mit etwa 2,5 Milliarden Dollar Schulden. Acht Jahre später, im August 1988, wurden sie vor Gericht der Verschwörung zur Manipulation des Weltsilbermarkts schuldig gesprochen. In den 1980er-Jahren allerdings, während sie auf ihren Prozess warteten, bauten sie eine beachtliche Sammlung griechischer und römischer Münzen und Vasen auf.

Ein anderes Paar in der Gruppe der Sammler waren Leon Levy und Shelby White, deren Sammlung in einer Ausstellung mit dem Titel „Glories of the Past" (Glanzlichter aus vergangenen Zeiten) von September 1990 bis Januar

1991 im Metropolitan Museum in New York ausgestellt war. Ein drittes Paar bildeten Barbara und Leon Fleischman, deren Sammlung in einer Ausstellung namens „A Passion for Antiquities" (Eine Leidenschaft für Antiquitäten) 1994 bis 1995 im Getty Museum in Los Angeles und im Frühjahr 1995 in Cleveland gezeigt worden war. Weiter gehörte Maurice Tempelsman dazu, ein in Belgien gebürtiger Bergbau- und Edelsteinmagnat, Vorstandsvorsitzender bei Lazare Kaplan, dem größten Diamantenschleifer der Welt, und vor allem als letzter Lebensgefährte von Jacqueline Kennedy Onassis bekannt. Dann gab es da George Ortiz, einen in Genf ansässigen Sammler und Händler, Erbe des südamerikanischen Patiño-Vermögens aus dem Zinnbergbau, dessen Sammlung 1994 in der Royal Academy in London unter dem Titel „In Pursuit of the Absolute" (Das Streben nach dem Absoluten) ausgestellt wurde. Schließlich gehörte zu dieser Gruppe auch Eli Borowsky, ein Pole, der viele Jahre in Kanada gelebt, zu jener Zeit aber sein eigenes Museum in Jerusalem hatte, das Bible Lands Museum, das mit Antiquitäten der Zivilisationen des östlichen Mittelmeerraums gefüllt war. Pellegrini fand es äußerst interessant, dass ausgerechnet diese sechs Namen mit den wertvollsten Antiquitätensammlungen verbunden waren, die seit dem Zweiten Weltkrieg gebildet worden waren. Wenn den Unterlagen geglaubt werden konnte, schien Medici bei allen die Finger im Spiel gehabt zu haben.

Die Namen der zweiten Personengruppe waren die überraschendsten: eine ganze Liste von Museumskuratoren, häufig selbst von Beruf Archäologen oder Kunsthistoriker, die anscheinend regelmäßig mit Medici in Kontakt standen. Zu dieser Gruppe gehörten Dietrich von Bothmer im Metropolitan Museum in New York, Jiri Frel, Arthur Houghton und Marion True von der Antiquitätenabteilung des Getty Museums in Los Angeles, Robert Guy aus Princeton und Oxford, Fiorella Cottier-Angeli, die Archäologin, die für die Schweizer Zollbehörden in Genf arbeitete und die ja Giacomo Medici als Gutachterin beraten hatte, und Professor Jacques Chamay, der Leiter des Genfer Museums. Ihre Korrespondenz mit Medici sollte sich in vieler Hinsicht als höchst aufschlussreich erweisen.

Einigen Schriftstücken war relativ leicht zu folgen. Zum Beispiel hatte Medici auch mit mehreren direkt gestohlenen Objekten gehandelt. Diese Antiquitäten waren von bekannten Orten wie Kirchen, archäologischen Ausstellungen, Museen oder sogar Privatsammlungen entwendet worden. Dadurch waren die Carabinieri überhaupt erst auf Medici aufmerksam geworden. Ein solches Objekt war ein aus der Kirche San Saba in Rom gestohlener Sarkophag, der von Editions Services bei Sotheby's in London eingeliefert worden war.*

Aber, wie Pellegrini bald herausfinden sollte, war dies kein Einzelfall. Unter den Massen an Unterlagen befand sich ein Verzeichnis (Nummer 13 einer vom Kunstdezernat der Carabinieri veröffentlichten Reihe), in dem Objekte abgebildet waren, die an verschiedenen Orten Italiens gestohlen worden waren. In Medicis Exemplar dieses Verzeichnisses steckte ein Buchzeichen, und zwar bei einer Seite, in der über den Diebstahl zweier römischer Kapitelle (gemeißelte und verzierte Oberteile von Steinsäulen) berichtet wurde, die aus der Villa Celimontana in Ostia Antica gestohlen worden waren – dem großflächigen archäologischen Park, der den gesamten Bereich des antiken Ostia umfasste. In dem Artikel war eine Fotografie eines der Kapitelle abgebildet.

Beide Kapitelle waren im Genfer Lager, aber – und auch dies erzürnte Pellegrini – sie schienen verändert worden zu sein, durch Abrieb und andere Beschädigungen, in dem plumpen Versuch, ihre Herkunft zu verschleiern. Das auf der passenden Seite des Verzeichnisses eingelegte Buchzeichen bestätigte, dass Medici nicht nur gestohlene Objekte in seinen Räumen aufbewahrte, sondern auch wusste, dass sie gestohlen waren.

Dies bestätigte auch ein Ordner mit der Aufschrift „IFAR Reports", in dem sich verschiedene Ausgaben der Zeitschrift *Stolen Art Alert*, der Veröffentlichung der International Foundation for Art Research, einer gemeinnützigen Organisation mit Sitz in New York befanden. Jeden Monat veröffentlicht *Stolen Art Alert* eine Liste mit Fotografien, ein Verzeichnis gestohlener Kunstwerke. Es ähnelt dem Verzeichnis der Carabinieri, berichtet aber über Diebstähle in der ganzen Welt, nicht nur in Italien. Medici hatte diese Aufzeichnungen nicht nur einfach so in seinem Büro. Einige der darin abgebildeten Gegenstände waren mit Filzstift markiert, unter anderem ein Sarkophag aus dem 2. Jahrhundert n. Chr., der 1987 aus der Villa Taverna in Frascati gestohlen wurde, und ein zweiter Sarkophag, der nicht datiert, aber jedenfalls römisch ist und 1986 in Rom gestohlen wurde. Unter Medicis Polaroids befanden sich Bilder von beiden Sarkophagen. Er muss gewusst haben, dass die Objekte gestohlen waren.

Pellegrini fand auch die Fotografie eines Marmorkopfes von Eirene, der griechischen Göttin des Friedens, auf deren Rückseite auf italienisch geschrie-

---

* siehe Seite 41.

ben war: „Genf, 7.7.93 – Hiermit erkläre ich, dass ich das auf diesem Foto abgebildete Objekt, dessen alleiniger Besitzer ich bin und das rechtmäßiger Herkunft ist (‚*di legittima provenienza*'), an Herrn Jacques Albert verkaufe. Hochachtungsvoll, Luzzi Franco. Erhalten: Fr 120." Dieser Marmorkopf wurde 1993 aus der archäologischen Stätte Villa Adriana in Tivoli gestohlen. Franco Luzzi war ein bekannter Kunst- und Antiquitätenhändler, der, wie Pellegrini, Ferri und Conforti wussten, enge Verbindungen zu Medici unterhielt (er war im Organigramm aufgeführt). Als Pellegrini diese Fotografie mit der beschriebenen Rückseite fand, war der Marmorkopf sogar schon gefunden und nach Italien zurückgebracht worden.

Von ihrer Zahl her waren die gestohlenen Antiquitäten kaum erwähnenswert, verglichen mit den Antiquitäten ohne Provenienz, die Medicis Hauptgeschäftszweig bildeten, aber sie waren insofern wichtig, als sie etwas über seine Einstellung verrieten und über die Welt, in der er sich bewegte.

Pellegrinis wesentlichster Beitrag zu Ferris Ermittlungen war die Art und Weise, wie er die Unterlagen benutzte, um die strategische Organisierung der Antiquitäten-Unterwelt sichtbar zu machen.

Seine erste Entdeckung waren die Dreiecksgeschäfte in der Antiquitäten-Unterwelt. Der Begriff „Dreiecksgeschäft" wurde ursprünglich für den Waffenhandel verwendet, wo Mittelsmänner zu verschleiern versuchen, wer der eigentliche „Endnutzer" einer bestimmten Waffenlieferung ist, wenn der Handel damit aus dem einen oder anderen Grund nur in bestimmten Fällen erlaubt ist. Oder, allgemeiner gesprochen, wenn ein Land aus politischen Gründen versucht, internationale Sanktionen zu umgehen. In unserem Fall ist ein Dreiecks- oder auch Reihengeschäft ein Verfahren zur Verheimlichung der tatsächlichen Quelle einer Antiquität ohne Provenienz. Eine tatsächliche „Quelle" (zum Beispiel Medici) möchte einem Museum oder Sammler etwas verkaufen, wobei aber die tatsächliche Herkunft der Ware nicht publik werden soll. Also wird das Objekt an den sicheren Zwischenhändler weitergereicht (gewöhnlich, aber nicht immer, ein Händler in der Schweiz), der es dann offiziell dem Museum oder Sammler verkauft. Der Mittelsmann wird selbstverständlich auf die eine oder andere Weise für seine Rolle bei dem Geschäft entschädigt, aber in erster Linie dient das Dreiecksgeschäft der Täuschung.

Die Praxis ist allerdings weniger offensichtlich und trügerischer als ein einfaches Dreiecksgeschäft: Pellegrini deckte eine Form des Antiquitätenhandels auf, die zuvor weitgehend unbekannt war, und zeigte einen neuen Grad an Organisiertheit und Zynismus auf, der viele schockieren wird. Insider bezeichnen diese Praxis als „Waisen verkaufen". „Waisen" (oder *orfanelli*, also „kleine Waisen") sind in diesem Fall Fragmente von Vasen, insbesondere von Vasen bekannter Maler oder Töpfer. Diese Fragmente können auch für sich bereits sehr wertvoll sein, bis zu mehreren tausend Dollar pro Stück.

Wenn die Vase eines bekannten Malers oder Töpfers in Form von Fragmenten gefunden wird, wird sie manchmal bewusst nicht zusammengesetzt. Stattdessen werden über mehrere Jahre hinweg jeweils nur ein oder zwei Fragmente auf einmal auf den Markt gebracht. Damit wird zweierlei erreicht. Erstens kann sich ein Museumskurator oder Sammler in den Wunsch hineinsteigern, ein wirklich besonderes Werk zu kaufen. Durch den langsamen Aufbau der Vase wird dem Sammler oder Museum der Mund wässrig gemacht, und auch hier kommen Dreiecks- und Reihengeschäfte ins Spiel. Um zu verhindern, dass die naiven Kuratoren herausfinden, was in Wirklichkeit abläuft, werden die Fragmente dem Museum über mehrere Jahre hinweg auf verschiedenen Wegen zugespielt. Verschiedene Zwischenhändler kommen zum Einsatz. Kuratoren sollen der fadenscheinigen Begründung Glauben schenken, die später angebotenen Fragmente seien bei späteren Ausgrabungen „aufgetaucht" und hätten daher den Markt über unterschiedliche Wege erreicht. In Wirklichkeit ist der ganze Zirkus ein abgekartetes Spiel.

Zweitens versüßen Fragmente andere Akquisitionen, die Museen oder Sammler in Betracht ziehen. Ein Museum besitzt vielleicht drei oder vier Fragmente einer wertvollen Vase und ist grundsätzlich daran interessiert, mehr davon zu kaufen; gleichzeitig stehen aber auch ganz andere Akquisitionen zur Debatte, zum Beispiel ein wertvoller Steinkopf oder ein Fresko. Sollte es Probleme oder Verzögerungen bei der größeren Anschaffung geben, taucht plötzlich ein Fragment der Vase auf dem Markt auf, von der das Museum bereits einen Teil besitzt, und zwar passenderweise bei dem Händler, der dem Museum das größere Objekt anbietet. Dem Museum oder Sammler wird die Waise entweder als Geschenk angeboten, wenn das Hauptgeschäft klappt, oder billiger als üblich (eine so genannte Teilschenkung).

Durch den Verkauf der Waisen wurde Pellegrini auf einen letzten, allgemeineren und besonders zynischen Aspekt des Antiquitätenhandels aufmerksam. Das Phänomen der Dreiecksgeschäfte zeigt, dass Händler zusammenarbeiten, einander Gefallen erweisen, sich gegenseitig decken, und der

Fragment- bzw. Waisenhandel zeigt, dass die Dreiecksgeschäfte eine ziemlich große Reichweite haben können.

Weil er zu so vielen Unterlagen Zugang hatte, war Pellegrini in einer einmaligen Position, um sich einen Überblick zu verschaffen, und zwar nicht nur darüber, was in den im Freilager beschlagnahmten Papieren stand, sondern auch darüber, was nicht darin stand. Was nicht darin stand, war eine ganze Gruppe von Namen: der Name Gianfranco Becchinas, der in Basel einer ähnlichen Tätigkeit nachging wie Medici selbst; Sandro Cimicchi, ein Restaurator wie Fritz Bürki und ebenfalls in Basel ansässig; Raffaele Monticelli, der eine ähnliche Stellung innehatte wie Pasquale Camera. Alle diese Namen waren in Cameras Organigramm, nicht aber in Medicis Unterlagen zu finden. Warum? Pellegrini folgerte daraus, dass der illegale Handel mit geraubten italienischen Antiquitäten in zwei große Gruppen aufgeteilt war. Beide führten zu Hecht, aber über unterschiedliche Wege. Ein Weg führte über Camera, Medici, Bürki, Symes und Tchacos zu ihm, der andere über Monticelli, Becchina, Cimicchi und einen Händler aus Lugano namens Mario Bruno, der Tchacos' oder Symes' Funktion einnahm.

Später, als er sich noch tiefer in die Unterlagen gewühlt hatte, fand Pellegrini den Grund für diese Aufteilung: eine starke Rivalität zwischen Medici und Becchina. Sie waren Konkurrenten, die einander nicht ausstehen konnten und nie eine Gelegenheit verpassten, dem anderen zu schaden. Ihre Rivalität war Hecht natürlich nützlich: Sie regte den Wettbewerb an, was der Rentabilität nur förderlich war, und diente aus Hechts Perspektive dazu, die Preise niedrig zu halten. Noch später entdeckte Ferri, dass die Rivalität sogar so stark war, dass die Mitglieder der beiden Gruppen über sich selbst als Teil einer „*cordata*", einer Seilschaft sprachen.

Auf Pasquale Cameras Organigramm war die gesamte Organisation des illegalen Handels dargestellt, aber die Dreiecksgeschäfte und die beiden deutlich voneinander abgesetzten *cordate* brachten zusätzliche Erkenntnisse. Wie bei den Dreiecksgeschäften war auch hier der Hauptzweck dieser *cordate*, das letzte Glied der Kette, die Sammler und Museen, „sauber" zu halten. Der gesamte Antiquitätenschmuggel aus Italien heraus war im Hinblick darauf organisiert, wie die Finanzquellen am besten geschützt werden konnten. Auf eine zynische Weise ergab es einen Sinn, aber wussten Museen und Sammler über all dies Bescheid?

7
Das Getty – „Museum der Tombaroli"

Wer auch nur ein entferntes Interesse an Archäologie oder Antiquitäten hat, hat schon vom J. Paul Getty Museum in Los Angeles gehört. 1954 wurde es vom Ölmilliardär John Paul Getty (der 1976 starb) gegründet und hat immer wieder für – manchmal positive und genauso oft negative – Schlagzeilen gesorgt.

Getty selbst war nach einvernehmlichen Berichten eine ziemlich übellaunige und geizige Seele und erwachte nur zum Leben, wenn er Antiquitäten sammelte. (Von ihm stammt der berühmte Ausspruch: „Die Armen werden das Erdreich besitzen – aber nicht die Schürfrechte.") In Sutton Place, seinem außerhalb von London gelegenen Haus, hing im Flur ein riesiges Gemälde eines Bullen von Paulus Potter, dem berühmten niederländischen Tiermaler aus dem 17. Jahrhundert, und ein prachtvolles Triptychon von Francis Bacon. Von Gästen wurde jedoch erwartet, dass sie das Münztelefon benutzten, das dort ebenfalls installiert war. Ernsthaft zu sammeln begonnen hatte er 1938.

Sein erstes Museum befand sich auf seiner Ranch, seinem Wochenendhaus am Stadtrand von Malibu. 1974 nahm er allerdings ein neues Museumsgebäude in der Nähe von Malibu, am berühmten Pacific Coast Highway in Betrieb, das er der Villa dei Papiri nachbildete – einem von Reichtum zeugenden römischen Landhaus in der Nähe von Neapel, das seit dem Ausbruch des Vesuv verschüttet und nur teilweise ausgegraben ist. In der Villa dei Papiri hatte sich eine große Bibliothek mit Schriftrollen befunden und Wissenschaftler nehmen an, im nicht ausgegrabenen Teil könnten sich noch viele Originale verlorener Klassiker der antiken Welt befinden. In Malibu waren die Antiquitäten im Erdgeschoss untergebracht, Malerei und Kunstgewerbe in der zweiten Etage.

Nach seinem Tod hatte der zur Verwaltung der massiven Gewinne von Getty Oil gebildete Getty Trust seine ganz eigenen Probleme. Eines davon war, dass er laut US-amerikanischem Recht einen Mindestanteil seines Einkommens aus den drei Milliarden Dollar (heute fünf Milliarden Dollar) Stiftungsvermögen innerhalb einer bestimmten Zeit ausgeben musste, um sich seinen gemeinnützigen Status zu erhalten. Das Museum hatte so viel flüssiges Geld, dass es Befürchtungen gab, es würde den Kunstmarkt durcheinander bringen. Diese Sorge stellte sich als übertrieben heraus und das Getty ging in der Tat sehr diskret vor bei seinen Vorbereitungen für den Einkauf einiger Meisterwerke der Malerei. Es wurde beschlossen, ein ganz neues Museum zu bauen, auf einem Hügel über dem Santa Monica Freeway am Sepulveda Pass, mit Blick über den Pazifischen Ozean und Los Angeles. Entworfen von Architekt Richard Meier, einer italienischen, auf der Mitte eines Hügels gelegenen Stadt nachempfunden und mit Travertin verkleidet, öffnete es 1997 seine Pforten mit Pomp und Trara. Eine seiner ersten Ausstellungen trug den Titel „Beyond Beauty: Antiquities as Evidence" (Jenseits der Schönheit: Antiquitäten als Beweismittel) – eine siebenteilige Ausstellung, deren einer Teil sich damit befasste, wie Wissenschaftler mit Antiquitäten umgehen, deren Herkunft unbekannt ist, ein anderer mit Fälschungen und wie sie zu erkennen sind.

Nach Gettys Tod stand das Museum oft wegen der einen oder anderen Kontroverse im Licht der Öffentlichkeit. Drei Mal wegen Antiquitäten. Der erste Fall betraf Jiri Frel, einen Überzeugungskünstler ersten Grades, der auch für Thomas Hoving und Dietrich von Bothmer im Metropolitan Museum in New York gearbeitet hatte. Frel meinte, die Getty-Stifter seien nichts als „ein Haufen intellektueller Krüppel", und wurde von Hoving in dem 1993 veröffentlichten Buch *Making the Mummies Dance* beschuldigt, dem Museum „tausende zwielichtiger Werke aufgehalst" zu haben, „für eine Gesamtsumme von 14 Millionen Dollar". 1985 wurde Frel gezwungen, zurückzutreten, nachdem enthüllt worden war, dass er mit Gutachten mit überhöhten Bewertungen für gestiftete Antiquitäten gehandelt hatte. Er zog nach Italien, wo er für einige Zeit eine offizielle Adresse in einem Haus in Castelvetrano auf Sizilien „c/o Gianfranco Becchina" unterhielt. Im Getty wurde Arthur Houghton stellvertretender Kurator, anschließend wurde Marion True als Kuratorin eingesetzt.

Der zweite Fall drehte sich um den Sevso-Schatz, 14 erlesene römische Silbergegenstände, die Anfang der 1980er-Jahre unter mysteriösen Umständen mit Umwegen über die Schweiz auf dem Londoner Kunstmarkt auftauchten. Diese Gegenstände wurden dann unter nicht minder mysteriösen Umständen dem Getty Museum angeboten, mit der Behauptung, das Silber käme aus dem Libanon. Aber die Exportgenehmigungen stellten sich als Fälschungen heraus. Das Getty spielte eine aktive Rolle bei der Aufdeckung der gefälschten Exportgenehmigungen und kaufte das Silber nicht, machte aber auch keine Polizeistelle oder sonstige Behörde auf die Vorgänge aufmerksam.

1986, zwei Jahre nach diesem Vorfall, gab das Getty bekannt, es habe eine überlebensgroße Statue eines Jünglings, einen so genannten Kuros, gekauft.

Dieser Kuros sei in der Schweiz erstanden worden, wo er seit den 1930ern Teil einer Privatsammlung gewesen sei. Dem Stil nach schien die Statue aus dem 6. Jahrhundert v. Chr. zu stammen, aber es entbrannte sofort eine Kontroverse über ihre Echtheit. Ein Wissenschaftler formulierte es so: „Warum ist die Statue in so tadellosem Zustand und so weiß? Warum passt der Haarstil nicht zum Stil der Füße? Hätte ein antiker Bildhauer so viele Stile in einer Figur vermischt?" Die Diskussion wurde durch die Tatsache erschwert, dass die meisten Kuroi in Form von Bruchstücken vorliegen. Nur 13 sind bekannt, die so vollständig sind wie die Statue des Getty (obwohl sie 1987 in sieben Stücken im Museum eintraf). Das Getty entschloss sich, den Marmor testen zu lassen, um herauszufinden, ob er aus einem der bekannten antiken Steinbrüche stammte und ob die Patina antiken oder modernen Datums war. Die Geologen, die mit der Durchführung dieser Tests beauftragt wurden, kamen zu dem Ergebnis, dass der Marmor von der Insel Thassos in der nördlichen Ägäis (einem antiken Steinbruch) komme und eine calcitische Patina habe, die sich nur über einen langen Zeitraum entwickelt haben könne.

Später stellte sich allerdings heraus, dass die Dokumente, die eine Schweizer Herkunft nachweisen sollten, gefälscht waren und die Patina an der Oberfläche komplexer war als von den Geologen behauptet und somit nicht zwangsläufig antik. Außerdem wurde berichtet, dem Getty sei ein eindeutig gefälschter Marmortorso angeboten worden, der viele Ähnlichkeiten mit dem Kuros habe. Das Getty kaufte den gefälschten Torso, entfernte den Kuros aus den Ausstellungsräumen, führte weitere Tests durch und überführte dann 1992 beide Statuen nach Griechenland, wo ein internationales Kolloquium versuchen sollte, die Angelegenheit zu klären. Trotzdem wurden sich die Experten nicht einig: Kunsthistoriker und Archäologen waren überzeugt davon, dass es sich um eine Fälschung handele, während die Naturwissenschaftler meinten, die Tests bewiesen die Echtheit der Statue.

In Italien, muss gerechterweise gesagt werden, herrschte eine erhöhte Skepsis gegenüber dem Getty: Erstens hatten die italienischen Archäologen nicht vergessen, welche zwielichtige Rolle Dietrich von Bothmer vom Metropolitan Museum in New York bei der umstrittenen Akquisition des Euphronios-Kraters gespielt hatte. In den 1970ern und Anfang der 1980er war der Kurator für Antiquitäten im Getty ein ehemaliger Schüler von Bothmers: Jiri Frel. Außerdem waren die anderen Kuratoren des Getty, die nach Frels Weggang dort tätig waren, auch Marion True, ebenfalls Studenten von Bothmers gewesen.

Die Italiener fragten sich also, ob diese Kuratoren die ziemlich unbekümmerte Einstellung zur Provenienz teilten, die ihr Professor in der Affäre um den Euphronios-Krater an den Tag gelegt hatte.

Ein zweiter Grund für den Argwohn der Italiener lag in der Veröffentlichung von *Greek Vases in the J. Paul Getty Museum*. Dieser von 1983 bis 2000 in sechs Teilen veröffentlichte Bestandskatalog enthielt viele Vasen, von denen die Italiener annahmen, sie könnten Italien auf illegalem Wege verlassen haben, aber im Katalog wurden sie unter „Herkunft unbekannt" geführt. Dies deutete zumindest für die Italiener darauf hin, dass die Getty-Kuratoren in der Tat von Bothmers Einstellung zur Provenienz teilten. Sie legten offensichtlich keinen übermäßigen Wert darauf, woher ihre Vasen kamen. Vielmehr waren sie damit beschäftigt, sich zu profilieren, indem sie zielstrebig griechische Vasen kauften und veröffentlichten, um zu zeigen, dass die Sammlung des Museums rasch auf der Weltrangliste nach oben stieg. Somit kann man festhalten, dass Maurizio Pellegrini, als er mit der Durchsicht der in Medicis Genfer Lager beschlagnahmten Unterlagen begann, ein besonderes Augenmerk auf das Getty Museum hatte. Er sollte nicht enttäuscht werden.

Teil E des vorläufigen Berichts der Staatsanwaltschaft an das Gericht in Rom für Medicis Gerichtsverfahren von 2004 war dessen Beziehungen zum Getty gewidmet, und er war mit Abstand der längste Teil. Er begann mit den Worten: „Obwohl Medici zehntausende von archäologischen Objekten besaß und mit sehr wichtigen Objekten handelte, die aus Italien entwendet wurden – was sogar dazu führte, dass [Frida] Tchacos-Nussberger meinte, er monopolisiere den Markt –, ist Medici nie unter den Verkäufern [die an das Museum verkaufen] zu finden und wird nie in offiziellen Bescheinigungen erwähnt." Doch Pellegrini ermittelte bald, dass Medici die Quelle für mindestens 42 größere Akquisitionen des Getty Museums war und dass einige der dortigen Entscheidungsträger dies wussten.

Zu den Unterlagen, deren Wichtigkeit Pellegrini früh erkannte, gehörten auch Schriftstücke, die im März 1986 im Rahmen des Rechtsstreits zwischen Medici und Christian Boursaud über die Eignerschaft der Hydra Gallery von der Anwaltskanzlei Piguet in Genf aufgesetzt worden waren. Als Teil des Bestands der Hydra Gallery wurde dort ein Dreifuß aus Bronze aufgeführt, den Pellegrini wiedererkannte: Er war früher Teil der Gugliemi-Sammlung gewesen, war aber zusammen mit einem Bronze-Kandelaber gestohlen worden.

Die Gugliemi-Sammlung ist eine der erlesensten Antiquitätensammlungen, die je angelegt wurden. Zusammengetragen wurde sie im 19. Jahrhundert von den Marquis von Gugliemi aus Vulci, aus den Schätzen der Ausgrabungen in Sant' Agostino und Camposcala, die Teile des antiken Vulci bildeten. Bis zu Beginn des 20. Jahrhunderts wurde die Sammlung im Palazzo Gugliemi in Civitavecchia ausgestellt, anschließend unter den Brüdern Giulio und Giacinto in zwei Teile aufgeteilt. Der Teil, der Marquis Giulio und dann dessen Sohn gehörte, wurde 1937 dem Vatikan übereignet und seither im gregorianisch-etruskischen Museum ausgestellt. Der andere, gleichermaßen bedeutende Teil blieb zunächst in der Gugliemi-Familie, bis er 1987 vom Vatikanischen Museum aufgekauft und mit der anderen Hälfte vereint wurde. Die Sammlung umfasst 800 Objekte und glänzt besonders im Bereich etruskischer Bronzen und griechischer Keramiken. Es gibt kaum bedeutendere Sammlungen.

Bezüglich des Dreifußes und des Kandelabers ging aus den Medici-Getty-Unterlagen hervor, dass ein etruskischer Dreifuß aus dem 5. Jahrhundert v. Chr. und „ein etruskischer Kandelaber", der folglich ebenfalls aus dem 5. Jahrhundert v. Chr. stammte, am 25. Mai 1987 an das Getty Museum in Los Angeles geschickt worden waren. Weiter war den Unterlagen zu entnehmen, dass die Objekte über TWA und Mat Securitas aus Genf verschickt worden waren. Mat Securitas zog im Zollfreilager die Mieten ein und regelte den Versand für Medicis zweites Unternehmen, Editions Services. Den Unterlagen zu diesen Objekten war allerdings zu entnehmen, dass Dreifuß und Kandelaber, angeblich zumindest, Fritz Bürki und Sohn gehörten und als „Leihgabe, eventuell Kaufobjekt" an das Getty Museum geschickt worden waren. Laut einer getippten Rechnung, die Bürki am 20. Mai 1987 unterzeichnet hatte, war der Preis der Objekte auf 130 000 Dollar veranschlagt worden. Kurze Zeit später, am 2. Juni, wurde vom Getty Museum eine Empfangsbescheinigung ausgestellt. Diese richtete sich an „F. Bürki" und bestätigte den Erhalt zweier Objekte, eines Dreifußes und eines Kandelabers aus Bronze. Auch diese Papiere wurden über Mat Securitas nach Genf an Medici gesandt (Bürki lebt in Zürich).

Das war schon ziemlich durchsichtig, aber obendrein schrieb nun Marion True zwei Briefe an Medici, an zwei unterschiedliche Genfer Adressen, einen auf Italienisch, einen auf Englisch. Am 10. Juni 1987 schrieb sie ihm über Mat Securitas an die Adresse in der Route des Jeunes. Sie begann mit „*Caro Sig. Giacomo*" (Lieber Herr Giacomo), was im Italienischen eine ungebräuchliche

Anrede für einen Geschäftsbrief ist. „Dreifuß und Kandelaber aus Bronze sind im Museum angekommen. Ich hoffe, sie im Verlauf des kommenden Jahres kaufen zu können; wir halten Sie bezüglich des Präsentationstermins auf dem Laufenden." Unterzeichnet war der Brief mit „*Cordialissimi saluti*" (Herzlichste Grüße), was auf eine hervorragende persönliche Beziehung hindeutet. Zwei Wochen später schickte sie Medici einen weiteren Brief, der diesmal auf Englisch verfasst war und mit „*Dear Giacomo*" (Lieber Giacomo) begann. Am Ende dieses Briefes, der an die Rue de l'Evéché adressiert war, schrieb sie: „Dreifuß und Kandelaber von Bürki sind angekommen und sie sind sehr schön. Nach und nach werden wir John [Walsh, den Museumsleiter] bearbeiten und versuchen ihn zu überreden, seine Meinung zu ändern. Mit den besten Wünschen für Dich und Deinen Sohn, ..." Mit anderen Worten, im weniger förmlichen Brief gesteht True ein, dass Dreifuß und Kandelaber von Bürki kamen. Dabei ist nicht zu vergessen, dass es sich hier um Objekte handelt, die aus einer berühmten Sammlung gestohlen wurden, deren einer Teil sich bereits im Vatikan befand und deren anderer bald ebenfalls dorthin gelangen sollte.

Der nächste Schritt war, dass das Getty Museum an Bürki schrieb und ihn bat, zwei Leihverträge für die Bronzeobjekte zu unterzeichnen, offizielle Dokumente für die Museumsakten. Bürki unterschrieb und sandte die unterzeichneten Verträge zurück.

Den schriftlichen Aufzeichnungen nach wurden diese Objekte also zumindest anfänglich von Fritz Bürki an das Getty gesandt. Inoffiziell wusste die zuständige Kuratorin Marion True allerdings, dass sie von Medici kamen.

Aber reichte dieser Umweg aus? Vielleicht nicht, weil aus den Unterlagen auch hervorgeht, dass Bürkis Name auf den Versandpapieren später durchgestrichen wurde und handschriftlich die Worte „Atlantis Antiquities, z. H. J.[onathan] Rosen" daneben geschrieben wurden. Gemäß dem Bericht der Staatsanwaltschaft erfolgte dies aufgrund eines Briefes, „den F. [=Fritz] Bürki an [das] P. Getty Museum schickte und in dem er erklärte, die Objekte seien Eigentum von Atlantis Antiquities." Von da an wurden die jährlichen Aktualisierungen der Leihverträge nicht von Bürki, sondern von Jonathan Rosen unterzeichnet. Die entsprechenden Briefe des Getty Museums waren an Andrea Hecht, die Tochter Robert Hechts, adressiert, die mit Rosen zusammen Eigentümerin von Atlantis Antiquities war.

Was ging hier vor? Im Februar 1988 klärte sich das Rätsel auf, als das Getty Jonathan Rosen als Vertreter von Atlantis Antiquities um die Erlaubnis bat, die Objekte zu restaurieren. Die Erlaubnis wurde noch am selben Tag von Andrea Hecht per Fax erteilt. Knapp zwei Jahre später, am 17. Januar 1990, informierte das Getty Rosen über seine Entscheidung, Dreifuß und Kandelaber für 80 000 bzw. 65 000 Dollar zu kaufen. Marion Trues Bemühungen hatten schließlich Erfolg gezeigt. Für den Kauf jedoch war eine Rechnung erforderlich, und auf dieser war angegeben, der Dreifuß stamme aus Italien, sei 1985 in Genf von einem Schweizer Antiquitätenhändler gekauft und rechtmäßig aus seinem Herkunftsland exportiert worden. Bürkis Rolle war nun also, den Ort zu verkörpern, an dem Dreifuß und Kandelaber zuerst gesehen wurden – sollte jemand nachfragen. Zwei Personen zwischen Medici und dem Getty hielt man für sicherer als nur eine.

Schließlich wurde der Dreifuß – nicht aber der Kandelaber – nach Kauf und Restauration ausgestellt und im Mitteilungsblatt des Museums veröffentlicht. Sofort gab es einen Aufschrei in Italien, Conforti schaltete sich ein und ein amtlicher Archäologe wurde nach Los Angeles entsandt, um den Dreifuß zu begutachten. Es wurde festgestellt, dass das Objekt tatsächlich aus der Gugliemi-Sammlung gestohlen worden war, und nach einigem Hin und Her kehrte es am 21. November 1996 nach Italien zurück. Interessanterweise wurde Marion True nach dem ganzen Trubel von Richard E. Robinson, einem Mitarbeiter des US-Bundesanwalts, vernommen und sagte, sie habe das Objekt zum ersten Mal in der Schweiz gesehen, wo es Bürki oder Hecht gehört habe, der es wiederum von Mario Bruno gekauft hatte – einem Händler aus Lugano, der inzwischen verstorben war. Giacomo Medici wurde nicht erwähnt. Diese Version wird durch ihre Briefe vom 10. und 26. Juni 1987 offenkundig widerlegt.

Erst vor kurzem wurde die Angelegenheit vollständig aufgeklärt. Aus den Unterlagen ging eindeutig hervor, dass ein etruskisches *thymiaterion* (Kandelaber oder Räuchervase) aus dem 5. Jahrhundert v. Chr. zusammen mit dem Dreifuß an das Getty geschickt und auf demselben Wege gekauft wurde. Aber es wurde nie vom Getty ausgestellt und nie veröffentlicht. Gibt es einen Grund dafür, dass nur eines dieser Objekte ausgestellt wurde? Das Getty und Marion True mögen nicht gewusst haben, dass Dreifuß und Kandelaber gestohlen waren, sondern dachten wohl stattdessen, sie seien illegal ausgegraben und aus Italien herausgeschmuggelt worden, wie so viele Objekte, mit denen sie es zu tun hatten. War es die gefahrlosere, umsichtigere Vorgehensweise, diese Objekte sicherheitshalber nur einzeln an die Öffentlichkeit zu bringen? Im November 2005 gab das Getty schließlich zu, auch den Kandelaber zu besitzen, und er wurde nach Italien zurückgebracht.

Bei der Dreifußepisode war die Lage eindeutig, weil das Objekt gestohlen war. Viel lehrreicher im Hinblick auf das Ausmaß des heimlichen Handels mit Antiquitäten aus illegalen Grabungen war allerdings eine Reihe von im Freilager beschlagnahmten Fotografien, die Pellegrini Objekten zuordnen konnte, die sich im Getty befanden.

Bei allen im Folgenden beschriebenen Fällen passten die von Pellegrini gesammelten Beweisstücke so widerspruchsfrei zusammen, wie er es nie erwartet hätte. Alle Fotografien, auch die Polaroids, waren nach Typ, Datum und Verkaufsort der abgebildeten Objekte sortiert. Es handelte sich nicht um einen grob zusammengewürfelten Haufen, hier herrschte Ordnung. Der Name Medici erschien zwar nie in den offiziellen Dokumenten des Museums zum Kauf neuer Objekte, aber er selbst bewahrte viele an ihn adressierte Schreiben auf, die auf Papier mit Getty-Briefkopf geschrieben waren. Und das ist der Punkt: Medici, so stellte sich heraus, war ein methodischer Mensch, der einen unangebrachten Stolz auf seine Taten hegte.

Für alle 42 Einzelfälle fand Pellegrini je drei Fotosätze in den beschlagnahmten Alben Medicis. Im ersten Fotosatz wurden die Objekte auf Polaroidfotos so abgebildet, wie sie aus dem Boden gekommen waren: Sie waren in Stücken, in Scherben, mit Erdkrümeln und Verkrustungen, manchmal auf italienischen Zeitungen liegend, fotografiert worden. Im zweiten Fotosatz, der manchmal aus Polaroids, manchmal aus „normalen" Fotografien (auf Papier oder in Form von Negativen) bestand, waren die Objekte in verschiedenen Restaurationsstadien abgebildet: Die Fragmente wurden in zusammengesetzter Form gezeigt. In der Regel handelte es sich dabei um eine vorläufige Restaurierung, bei der die Fragmente zusammengesetzt und ein bisschen zusammengeklebt wurden, sodass die Form der Vase und die Anordnung der Teile, aber auch die Nahtstellen klar sichtbar waren; oft fehlten auch noch ein paar Fragmente, die Lücken hinterließen. Der dritte Fotosatz war in gewisser Weise der außerordentlichste von allen und sehr aufschlussreich – nicht nur über das ganze Verfahren, sondern auch über die Person Giacomo Medici. In den meisten Fällen fand Pellegrini Fotografien der Objekte in den Getty-Einkaufsverzeichnissen. Damit wurde die Bilderfolge vom italienischen Erdboden über die Schweiz, manchmal auch über ein Auktionshaus oder das Verzeichnis eines

Händlers, bis zum Museum selbst abgeschlossen. Allerdings gab es noch einen vierten Fototyp, eine kleinere Zahl von Bildern, in denen Medici *neben den vollständig restaurierten Objekten* zu sehen war, die in verschiedenen, auf der ganzen Welt verteilten Museen ausgestellt wurden. Aus Stolz oder Eitelkeit wollte Medici mit „seinen" Objekten am Ende ihrer langen Reise fotografiert werden, als ob das zeige, dass er der wirkliche „Vater" dieser Stücke war, die nun in renommierten Museen zu sehen waren.

Zugleich ließ Medici mit seinem Stolz und seiner Eitelkeit aber auch unwillkürlich die Katze aus dem Sack. Die Fotografien und die Reihenfolge, in der sie aufbewahrt wurden, waren psychologisch gesehen der überzeugendste Beweis dafür, dass diese Objekte – auf welchem Wege auch immer sie in die Museen gelangt waren – zunächst durch Medicis Hände gegangen waren. Aus den Unterlagen ging hervor, dass die Antiquitäten die Museen über verschiedene Umwege erreichten, die Fotografien aber bewiesen, dass Medici in jedem einzelnen Fall am Anfang dieser Kette stand.

Das erste Objekt von Interesse war eine rotfigurige attische Halsamphora mit drei Henkeln, bemalt mit Athleten. Auf einer Seite war ein *discobolus*, ein Diskuswerfer, abgebildet, auf der anderen ein Speerwerfer. In den Notizen des Getty zu diesem Kauf ist vermerkt, der Diskuswerfer sei ein berühmter Athlet aus dem antiken Griechenland namens Phaulos. Die Vase war 1984 vom Getty gekauft, dem Euthymidesmaler zugeschrieben und ihr Herstellungsdatum auf 505 v. Chr. geschätzt worden. Euthymides ist – wie Jiri Frel in seiner Beschreibung beim Kauf der Vase feststellte – „einer der drei größten Meister der attischen rotfigurigen Malerei, einer der so genannten Pioniere. In den Vereinigten Staaten befindet sich kein vollständiges Werk von ihm." Zu dieser Zeit besaß das Getty laut Frel nur Fragmente von Euphronios und „ein umstrittenes Werk von Phintias" (das sind die anderen beiden großen Pioniere). Frel sagte, der Vasenrand fehle, aber abgesehen davon sei die Amphora in einem „perfekten" Zustand. Dann schrieb er: „In den zwanziger Jahren dieses Jahrhunderts [des 20.] gehörte das Objekt Professor E. Pfuhl, dem berühmten Fachmann für griechische Kunst in Basel. Letztes Jahr wurde es dem Händler von seiner Urenkelin, Frau Lattanzi aus Ascona in der Schweiz, verkauft. Diese Informationen wurden von Pino Donati, einem Händler in Lugano, Schweiz, bestätigt." Frel fügte hinzu, er halte dieses Stück für wichtiger als die Euphronios-Schale, die von Nelson Bunker Hunt 1979 gekauft worden war und 750 000 Dollar gekostet hatte, also sei sie die 400 000 Dollar, die von der Hydra Gallery in Genf als Kaufpreis genannt würden, gut wert.

All dies war äußerst aufschlussreich, insbesondere in Anbetracht der Tatsache, dass sich unter den in Genf beschlagnahmten Negativen eine Abbildung der Euthymides-Vase befand, auf der die Einzelstücke nicht zusammengesetzt waren und die, wie Pellegrini in seinem Bericht trocken feststellt, „nicht in einer institutionellen Umgebung" aufgenommen worden war.

Nach derselben Methode vorgehend, begegnete Pellegrini einer rotfigurigen apulischen *pelike*, die dem Dariusmaler zugeschrieben wurde und vom Getty 1987, drei Jahre nach der Euthymides-Vase, erworben wurde. Eine Pelike ist eine bauchige Mehrzweckamphora, die meist eine breite Öffnung hat. Durch ihre Henkel wurden Seile gezogen, um sie anzuheben. Der Dariusmaler, der gegen Ende des 4. Jahrhunderts v. Chr. in Apulien, eventuell in Tarentum, dem heutigen Tarent, tätig war, war der führende Künstler seiner Zeit. Benannt wurde er nach einem riesigen Krater im archäologischen Museum Neapels, auf dem der Perserkönig Darius dargestellt ist. Statt stets männliche Helden zu malen, war der Dariusmaler dafür bekannt, dass er häufig – und unüblicherweise – Mythen mit Heldinnen malte. Auf dieser Vase, die ein gutes Beispiel für seine Arbeit ist, sitzt Andromeda auf einem Thron, während Kassiopeia vor ihr kniet und um Gnade fleht. Perseus steht rechts von dieser Szene und Aphrodite sieht ebenfalls zu.

Abbildungen dieser Pelike wurden unter den beschlagnahmten Negativen gefunden. Auch hier ist sowohl eine Fotografie der Vase in einer Vitrine des Museums als auch eine Polaroidaufnahme vorhanden. Die entsprechenden Dokumente, die Pellegrini ebenfalls fand, sind besonders erhellend. Die Pelike war scheinbar über Atlantis Antiquities von Fritz Bürki erworben und nie zuvor veröffentlicht worden. Aus den Unterlagen ging hervor, dass die Vase zusammen mit einer weiteren rotfigurigen apulischen Pelike, die dem Gravinamaler zugeschrieben wurde, an das Getty versandt worden war sowie mit einer schwarzfigurigen attischen Schale, die der Schule des Lysippidesmalers zugerechnet wurde. Darauf sind Dionysos und Herakles als Zecher mit Trinkgefäßen porträtiert, wobei Herakles das Fell des nemeischen Löwen auf den Schultern trägt. Die Trinkgefäße und der Wein spielen vermutlich auf die bekannteste Begegnung zwischen Dionysos und Herakles an, auf den Trinkwettbewerb, den Dionysos mühelos gewann. Obwohl die Pelike angeblich von Bürki war, unterlief bei der Rechnungsstellung ein Fehler hinsichtlich des Preises. Bürki hatte 45 000 Dollar auf die Rechnung geschrieben, dabei hätten es 60 000 sein sollen. Um den Fehler zu bereinigen, schrieb Marion True einen Brief, allerdings nicht an Bürki, sondern direkt an – Robert Hecht. Ein klassisches Dreiecksgeschäft.

Weitere Schriftstücke bewiesen, dass Bürki dem Getty einen lukanisch-rotfigurigen *krater* „verkauft" hatte, auf dem Hermes, Apollo und Artemis abgebildet waren und der dem Palermomaler zugeschrieben wurde, sowie ein Terrakotta-*alabastron* und einen *aryballos* (eine kleine Ölflasche, die oft am Handgelenk getragen wurde), beide korinthisch. Und doch waren alle diese Objekte auf den bei Medici beschlagnahmten Polaroids zu sehen.

Darüber hinaus war auch ein rotfiguriger *kantharos* – vor und nach seiner Restaurierung – auf den Genfer Polaroids abgebildet, als dessen Töpfer Euphronios gilt und dessen groteske Masken dem Gießereimaler zugeschrieben werden [ein Kantharos ist ein luxuriöses Trinkgefäß]. Diese Vase ist ein gutes Beispiel für die hohe Qualität der Objekte, von denen wir hier sprechen. Sie war das einzig bekannte Exemplar ihres Typs in Nordamerika und weltweit ist kein vergleichbares Stück bekannt. In seiner Beurteilung dieses Kantharos vor dem Kauf erklärte der Kurator Arthur Houghton, es seien Athleten darauf abgebildet, die sich nach dem Sport säubern. Die beiden Seiten aber waren mit Maskenreliefs geschmückt, mit einer Dionysos-Maske und der eines grinsenden Satyrs. Diese Maskenreliefs erschwerten das Trinken, aber dieses Gefäß wurde vermutlich nie als solches benutzt und sollte stattdessen als Votivgabe in einem Tempel oder Grab dienen. Diese Schale wurde aus vielen Fragmenten zusammengesetzt, die sich teilweise schon *zuvor* im Getty befunden hatten. Der Gießereimaler war einer der besten Mitarbeiter der Werkstätte des Brygosmalers.* Er hatte eine Vorliebe für Szenen wie die auf dieser Vase: Symposien, Sport und Kampf. Marion True kam zu dem Schluss, dass Euphronios der Töpfer dieses Kantharos war. Seine Signatur als Töpfer findet man noch lange, nachdem er bereits aufgehört hatte zu malen. Houghton fügte hinzu:

---

* Der Gießereimaler wurde nach einer Bronzegießerei benannt, die auf einer seiner Vasen in der Berliner Antikensammlung abgebildet ist. Der Brygosmaler hatte seine Blütezeit um 490–470 v. Chr. in Athen und war ein Schüler von Onesimos.

„Es ist sehr schwierig, den Kantharos einem Töpfer zuzuordnen, weil es für diese Vase in keiner Sammlung der Welt eine Parallele gibt, außer im Getty Museum. Wir besitzen Fragmente von mindestens zwei, eventuell drei anderen *kantharoi* desselben Typs … Die in Fragmenten vorliegende Getty-Vase wurde von Dyfri Williams, einem Mitarbeiter des British Museum, dem Maler Onesimos zugeschrieben. Da der einzige Töpfer, der bekanntermaßen eine Verbindung zwischen den Arbeiten des Gießereimalers und denen von Onesimos bildet, Euphronios ist und wir aufgrund anderer in der Getty-Sammlung befindlicher Fragmente wissen, dass er einige bis dato unbekannte und ungewöhnliche Vasenformen töpferte, hat Marion True ihm die Herstellung des vorliegenden Kantharos zugeschrieben … Wie bereits erwähnt, befinden sich die einzigen bekannten Parallelen zu diesem Vasentyp im Getty Museum und einige unserer Fragmente passen sogar in diese Vase … Abgesehen von der enormen Bedeutung dieses Stücks als Vase mit einer bisher unbekannten Form, die von zwei der angesehensten Künstler der Spätarchaik getöpfert und bemalt wurde, hat dieser Kantharos eine Bedeutung für das Getty Museum, die er für keine andere Sammlung hätte: Wir haben die einzigen anderen bekannten Vasen dieses Typs und sie sind sehr unvollständig … Der Kantharos von Bürki hat den Schlüssel zur Identifikation des Töpfers dieser bemerkenswerten Vasengruppe geliefert … Der Export der Vase stellt kein Problem dar. Von 1982 bis 1984 war sie bei dem Händler Robin Symes in London, dann wurde sie an Fritz Bürki und Sohn in der Schweiz exportiert. Ursprünglich soll sie auf dem Schweizer Markt gekauft worden sein … Dr. Robert Guy von Princeton schrieb sie dem Gießereimaler zu, während sie sich noch im Besitz von Robin Symes befand, und Guy hat mit uns über die ungeheure Bedeutung der Vasenform gesprochen … Es gibt keinen Marktpreis, den man ernsthaft zum Vergleich heranziehen könnte, weil keine ähnliche Vase bekannt ist. 1983 haben wir für 180 000 Dollar etwa zwei Fünftel einer großen Kylix gekauft, die Euphronios als Töpfer signiert und Onesimos bemalt hat. Form und Bemalung der Vase sind zwar sehr unterschiedlich, aber der Preis ist ein angemessener Vergleichswert für eine ungewöhnliche Vase von Künstlern aus dem Umkreis von Euphronios."

Der Kantharos wurde für 200 000 Dollar von Bürki gekauft.

Ein Dreifuß, ein Kandelaber, eine rotfigurige Amphora, eine apulische Pelike, eine schwarzfigurige attische Schale, ein korinthisches Alabastron und ein korinthischer Aryballos, ein rotfiguriger Kantharos – acht wunderschöne, seltene, wertvolle Objekte, für die alle ein vollständiger Unterlagensatz im Zollfreilager gefunden wurde: Fotografien der Antiquitäten an verschiedenen Stationen ihres Weges vom italienischen Erdboden bis in die Ausstellungsräume des Getty, von schmutzigen und verkrusteten Fragmenten zu restaurierten und polierten Glanzstücken, die der Öffentlichkeit in Vitrinen präsentiert werden. Dieses Muster wiederholte sich bei allen 42 Antiquitäten, die vom Getty gekauft worden waren (eine vollständige Auflistung ist im Dossier zu finden).

Jedes einzelne Stück war bedeutend, hatte Museumsqualität: Einige der Vasenformen waren einmalig, die einzigen bekannten Exemplare ihrer Gattung; alle waren von großen Vasenmalern bemalt und ihr Gesamtwert wurde auf Millionen von Dollar geschätzt. Wie schon gesagt, veröffentlichte das Getty 1983–2000 sechs Bände von *Greek Vases in the J. Paul Getty Museum*, einer vorgeblich seriösen wissenschaftlichen Publikation. In Wirklichkeit handelte es sich um eine Druckschrift, die sich sehr detailliert mit Schmuggelware beschäftigte. In der gesamten Geschichte der Antiquitätenforschung gibt es wohl keine vergleichbare Veröffentlichung, die ihre hohen Ideale so verraten hätte.

Eines der wichtigsten Objekte im Getty, die durch Medicis Hände gegangen waren, und das Objekt, das am meisten über die Aktivitäten des Museums in diesem Bereich enthüllte, war eine wunderbare attische Kylix, die zwischen 490 und 480 v. Chr. von Euphronios getöpfert und von Onesimos bemalt worden war. Weil diese beiden zu den besten uns bekannten Künstlern der Antike zählen, ist diese Kylix direkt mit dem Krater vergleichbar, der 1972 vom Metropolitan Museum gekauft worden war (siehe Prolog). Thema der Euphronios-Vase des Metropolitan war Sarpedons Tod. In diesem der *Ilias* entnommenen Mythos wird Sarpedon, ein Held des Trojanischen Kriegs, vom Speer eines feindlichen Kriegers getötet. Auf der Euphronios-Vase des Getty ist ein verwandtes Thema abgebildet: die „Iliupersis", die Zerstörung Trojas, das zentrale Ereignis des trojanischen Krieges. Viele Szenen der Iliupersis sind auf griechischen Vasen abgebildet. Die Iliupersis-Kylix des Getty hatten die Italiener schon seit einer Weile im Auge.

Als Pellegrini die Geschichte zusammenpuzzelte, stellte sich heraus, dass das Getty die Schale in den 1980ern in Form von Fragmenten über mehrere Jahre hinweg erworben hatte. Diese Fragmente wurden den Unterlagen zufolge „auf dem europäischen Kunstmarkt" erworben und wurden sowohl im *Getty Mu-*

seum Journal* als auch in mehreren Ausgaben von *Greek Vases in the J. Paul Getty Museum* veröffentlicht. Durch das Studium dieser und anderer Veröffentlichungen konnte Pellegrini feststellen, dass die erste Fragmentgruppe 1983 gekauft und 1984 und 1985 weitere hinzugefügt worden waren. 1991 hatte Dyfri Williams, Leiter der Abteilung für griechische und römische Kunst im British Museum und ein berühmter Experte für attische Keramik, die Kylix im fünften Band von *Greek Vases* veröffentlicht. In einem Nachtrag schrieb er unter anderem, er habe im November 1990 die Fotografie eines anderen Teilstücks der Kylix gesehen. Dieses andere Teilstück gehöre zum Gefäßrand und sei seinerseits in drei Stücke zerteilt gewesen. All dies war verwirrend. Wenn – irgendwo – drei Fragmente existierten und fotografiert worden waren, warum waren sie dann nicht im Getty, zusammen mit dem Rest des Objekts? Was ging hier vor sich?

1993 wurde die Situation ein wenig erhellt, als die Archäologiebehörde für Südetrurien bei einer offiziellen Ausgrabung in Cerveteri, im Stadtteil St. Antonio, ein imposantes Kultgebäude entdeckte. Der Kult galt Herkules und höchstwahrscheinlich war die Kylix (und vielleicht sogar der Krater des Metropolitan) von dort gekommen. Zum Beispiel war sie mit einer Inschrift versehen, die eine Widmung an „Ercle", die etruskische Form von „Herkules", andeutete.

Seit dieser Entdeckung hatten die Italiener die Rückgabe der Kylix aus dem Getty gefordert, aber erst durch die Beschlagnahmung des Medici-Lagerbestands in Genf klärte sich die Sachlage endgültig. Unter den in Korridor 17 beschlagnahmten Fotografien befand sich eine Unmenge belastenden Materials zu diesem Fall. Zunächst gab es eine Farbfotografie des *tondo*, des runden Fragments, das den Boden der Vase bildete. Außerdem fanden sich professionell aufgenommene Schwarz-Weiß-Fotografien desselben Stücks, die eventuell verwendet wurden, um das Objekt dem Museum anzubieten. Eine Fotografie zeigte das letzte Fragment, das vom Getty gekauft worden war, sowie jene, die das Getty nie gekauft, über die Dyfri Williams aber geschrieben hatte. Schließlich gab es eine Fotografie der restaurierten Kylix mit den letzten Fragmenten, die im Getty angekommen waren. Besonders aufschlussreich war eine auf den Rand des Polaroidfotos geschriebene Bemerkung: „Prop. P. G. M.". Das Objekt war dem Paul Getty Museum – P. G. M. – zum Kauf angeboten worden.

Zu guter Letzt, wie um jeden Zweifel in dieser Sache auszuräumen, entdeckte Pellegrini einen Brief, den Marion True im Januar 1992 an Medici geschrieben hatte und der vorrangig dazu diente, sich für den oben erwähnten Kuros-Torso zu bedanken. Auf der zweiten Seite dieses Briefes fügte True hinzu: „Ich lege diesem Brief ein Exemplar von *Greek Vases 5* bei. Hoffentlich gefällt es Ihnen. Ich denke, Sie werden viele Objekte darin wieder erkennen."

Mit diesen neuen urkundlichen Belegen bewaffnet, setzten die Italiener das Getty nun erst recht unter Druck. Zuerst wurde das Museum gezwungen, seine Archive zu öffnen und seine Unterlagen dem italienischen Staatsanwalt, Dr. Ferri, zugänglich zu machen. Dieser sandte auch ein internationales Rechtshilfeersuchen mit der Bitte um alle Unterlagen des Museums zu den 42 Objekten, die Pellegrini identifiziert hatte, sowie alle Unterlagen, die einige namentlich genannte Personen betrafen: Robert Hecht, Fritz und Harry Bürki, Robin Symes, Frida Tchacos-Nussberger und natürlich Giacomo Medici. Außerdem bat er um die Durchsuchung der Räumlichkeiten und Büros von Marion True und die Übergabe aller relevanten Unterlagen. Dieser letzten Bitte wurde nicht stattgegeben.

Als die angeforderten Unterlagen bei Ferri eintrafen, war ihnen zu entnehmen, dass der Hauptteil der Kylix – der Tondo – der Galerie Nefer in Zürich abgekauft worden war – der Galerie, deren Eigentümerin Frida Tchacos-Nussberger war. Bei späteren Befragungen sagte diese, sie habe den Tondo von Nino Savoca in München gekauft. Den Getty-Papieren zufolge wurden andere Fragmente von der Sammlung S. Schweizer in Arlesheim gekauft, einer alten und mysteriösen Schweizer Sammlung, die oft benutzt wurde, um Objekte mit einer falschen Provenienz auszustatten, weil sie vor über 30 Jahren dem Staat übereignet worden und schwer zu überprüfen war. (Viele nordamerikanische Museen besitzen ein paar Stücke aus dieser Sammlung.) Weitere Fragmente der Kylix wurden 1985 von der Hydra Gallery gekauft und stammten laut Boursaud aus der „Zbinden-Sammlung". Alles das war hinterlistige Täuschung, ein weiteres Beispiel für Dreiecksgeschäfte und nirgends offensichtlicher als im Falle der Zbinden-Sammlung: Später von Sotheby's an Ferri und Pellegrini – ohne dass das Getty oder Boursaud davon Kenntnis erhielten – herausgegebene Dokumente ergaben nämlich, dass „Zbinden" bei Auktionen viele Artikel gemeinsam mit Boursaud verkaufte. Die beiden standen sich so nahe, dass sie bei Sotheby's sogar dieselbe Kundennummer hatten. Dies waren noch mehr Dreiecksgeschäfte, noch mehr Verschleierungstaktiken, um Medicis Rolle beim Verkauf der Kylix zu verheimlichen.

Mit diesen unzähligen Beweisstücken konfrontiert, war das Getty gezwungen, sich in dem Unvermeidlichen zu fügen, und gab die Euphronios-Onesimos-Kylix im Februar 1999 an Italien zurück. Heute ist sie in der Villa Giulia in Rom ausgestellt.

Auch Medici fügte sich dem Unvermeidlichen. Er wusste, dass das Spiel aus war, wusste, welch belastendes Beweismaterial in den beschlagnahmten Unterlagen enthalten war, und händigte die drei Fragmente der Kylix aus, die Dyfri Williams in seinem Artikel in *Greek Vases* beschrieben hatte und die sich in seinem Besitz befanden. Den Behörden teilte er mit, er gebe sie „aus Liebe zu seinem Land" zurück.

Diese Geschichte hatte ein Happy End – zumindest in einer Hinsicht. Ferri, Pellegrini und Rizzo schätzten den Wert der Euphronios-Vase auf ungefähr fünf Millionen Dollar. Aber sie ist noch immer nicht vollständig. Ein paar Fragmente sind immer noch irgendwo unterwegs und der Staatsanwalt sucht weiter.

Eine letzte Gruppe von Objekten – und die zugehörigen Unterlagen – decken die enge Verbindung, um nicht zu sagen Vertrautheit zwischen dem Getty und Medici auf. Am 29. April 1987 wurde ein handschriftlicher Brief mit dem Briefkopf von Atlantis Antiquities und folgendem Inhalt verfasst:

> Folgende Gegenstände von Giacomo Medici in Kommission zum Weiterverkauf erhalten, zum Preis von 2 000 000 $ (zwei Millionen Dollar) minus 5 % Kommission, zahlbar an Herrn Medici nach Erhalt einer Zahlung vom J. Paul Getty Museum:
>
> 1) 20 attische rotfigurige Teller, ca. 490–480 v. Chr.
>
> 2) verschiedene attische rotfigurige Fragmente, ca. 490–480 v. Chr.
>
> Die oben genannten Objekte wurden an das J. Paul Getty Museum mit Empfangsbescheinigung an Atlantis Antiquities geliefert, sind aber das Eigentum von Herrn Giacomo Medici.
>
> Genf, Schweiz

Datiert und unterzeichnet war der Brief von Robert E. Hecht Jr.

Am gleichen Tag unterzeichneten John Caswell für das Getty und Hecht für Atlantis Antiquities einen Leihvertrag für dreierlei Gruppen von Objekten mit einer Laufzeit von einem Jahr „ab Ankunftsdatum". Aus dem Leihvertrag geht hervor, dass es sich bei den drei Objektgruppen um 20 Teller des Bryn-Mawr-Malers, 35 Fragmente eines rotfigurigen Kalyxkraters des Berliner Malers und neun „verschiedenartige" Fragmente handelte, die aber alle auf „ca. 500–490 v. Chr. / ca. 490–480 v. Chr." datiert waren. Alle Leihobjekte zusammen waren für zwei Millionen Dollar versichert.

Bei diesen Tellern handelte es sich um die in Genf gefundenen und im Safe in Medicis äußerem Büro in Korridor 17 beschlagnahmten Objekte. Neben den Tellern selbst wurden im Lager an anderer Stelle allerdings auch drei Fotosätze für diese Objekte gefunden. Der erste zeigte die Teller vor der Restaurierung, in Fragmenten. Die einzelnen Fragmente hatten einen Durchmesser von ca. 5 bis 10 Zentimetern und es war, zumindest anhand der Fotografien, schwer zu sagen, wie schön oder wie wertvoll sie waren. Auf einem zweiten Fotosatz sind die Teller während der Restaurierung zu sehen. Es gibt ein paar Lücken, aber die abgebildeten Figuren sind zu erkennen. Zum dritten Mal wurden die Teller fotografiert, als die Restaurierung abgeschlossen war. Pellegrini kam zu dem Schluss, dass der dritte Fotografiensatz benutzt worden war, um die Teller dem Getty vorzustellen, da an einer der Fotografien ein Preisschild angebracht war, auf dem ihr Wert in Kurzschrift auf zwei Millionen Dollar beziffert wurde.

Diesmal war John Walsh, der Leiter des Getty, der Ansicht, für ein Museum sei es nicht angebracht, zwei Millionen Dollar für so viele Werke ein und desselben Künstlers auszugeben, und daher wurden die Teller zurückgeschickt. Auch hier war das angewandte Verfahren aufschlussreich. Die Teller wurden nicht an Hecht zurückgeschickt (den der im Museum aufbewahrte Leihvertrag als Eigentümer auswies), sondern an Medici (den Hechts handschriftlicher Brief als Eigentümer nannte). Aus den von Medici aufbewahrten Empfangsbescheinigungen geht hervor, dass die Teller im Dezember 1987 im Zollfreilager ankamen. Medici, der keine gute Gelegenheit ungenutzt verstreichen ließ, bewahrte die Versandpapiere auf, um sie später – sollte er die Teller an jemand anderen verkaufen können – als Provenienzbeleg zu verwenden und zu behaupten, die Teller stammten aus den Vereinigten Staaten.

In Wirklichkeit kamen die Teller mit an Sicherheit grenzender Wahrscheinlichkeit aus Cerveteri. Sie sind von solcher Qualität und in solcher Menge gefertigt, dass, wären sie bei einer offiziellen Ausgrabung entdeckt worden, viel über sie geschrieben und veröffentlicht, sie häufig ausgestellt und diskutiert worden wären. Allein die Tatsache, dass die ersten Fotografien Polaroids waren und die Teller in Form von Fragmenten zeigten, dann Stück für Stück dem Restaurierungsprozess folgten, weist darauf hin, dass sie erst vor kurzem ans Tageslicht kamen.

Die beiden anderen Dokumente bestätigen ebenfalls, dass hier ein Dreiecksgeschäft vorlag. Theoretisch wurden die Teller dem Getty zwar von Hecht/Atlantis angeboten – geliehen –, wie es auf der Leihkarte vermerkt war (das Getty schickte den italienischen Behörden keine offiziellen Unterlagen, weil es die Teller nicht gekauft hatte), zugleich aber waren sie Gegenstand der oben bereits zitierten zwei Briefe, die Marion True im Juni 1987 an Medici schrieb. Am 10. Juni schrieb sie (auf Italienisch):

„… ich muss Ihnen leider mitteilen, dass wir die 20 Teller, die das Museum gegenwärtig geliehen hat, nicht kaufen können. Ich habe mit dem Museumsleiter gesprochen, der die Teller sorgfältig untersucht und entschieden hat, dass ihr Kauf zum jetzigen Zeitpunkt aus folgendem Grund nicht angebracht ist: Die Teller sind alle vom selben Künstler und für eine Sammlung wie unsere ist es besser, 2 Millionen Dollar für den Kauf von Vasen unterschiedlicher Künstler auszugeben. Ich habe versucht, ihn von der Einmaligkeit dieser Kollektion zu überzeugen, aber er blieb dabei, dass er sie nicht kaufen wolle."

Am 26. Juni schrieb sie (auf Englisch):

„Es tut mir selbst sehr Leid um die Teller und ich hoffe, Sie werden verstehen, dass die Entscheidung gewiss nicht die meine war. Dies ist das erste Mal, dass John etwas zurückwies, was ich vorgeschlagen habe. Ich hätte die Fragmente des Berliner Malers in meinem Brief erwähnen sollen, selbstverständlich werden wir sie mit den Tellern zurücksenden, da sie Teil der Vereinbarung waren …"

Was das Getty Museum betrifft, muss das Personal und insbesondere Marion True in der überwiegenden Mehrzahl der 42 genannten Fälle gewusst haben, aus welcher Quelle diese Stücke kamen. Nebenbei bemerkt, der Ton dieser Briefe ist herzlich und fast intim, was angesichts der Geschehnisse nicht überraschen sollte. In ihrer Korrespondenz ist True erstaunlich offen. Einer ihrer Briefe, der ein Datum vom Januar 1992 trägt und wiederum an Medicis Genfer Adresse gerichtet ist, enthält folgende Passagen:

„Ich war auch sehr dankbar für die Informationen über die Provenienz unserer drei fragmentarischen protokorinthischen Olpen. Zu wissen, dass sie aus Cerveteri und aus der Gegend des Monte Abatone kommen, ist für die Forschung eines meiner Mitarbeiter sehr hilfreich ... Vom 19. bis 23. Februar bin ich voraussichtlich zusammen [mit] John Walsh in Rom. Vom 8. März bis ungefähr 12. März werde ich wieder in Rom sein. Ich hoffe, dass wir uns bei einem dieser Besuche treffen und über weitere Akquisitionen sprechen können."

Man kann sich schwerlich der Schlussfolgerung entziehen, dass die von Pellegrini aufgedeckten Dreiecks- und Reihengeschäfte dem Schutz des Museums dienten. Hätten wir beispielsweise nicht das Material, und vor allem die Fotografien, die in Medicis Lager beschlagnahmt wurden, sondern nur die internen Unterlagen des Getty Museums, ginge daraus lediglich hervor, dass das Haus über eine Reihe von Jahren eine Reihe von Objekten gekauft hatte, vorrangig vom europäischen Markt. Die Tatsache, dass der „europäische Markt" hauptsächlich aus Schweizer Händlern bestand, wäre jedem verdächtig, der sich mit Antiquitätenschmuggel auskennt, würde aber nichts beweisen. Deshalb konnte das Getty diese Akquisitionspolitik über so viele Jahre hinweg beibehalten.

Jetzt aber fegen die Medici-Unterlagen alle Zweifel vom Tisch. Das J. Paul Getty Museum in Los Angeles ist mit Diebesgut voll gestopft, mit Antiquitäten aus illegalen Grabungen, die aus Italien herausgeschmuggelt wurden. Mehr noch, führende Mitarbeiter wissen dies, und zwar seit vielen Jahren. Sie sorgten dafür, dass der Handel so organisiert wurde, dass das Image des Museums „sauber" blieb. Das Getty hat seinen Spitznamen, den eine Händlerin bei den späteren Vernehmungen benutzte, wohl verdient: Sie sagte, dass Getty werde unter den Schweizer Händlern auch „das Museum der Tombaroli" genannt.

In mancher Hinsicht hat sich das Getty Museum durch seine Kontakte zur Antiquitäten-Unterwelt – die Medici-Verschwörung – selbst eine Grube gegraben. Das offensichtlichste Beispiel hierfür ist der oben erwähnte Getty-Kuros. Dieser wurde von Becchina gekauft, aber die Fälschung, die an das Museum geschickt wurde, um durch den Vergleich zu beweisen, dass auch der Getty-Kuros nicht echt war, stammte von Medici. Versuchte er wirklich, dem Getty zu helfen, oder beglich er eine alte Rechnung mit Becchina? Wie kann man sich bei Leuten wie Becchina und Medici je sicher sein? Wem kann man vertrauen, wenn die *cordate* so miteinander verfeindet sind?

8
Das Metropolitan in New York und andere skrupellose Museen

Das Getty Museum ist eine relativ junge Einrichtung, was über das Metropolitan Museum of Art in New York nicht gerade gesagt werden kann. Seine Ursprünge werden bis zu einer *Fourth of July*-Party des Jahres 1866 im Bois de Boulogne in Paris zurückverfolgt, auf der John Jay (ein Rechtsanwalt und Enkel des ersten Präsidenten des Obersten Bundesgerichtshofs) anderen New Yorkern, die mit am Tisch saßen, erklärte, es sei an der Zeit, dass Amerikaner ihre eigene Kunstgalerie gründeten. Die Satzung des Metropolitan Museum wurde 1870 vom Parlament des Staates New York genehmigt und das Gebäude im Jahre 1880 eingeweiht.

Das Museum hat einige bemerkenswerte Bravourstücke vollbracht. J. P. Morgan, der Bankier und Finanzier, der es sich zur Gewohnheit machte, die Sammlungen anderer zu sammeln, hatte eine enge Verbindung zum Metropolitan. Über ihn und Roger Fry, den Gelehrten und Kunsthistoriker, den Morgan anstellte, kaufte das „Met" einige sehr exquisite Werke von Leonardo da Vinci, Renoir, Andrea del Sarto, Giovanni Bellini und Botticelli. Benjamin Altman hinterließ dem Museum seine Limosiner Emaillen und Rembrandtwerke. 1961 bezahlte das Metropolitan eine Rekordsumme von 2,3 Millionen Dollar für Rembrandts *Aristoteles vor der Büste Homers* und 1970 kaufte es Velázquez' *Juan de la Pareja* für einen Preis, der höher als die 2,2 Millionen Pfund gewesen sein muss, die von der Galerie Wildenstein kurz zuvor bei einer Auktion dafür bezahlt wurden.

Hin und wieder gibt sich das Museum hochfliegenden Gefühlsregungen hin. Philippe de Montebello, der gegenwärtige Museumsleiter, referiert häufig vor verschiedenen Gruppen in den gesamten Vereinigten Staaten. Der Titel seiner Vorträge lautet „Museums: Why should we care?" (Museen: Was geht uns das an?). Im Werbeprospekt heißt es:

> Die ganze Welt befindet sich in Aufruhr und Chaos. Warum ist Kunst dennoch wichtig? Ist sie unentbehrlich? Bringt sie Ordnung in die Welt? Gibt sie uns die elementare Zusicherung, dass sich die Welt fortwährend erneuert und wir überleben werden? Wie ist das Gefühl der Empörung und des Verlusts zu erklä-

> ren, das Menschen angesichts der Zerstörung der Schätze in Afghanistan und der Plünderungen in Bagdad weltweit ergreift? ... In diesem neuen Vortrag ... zeigt uns ... Herr de Montebello, inwiefern Kunst ein greifbares Erbe vergangener Zivilisationen ist ...

Angesichts dieser erhabenen Geisteshaltung und der bemerkenswerten Geschichte des Museums ist es erst recht bedauerlich, dass die „Leistungen" des Metropolitan im Antiquitätenbereich so niederschmetternd sind. Wie die Affäre um den Euphronios-Krater zeigt, ist das Verhalten des Museums manchmal geradezu erbärmlich. Nicht als ob die Euphronios-Affäre ein Einzelfall gewesen wäre: Wenn es um Antiquitäten geht, scheint das Metropolitan schlicht den Kopf zu verlieren.

Die erste erwähnenswerte Episode betrifft das so genannte Kreuz von Bury St. Edmunds, ein meisterhaft geschnitztes, ca. 60 Zentimeter hohes und 30 Zentimeter breites Elfenbeinkreuz mit kleinen romanischen Figuren und lateinischen und griechischen Inschriften. Angeblich stammt es aus dem 12. Jahrhundert, wobei manche Wissenschaftler seine Echtheit bezweifeln. Auf dem internationalen Kunstmarkt tauchte das Kreuz bereits 1950 auf, in einem Züricher Banktresor, aber Thomas Hoving sah es erst 1961, als es bereits dem British Museum angeboten worden war – für 200 000 Pfund. Das British Museum zögerte allerdings, weil es Bedenken hatte, ob derjenige, der das Kreuz zum Kauf anbot, auch sein rechtmäßiger Eigentümer war. Er hieß Ante Topic-Mimara und soll ein „ehemaliger Tito-Partisan" gewesen sein. Zwei deutsche Journalisten behaupteten jedoch im *Spiegel*, Topic bzw. Mimara sei der Leiter des jugoslawischen Nachrichtendienstes in Deutschland gewesen und dann, weil er von Beruf Museumsverwalter war, Mitglied des jugoslawischen Reparationsausschusses in der amerikanischen Besatzungszone geworden. Daher hatte er Zugang zu vielen Kunstwerken, die nach dem Zweiten Weltkrieg auf dem Weg zu ihren rechtmäßigen Besitzern waren.

Das British Museum bat Topic-Mimara um die Garantie, dass er der rechtmäßige Eigentümer des Kreuzes sei, aber er weigerte sich hartnäckig. Er wollte nicht einmal sagen, woher er das Kreuz bekommen hatte, und deshalb kam der Handel nicht zustande. Eines Abends schließlich saßen Hoving und Topic-Mimara zusammen und tranken Kaffee, bis um Mitternacht die Frist des

British Museum abgelaufen war. Daraufhin zahlte Hoving die Summe von über 500 000 Dollar (den damaligen Gegenwert von 200 000 Pfund) und das Kreuz ging an das Metropolitan.

Die zweite Episode dreht sich um den Schatz von Lydien – die vielleicht empörendste Antiquitätenakquisition des Met. 1966 hatte das Museum einen aus Gold-, Silber-, Bronze- und Keramikobjekten bestehenden Schatz von dem reichen New Yorker Händler J. J. Klejman gekauft, der behauptete, ihn zuvor von „unwissenden" fliegenden Händlern in Europa erworben zu haben. Die Sammlung sei mit „Trödelkram" vermischt gewesen und in mindestens zwei unterschiedlichen europäischen Städten gekauft worden. Die Archäologen aber, die den Schatz begutachten konnten, stellten fest, er stamme aus dem antiken Lydien, dem westlichen Teil der heutigen Türkei und ehemaligen Königreich von Krösus; sie waren überzeugt, er verkörpere den Inhalt von vier Gräbern, die in der Nähe von Sardis geplündert worden waren, wo Archäologen der Universität Harvard gerade eine rechtmäßige Ausgrabung durchführten. Der Schatz lagerte im Keller des Museums und blieb für die Öffentlichkeit weitgehend unsichtbar, außer wenn Dietrich von Bothmer ein paar wenige bevorzugte Besucher hineinließ. Einmal stellten von Bothmer und Hoving fünf Silbergefäße in eine Ausstellung, wo sie fälschlicherweise als griechisch bezeichnet wurden, aber sie fielen niemandem auf und kehrten wieder in den Keller zurück.

Innerhalb des Museums allerdings machte ein Memorandum die Runde. Adressiert war es an den geschäftsführenden Direktor C. Douglas Dillon, Museumsleiter Hoving, den Chefkurator Theodore Rousseau und an von Bothmer, verfasst war es von Oscar White Muscarella, dem Assistenzkurator in der Abteilung für nahöstliche Kunst (derjenige, der sich über den Kauf des Euphronios-Kraters beschwerte). Es war ein leidenschaftlicher Aufruf gegen die Zerstörung von Grabhügeln und gegen den Kauf und die Ausstellung von Objekten, die über keine wissenschaftlich gesicherte Provenienz verfügen. Muscarella warnte das Museum davor, gewisse in seinem Besitz befindliche Objekte auszustellen, da dies Repressalien, „drastische Maßnahmen" gegen westliche Archäologen in bestimmten Ländern des Nahen Ostens nach sich ziehen könne. Außerdem erwähnte er, ein türkischer Journalist habe ihm gegenüber sein Interesse daran bekundet, die Objekte im Keller des Museums zu sehen.

In der Türkei war bekannt, dass *tumuli* (Hügelgräber) in der Region Upak im westlichen Zentralanatolien geöffnet und von Dorfbewohnern geplündert worden waren. Einige Objekte wurden von der örtlichen Polizei wiedergefunden und die Grabräuber wurden vernommen. Gerüchte über die Akquisitionen des Metropolitan zirkulierten bereits seit Anfang der 1970er-Jahre, aber obwohl die eigenen Unterlagen des Met erkennen lassen, dass das Museum diese Objekte zu seinen größten Ankäufen zählte, wurde der Erwerb der (im Wesentlichen unbeschädigten) Sammlung nicht publik gemacht. Erst als 1984 einige der Stücke als Teil des so genannten ostgriechischen Schatzes des Museums dauerhaft ausgestellt wurden, konnten türkische Wissenschaftler feststellen, dass dies wirklich die Objekte waren, die aus den Gräbern in Upak entwendet worden waren. Zunächst versuchte die Türkei, zu einer Verhandlungslösung zu gelangen, wurde aber rundweg abgewiesen. Später versuchte das Museum, rechtlichen Schritten von Seiten der Türkei auszuweichen, indem es vor Gericht behauptete, die Verjährungsfrist sei abgelaufen. Dadurch wurde der Prozess um drei Jahre verzögert. Nach Ablauf dieser drei Jahre wurde der Widerspruch des Metropolitan abgewiesen und ein Prozess angeordnet. Die im Offenlegungsverfahren vom Met beigebrachten Dokumente enthielten erdrückende Schuldbeweise. Am schockierendsten waren die Unterlagen des Akquisitionsausschusses zum zweiten der drei Haupteinkäufe des Museums, in denen unter anderem vermerkt war, die gekauften Objekte stammten angeblich aus demselben Teil Anatoliens, aus dem auch die „zuvor akquirierten" stammten. Ein weiteres Schlüsselerlebnis im Offenlegungsverfahren war die türkischen und amerikanischen Archäologen eingeräumte Möglichkeit, die Schätze im Keller des Museums selbst in Augenschein zu nehmen. Archäologen, denen die aus den Gräbern in der Türkei wiedererlangten Objekte bekannt waren, konnten die große Anzahl an Schmuckstücken, Werkzeugen, Wandmalereien, Silberoinochoen und Marmorsphinxe aus der Nähe betrachten und untersuchen. Aus den dort genommenen Maßen konnten sie zum Beispiel einige der im Keller befindlichen Fresken bestimmten Löchern in den Wänden der Gräber in der Türkei zuordnen.

Angesichts solcher unanfechtbarer Beweise gab das Museum Ende 1993 auf und willigte ein, den Schatz ohne ein förmliches Gerichtsverfahren an die Türkei zurückzugeben, was im folgenden Jahr auch tatsächlich geschah. Aber die Art und Weise, wie das Museum die Klage mit einer Formsache zurückgewiesen hatte, während aus den eigenen Unterlagen hervorging, dass es selbst dann zum Kauf der Objekte bereit war, wenn der eigene Akquisitionsausschuss um die Raubgut-Provenienz wusste, hinterließ einen üblen Nachgeschmack. Es war, wie einer der Beteiligten anmerkte, als ob die Mitarbeiter des Met sich wie Piraten verhielten.

Viele sind auch im Hinblick auf einen anderen Schatz empört, eine Sammlung von 14 römischen Silberobjekten von nahezu unschätzbarem Wert, die aus einer wichtigen Ausgrabungsstätte auf Sizilien geraubt worden waren. Reich verzierte Schalen, ein Schöpflöffel aus Silber, zwei Silberhörner und ein prächtiges Emblem aus vergoldetem Silber mit antiken Göttern waren Teil dieses Schatzes. Der Wert dieser einzigartigen Gegenstände wird auf ca. 100 Millionen Dollar geschätzt. Die italienische Regierung möchte, dass das Silber zurückgegeben wird, aber das Metropolitan weigert sich, diesen Anspruch anzuerkennen, der von Informationen eines Mafia-Informanten und den Entdeckungen eines bekannten amerikanischen Archäologen gestützt wird.

Die ersten acht Objekte dieser Gruppe nahm das Met im Mai 1981 in Empfang und genau ein Jahr später sechs weitere. Damals sagte ein Mitarbeiter des Museums, die Silbergegenstände kämen ursprünglich aus der Türkei und seien auf legalem Wege aus der Schweiz importiert worden. Im museumseigenen Magazin wurden die 14 Objekte im Sommer 1984 veröffentlicht.

Nach dem Studium des Magazins wuchs bei den italienischen Archäologen und Polizeibehörden die Überzeugung, dass das Silber nicht in der Türkei, sondern auf Sizilien illegal ausgegraben und außer Landes geschmuggelt worden war. Conforti war dieser Fall so wichtig, dass er eine Reihe von *Wanted*-Postkarten herstellen ließ, und auf einer dieser Postkarten sind ein paar dieser Silbergegenstände abgebildet. Auf den anderen Postkarten sind die Venus von Morgantina und die Akrolithen im Getty Museum zu sehen (ein Akrolith ist eine Statue mit einem Marmorkopf und einem Körper aus weniger wertvollem Material). Jede Postkarte ist wie ein altmodisches *Wanted*-Poster aus dem Wilden Westen angelegt – was Rückschlüsse auf Confortis Meinung vom moralischen Standard gewisser US-Museen zulässt. Seine Überzeugung wurde von Informationen eines sizilianischen Richters untermauert, der bei den Ermittlungen in einem ganz anderen Fall einem der Angeklagten, einem Mafioso namens Giuseppe Mascara, das Geständnis abnahm. Mascara hatte sich entschieden, als Informant zu agieren und beschrieb sich selbst als „Kopf" der sizilianischen Tombaroli. Die fraglichen Silbergegenstände, so gestand er, habe er selbst gesehen und zu kaufen versucht, den Handel aber nicht durchziehen können. Der Schatz von Morgantina sei auf dem US-Markt gelandet.

Morgantina, mit seinem beeindruckenden griechischen Theater, den Säulengängen seiner Tempel und jeder Menge Ruinen, geht auf das 3. bis 2. Jahrhundert v. Chr. zurück und liegt im Herzen Siziliens, in der Provinz Enna.

Konfrontiert mit den Beschuldigungen Mascaras reagierte das Met über seinen Vizepräsidenten (und hauseigenen Rechtsanwalt) Ashton Hawkins: Man sei „bestürzt", dass die Italiener sich auf die Aussage eines Mafioso verließen, der anderer Verbrechen schuldig sei. Die Italiener erwiderten, die Amerikaner müssten eigentlich aus eigener Erfahrung wissen, dass ein Mafioso, der zum Kronzeugen werde, durch Lügen nichts zu gewinnen und alles zu verlieren habe.

Dann kam 1997 Malcolm Bell ins Spiel. Als Professor für Archäologie der Universität Virginia hatte er über viele Jahre hinweg Ausgrabungen in Morgantina durchgeführt. Aufgrund von zwei archäologischen Beweisstücken, die er entdeckt hatte, kam er zu dem Schluss, dass das Silber im Metropolitan ursprünglich aus Morgantina stammte. Zunächst fand er eine Silbermünze, die in Bezug auf Stil, Dekoration und Silbergehalt „aus demselben Nukleus" stammte wie das Silber im Metropolitan. Im Juli 1997 wurde er von der *Soprintendenza per i Beni Archeologici*, der Archäologiebehörde von Enna, auf Anregung von Dr. Raffiotta gebeten, erneut in Morgantina zu graben, diesmal in bestimmten Gebieten von Aidone, die von Mascara als mögliche Herkunftsorte des Silberschatzes genannt worden waren. Dort entdeckte Bell ein Haus, das bereits von Grabräubern geplündert worden war und in dem zwei Löcher im Fußboden klafften, wo seiner Ansicht nach das Silber versteckt gewesen war: „Als die Römer Morgantina eroberten – eine Stadt, die bereits damals für die große Anzahl ihrer Kunstwerke berühmt war –, geriet die Bevölkerung in Panik und viele Meisterwerke wurden vergraben oder in Zisternen oder tiefen Spalten versteckt." Die beiden separaten Löcher würden erklären, warum das Silber in zwei getrennten Posten auf den Markt kam.

Bereits 1993 hatte Bell das Met um die Erlaubnis gebeten, das Silber zu begutachten, aber das Museum hatte sein Ansuchen seltsamerweise – und entgegen seiner üblichen Großzügigkeit angesehenen Archäologen gegenüber – kategorisch abgelehnt. Nach Bells neuen Entdeckungen aber bestanden die Italiener darauf, dass das Met ihm eine Begutachtung des Silbers ermögliche. Im Rahmen des neuen bilateralen Übereinkommens zwischen den Vereinigten Staaten und Italien, in dem garantiert wird, dass Amerikaner keine illegal ausgegrabenen Gegenstände einführen dürfen, erklärte sich das FBI bereit, Bell sichere Labors für die Untersuchung zur Verfügung zu stellen. Wieder verweigerte das Met sein Einverständnis und bezeichnete Bell als „voreingenommen" und seine Argumente als „nicht vertrauenswürdig". Es könne nicht bewiesen werden, dass das Silber „ausschließlich" aus Morgantina stamme. Wieder eine Pattsituation. Das Angebot des FBI wurde nicht angenommen.

Schließlich aber lenkte das Met (vermutlich eingedenk der beschämenden Rückgabe des Schatzes von Lydien an die Türkei) doch noch ein und im Frühjahr und Sommer 1999 konnte Bell die Silbergegenstände untersuchen. Die Begutachtung führte allerdings zu einem neuerlichen Meinungsstreit. Auf vier Objekten las Bell den Namen „Eupolemos", einen Namen, der bereits in Morgantina gefunden worden war. Der Met-Experte für griechische und römische Kunst Dietrich von Bothmer hatte diese Inschriften jedoch ganz anders übersetzt. Seine Übersetzung lautete „aus dem Krieg", was den griechischen Buchstaben „ΕΚΠΟΛΕΜΟΥ" [EKPOLEMOU] entsprechen würde. Bells Auffassung nach handelte es sich jedoch um die Buchstaben „ΕΥΠΟΛΕΜΟΥ" [EUPOLEMOU]. Nur einen Buchstaben interpretierte Bell anders, aber dieser eine war entscheidend, weil der Schriftzug dann den Genitiv des Namens Eupolemos darstellt und somit als „von Eupolemos" zu übersetzen ist.

Obwohl das Met direkt nach dem Kauf des Silbers behauptete, es stamme aus der Türkei, hat diese trotz ihres Erfolges mit dem Schatz von Lydien nie Anspruch darauf erhoben. Darüber hinaus hat das Kunstdezernat der Carabinieri rekonstruiert, was mit dem Schatz geschehen ist, seit er den Erdboden verlassen hat. Diese Informationen wurden auf einer im Jahre 2000 in England im McDonald-Institut für Archäologie der Universität Cambridge abgehaltenen Konferenz zum Antiquitätenschmuggel von den Carabinieri präsentiert: Vincenzo Bozzi und Filippo Baviera, Tombaroli in Enna, verkauften den Schatz für 110 Millionen Lire (27 000 Dollar) an Orazio Di Simone, einen sizilianischen Mittelsmann in Lugano, der ihn für 875 000 Dollar an Robert Hecht verkaufte. Der wiederum verkaufte ihn für drei Millionen Dollar an das Metropolitan Museum. Kein ungewöhnlicher Ablauf.

Angesichts dieser Vorgeschichte sollte es uns nicht überraschen, dass das Metropolitan fast so oft mit Medici verkehrte wie das Getty.

An dieser Tatsache lässt sich nicht rütteln, denn Maurizio Pellegrini fand ziemlich ähnliche belastende Unterlagen für das Met wie für das Getty. Die Beweise waren vorhanden, in Form der im Genfer Freilager beschlagnahmten

Polaroids und anderer Fotografien. Zuerst wurden die Antiquitäten in schmutzigem und zerbrochenem Zustand fotografiert, dann wurden sie restauriert und erneut fotografiert, an das Met verkauft – auch in diesem Fall über die verschiedenen als „Fassaden" dienenden Galerien – und zum Schluss fuhr Medici nach New York und ließ sich neben einer Vitrine mit „seinem" Objekt fotografieren. Für das Met konnte Pellegrini diese Abfolge in sieben Fällen zusammenstellen.

Beim ersten handelte es sich um eine rotfigurige attische Amphora. Zuerst wurde sie (auf einer der Genfer Fotografien) schmutzig und unrestauriert abgebildet. Ein weiteres Foto zeigte dasselbe Objekt restauriert und als Teil einer Ausstellung des Metropolitan. Ein zweiter Fall dreht sich um eine lakonische Kylix, die auf den Polaroids mit vielen Lücken und deutlich erkennbaren Fragmenträndern abgebildet ist. Auf einem zweiten Foto ist dasselbe Objekt in restauriertem Zustand in seiner Vitrine im Museum abgebildet. Der dritte Fall betrifft eine Oinochoe in Form des Kopfes eines Schwarzen. Auch dieses Werk ist auf einer Polaroidaufnahme zu sehen sowie auf einem anderen Foto in seiner Vitrine im Museum. Im vierten Fotosatz ist ein rotfiguriger apulischer *dinos* abgebildet, der dem Dariusmaler zugeschrieben wird. Ein *dinos* oder auch *lebes* ist eine tiefe Schüssel, meist mit rundlichem Boden, sodass sie auf einem Ständer stehen muss. Sie wurde als Behälter oder zum Kochen benutzt oder, aus Bronze gefertigt, als Preis bei athletischen Wettkämpfen vergeben. Dieser rotfigurige Dinos wurde in Form von Scherben fotografiert, in teilrestauriertem Zustand (die Fragmente zusammengesetzt, aber die Nahtstellen noch sichtbar) und in vollständig restauriertem Zustand in seiner Vitrine im Met.

Auch Fotografien eines rotfigurigen Psykters mit Reiterfiguren befanden sich unter dem beschlagnahmten Material. Auf einer davon sind mehrere Fragmente in teilweise restauriertem Zustand, aber noch mit Lücken zu sehen. Ein weiteres Fragment wurde einzeln fotografiert. Auch dieses Objekt wurde vom Met gekauft.

Fotografien einer rotfigurigen attischen Amphora des Berliner Malers bildeten den sechsten Fall. Auf einem Foto wurde die Amphora in den Anfangsstadien der Restaurierung gezeigt, die Fragmente grob zusammengesetzt, mit vielen Lücken; auf einem zweiten nach Abschluss der Restaurierung, „in nahezu perfekt erhaltenem Zustand, dank der fachmännischen Restaurierung, die alle Spuren davon, dass sie zerbrochen war, vollständig beseitigte". Auch diese Amphora wurde in ihrer Vitrine im Museum fotografiert.

Der siebte Fall ist, wie nicht anders zu erwarten, die im Prolog erwähnte Euphronios-Vase. Unter den Genfer Fotografien befindet sich eine, die einer schriftlichen Anmerkung nach im Mai 1987, während Medici in New York war, aufgenommen wurde. Giacomo Medici persönlich steht stolz neben einem großen Krater, auf dem der Tod des Sarpedon dargestellt ist. Es ist eindeutig der Euphronios-Krater und Medicis Haltung mit stolzgeschwellter Brust und vorgestrecktem Kinn zeigt ihn als Sieger, als ob er einen Wettbewerb gewonnen hätte. Die Botschaft ist unmissverständlich. Auf einer zweiten Fotografie steht Robert Hecht am selben Tag neben demselben Objekt. Warum wurden diese Aufnahmen gemacht? Pellegrini, Conforti und Ferri, allen war klar, dass diese Bilder allein keinen Beweis darstellten. Im Zusammenhang gesehen aber, neben all den anderen im Met, im Getty und in anderen Museen aufgenommenen Fotografien, auf denen Medici sich gerne mit „seinen" Objekten fotografieren ließ, waren sie äußerst aufschlussreich und belastend.

Damit ist die Liste der potenziellen Anklagepunkte gegen das Met noch nicht vollständig. In Genf wurden auch andere viel versprechende Papiere gefunden, die vorerst mehr Fragen aufwerfen, als sie Antworten geben. Zum Beispiel ein Luftpostumschlag mit Stempel vom 14. Dezember 1990. Oben links standen Name und Adresse des Metropolitan, „1000 Fifth Avenue, NY NY 10028-0198", darunter Medicis Name und seine Schweizer Anschrift. Pellegrini hat bis heute nicht herausgefunden, was in diesem Umschlag gewesen ist. Wie das Getty pflegte auch das Metropolitan sehr enge Verbindungen zu gewissen Antiquitätensammlern, deren Bestände ebenfalls mit viel Raubgut gespickt waren. Wie das Getty stellte auch das Metropolitan solche Sammlungen aus und ließ somit das beträchtliche Ansehen, das es selbst genoss, auf sie abfärben – obwohl den Verantwortlichen bekannt gewesen sein muss, dass die ausgestellten Objekte aus illegalen Grabungen in Italien stammten.

Auch wenn der Umfang der entsprechenden Akquisitionen des Getty ihm den Spitznamen „Museum der Tombaroli" einbrachte, auch wenn der Kauf des Euphronios-Kraters durch das Met und sein Verhalten im Streit um den Schatz von Lydien und das Silber von Morgantina ihm die besondere Kritik der Türkei und Italiens eintrug: diese beiden Museen waren keineswegs die einzigen, mit denen Medici und der Rest seines Netzwerks Handel trieben. Pellegrini war es unmöglich, alle im Genfer Freilager beschlagnahmten Unterlagen zu prüfen, weil viele Objekte, die weltweit von Museen gekauft und ausgestellt werden, nie in Veröffentlichungen auftauchen, sodass gute Fotografien, Maße und andere Angaben zu den Objekten, die für ihr Studium und Vergleiche erforderlich wären, nicht zur Verfügung stehen. Aber einige belastende Details sind doch öffentlich zugänglich.

Medici war laut Pellegrini die Quelle nicht weniger Objekte in der Ny Carlsberg Glyptotek in Kopenhagen. Hier seien nur zwei Beispiele angeführt, sozusagen als Kostprobe. Das erste betrifft zwei Antefixe, auf denen eine Mänade und ein Silenus abgebildet sind. Ein Antefix ist ein antiker Dachschmuck, gewöhnlich ein senkrechter Stirnziegel, der die Dachtraufen verdecken sollte. Eine Mänade ist ein weiblicher Satyr und ein Silenus ein männlicher.[1] Diese Antefixe, die heute weltweit in verschiedenen Museen zu sehen sind (nicht nur in Kopenhagen), sind weit besser als alles, was zum Beispiel in der Villa Giulia zu finden ist, und alle erscheinen auf den im Freilager beschlagnahmten Polaroids. Dass die Antefixe in Kopenhagen, im Getty und auf Medicis Polaroids teilweise verkohlt sind, könnte darauf hindeuten, dass das Gebäude angegriffen oder aufgegeben wurde – möglicherweise ein wichtiges Ereignis der Antike, über das wir nun höchstwahrscheinlich nie etwas erfahren werden.

Ein zweites Beispiel sind Unterlagen über einen etruskischen Streitwagen, insbesondere einige getriebene Flachreliefplatten mit schlafenden Löwen sowie Teile des Zaumzeugs und der Räder. Aus den Unterlagen geht hervor, dass Medici diese Objekte für 67 000 Dollar an Robert Hecht verkauft hat, eventuell in den 1970ern. Hecht verkaufte sie dann für 1,2 Millionen Schweizer Franken (ca. 900 000 Dollar) an das Kopenhagener Museum.

Pellegrinis Detektivarbeiten führten auch zu der Erkenntnis, dass die Berliner Antikensammlung zumindest hinsichtlich der Anzahl geraubter Objekte keinen Deut besser war als das Met. Unter den bei Medici in Genf gefundenen Fotografien befanden sich sieben Vasen, die von Medici kamen und von der Antikensammlung in Berlin gekauft wurden. Bei der ersten handelte es sich um einen Skyphos des Trittolemosmalers, auf dem Menelaos und Helena während der Eroberung Trojas zu sehen sind. Sie wurde dem Museum 1970 von Nikolas Koutoulakis verkauft. Die zweite war eine attische Kylix, auf der ein Schmied am Amboss abgebildet war und die 1980 von Robin Symes gekauft wurde. Die dritte Akquisition war die wichtigste, ereignete sich im Jahre 1983 und beinhaltete eine Gruppe von 21 apulischen Vasen, die alle aus demselben Grab kamen. Auf den Fotografien in Medicis Lager waren nicht alle 21 abgebildet, sondern nur vier davon, in Fragmenten, auf dem Boden liegend. Zu diesem Fall existierten drei Polaroidserien, eine aus 15, eine aus sechs und eine dritte aus zwei Fotografien bestehende, auf denen die Vasen in verschiedenen Restaurationsstadien zu sehen waren. Die wichtigste dieser Vasen war ein Krater des Dariusmalers. Spätere Ermittlungen von Ferri und Pellegrini deckten auf, wie das Berliner Museum „ausgetrickst" wurde, damit es diese Objekte kaufte. Diese Manöver sind in Kapitel 13 beschrieben. Die vierte Akquisition, ein attischer Krater, war dem Museum 1993 als Erbstück von der Brommer-Sammlung zugegangen.

Später gab Robert Hecht unter sehr ungewöhnlichen und aufschlussreichen Umständen zu, auch an mehrere andere Museen (neben den bereits erwähnten) Raubgut verkauft zu haben, unter anderem an die Glyptothek in München, das Museum of Fine Arts in Boston, das Cleveland Museum in Ohio, das Harvard Museum in Cambridge, Massachusetts, das Campbell's Soup Museum in Camden, New Jersey, das Toledo Museum of Art in Ohio, den Louvre und einmal an das British Museum. Über diese Akquisitionen haben wir nicht so viel Detailwissen wie über die bisher erwähnten, aber wir sehen keinen Grund zu bezweifeln, was Hecht sagt: Die meisten Objekte, die er bei diesen Museen unterbrachte, kamen von Medici (oder eventuell von Becchina), was bedeutet, dass sie mit an Sicherheit grenzender Wahrscheinlichkeit Raubgut waren. Zugleich ist allerdings nicht klar, wer in diesen Institutionen wann was über die Herkunft dieser Gegenstände wusste, solange detaillierte interne Unterlagen von diesen Museen fehlen.

Man könnte meinen, eine vernünftige Verhaltensregel für das Händlernetz, das Medici umgab und in der Schweiz verortet war, wäre gewesen, Schweizer Museen beim Handel mit Raubgut zu meiden. Dem war keineswegs so. Der Leiter des Genfer Museums für Kunst und Geschichte Jacques Chamay hatte zum Beispiel bei den nach Berlin verkauften Medici-Vasen seine Finger im Spiel.

Darüber hinaus erfuhren die Carabinieri aus den im Genfer Freilager, aber in diesem Falle auch in Medicis Häusern in Santa Marinella (nördlich von Rom) und in seiner Wohnung in Genf beschlagnahmten Unterlagen, dass Medici überraschenderweise noch von anderer Seite Hilfe erhalten hatte. Die Schweizer Archäologin Fiorella Cottier-Angeli arbeitete angeblich für die schweizerischen Zollbehörden. Sie hatte seit Anfang der 1980er-Jahre und durchgängig bis zu Medicis Prozess im Jahre 2003 tausende von Echtheitsbescheinigungen ausgestellt. Eine ihrer Dienstpflichten war es, falls Objekte dauerhaft in die Schweiz importiert werden sollten, Echtheitszertifikate auszustellen und zu Besteuerungszwecken ihren Wert zu schätzen. Außerdem stellte sie *passavant*-Dokumente aus – temporäre Importgenehmigungen, mit denen eine Antiquität z. B. in Bürkis Züricher Labor restauriert und anschließend in das Zollfreilager zurückgebracht werden konnte, ohne dass Zoll zu entrichten war. Zunächst fiel Pellegrini auf, dass ihre Beschreibungen so vage waren, dass er sich nie sicher sein konnte, ob das in das Freilager zurückgebrachte Objekt auch wirklich das war, das es zuvor verlassen hatte. Mit Cottier-Angelis Gutachten konnte Medici nachweisen, dass die Objekte, mit denen er handelte, echt waren, d. h. keine Fälschungen. Offensichtlich drückte sie hinsichtlich der Frage, woher die Objekte kamen, beide Augen zu. Weil diese Antiquitäten – oder zumindest die meisten davon – echt waren, mussten sich die Schweizer keine Sorgen machen, dass das Freilager für ein groß angelegtes Fälschungsgeschäft missbraucht würde. Für Medici jedoch waren Cottier-Angelis Bescheinigungen doppelt nützlich. Sie bescheinigten den Objekten nicht nur ihre Echtheit, sondern lieferten gleichzeitig den Nachweis, dass diese scheinbar legal in der Schweiz gewesen und von dort exportiert worden waren.

Über die Jahre wurde Cottier-Angeli allerdings weit mehr als eine Beraterin der Schweizer Zollbehörden. Frida Tchacos sagte Ferri, Cottier-Angeli habe die Schlüssel zu Medicis Lager gehabt und selbst mit Objekten gehandelt, die sie von ihm gekauft hatte. Zwischen den Papieren im Freilager fand Pellegrini zum Beispiel einen Umschlag mit der Aufschrift „111", in dem sich ein kleines Schreibheft befand, „worin Medici ein Lager erwähnt, in dem zwei Objekte aufbewahrt werden: ein Bronzekandelaber mit einem Knaben und einem kleinen Schwein, und ein Stamnos, der Kleophon zugeschrieben wird". An anderer Stelle fand Pellegrini die Fotografie eines Kandelabers mit demselben Thema (Knabe und kleines Schwein), auf der stand: „venduto C. A." („verkauft C. A."), wobei C. A. für Cottier-Angeli steht. Derselbe Kandelaber erschien auch auf Fotografien zum Lagerbestand der Hydra Gallery im Rahmen des Prozesses von 1986, der von der Anwaltskanzlei Piguet aufgenommen worden war.* In Medicis Notizbüchern sind viele Objekte verzeichnet, die an „Madame" verkauft wurden, eine Bezeichnung, die mit „C. A." austauschbar ist.

* Siehe Seite 95.

Die enge Beziehung der beiden wird auch dadurch verdeutlicht, dass Cottier-Angeli, wie Pellegrini herausfand, eine der wissenschaftlichen Leiterinnen einer Ausstellung über das Italien der Etrusker war, die 1991 in Jerusalem zu sehen war. Im Katalog erschien sie als eine der Organisatorinnen der Ausstellung und als Mitverfasserin des Textes. Verschiedene der in Jerusalem ausgestellten Objekte waren ehedem in Medicis Besitz gewesen. Mehrere davon sind auf den beschlagnahmten Fotografien zu finden, viele auch mit Aufnahmen aus der Zeit vor ihrer Restaurierung. Auch unter diesen Objekten befindet sich ein Bronzekandelaber mit einem Knaben und einem kleinen Schwein, der angeblich zu einer Schweizer Sammlung, „A. P." gehört. Dieses Kürzel steht für Alain Patry, der die Bücher von „Hellas et Roma" in Genf prüft. Diese Vereinigung wurde von Cottier-Angeli gegründet und ihr Koordinator ist (oder war damals) ihr Gatte Pierre Cottier. Eine andere Ausstellung mit dem Titel „*Homère chez Calvin*" (Homer im Lande Calvins), die 2000/2001 im Genfer Museum für Kunst und Geschichte stattfand, wurde von der städtischen Kulturbehörde Genfs und vom Verein Hellas et Roma finanziell unterstützt. Unter den Abbildungen im Ausstellungskatalog befindet sich die Fotografie eines apulischen Kraters mit einer Szene aus dem Trojanischen Krieg, vor den Stadtmauern Trojas, mit vielen Kampfszenen, Männern mit Schild und Speer und Frauen, die zusehen. Laut Bildunterschrift gehört der Krater zu einer Schweizer Privatsammlung, aber dasselbe Objekt ist auf den bei Medici beschlagnahmten Fotografien abgebildet, und zwar in Form von Fragmenten, vor seiner Restaurierung.

Fürs Erste soll damit genug über diese Ausstellung im Genfer Museum für Kunst und Geschichte gesagt sein. Doch wie beim Getty, wie beim Met, wie bei den deutschen Museen, werden wir zu gegebener Zeit noch einmal auf Fiorella Cottier-Angeli und Jacques Chamay, den Leiter des Genfer Museums, zurückkommen.

Anmerkung

1 Diese Objekte sind so bedeutend, dass sie in Mauro Cristofanis *Etruria e Lazio arcaico. Atti dell'incontro di studio* von 1986 erwähnt werden. Cristofani war ein hoch angesehener Etruskologe; er grub Anfang der 1990er den Herkules gewidmeten Tempel in Cerveteri aus.

9
„Die eigentlichen Plünderer ..."

1993 schrieb Ricardo Elia, ein Archäologe der Universität Boston, eine Buchrezension in der Zeitschrift *Archaeology*, einem Forum des Archaeological Institute of America – der Institution, der die meisten professionellen Archäologen in den Vereinigten Staaten angehören. Die Rezension trug den Titel „A Seductive and Troubling Work" (Ein faszinierendes und besorgniserregendes Werk) und handelte von einem Katalog mit dem Titel *The Cycladic Spirit: Masterpieces from the Nicholas P. Goulandris Collection*, der kurz zuvor vom Disney-Professor für Archäologie an der Universität Cambridge (Großbritannien), Colin Renfrew, veröffentlicht worden war. Cambridge nennt das älteste archäologische Institut aller westeuropäischen und nordamerikanischen Universitäten sein eigen und Colin Renfrew war (und ist) vermutlich der bedeutendste Archäologe seiner Generation. Mindestens drei zukunftsweisende Werke seines Faches hat er verfasst. Das erste trägt den Titel *The Emergence of Civilisation* und ist eine Abhandlung über die Kykladen im 3. Jahrtausend v. Chr., in der die bisherigen Vorstellungen davon, wie sich eine Zivilisation entwickelt, in Frage gestellt werden. In *Before Civilisation* wird die von der Radiokarbonanalyse ausgelöste Revolution in der Archäologie analysiert und die Annahme bezweifelt, dass prähistorische kulturelle Neuerungen ihren Ursprung im Nahen Osten hatten und sich dann nach Westeuropa ausbreiteten. In *Archaeology and Language* schließlich geht Renfrew der Frage nach, ob es jemals eine „Stammsprache", eine von den meisten frühen Völkern gesprochene Ursprache gab, bevor sich unsere heutigen Sprachen entwickelt haben.

Seit 1991 ist Renfrew zudem Mitglied des britischen House of Lords und war somit 1993 so berühmt und erfolgreich, wie ein Archäologe nur sein konnte. Dennoch kritisierte ihn der wesentlich jüngere Elia scharf. In seiner Rezension erklärte er, Renfrew habe seinen gewichtigen Namen mit einer Sammlung kykladischer Antiquitäten in Verbindung gebracht, in der kein einziges der Objekte über eine gesicherte Provenienz verfüge. Renfrew habe von der Sammlung wie von einem Juwel gesprochen, sie als wunderbare Veranschaulichung kykladischer Kunst bezeichnet, wo sie archäologisch doch bedeutungslos sei. Weil diese Objekte Raubgut seien, könne niemand mit Bestimmtheit sagen, von welcher Insel sie stammten, wie alt sie seien, welche Funktion sie hatten, in welchem Verhältnis sie zu anderen Objekten standen, ob sie in der Antike bemalt worden waren und so weiter. Für Elia verdiente die Goulandris-Sammlung kaum ihren Namen: Sie sei eher als ein Haufen Beutegut denn als richtige Sammlung zu bezeichnen, denn eine richtige Sammlung sollte uns so viel wie möglich über die Vergangenheit mitteilen. Er bedaure, dass ein berühmter Professor seinen Namen für solch eine Unternehmung hergegeben habe. „Sammler", sagte er, „verursachen mit ihrem Verhalten Plünderungen, weil sie eine Nachfrage für Antiquitäten schaffen. Plünderungen ihrerseits ziehen Fälschungen nach sich, weil Fälschungen nur unentdeckt bleiben können, wenn es einen nennenswerten Korpus aus Antiquitäten ohne ordentliche archäologische Provenienz gibt. Diese beiden Probleme – Plünderungen und Fälschungen – zerstören die Integrität der antiken Kunstgeschichte auf elementare Weise." Elia beendete seine Rezension mit einem Satz, der viel Widerspruch hervorrufen sollte, aber im Gedächtnis blieb. „Die eigentlichen Plünderer", schrieb er, „sind die Sammler." Ohne ihr Geld und ihre Nachfrage gäbe es keinen Markt.

Keiner wird gerne kritisiert, aber Renfrew trug Elias Angriff mit Fassung und Humor. Er antwortete in der nächsten Ausgabe von *Archaeology* und akzeptierte Elias Argument im Wesentlichen. Er habe dadurch, dass er seinen Namen und seine Glaubwürdigkeit mit der Goulandris-Sammlung in Verbindung gebracht habe, wie unbeabsichtigt und indirekt auch immer, die Gefahr vergrößert, dass noch mehr Antiquitäten Plünderungen zum Opfer fallen, weil Sammler zu der Überzeugung gelangen, sie könnten – gesellschaftlich, intellektuell, finanziell – etwas gewinnen, indem sie sich auf solche Dinge einlassen. „Ich war zweifellos schockiert, als ich vor ein paar Jahren beim Besuch der im Metropolitan Museum of Art ausgestellten Sammlung von Leon Levy und Shelby White eine so außerordentliche Schatzkammer geraubter Antiquitäten aus der gesamten antiken Welt vorfand", fügte er hinzu. Es dauerte eine Weile, aber nachdem Renfrew sich mit dem Problem befasst und sich überzeugt hatte, dass die Plünderung antiker Stätten nie da gewesene und unannehmbare Ausmaße angenommen hatte, schuf er mit dem Illicit Antiquities Research Centre, einem Forschungszentrum für illegale Antiquitäten in Cambridge, eine spezielle Einrichtung für das Studium des Problems, um auf den Ernst der Lage aufmerksam zu machen und Methoden zu seiner Bekämpfung zu entwickeln.

Die Renfrew-Elia-Debatte dauerte in etwa von 1993 bis 1997. Keiner der beiden konnte wissen, was sich kurze Zeit später ereignen und die Situation so wesentlich erhellen sollte. In Wirklichkeit belieferte Giacomo Medici nämlich nicht nur Museen, sondern die meisten, wenn nicht alle wichtigen Sammlungen klassischer Antiquitäten, die seit dem Zweiten Weltkrieg gebildet worden waren. Alle modernen Nachkriegssammlungen (in den Vereinigten Staaten und Europa gibt es fünf davon) sind mit Raubgut voll gestopft, das vorwiegend über Giacomo Medici gekauft wurde, und die meisten Sammler wissen oder wussten darüber Bescheid. In Anbetracht der ungeheuren Summen, die bei diesem Handel den Besitzer wechseln, lautet die bittere Wahrheit, dass Ricardo Elia Recht hatte, mehr vielleicht, als ihm damals selbst bewusst war: Die eigentlichen Plünderer sind die Sammler.

Lawrence Fleischman war nicht nur Präsident und Hauptgeschäftsführer der Kennedy Galleries in New York, sondern auch für seine philanthropischen Aktivitäten bekannt. 1925 in Detroit geboren, studierte er an der Western Military Academy in Alton, Illinois, an der Universität Purdue und der Universität Detroit, wo er 1948 seinen Abschluss machte und im gleichen Jahr seine Frau Barbara heiratete. Während des Zweiten Weltkriegs, als er in Frankreich stationiert war und die römischen Ruinen von Besançon besuchte, begann er sich erstmals für Archäologie zu interessieren. 1963 kaufte er mehrere griechische Vasen aus einer Sammlung von William Randolph Hearst. 1966 zog er mit seiner Familie nach New York, wo er ein Partner in den Kennedy Galleries wurde. Seine Frau und er unterstützten viele Kunstinstitutionen, unter anderem das Met, das Detroit Institute of Art, das British Museum und den Vatikan. Unter Kennedy und Johnson saß er in einem beratenden Ausschuss des Weißen Hauses. Neben dem Kunsthistoriker E. P. Richardson war er einer der Gründer der Archives of American Art, außerdem gründete er das *Art Journal* und war Mitglied der Perpont-Morgan-Bibliothek. Zusammen mit seiner Frau schuf er eine bedeutende Sammlung amerikanischer Kunst und wurde von Papst Paul VI. gebeten, bei der Erstellung einer Sammlung moderner religiöser Kunst behilflich zu sein. 1978 ernannte ihn der Papst zum Ritter des Sylvesterordens und 1986 wurde er von Papst Johannes Paul II. zum Komtur dieses Ordens ernannt. In dieser Zeit traf er Dietrich von Bothmer, der den Fleischmans riet, ihren damaligen Antiquitätenbesitz zu verkaufen und sie dann (laut einem Katalog über ihre späteren Akquisitionen) „Händlern vorstellte, die auf antike Kunst spezialisiert waren".

1996 kaufte das Getty Museum die Antiquitätensammlung der Fleischmans. Diese Sammlung mit rund 300 Objekten wurde auf einen Wert von 80 Millionen Dollar geschätzt. Der größte Teil wurde dem Museum geschenkt, der Rest (im Wert von ca. 20 Millionen Dollar) gekauft. Wie viel die Fleischmans für sich zurückbehielten, ist nicht bekannt.

Der Kauf der Fleischman-Sammlung war Archäologen aus zwei Gründen verdächtig. Erstens hatten laut verschiedener Studien 92 Prozent der Objekte keine gesicherte Provenienz und die restlichen 8 Prozent stammten aus anderen Sammlungen neueren Datums, hatten also wahrscheinlich auch keine ernst zu nehmende Provenienz. Zweitens hatte das Getty Museum selbst in Gestalt von Marion True und einem ihrer Kollegen die Fleischmann-Sammlung 1994 bereits in einem Ausstellungskatalog veröffentlicht, um dann zwei Jahre später, unmittelbar nach dem Kauf der Sammlung eine neue Einkaufspolitik anzukündigen: Von nun an würden nur noch Objekte gekauft, die aus etablierten – und veröffentlichten Sammlungen stammten. Da die Fleischman-Sammlung nun ja veröffentlicht worden war, konnte das Getty die 300 Objekte „rechtmäßig" erwerben.

Dies war ein zumindest unaufrichtiges Manöver, wenn nicht gar ein durch und durch zynisches. Dadurch, dass sie Teil einer „veröffentlichten Sammlung" sind, werden Objekte aus zwielichtiger Quelle nicht wie von Zauberhand rein gewaschen, es wird lediglich ein weiterer Name zwischen das Museum und die Erde des Landes eingeschoben, aus dem die Antiquitäten geplündert wurden, das ist alles. Überdies bestand die Antiquitätensammlung der Fleischmans trotz ihres distinguierten Hintergrunds – insoweit Unterlagen vorhanden und zugänglich sind – nahezu vollständig aus Raubgut, was das Getty genauso gut wusste wie die Sammler selbst.

Von Herbst 1994 bis Frühjahr 1995 wurde „A Passion for Antiquities: Ancient Art from the Collection of Barbara and Lawrence Fleischman" (Eine Leidenschaft für Antiquitäten: Antike Kunst) im Getty in Malibu und dann in Cleveland ausgestellt. Im Vorwort zum Katalog hatten die beiden Museumsleiter (John Walsh vom Getty und Robert P. Bergman vom Cleveland Museum of Art) unter anderem Folgendes zu sagen: „Im Gegensatz zu den Sammlungen von Museen, die in der Regel versuchen, dem Publikum einen möglichst vollständigen und repräsentativen Überblick über eine Kunstepoche oder ein Medium zu geben, kennt der private Sammler keine derartigen Beschränkungen. Die einzigen Gesichtspunkte für die Sammler sind ‚Gefällt es mir? Kann ich es mir leisten? Kann ich mit diesem Objekt leben? …' Als

Richtschnur bei der Auswahl dieser Stücke diente ihre hervorragende künstlerische Qualität, nicht ihr archäologisches Interesse." Was mit diesen Worten nicht gesagt wird, ist mindestens so interessant wie das, was gesagt wird. Eine Frage, die sich jeder private Sammler (wie auch jeder Museumskurator) stellen sollte, der weiß, wie weit verbreitet Plünderungen in vielen Ländern mit Resten alter Kulturen sind, ist doch gewiss diese: „Ist es ethisch vertretbar, die Objekte zu kaufen, die ich kaufen möchte?" Diese Einstellung von Walsh und Bergman (insbesondere die Bemerkung über die Akquisitionen nach dem Gesichtspunkt künstlerischer Qualität, statt nach archäologischer Bedeutung) wurde im Haupttext des Katalogs in gewisser Weise bestätigt, wo Lawrence Fleischman zu Wort kommt: „Wenn man für eine Institution sammelt, wird man immer davon beeinflusst, was diese Institution braucht. Im Handel orientiert man sich daran, was sich gut verkauft. Bei einer Privatsammlung aber weiß man, dass man 24 Stunden am Tag mit dem Gegenstand leben muss, also kauft man nur das, worauf man sehr positiv anspricht." Mit anderen Worten, hier herrschte die Vorstellung, die Fleischman-Sammlung sei eher eine persönliche Angelegenheit der Fleischmans als eine Sammlung, die in ein Museum passen würde. Dies ist insofern interessant, als die Unterlagen, die Pellegrini in Medicis Genfer Lager fand, den Staatsanwalt Paolo Ferri veranlassten, dem Getty einige bohrende Fragen zu stellen. Daraufhin wurden ihm einige interne Unterlagen des Museums zugänglich gemacht. Diese waren zwar zum Teil „redigiert", sprich gekürzt, weil das Getty meinte, bestimmte Teile seien nicht relevant, aber sie ergeben trotzdem noch ein recht klares Bild.

Am 30. Januar 1992, also zwei Jahre vor dem Kauf der Fleischman-Sammlung, hatte Marion True an John Walsh geschrieben: „Am 21. September 1991 rief Lawrence Fleischman an, um zu fragen, ob das Museum am Kauf von neun der bedeutendsten Teile seiner Sammlung interessiert sei, einschließlich einer Gruppe von 41 Einzelobjekten."

Grund des Verkaufs seien „offensichtlich" persönliche finanzielle Schwierigkeiten wegen des schwachen Marktes für Immobilien und amerikanische Gemälde. „Die Liste der Objekte wurde von Herrn Fleischman selbst zusammengestellt, aber er verwendete große Sorgfalt darauf, Objekte zu wählen, die für unsere Sammlung von Bedeutung sind", schrieb sie weiter. Die Bedingungen seien einfach: Die Gruppe würde 5 500 000 Dollar kosten, die bis zum 15. Februar 1992 zu bezahlen seien, und sowohl der Preis als auch die Auswahl der Objekte seien nicht verhandelbar. „Die Gesamtsumme war im

Wesentlichen die Summe der von Fleischman für die einzelnen Stücke bezahlten Preise. Die Gruppe umfasst: ..." Hier war die Liste bis auf ein Objekt, einen rotfigurigen, von Syriskos signierten Kalyxkrater, zusammengestrichen worden. Weiter heißt es:

„Da mir einige dieser Stücke bereits zu Zeiten angeboten wurden, in denen wir nicht kaufen konnten, und eines davon bei einer Auktion verkauft wurde, kann ich bestätigen, dass ihre Preise in etwa den Selbstkosten entsprechen.

Der Kalyxkrater, der korinthische Aryballos, der Bronzehelm und der Knöchelschutz wurden uns bereits angeboten, der schlangenfüßige Riese auf einer Auktion verkauft. Herr Fleischman zeigte uns den Einkaufspreis des silbernen Amphora-Rytons. Die Einkaufspreise der anderen Stücke sind nicht bekannt, aber ihre gegenwärtigen Preise sind marktüblich und fair. Wie Sie, da Sie die Sammlung gesehen haben, selbst wissen, besteht keine Frage, dass jedes dieser Objekte von außergewöhnlicher Qualität und Bedeutung ist, und wie in den beiliegenden Akquisitionsanträgen erläutert, wäre jedes dieser Stücke eine willkommene Ergänzung unserer Sammlung. Die Möglichkeit, sie alle zusammen zu kaufen, ist eine außergewöhnliche Gelegenheit. Nach unserem Gespräch Mitte November haben wir die Überführung der Stücke nach Malibu arrangiert, wo sie untersucht und für die Präsentation bei unserem Januartreffen fotografiert werden. Unsere Anfragen bei der International Foundation for Art Research (IFAR) und der griechischen, türkischen und italienischen Regierung werden vermutlich nicht vor dem Zahlungstermin beantwortet werden, wegen der Kürze der Zeit und den kommenden Ferien. Weil die Stücke sich aber seit einiger Zeit in einer amerikanischen Sammlung befunden haben und von Wissenschaftlern aus der ganzen Welt in Augenschein genommen wurden, denke ich, es ist unwahrscheinlich, dass die Anfragen Probleme aufwerfen."

Aus anderen Getty-Unterlagen ist ersichtlich, dass Deborah Gribbon, die damalige Chefkuratorin und heutige Ex-Direktorin, am 4. Februar 1992 an Fleischman schrieb und bestätigte, dass der Einkauf der neuen Stücke für 5,5 Millionen Dollar genehmigt wurde und die Zahlung am 15. Februar, innerhalb der von Fleischman vorgegebenen Frist erfolgen würde. Diesen Schriftstücken zufolge scheint kaum ein Unterschied zwischen der Sammlung der Fleischmans und der eines Museums zu bestehen. Jedes einzelne Objekt war „von außergewöhnlicher Qualität und Bedeutung".

Im Dossier sind die vollständigen Angaben zu den elf Objekten der Fleischman-Sammlung zu finden, für die Pellegrini Unterlagen fand, die sie eindeutig mit Medici in Verbindung bringen. Hier konzentrieren wir uns auf vier Stücke, um die ungeheure Qualität der Objekte zu veranschaulichen, mit denen Medici und seine Cordata, seine „Seilschaft", handelten, auf vier Stücke, die unangenehme Fragen an die Fleischmans und die Getty-Mitarbeiter, insbesondere aber an Marion True aufwerfen: Was dachten sie denn, wo dieses Antiquitäten herkommen sollten?

Wir beginnen mit einer Marmorstatue von Tyche, die den Unterlagen zufolge von Robin Symes gekauft wurde. Die in viele Falten gehüllte weibliche Figur wird anhand ihrer Mauerkrone (die vermutlich auch die Stadt bezeichnete, die sie beschützen sollte) als Tyche identifiziert. Auch diese Statue ist auf den in Genf beschlagnahmten Fotografien zu sehen, noch bevor sie von den Schmutzverkrustungen befreit wurde. Sie war so ein wichtiges Objekt, dass das Museum sie den Fleischmans für zwei Millionen Dollar abkaufte. In der Antike wurde das griechische Wort *tyche*, das Schicksal, Zufall oder Glück bedeutet – mit der diesem Begriff innewohnenden Unbeständigkeit – auf Menschen wie Städte angewandt. Die großen Zentren Antiochia und Alexandria führten beide einen Kult für die Göttin Tyche ein, aber auch kleinere Städte werden sie verehrt haben.

Wäre eine so wichtige Statue legal ausgegraben worden, wären in wissenschaftlichen Zeitschriften Artikel über sie geschrieben und veröffentlicht worden. Schon allein die Tatsache, dass über die Statue so wenig bekannt war, hätte als Zeichen dafür erkannt werden müssen, dass ihre Provenienz verdächtig war.

Noch belastender war ein römisches Fresko, eine Lünette mit einer Herkulesmaske, die auf 95 000 Dollar geschätzt wurde und die die Fleischmans von Bürki erworben hatten. Diesmal war das Objekt allerdings nicht über Fotografien mit Medici in Verbindung zu bringen, sondern weil es hinsichtlich seiner Maße, seines Themas und seines Zustands mit Ferris Worten „der Zwillingsbruder eines anderen Freskos" zu sein schien, das in Genf bei Medici beschlagnahmt worden war. In den Fotografien der Schweizer Polizei von Korridor 17, die bei der Durchsuchung am 13. September 1995 aufgenommen wurden, ist der „Zwillingsbruder" zu sehen, wie er dort auf dem Fußboden liegt.*

Nicht weniger aufschlussreich war eine schwarzfigurige Amphora, die Dietrich von Bothmer einer Gruppe zugeordnet hatte, deren hervorstechendes

Merkmal ein aus drei kurzen Linien bestehendes Motiv war. In den Genfer Medici-Unterlagen ist diese Amphora auf zahlreichen normalen Fotografien und Polaroids zu sehen. Dem Getty wurde sie von den Fleischmans angeboten, nachdem diese sie im Juni 1989 von Fritz Bürki erworben hatten. Anderen Unterlagen ist zu entnehmen, „RG" (Robert Guy) habe gesagt, dieses Objekt sei „zusammen mit" einem anderen Objekt mit einer Darstellung der Gigantomachie (der Kampf der Giganten gegen die griechischen Götter) „gefunden worden", die sich noch im Besitz von „REH" (Robert Emanuel Hecht) befinde, und mit einer dritten Vase, einer Hydria des Würzburger Malers, die sich „noch im Besitz von" Robin Symes befinde. Woher wusste Guy, dass diese Objekte zusammen gefunden worden waren? Hier wurden offensichtlich weitere Dreiecksgeschäfte getätigt oder in die Wege geleitet. Die Cordata ist klar zu erkennen.

Wenden wir uns nun einem letzten Objekt zu, das die Fleischmans betrifft. Unter den in Genf beschlagnahmten Fotografien fand Pellegrini die Abbil-

---

* Im Katalog der Ausstellung „A Passion for Antiquities" schrieb Marion True zu Katalognummer 126 über den Herkules: „Der eindrucksvolle Illusionismus des zweiten Stils römischer Wandmalereien wird in diesem Fragment des oberen Bereichs einer pompejischen Wand wunderbar veranschaulicht. ... Der obere Teil des Freskos entspricht genau dem oberen Teil eines Freskos in der Shelby White und Leon Levy Sammlung ... und stammt aus demselben *Raum* wie Katalognummer 125" [Hervorhebung der Autoren; siehe Dossier]. Katalognummer 125 war ein weiteres Freskenfragment, das aus zwei rechtwinkligen Stücken bestand und in einem blaugrünen Licht gebadete Landschaftsszenen zeigte. Marion True sagt, wegen der von rechts nach links fallenden Schatten auf den Säulen sei dies Teil der Wand gewesen, die beim Eintreten in den Raum rechter Hand lag.

Diese beiden Fresken erinnern an die Fresken der pompejischen Villa, die Pellegrini als Erstes auffielen, als er sich in Medicis Unterlagen vertiefte – auch sie waren dem zweiten, dem Illusionsstil zuzuordnen. Woher wusste Marion True, dass die Fresken aus demselben Raum stammten? Den beschlagnahmten Fotografien ist zu entnehmen, dass die Tombaroli mindestens neun Wände fotografiert haben, es ist aber nicht klar, woher sie alle kommen. In Korridor 17 wurden nur Teile von drei Wänden gefunden. Stellen Sie sich vor, was für ein archäologisches Ereignis es wäre, wenn diese fehlenden Wände aufgefunden, zurückgebracht und in Pompeji wieder aufgebaut werden könnten!

dung eines rotfigurigen Kelchkraters (Kalyxkraters), 1992 von Fleischman an das Getty verkauft. Es handelte sich um eine Vase von Syriskos, die auf den Genfer Fotografien „in verschiedenen Stadien der Restaurierung" abgebildet war. In den von Richard Neer zusammengestellten Aufzeichnungen des Getty zu dieser Anschaffung wird betont, die Vase sei „eine der aufregendsten und bedeutendsten, die in den letzten Jahren auf den Markt gekommen sind". Ihr Wert wurde auf 800 000 Dollar veranschlagt und sie war 1988 von Robin Symes in London gekauft worden. Ein Grund für ihren hohen Wert war, dass die Ikonografie auf dieser Vase sehr ungewöhnlich war. Gaia, die Erdgöttin, war zu sehen, wie sie, eine Blütenkrone tragend, auf einem Stuhl saß. Flankiert wurde sie von ihrem Sohn, dem bartlosen Titanen Okeanos (in der Sagenwelt waren die Titanen ein Geschlecht von Riesen und Vorgänger der Menschheit), und dem bärtigen Weingott Dionysos. Auf der Rückseite des Gefäßes wird ebenfalls eine Göttin von zwei Männern flankiert, aber dieses Mal ist es Themis, Gaias Tochter. Neben Themis stehen Balos und Epaphos. Epaphos war der Sohn von Zeus und Io, geboren an den Ufern des Nils. Er heiratete Memphis und hatte eine Tochter namens Lybia. Nach einer Vereinigung mit Poseidon gebar Lybia dann Balos, der wiederum der Vater von Aigyptos und Damno sowie von Danaos, dem Stammvater von Homers Danaern, war. Diese äußerst ungewöhnliche Anordnung scheint daher die Geburt – oder zumindest die Frühzeit – der Götter und die Stämme abzubilden, die sie schufen.

Aber das war noch nicht alles. In einer Inschrift unter dem Fuß der Vase war vermerkt, dass sie in der Antike einen *stater* kostete – einen Betrag, den ein athenischer Soldat in zwei Tagen verdiente. Wie im Getty-Bericht vermerkt wird, sind Preise auf griechischen Vasen sehr selten. „Der Preis von Vasen hoher Qualität in der Antike ist ein entscheidendes Thema, insbesondere für Forschungen hinsichtlich der Beziehung dieses Mediums zur Gesellschaft als Ganzer. Darüber hinaus ist diese Inschrift die erste, in der zur Preisangabe ein Stater und somit eine große Münzeinheit verwendet wurde", heißt es weiter. (Gewöhnlich wurde die kleinere Einheit „*obolos*" benutzt.) Die Signatur auf der Vase, „Syriskos", bedeutet „kleiner Syrer" und Syriskos war mit Sicherheit einmal Sklave. Andere Vasen vom selben Künstler sind mit „Pistoxenos Syriskos" signiert und noch andere, die später datiert werden, nur mit „Pistoxenos". Der Getty-Bericht fährt fort: „Es wird angenommen, dass der Sklave Syriskos seinen Namen änderte und sich Pistoxenos nannte, vermutlich als er

seine Freiheit erhielt. Die Vasen mit Doppelsignatur sind Übergangsstücke."
Weiter: „Der Stil der Malerei ist zweifellos der des zuvor als Kopenhagener Maler bezeichneten Künstlers ... Dieser Krater zeigt, dass der Kopenhagener Maler Syriskos ist ... Er bietet einen wichtigen Schlüssel zu den Beziehungen innerhalb dieser wichtigen Künstlergruppe."

Der Kauf dieser Vase und die Analyse ihrer Merkmale vermitteln etwas davon, wie aufregend die Antikenforschung sein kann, etwas von der Entdeckerfreude und den Zusammenhängen unterschiedlicher Bereiche. Dies rechtfertigte den hohen Preis von 800 000 Dollar und bestätigt einmal mehr die ungeheure Bedeutung der Objekte, mit denen Medici und die Cordata handelten. Wo aber wurde diese Vase gefunden? Darüber wissen wir nichts.

Die im Dossier enthaltene vollständige Liste der auf den in Genf beschlagnahmten Fotos abgebildeten und von Fleischman gekauften Objekte zeigt, dass er seine Antiquitäten fast alle entweder von den Bürkis oder von Robin Symes kaufte. Fragte er sich denn nie, woher Fritz Bürki oder Symes diese Objekte hatten? Störte das Schweigen, das diese seltenen und bedeutenden Antiquitäten umgab, keinen?

Zwei letzte papierene Indizien zu Fleischman grub Pellegrini aus, diesmal keine Polaroids, sondern Schecks. Einer, Nummer 116, war vom 20. Juli 1995 und über einen Betrag von 100 000 Dollar ausgestellt, abzubuchen von einem Konto der Republic National Bank of New York, 452 Fifth Avenue. Der zweite trug das Datum 20. März 1996 und die Nummer 4747 und war über einen Betrag von 550 000 Dollar ausgestellt, abzubuchen von der Chase Manhattan Bank, 11 West 57th Street. Das Seltsame an beiden Schecks war, dass sie zwar in Korridor 17, in Medicis Räumlichkeiten gefunden wurden, aber nicht auf ihn ausgestellt waren, sondern auf „Phoenix Ancient Art S.A.". Warum sollte Medici im Freilager in Genf Schecks aufbewahren, die auf jemand anderen ausgestellt waren? Und warum war einer der Schecks vordatiert auf den 20. März 1996, wenn er doch bei einer Durchsuchung am 13. September 1995 beschlagnahmt wurde? Sollte er erst eingelöst werden, wenn die Fleischman-Sammlung an das Getty verkauft worden war? All dies wurde zumindest teilweise durch andere Dokumente aufgeklärt und erläutert, die Pellegrini ebenfalls fand. Eines davon war ein Brief mit einem Briefkopf von Phoenix Ancient Art mit dem Datum „5. Mai 1995":

> Hiermit wird bestätigt, dass Phoenix Ancient Art S.A. dafür verantwortlich ist, dem Überbringer der folgenden beiden auf uns ausgestellten Schecks am darauf angegebenen Datum den darauf angegebenen Betrag zu bezahlen, falls Probleme bei der Verrechnung auftreten sollten:
> 1) Scheck Nr. 116, Republic National Bank of New York,
>   mit Datum vom 20. Juli 1995, über einen Betrag von 100 000 US-Dollar
> 2) Scheck Nr. 4747, Chase Manhattan Bank, N.A.,
>   mit Datum vom 20. März 1996, über einen Betrag von 550 000 US-Dollar
> Summe .... US $ 650 000

Unterzeichnet war dieser Brief mit „Hischam Aboutaam". Dies scheint ein deutliches Beispiel für ein Dreiecksgeschäft zu sein. Bestätigt wird diese Annahme durch ein weiteres Dokument im selben Ordner. Dies war ein „*Contrat de Partnariat*", ein Partnerschaftsvertrag zwischen Editions Services und Phoenix Ancient Art, datiert „*Genève le 8 Juin 1994*", der folgende Informationen enthielt: Bei der Auktion der Hirschman-Sammlung griechischer Vasen bei Sotheby's am 9. Dezember 1993 verauslagten die beiden Parteien zusammen 1 953 539,39 britische Pfund, wobei zwei Drittel des Betrags von Editions Services und ein Drittel von Phoenix Ancient Art aufgebracht wurden. Die beiden Parteien vereinbarten, dass dieser Betrag drei Millionen US-Dollar entsprach und dass die Partner beim künftigen Weiterverkauf der Objekte in diesem Verhältnis entschädigt würden: zwei Drittel an Editions Services und ein Drittel an Phoenix.

Noch mehr Dokumente zeugten von der engen Verbindung zwischen Medici und Phoenix: Transportpapiere für Waren von Editions Services, die auf Briefpapier von Phoenix geschrieben waren, und monatliche Rechungen (mit Unterschrift) von Medici an Phoenix für „Dienstleistungen" („Expertisen, Beratung" und so weiter) über Summen von 9500 Schweizer Franken bis 30 000 US-Dollar.

Eine Vorstellung von der Bedeutung der Fleischman-Sammlung insgesamt vermittelt vielleicht der von Pellegrini ermittelte durchschnittliche Wert ihrer Objekte: über 100 000 US-Dollar. Dennoch, der besorgniserregendste Aspekt der Sammlung ist, dass so viele dieser Objekte ohne Provenienz von Medici kamen und somit illegal aus italienischem Boden. Aus den eigenen Unterlagen des Getty wird deutlich, dass das Museum wusste, dass die meisten Artefakte über Figuren wie Robin Symes und Fritz Bürki an die Fleischmans gekommen waren. Die Schecks beweisen, dass Fleischman direkt mit den Aboutaams handelte. Alle wussten, was vor sich ging. In den Getty-Unterlagen zu den Neuanschaffungen jedoch wird unter der Rubrik „Provenienz und Exportfähigkeit" nie in Frage gestellt, woher diese Objekte kommen.

Somit ist es mehr als bedauerlich, dass das Getty und insbesondere Marion True es für angebracht hielten, die Fleischman-Sammlung zu kaufen und dann die Dreistigkeit besaßen, eine neue Einkaufspolitik des Museums zu verkünden und zu versichern, man kaufe nur Objekte aus veröffentlichten Sammlungen. True wusste sehr wohl, dass viele, wenn nicht alle modernen Antiquitätensammlungen auf genau dieselbe Weise gebildet wurden wie die Fleischman-Sammlung.

Der in Belgien geborene Diamantenhändler Maurice Tempelsman, Vorsitzender der größten Diamantschleiferei der Welt, erwarb in den 1970er- und 1980er-Jahren eine große Sammlung ägyptischer, nahöstlicher, griechischer und römischer Antiquitäten, vor allem Skulpturen. Den Papieren nach kaufte er die meisten Objekte über Robin Symes.

Relativ früh allerdings versuchte Tempelsman bereits, seine Sammlung zu verkaufen. Dem Getty wurden seine Antiquitäten sogar vier Mal angeboten: erstmals im Oktober 1982, als Jiri Frel Kurator war und Tempelsman das Museum über Robin Symes kontaktierte, der 21 seiner besten Objekte *en bloc* anbot, einschließlich einiger ägyptischer und nahöstlicher Antiquitäten. Der Angebotspreis lag bei 45 Millionen Dollar und wurde abgelehnt. Im Sommer 1985 machte Symes nach zwei weiteren erfolglosen Versuchen einen vierten Vorschlag, wobei er dieses Mal elf der bedeutendsten griechischen und römischen Objekte für 18 Millionen Dollar anbot. Nun empfahlen die entsprechenden Kuratoren, das Angebot anzunehmen, und noch im selben Jahr wurden diese elf Gegenstände offiziell gekauft.

Die Dr. Ferri vom Getty in dieser Angelegenheit zur Verfügung gestellten Dokumente waren geschwärzt und nannten nur drei der elf Objekte, eine Marmorskulptur von zwei Greifen, die ein Rotwild attackieren, ein Marmorbecken – ein Fußbad mit aufgemalten Meernymphen auf Hippokampen (fischschwänzige Seepferde) – und ein marmorner Apollo. Wie es sich so trifft, wurden diese drei bedeutenden Marmorgegenstände allerdings allesamt auf den in Genf beschlagnahmten Polaroids gefunden. Von jedem Objekt gab es drei Fotos, „eindeutig mit derselben Kamera und zur selben Zeit aufgenommen, bis hin dazu, dass sie dieselben Losnummern auf der Rückseite tragen (0057703532)". Alle Objekte waren in Fragmenten, erdverschmutzt und auf italienischer Zeitung liegend aufgenommen worden, woraus Pellegrini folgerte, dass sie alle zur selben Zeit am selben Ort gefunden wurden. Sie waren auch Thema eines 1986 im *Journal* Nr. 14 des Getty erschienenen Artikels, in dem gemutmaßt wurde, die Gegenstände seien in der Antike aus derselben geografischen Region, wenn nicht gar „vom selben Ort" gekommen. Der Autor vermutete, ihr Herstellungsort sei vielleicht Mazedonien, von wo aus sie nach Tarent und dann nach Etrurien gebracht worden seien. Wie viel wusste der Autor?

Das i-Tüpfelchen waren die Negative von einem Los-Angeles-Besuch Medicis. Darunter befand sich eine Fotografie von ihm, wie er neben den drei Marmorobjekten aus der Tempelsman-Sammlung steht, „fast, als wolle er seine Vaterschaft geltend machen".

Die enorme Qualität dieser Objekte wird von Dr. Cornelius Vermeule, dem Kurator für antike Kunst im Bostoner Museum of Fine Arts, bezeugt: „… ihr Zustand, ihre Qualität und ästhetische Bedeutung sind überragend." David G. Mitten, Loeb-Professor für antike Kunst und Archäologie in Harvard, meinte, sie seien „von durchwegs außerordentlicher Qualität" und mehrere gehörten „zu den Meisterwerken der Kunst ihrer Ära", seien „Markteine der Kunstgeschichte". Jerome J. Pollitt, Professor für Altphilologie und Archäologie in Yale war der Meinung, ein Kauf der Tempelsman-Objekte würde „das Qualitätsniveau der Antiquitätensammlung des Museums deutlich heben und es mit Material ausstatten, für das wir in manchen Bereichen keine Parallelen kennen". John G. Pedley schließlich, Professor für klassische Archäologie an der Universität Michigan und Leiter des dortigen Kelsey Museum of Archaeology pflichtete bei, dass einige dieser Objekte unvergleichlich und von großer wissenschaftlicher Bedeutung seien.

Die über einzelne Objekte zusammengestellten Kommentare bestärken diesen Eindruck. Die Marmorgruppe mit den Greifen (mit einem Wert von 5,5 Millionen Dollar) sei „eine fantastische Glanzleistung und in der griechischen Kunst ohne ihresgleichen … Diese Gruppe ist einzigartig; es ist schlicht kein anderes ähnliches Werk bekannt … dieses Stück ist eines der schönsten Exemplare von Skulpturen aus Buntmarmor, die erhalten sind."

Über das Marmorbecken mit den Malereien (mit einem Wert von 2,2 Millionen Dollar) heißt es: „Mir ist kein anderes derartiges Objekt bekannt ... Die Malerei und ihre reichhaltige Mehrfarbigkeit machen das Becken zu einem einzigartigen, einem kostbaren Beispiel der fast vollständig verschwundenen Monumentalmalerei der griechischen Antike, der Kunst, die von den antiken griechischen und römischen Autoren, die über Kunst geschrieben haben, am meisten gepriesen wurde ... Dieses Stück ist so bedeutend, wie ein Gegenstand nur sein kann ... Als erstklassiges Beispiel der griechischen Malerei auf ihrem Höhepunkt sowie aufgrund seiner grundlegenden Bedeutung für unser Verständnis der spätklassischen griechischen Polychromie, der Pigmente und Auftragstechniken für Marmoroberflächen ist das Becken von einzigartiger Wichtigkeit." Über die Apollostatue (mit einem Wert von 2,5 Millionen Dollar): „Diese Statue ist vermutlich das schönste und vollendetste Werk seiner Art in Nordamerika."

Für die Kunst der Antike sind diese Stücke so bedeutend, wie nur möglich. Es kann keine Rede mehr davon sein, dass es sich bei Antiquitäten ohne Provenienz um langweilige, gewöhnliche Objekte handelt. In den Anschaffungsvermerken von Arthur Houghton steht jedoch unter der Rubrik „Provenienz und Exportfähigkeit" lediglich: „Die Zusammenstellung ist eine Auswahl von Objekten einer größeren Sammlung, die Maurice Tempelsman, ein in New York ansässiger Diamantenhändler, in den vergangenen 25 Jahren gebildet hat. Die einzelnen Objekte kommen aus vielerlei Quellen, überwiegend wurden sie jedoch von Robin Symes aus London entweder direkt gekauft oder durch ihn vermittelt. Alle wurden legal in die Vereinigten Staaten importiert. Die Zusammenstellung befindet sich gegenwärtig im Museum."

Und das ist alles. Diese Objekte waren von überragender Bedeutung, aber sie verfügten über keinerlei Geschichte vor Symes oder Tempelsman – und keiner konnte sich durchringen, Fragen zu stellen. Weder die Getty-Mitarbeiter noch die Experten, die die Kunstwerke untersuchten. Fragte sich niemand, woher so wichtige Objekte kamen und warum zuvor nichts über sie veröffentlicht worden war? Fragte niemand Robin Symes, wo er so wunderschöne Objekte gekauft hatte? Hatte niemand eine Ahnung, woher sie höchstwahrscheinlich kamen? Hatten sie Angst vor der Antwort? Oder kannten sie sie bereits?

In vieler Hinsicht ähnelt die Geschichte von Shelby White und Leon Levy der von Barbara und Lawrence Fleischman: zwei reiche Ehepaare, die ihr Leben den Künsten verschrieben haben. War Fleischman unter Kennedy und Johnson Mitglied eines Beratungsausschusses des Weißen Hauses, so war Shelby White Mitglied von Präsident Clintons Kulturgüter-Beratungsausschuss, wenn ihre Teilnahme auch umstritten war. (Da der Ausschuss dazu dienen soll, den Strom antiker ausländischer Kunstwerke in die Hände privater Sammler einzudämmen, sagte die Präsidentin des Archaeological Institute of America, Nancy Wilkie, man habe mit Shelby White „den Bock zum Gärtner gemacht".) Haben die Fleischmans die Archives of American Art mit aus der Taufe gehoben und viele Kunstinstitutionen unterstützt, so stellten Shelby White und ihr verstorbener Gatte Mittel für einen „Shelby White and Leon Levy Court for Roman and Etruscan Art" im Metropolitan Museum in New York zur Verfügung. Und genau wie die Fleischmans eine Sammlung antiker Kunst anlegten, die vom Getty ausgestellt und anschließend aufgekauft wurde, schufen die Levy-Whites eine gleich bedeutende Sammlung, die unter einem Titel präsentiert wurde, der dem der Fleischman-Sammlung in nichts nachsteht: „Glories of the Past" (Glanzlichter aus vergangenen Zeiten) lief im Metropolitan Museum vom September 1990 bis zum Januar 1991. Seit 1999 sind einige der Levy-White-Objekte dauerhaft im Met ausgestellt.

Und wie bei den Fleischmans strotzt auch die Levy-White-Sammlung vor Raubgut.

Eigentlich sollte es uns also nicht überraschen: Zwei der Objekte der Fleischman-Sammlung, zwei pompejische Fresken, haben nicht nur einen „Zwillingsbruder" in Medicis Lager in Genf, sondern passen – wie ein Puzzle – mit Fresken in der Levy-White-Sammlung zusammen (siehe Dossier ab Seite 351).

Angesichts dieser Tatsache und der erwähnten Vorgeschichte überrascht es nun wirklich nicht mehr, dass die Spuren, die Pellegrini in den Unterlagen aus Genf fand, auch zur Levy-White-Sammlung führen. Neben den Polaroids in Korridor 17, auf denen viele Objekte, die bei den Levy-Whites endeten, zerbrochen, schmutzig und auf dem Boden liegend zu sehen waren, gab es auch einiges an Schriftverkehr, zum Beispiel eine Reihe von Rechnungen, die Robin Symes an Leon Levy geschrieben hatte; bestimmt musste Symes Medici eine Kopie seiner Rechnungen schicken, um nachzuweisen, dass er auch wirklich den Preis verlangte, den er angab. Es gab auch Rechnungen von den und Korrespondenz über die Aboutaams.

Im Dossier stehen die vollständigen Angaben zu den zehn wertvollen und bedeutenden Objekten der Levy-White-Sammlung, für die anhand der Unterlagen nachweisbar ist, dass sie von Medici stammen. Für jedes einzelne dieser Objekte ist der von den belastenden Unterlagen nachgezeichnete Weg vollständig dokumentiert. Drei Beispiele sollen stellvertretend die hohe Qualität aller zehn Objekte veranschaulichen.

Nummer 106 im Verzeichnis der Levy-White-Sammlung, eine schwarzfigurige attische Amphora, die dem Bucci-Maler (540–530 v. Chr.) zugeschrieben wird, erscheint auf den beschlagnahmten Fotografien und wurde bei der berühmt-berüchtigten Auktion von Sotheby's am 9. Dezember 1985 in London verkauft. Es handelt sich um eine Vase, für die das British Museum geboten hätte, hätte sie eine richtige Provenienz gehabt (siehe Anmerkungen).

Pellegrini legt in seinem Bericht großen Wert auf zwei Hydrien, Wasserbehälter aus Caere, dem heutigen Cerveteri. Besonders aufschlussreich fand er, wie sie in einem Artikel in *Greek Vases in the J. Paul Getty Museum*, Ausgabe 6 für das Jahr 2000, dargestellt wurden. Die beiden Vasen waren unverwechselbar: Auf einer war ein Panther und eine Löwin zu sehen, wie sie ein Maultier angreifen, auf der anderen Odysseus und seine Gefährten auf der Flucht aus der Höhle Polyphems (des einäugigen Riesen in Homers *Odyssee*). Beide Vasen sind auf den beschlagnahmten Fotografien abgebildet, zerbrochen und grob zusammengesetzt, mit sichtbaren Lücken. In diesem Fall aber waren auch ein paar Vergrößerungen, Nahaufnahmen der Fragmente vorhanden. Was Pellegrini so erstaunte, war die Tatsache, dass in dem Getty-Artikel bei der Besprechung ihres Aufbaus und ihrer Herstellungsweise verschiedene Zeichnungen der Vasen inklusive den ursprünglichen Nahtlinien zwischen den Fragmenten abgebildet wurden, genauso, *wie sie auf den beschlagnahmten Fotografien zu sehen sind*. Mit anderen Worten: Peggy Sanders, die diese Zeichnungen anfertigte, muss entweder die Vasen während ihrer Restaurierung gesehen haben, während die Fugen noch sichtbar waren, oder sie muss die Fotografien gekannt haben, die später in Genf beschlagnahmt wurden. Was dachten die Getty-Mitarbeiter, ganz zu schweigen von Shelby White und Leon Levy, woher diese Vasen bzw. die Fragmente, aus denen sie zusammengesetzt sind, kamen?

In diesem Fall war das nicht das Ende der Geschichte. Weitere unangenehme Fragen werden von gewissen Briefen aufgeworfen, die bei den in Korridor 17 beschlagnahmten Unterlagen gefunden wurden. Es handelt sich um die Korrespondenz zwischen den Levy-Whites (bzw. der Kuratorin ihrer Sammlung) und einer niederländischen Autorität auf dem Gebiet griechischer Vasen,

Professor Dr. Jaap M. Hemelrijk aus Wanneperveen. Professor Hemelrijk war daran interessiert, die Hydrien zu veröffentlichen und fragte in seinem Brief, ob er die Fotos (die er seiner Formulierung nach offensichtlich gesehen hatte) mit benutzen könne, die „vor der Restaurierung der Vase aufgenommen wurden". Daneben hatte jemand von Hand geschrieben: „Aboutaam?" Das Datum des Briefes ist der 16. Mai 1995, etwas mehr als ein Jahr nach dem Datum der Rechnung von Phoenix Ancient Art an die Levy-Whites. Folglich muss allen klar gewesen sein, dass diese Hydrien erst vor kurzem zusammengesetzt worden waren.

Ein letztes, aber sehr wichtiges Objekt verbindet die Levy-Whites mit den Hunt-Brüdern, deren Sammlung als Nächstes betrachtet wird: ein unvollständiger rotfiguriger Kalyxkrater, signiert von keinem geringeren als Euphronios. Dieser 45 mal 55 Zentimeter große Krater (deutlich kleiner als der des Metropolitan) war das Glanzstück der am 19. Juni 1990 von Sotheby's in New York abgehaltenen Auktion, bei der die Sammlung griechischer und römischer Vasen und Münzen der texanischen Ölmilliardäre (oder ehemaligen Milliardäre) Nelson Bunker Hunt und William Herbert Hunt wieder zerstreut wurde.

Ursprünglich kamen die Hunts aus Illinois, ihre Vorfahren waren nach dem Bürgerkrieg dorthin gezogen. Einer ihrer Söhne zog es vor, sein Geld beim Kartenspiel zu machen, und war dabei erfolgreich genug, dass er nach Texas gehen und nach Öl bohren konnte. Jahrelang wurde er von Rivalen verfolgt, die behaupteten, er habe sie betrogen, aber er setzte sich durch und sein ältester Sohn Hassie baute seine Zukunft auf diesem Vermögen auf. Hassie entwickelte allerdings eine psychiatrische Erkrankung. Bunker, der Nächstältere, übernahm. Er dehnte das Ölgeschäft auf Pakistan und Libyen aus, wo auf dem Land, für das die Hunts die Förderkonzession hatten, das größte Ölfeld der Welt entdeckt wurde. Das war der wahr gewordene Traum eines Ölprospektors. 1961 wurde Bunkers Hälfte des Nutzungsrechts für dieses Land auf ca. 7 Milliarden Dollar geschätzt, was ihn mit 35 zum reichsten Menschen der Welt machte. In den 1970er-Jahren diversifizierten die Hunts ihren Besitz und erwarben Grund (zeitweise über zwei Millionen Hektar), Vieh, Zucker, Pizzerien – und Silber.

Vor ihrem Konkurs Anfang der 1980er hatten die Hunts einen großen Bestand an griechischen und römischen Münzen und Vasen angesammelt. 1983 wurde diese Sammlung unter dem großspurigen Titel *The Wealth of the Anci-*

ent World (Der Reichtum der antiken Welt) katalogisiert, 1990 dann aber im Rahmen ihrer Versuche, ihre Angelegenheiten nach dem Konkurs in Ordnung zu bringen, verkauft. Bei der Auktion im Juni wurde die Euphronios-Kylix der Hunts, auch wenn nur ein Viertel davon vorhanden war, zum ersten auf einer Auktion verkauften Euphronios des 20. Jahrhunderts und erzielte entsprechend einen Rekordpreis für eine griechische Vase, der sogar den Krater des Metropolitan in den Schatten stellte: 1,76 Millionen Dollar. Gekauft wurde sie von Robin Symes im Auftrag der Levy-Whites.

An der Versteigerung dieses Kraters waren vier Punkte auffällig: Zunächst wurde die Sammlung griechischer Vasen und Münzen der Hunts von der Summa Gallery in Los Angeles erworben. Öffentlich vertreten wurde Summa von jemandem, der selbst eine umstrittene Person war: Bruce McNall. McNall ist noch eine dieser illustren Figuren – wie die Hunt-Brüder –, die die Ränder dieser Geschichte bevölkern. Der Sohn eines Biochemieprofessors der University of Southern California in Los Angeles entwickelte schon früh eine Leidenschaft für antike Münzen. Diese führte ihn als jungen Mann in die Antiquitätengeschäfte und Märkte in der Türkei, Ägypten, Italien und Algerien. 1974 bezahlte er bei einer Auktion eine Rekordsumme von 420 000 Dollar für die seltenste Münze der Welt, eine Athena-Dekadrachme aus dem 5. Jahrhundert v. Chr. Sechs Jahre später verkaufte er die erste Münze für eine Million Dollar. Während seines finanziellen wie gesellschaftlichen Aufstiegs kaufte sich McNall ein Hockeyteam (die Los Angeles Kings) und ein Football-Team (die Toronto Argonauts) und finanzierte einige Kinofilme, einschließlich *Schuld daran ist Rio* und *Die fabelhaften Baker Boys*. Er besaß ein Pferd, das den Prix de l'Arc de Triomphe gewann, und einen Stall mit 100 Vollblütern und zählte Goldie Hawn, Michelle Pfeiffer, Michael J. Fox und die Reagans zu seinen Freunden. 1974 wurden er und Robert E. Hecht Teilhaber, woraufhin Hecht zur grauen Eminenz in McNalls Summa Gallery wurde, die im berühmten Rodeo Drive in Beverly Hills lag. Weithin verspottet, weil er seine Vergangenheit mit einer erfundenen akademischen Tätigkeit in Oxford und einer Partnerschaft mit J. Paul Getty ausgeschmückt hatte, war McNall auch zweimal gezwungen, Antiquitäten an die Türkei zurückzugeben, weil sie illegal ausgegraben und außer Landes geschmuggelt worden waren. Einmal war ein römischer Sarkophag involviert, von dem Diebe einige Steinmetzarbeiten gestohlen hatten, auf denen die Arbeiten des Herakles dargestellt waren. Einige der Tafeln wurden in der Türkei aufgefunden und weitere, dazu passende, tauchten in der

Summa Gallery auf. Beim zweiten Fall handelte es sich um acht Marmorstatuen, die aus der berühmten römischen Stadt Aphrodisias gestohlen worden waren. Auch hier tauchten vier davon in der Summa Gallery auf.

Später gestand McNall seine Rolle im weit verbreiteten Schmuggel illegal ausgegrabener Münzen und Antiquitäten (80 Prozent der auf dem Markt befindlichen antiken Münzen sind seiner Schätzung nach „frisch", das heißt sie kommen frisch aus dem Erdboden), aber bis dahin gehörte seine Verbindung mit den Hunts längst der Vergangenheit an. Die beiden hatten sich 1978 beim Pferderennen in Santa Anita getroffen und Hunt hatte McNall zwei Fragen gestellt. Erstens: „Wie ist das Verhältnis zwischen Gold und Silber in der antiken Welt?", worauf McNall antwortete „ungefähr 24 zu 1". Und zweitens: „Was würde man brauchen, um die größte Münzsammlung der Welt zu bilden?" Hunt war natürlich schon fleißig dabei, den Silbermarkt zu manipulieren, aber während der folgenden Jahre benutzten er und sein Bruder die Summa Gallery und McNall, um nicht nur Münzen, sondern auch Antiquitäten zu kaufen. Dem Journalisten Bryan Burrough erzählte McNall später, er habe „fast eine Million" für eine Euphronios-Schale verlangt, die „vermutlich denselben Grabräubern abgekauft worden war, die auch Hechts Euphronios-Vase geliefert hatten".

Der zweite bemerkenswerte Aspekt an der Versteigerung des kleineren Euphronios-Kraters war, dass es sich nicht um die einzige Euphronios-Vase in der Hunt-Auktion handelte. Eine andere, eine Kylix, wurde für knapp 800 000 Dollar ersteigert, und zwar von Giacomo Medici. Diese Kylix war jene, die bei der ersten Durchsuchung in Korridor 17 am 13. September 1995 entdeckt und dann von dem Schweizer Polizisten fallengelassen wurde und zerbrach.*

Der dritte bemerkenswerte Aspekt sowohl des Levy-White- wie des Medici-Euphronios war, dass sie beide Herakles abbildeten. Der Levy-White-Krater zeigte Herakles im Kampf mit dem Titanen Kyknos.

Der vierte bemerkenswerte Aspekt des Levy-White-Kraters war, dass Polaroidfotos, auf denen er schmutzig und in einzelnen Fragmenten vorlag, bevor er zur Vase zusammengesetzt wurde, bei Medici im Freilager gefunden wurden. Der vollständige Weg dieses Euphronios lautete also: Medici an Hecht, von Hecht an die Summa Gallery, von dort an die Hunt-Brüder, von den Hunts an Robin Symes und von ihm an die Levy-Whites.

* Siehe Seite 42.

Das war noch nicht alles. 1991, ein paar Monate nachdem sie den kleineren Euphronios-Krater gekauft hatten, sandten ihn die Levy-Whites an die Restaurierungsabteilung des Getty, um ihn untersuchen und erneut restaurieren zu lassen. Der angebliche Grund für dieses Vorhaben war, dass die Levy-Whites zwei zusätzliche Fragmente besaßen, die angeblich von Euphronios waren und einen Teil des Kraters bildeten, weshalb die Restauratoren des Getty die neuen Fragmente einsetzen sollten.

Den vom italienischen Staatsanwalt zu dieser Angelegenheit aufgespürten Dokumenten ist zu entnehmen, dass die Fragmente *nicht* in den Krater passten. Außerdem enthält ein Zusatz zu einem Brief von der Kuratorin der Levy-White-Sammlung, Dr. Anne Leinster Windham, an Maya Elston von der Restaurierungsabteilung des Getty folgende Zeilen: „2 Fragmente (vermutlich nicht nummeriert) sind im Wohnzimmer, Vitrine A. Es wurde angenommen, sie passten zum Krater, was aber nicht der Fall ist. Fred Schulz sagte mir (6/95), er habe sie besessen und Hecht als ‚gutwillige Geste' überlassen. Dann überlegte Hecht es sich anders und verkaufte sie! ... Kaufdatum: 25.06.90."

Das bedeutet, die Levy-Whites kauften die Fragmente sechs Tage nachdem sie die Vase auf der Auktion ersteigert hatten. Genau dieses Datum trägt Robin Symes' Rechnung an Leon Levy für die Ersteigerung des Kraters. Schließlich seien noch ein paar Auszüge aus dem Bericht über die Untersuchung des Kraters vom 23. Juli 1991 zitiert, den Maya Elston verfasste:
„Zunächst wurden Vasenkörper und Rand am Stück gedreht, während Fuß und Henkel separat gefertigt wurden ... Der Krater wurde bereits zuvor restauriert. Das erhaltene Viertel des Originals besteht aus 75 Fragmenten. Die meisten gehören auf Seite A [das Hauptbild], während sich der Rest auf die gesamte Oberfläche verteilt ... ZUSTAND DER BEIDEN ZUSÄTZLICHEN FRAGMENTE ... Teilweise Säuberungen waren durchgeführt worden, aber Verkrustungen und Erdablagerungen sind immer noch über die Oberfläche verteilt, vorwiegend an den Bruchkanten ... Zusätzlich zur ursprünglichen antiken Beschädigung *sind frische Oberflächenschäden an der größeren Scherbe zu beobachten (vielleicht sind dies die Spuren eines Ausgrabungswerkzeugs ...)*" [Hervorhebung durch die Autoren].

Auch diese Vase ist auf den in Medicis Genfer Lagerräumen beschlagnahmten Polaroids abgebildet. Zweifellos nahm die Reise dieser Euphronios-Vasen bei ihm seinen Anfang. Dies ist natürlich nicht ohne Belang für die Provenienz des Euphronios-Kraters im Metropolitan. Hat sich die Restauratorin Elston nicht gefragt, was es zu bedeuten hatte, dass sie frische Werkzeugspuren auf den Fragmenten fand?

Abgesehen von den beiden Euphronios-Vasen fand Pellegrini noch zwei andere Objekte von großem Wert, die sich ehemals in der Hunt-Sammlung befunden hatten und bei der großen Sotheby's-Auktion 1990 verkauft wurden. Es handelte sich um eine schwarzfigurige attische Kylix und einen rotfigurigen attischen *stamnos* (eine große Amphora mit an der Schulter angebrachten Griffen), auf denen in einer Quelle badende Figuren dargestellt waren. Den Unterlagen zufolge waren sie beide zunächst in der Summa Gallery in Los Angeles verkauft und dann von Sotheby's 1990 auktioniert worden.

In Medicis Lager fanden sich allerdings nicht nur die Kylix und der Stamnos, sondern auch Fotografien beider Objekte, zerbrochen, schmutzig, „grob zusammengefügt", aber mit vielen Lücken und insgesamt in einem Zustand, in dem sich gewöhnlich Material befindet, das den Erdboden vor nicht allzu langer Zeit verlassen hat. Drei Fotografien des Stamnos, „mit offensichtlich fehlenden Teilen" wurden gefunden, während seine Herkunft aus italienischem Staatsgebiet dadurch verdeutlicht wurde, dass sich unter dem Fuß der Vase eine teils im griechischen, teils im etruskischen Alphabet geschriebene Inschrift befand (die Buchstaben „HE" in Griechisch, die Buchstaben „CA" in Etruskisch).

Daraus ergibt sich eine neue und schlichte Frage: Wie ist es möglich, dass Medici Kylix und Stamnos bei der Hunt-Auktion im Jahre 1990 als Käufer offiziell erworben hat und gleichzeitig in seinem Archiv Fotografien eben jener Objekte im Zustand vor ihrer Restaurierung hatte? Die Antwort lautet: Zunächst kaufte er sie, direkt nachdem sie den Erdboden verlassen hatten, ließ sie dann restaurieren, übergab sie Hecht, der sie über die Summa Gallery weiter verkaufen sollte und erwarb sie dann selbst wieder. Warum? Um den Markt für sein Geschäft zu manipulieren.

Auf den beschlagnahmten Fotografien erscheinen sechs weitere Objekte, die alle Teil der Hunt-Sammlung waren, unter anderem zwei rotfigurige attische Amphoren und eine schwarzfigurige attische Amphora, die auf den Fotografien vorläufig zusammengesetzt sind, mit vielen Lücken zwischen den Fragmenten. Auf den Aufnahmen ist zu sehen, dass sie in einem Haus gemacht wurden. Als sie auf der Sotheby's-Auktion in New York versteigert wurden, befanden sie sich in perfektem Zustand, die Lücken ordentlich ausgefüllt und bemalt.

Diese Abläufe kennen wir inzwischen zur Genüge.

Im Januar 1994 richtete die Royal Academy in London eine Ausstellung mit einem eindrucksvollen Titel aus: „In Pursuit of the Absolute: Art of the Ancient World" (Das Streben nach dem Absoluten. Die Kunst der Antike). Gemeint war die Sammlung von George Ortiz. In einer BBC-Sendung kritisierten Archäologen wenige Tage nach Eröffnung der Ausstellung die fehlenden Angaben zur Provenienz vieler der ausgestellten Objekte. Ortiz verteidigte sich schroff und behauptete, 85 Prozent aller Antiquitäten auf dem Markt seien „Gelegenheitsfunde". In derselben Sendung widersprach ihm Professor Colin Renfrew.

Ortiz war einer der Namen auf Pasquale Cameras Organigramm. Er räumte selbst ein, er habe einen Großteil seiner Objekte von Gianfranco Becchina und von Koutoulakis gekauft, die ebenfalls auf dem Organigramm aufgeführt sind. Aber er kaufte offensichtlich nicht alles von ihnen, denn in einer der Kisten mit den in Genf beschlagnahmten Unterlagen stieß Pellegrini auf eine Polaroidaufnahme einer Skulptur aus Nefro. Nefro ist ein Stein, den es nur in der Gegend von Vulci gibt. Die Fotografien waren offensichtlich am Fundort der Skulptur aufgenommen worden, die „noch erdverschmutzt und nicht restauriert" war. Dargestellt war ein Pferd mit Reiter, wie es typisch für Etrurien war, insbesondere für die Grabwächter in Vulci. Diese Skulptur, die auf den Genfer Fotografien noch auf einem Bauernhof steht, war die Reiterskulptur aus der Ausstellung der Royal Academy. Pellegrini fügt hinzu: „Wir müssen darauf hinweisen, dass im Katalog keinerlei Angaben über den Kauf dieses Objekts gemacht werden, das offensichtlich kurze Zeit vorher von Medici erworben worden war, in dessen kleiner Genfer Bibliothek ein Exemplar des Katalogs [von „In Pursuit of the Absolute"] stand."

Blättert man die Kataloge der Ausstellungen durch, die aus berühmten Sammlungen gespeist werden, findet man tausende von Objekten im Wert von Millionen von Dollar. Und doch verfügt keines dieser Objekte über eine gesicherte Provenienz und wir wissen heute, dass die Sammlungen überwiegend aus Raubgut bestehen. Diese Vasen-, Statuen- und Schmucksammlungen sagen uns in Wirklichkeit so gut wie nichts über die Vergangenheit, weil sie überwiegend aus ihrem Kontext gerissen wurden, weil sie von Medici und seinem Netzwerk auf den Markt gebracht werden, von Menschen, die ausschließlich am Geld interessiert sind. Das Geld und die rücksichtslosen Methoden der Sammler, die keinen Gedanken an die Herkunft der Objekte verschwenden oder daran, wie sie aus dem Boden gerissen wurden, sorgen dafür, dass weiter geplündert wird. Sammler sind es, die die Plünderungen finanzieren und dem Erbe Italiens – und zweifellos auch anderer Länder – unvergleichliche Schäden zufügen.

10
Die „Waschanlagen" in London und New York

Die Entschlüsselung des Sammelsuriums an Unterlagen, deren Ergebnisse in den letzten vier Kapiteln vorgestellt wurden, beschäftigte Maurizio Pellegrini viele Monate lang. Es war ein faszinierendes und wichtiges Stück Detektivarbeit, aber aus der Sicht Paolo Ferris hatte es einen schwerwiegenden, fast verhängnisvollen Makel: Die Originale der untersuchten Dokumente befanden sich in der Schweiz und der Stapel, den Pellegrini mit nach Rom gebracht hatte, bestand lediglich aus Fotokopien. Deren Informationen waren natürlich genau so gut, aber Kopien taugten nicht als Beweise. Jedes Gericht würde darauf bestehen, dass die Originale vorlägen. Dasselbe traf auch auf die beschlagnahmten Objekte selbst zu. Sie waren Beweisstücke, und wenn Ferri diese Beweise in Rom vor Gericht vorlegen wollte, musste er die Vasen, Statuen und Bronzen selbst aus der Schweiz nach Italien bringen.

Anfang 2000 aber hatte sich die Schweiz immer noch nicht entschieden, ob sie eventuell selbst ein Verfahren gegen Medici anstrengen wollte. Die Zeit verging. Medici behauptete, seine Geschäftstätigkeit werde auf unzumutbare Weise unterbrochen und versuchte wieder und wieder, eine Aufhebung der Beschlagnahmung des Lagers und seines Inhalts zu erreichen. Er bestand auf seiner Unschuld und darauf, dass die Anklage gegen ihn fallengelassen werden müsse.

Dann aber trafen zwei Ereignisse zusammen. 1997 war bekannt geworden, dass einige Schweizer Banken viele Konten von Holocaust-Opfern führten, die seit dem Zweiten Weltkrieg umsatzlos waren, Zinsen erwirtschafteten, aber nicht genutzt wurden. Viele waren empört und meinten, dieses Geld sollte benutzt werden, um Holocaust-Überlebende zu unterstützen. Im Jahr 1998 fand in Washington D.C. eine Konferenz statt und trotz der Opposition der Clinton-Administration beschlossen hunderte von Finanzbeamten aus staatlichen und regionalen Finanzverwaltungen der Vereinigten Staaten, in ihren jeweiligen Bundesstaaten (unter anderem Kalifornien, New Jersey, New York und Pennsylvania) Sanktionen gegen Schweizer Banken durchzuführen. Zunächst kritisierte die Schweiz den Boykott und drohte mit einer Klage. Credit Suisse, Union Bank of Switzerland (USB) und die Swiss Bank Corporation, die drei größten Schweizer Banken, weigerten sich, zu zahlen. Aber nur einen Monat später und wenige Tage, bevor die Sanktionen in Kraft traten, gaben die Banken nach und erklärten sich damit einverstanden, Zahlungen an Holocaust-Überlebende zu leisten. Im Sommer 2000 wurde die Gesamtsumme der Rückzahlungen auf 1,25 Milliarden Dollar beziffert. Im Juli wurde die Summe von einem Richter festgesetzt und Anfang August stimmten die drei großen Schweizer Banken dem Plan zu.

Das zweite Ereignis war, dass Pellegrini schließlich ein Muster in den Unterlagen entschlüsseln konnte, das ihm Kopfzerbrechen bereitet hatte. Er hatte sich mit den Unterlagen abgemüht und damit begonnen, genau aufzulisten, was Medici über Sotheby's verkauft hatte und an wen diese Artefakte im Anschluss an den Verkauf gegangen waren. Wenn die Objekte wiederbeschafft werden sollten, war dies unverzichtbar. Ferri hatte offiziell bei Sotheby's in London um Hilfe gebeten und das Auktionshaus hatte ihm einige Unterlagen geschickt, aber – so meinte man in Rom – nur unvollständige, die daher weniger hilfreich waren als erhofft.[1]

Also erstellte Pellegrini eine vollständige Liste dessen, was Medici bei Sotheby's in Auktion gegeben hatte. Dann suchte er so weit wie möglich die entsprechenden Fotografien heraus. Schließlich versuchte er, Liste und Fotografien mit dem abzugleichen, was bei Sotheby's tatsächlich *verkauft* worden war. Das ergab, zumindest anfänglich, ein recht verwirrendes Bild. Einige der Objekte von Medici wurden verkauft, und wenn dies der Fall war, weigerte sich Sotheby's, den Käufer zu nennen. Dies sei als Handelsunternehmen ihr gutes Recht. Einige der Objekte Medicis wurden jedoch nicht verkauft und waren erneut Teil späterer Auktionen, wo wiederum einige verkauft wurden und einige nicht. Viele Objekte nahmen an drei oder vier Auktionen teil, bevor sie schließlich verkauft wurden.

Das Verwirrende aber war, dass einige der in Genf beschlagnahmten Kunstgegenstände Etiketten von Sotheby's trugen. Diese kleinen weißen Kärtchen, die an die Objekte gebunden waren, trugen Losnummern und die Daten der Auktionen, auf denen sie verkauft worden waren. Folglich verkaufte Medici nicht nur über Sotheby's, er kaufte dort auch. Ferri und Pellegrini fragten sich, warum er dies tat, wenn er doch sein Geld mit illegalen Antiquitäten verdiente, wo die Handelsspannen um ein Vielfaches höher waren, als sie es je bei offen auf einer Auktion gekauften Objekten sein konnten; schließlich konnte dort jeder Interessent den gezahlten Preis einsehen.

Eines späten Nachmittags im November 1999 kam Pellegrini endlich die Erleuchtung. Er saß an seinem Schreibtisch in dem kleinen Büro, das er mit

Daniela Rizzo teilte, im zweiten Stock des Verwaltungsgebäudes hinter dem Museum Villa Giulia, in Roms elegantem Stadtviertel „Parioli". Es nieselte und war bereits dunkel und das einzige Licht kam von seiner Schreibtischlampe. Er betrachtete den damals fünf Jahre alten Sotheby's-Katalog für die Antiquitätenauktion vom Dezember 1994. Durchschnittlich gibt es 400 bis 600 Lose in einer Auktion und er war bei Los Nr. 295 angekommen, einer Hydria im gnathischen Stil. Er wusste, dass dieses Objekt bereits zwei oder drei Jahre zuvor von Medici in Auktion gegeben worden und auch in anderen Versteigerungen gewesen war, aber keine Käufer gefunden hatte. An diesem Tag allerdings hatte er ein seltsames Gefühl: Er hatte Los Nr. 295 schon einmal gesehen, und das erst vor kurzem. Aber wo? Es konnte nur bei den Fotografien der in Genf beschlagnahmten Objekte gewesen sein, also befasste sich Pellegrini erneut mit den unzähligen Genfer Fotos, wo Los Nr. 295 nicht ein Mal, sondern zwei Mal in Erscheinung trat: auf den Polaroids, schmutzig und zerbrochen, vor der Restaurierung, und auf den Polizeifotos von der Durchsuchung mitsamt Sotheby's Etikett.

Der Groschen war gefallen. Nr. 295 war von Medici bei Sotheby's in Auktion gegeben worden und nach ein, zwei erfolglosen Versuchen hatte er es selbst ersteigert. Das erklärte das seltsame Muster, es erklärte, warum Medici in Genf viele Objekte in seinem Besitz haben konnte, die er den Aufzeichnungen zufolge verkauft hatte.

Mit dieser neuen Erkenntnis betrachtete Pellegrini Medicis Unterlagen nun in einem anderen Licht. Er brauchte nicht lange, um weitere Beispiele zu finden. Im Dossier führen wir die vollständige und detaillierte Liste auf, die er für die Anklage gegen Medici zusammenstellte. Das Muster war immer dasselbe. Zunächst identifizierte Pellegrini 29 Objekte in vier Auktionen von 1987 bis 1994, in denen Medici Objekte zurückkaufte, die er bei Sotheby's in London in Auktion gegeben hatte, zum Beispiel:

> ■ Eine schwarzfigurige attische Amphora, die von Editions Services an Sotheby's geschickt und dort unter der Kundennummer 216521 aufgenommen worden war, wurde zu Los Nr. 283 der Antiquitätenauktion vom 14. Dezember 1987, wo sie für 17 000 Pfund verkauft wurde.
> ■ Ein Terrakottakopf wurde am 13. September 1989 als Nummer 50 des Kommissionsscheins von Editions Services an Sotheby's geschickt. Dort wurde er

unter der Nummer 1002611 aufgenommen und war Los Nr. 100 der Antiquitätenauktion vom 11. Dezember 1989, wo er für 2200 Pfund verkauft wurde.

▌ Vier apulische Terrakottavasen wurden am 2. März 1990 von Editions Services an Sotheby's geschickt, die Nummern 51 und 57 auf dem Kommissionsschein. Sie wurden mit der Besitznummer 1012763 aufgenommen und waren Los Nr. 319 der Antiquitätenauktion vom 8. Dezember 1994, wo sie für 1100 Pfund verkauft wurden.

Jedes dieser 29 Objekte wurde von Medici zunächst in seinem Genfer Lager in Empfang genommen, wo es schmutzig, unvollständig und zerbrochen war, wie die Polaroids bestätigen. Später wurden die nun restaurierten Objekte bei Sotheby's in Auktion gegeben und danach kehrten sie mit Etiketten in Medicis Lager zurück.

Dies war mit anderen Worten eine groß angelegte „Antiquitätenwäsche". Groß angelegt deshalb, weil Ferri und Pellegrini nur Unterlagen für den Zeitraum von 1987 bis 1994 hatten und Sotheby's nur bis zu einem gewissen Grad kooperativ war. Doch selbst mit diesen vergleichsweise wenigen Unterlagen konnte mithilfe der von Pellegrini aufgespürten Dokumente nachgewiesen werden, dass Medici bei einer einzigen Auktion, am 8. Dezember 1994, 24 Objekte zurückkaufte und 34 250 Pfund dafür bezahlte. Nur, dass er nicht alles bezahlen musste, da der größte Teil dieser Summe an ihn selbst ging. Was er wirklich bezahlen musste, waren die Provisionen an das Auktionshaus, und zwar doppelt: einmal als Verkäufer und einmal als Käufer. Angenommen, die Provision betrug 10 bis 15 Prozent beim Verkauf und erneut beim Einkauf, hatte Medici diese Auktion zwischen 6850 und 10 275 Pfund gekostet. Dazu kommen die Versandkosten für den Transport der Waren nach London und zurück und die Kosten für die Abbildungen im Katalog. Mit hoher Wahrscheinlichkeit sind die oben genannten Summen aber übertrieben, da Medici als geschätzter Stammkunde vermutlich günstigere Sätze aushandeln konnte. (Aus anderen Unterlagen geht hervor, dass Medici 6 bis 10 Prozent Provision an Sotheby's bezahlte, das heißt diese Transaktion kostete ihn vermutlich zwischen 4110 und 6850 Pfund – kaum ein Betrag, der einen in den Konkurs treibt.) Aber die Tatsache, dass die Objekte wieder in Genf waren, zeigte – unabhängig von den exakten Kosten –, dass Medici die Aktion für lohnenswert hielt.

Ferri bat Sotheby's um Hilfe, die das Auktionshaus auch zusagte. Es lieferte aber nur Informationen zu Editions Services und merkte an, die wenigen Kunden, die zwischen 1985 und 1994 eine größere Artikelmenge von Editions Services gekauft hätten, seien „etablierte und wohlbekannte Kunden" gewesen, „die üblicherweise eine große Anzahl von Artikeln bei Sotheby's ersteigerten. Wir denken nicht, dass es einen Grund gibt zu glauben, einer von ihnen habe im Auftrag von Editions Services gesteigert. Um eine nennenswerte Anzahl von Kunstwerken zu ‚waschen', hätte Editions Services Dutzende verschiedener Vertreter und/oder Pseudonyme gebraucht, was uns nicht bekannt wäre. Keine der uns bekannten Informationen deutet darauf hin, dass dies der Fall gewesen wäre."

Sotheby's wies allerdings auf „zwei schwierige Bereiche" hin. Erstens gebe es eine kleine Anzahl von Fällen (unter zehn), die sich alle auf Auktionen vor 1986 bezögen, bei denen Boursaud anscheinend Artikel kaufte, die er selbst verkaufte. „Diese Praxis ist (und war zu jener Zeit) laut Sotheby's Vertragsbestimmungen und internen Regeln verboten, kann aber schwer zu entdecken, beweisen und/oder verhindern sein." Zweitens ermittelte Sotheby's, dass in der Auktion vom Dezember 1994 „Arts Franc, ein bekanntes und unseres Wissens rechtmäßiges Genfer Transportunternehmen, 14 der 34 Artikel kaufte, die von Editions Services verkauft wurden … wir haben jetzt Indizien gefunden, dass dieses Unternehmen bei diesen Einkäufen eventuell im Auftrag von Editions Services gehandelt hat."* Schließlich sei Arts Franc bereits bei einer früheren Londoner Auktion am 7. Juli 1994 und bei einer Sotheby's-Auktion in New York am 1. Juni 1995 „im Hinblick auf den Transport und die Bezahlung" bestimmter von Editions Services gekaufter Artikel für dieses Unternehmen tätig gewesen.

Sotheby's blieb eisern dabei, es habe von diesen Praktiken bis nach Beginn der Medici-Ermittlungen nichts gewusst und hätte sie andernfalls nicht zuge-

---

* Die Indizien waren, dass der Käufer für jeden Artikel ein Angebot einreichte, das knapp über dem Vorbehaltspreis lag, und für keine anderen Artikel bot. Außerdem wurde das Kommissionsgebot erst wenige Minuten vor der Auktion eingereicht und anschließend wurde Sotheby's Versandabteilung angewiesen, die von Arts Franc gekauften Artikel zusammen mit den von Editions Services gekauften Artikeln an die Adresse von Arts Franc in Genf zu schicken.

lassen. Das Unternehmen gestand jedoch ein, dass solche Praktiken schwer auszumachen und zu verhindern seien. Dies scheint durch die Tatsache bestätigt zu werden, dass Sotheby's eigene Ermittlungen zur Auktion vom 8. Dezember 1994 einen „schwierigen Bereich" von 14 Artikeln ergaben, während Rizzo und Pellegrini in derselben Auktion 24 Artikel fanden, die zurückgekauft worden waren. Also war Arts Franc an diesem Tag nicht das einzige Unternehmen, das im Auftrag von Editions Services handelte, es musste mindestens noch ein anderer Käufer oder ein anderes Unternehmen beteiligt gewesen sein. Insofern war die Antiquitätenwäsche in der Tat eine ausgeklügelte Verschwörung.

Es scheint also, als ob einige Rückkäufe oder „Antiquitätenwäschen" stattfanden und von allen akzeptiert wurden. Die oben aufgeführte (und im Dossier vervollständigte) Liste bezieht sich auf fünf Auktionen, die alle bei Sotheby's in London stattfanden; aber das war vermutlich nicht der einzige Ort, an dem Antiquitätenwäsche betrieben wurde. In seinem Bericht erwähnt das Unternehmen selbst eine verdächtige Auktion seiner New Yorker Niederlassung.

Nach der Durchsuchung von Phoenix Art übergab Jeffrey Suckow, der Manager von Inanna Art Services – dem Unternehmen, dem die Lagerräume im Zollfreilager gehören, in denen das beschlagnahmte Material aufbewahrt wurde –, Fotokopien von Auktionskatalogen zu 14 weiteren Auktionen zwischen Juni 1995 und Oktober 2000, in denen Objekte ver- und von den Aboutaams gekauft worden waren, die inzwischen wieder bei Medici beschlagnahmt worden waren. Es handelte sich um Auktionen bei Sotheby's und Christie's in London und New York und bei Bonhams in London. In mindestens zwei dieser Fälle waren die Objekte zu Beginn der Operation bei Medici gewesen. Dadurch wird die Antiquitätenwäsche für sieben Auktionen im Zeitraum von 1987 bis 2000 definitiv bestätigt, für 14 weitere mit einiger Wahrscheinlichkeit.

Was sollten diese Manöver bezwecken? Da sie in solchem Umfang stattfanden, waren sie offensichtlich den Aufwand wert, aber inwiefern?

Auf diese Frage gibt es drei mögliche Antworten, wobei eine die andere nicht ausschließt. Am offensichtlichsten ist zunächst die Tatsache, dass einige der Antiquitäten, die im äußeren Raum von Korridor 17 ausgestellt waren, mit Sotheby's Etiketten versehen waren, um ihnen eine Pseudoprovenienz zu geben: Die Schildchen waren der sichtbare „Beweis" dafür, dass diese Objekte auf dem offenen Markt gekauft worden und daher „gefahrlos" oder „sauber" waren und verkauft werden konnten – selbst in Italien verkauft werden konnten, da sie nun ja eine „offizielle" Provenienz hatten. Die von Pellegrini in diesem Fall zusammengestellten Unterlagen (Absatz A bis T im entsprechenden Teil des Dossiers) beweisen, dass eine solche Zurschaustellung gänzlich in die Irre führte.

Aber war dieses Verfahren nicht schon an sich seltsam oder sogar verdächtig? Dazu müssen wir ein wenig ausholen. Ein großer Teil der Kunstwerke, Möbel und Schmuckstücke, die in den Galerien weltweit zum Verkauf stehen, wurden auf Auktionen erworben, aber die Händler weisen nie auf diese Tatsache hin, weil sonst potenzielle Kunden oder Sammler einfach in den Aufzeichnungen der entsprechenden Auktion den erzielten Preis nachschlagen würden, und dann wüssten, was der Händler dafür bezahlt hat. Dadurch hätten sie bei ihren eigenen Verkaufsverhandlungen „Insiderwissen". Medicis Verhalten – dass er also absichtlich darauf aufmerksam machte, dass nicht wenige seiner zum Verkauf stehenden Objekte bei Sotheby's auktioniert worden waren – war daher an sich schon verräterisch.

Ein zweiter Grund für den Umweg über Sotheby's wurde durch Medicis Verkaufsgewohnheiten enthüllt: Er gab Artikel in Auktion und kaufte einige sofort zurück, beließ aber andere in den Auktionshäusern, um zu sehen, wie gut sie sich verkauften – oder nicht verkauften. Die Artikel, die nicht sofort weggingen, kamen bei späteren Auktionen erneut unter den Hammer; manchmal kaufte er sie erst nach mehreren erfolglosen Versuchen selbst wieder. Das deutet darauf hin, dass er die Auktionshäuser benutzte, um die Preise zu manipulieren. Wenn er bei Sotheby's Objekte in Auktion gab, hatte er natürlich eine Vorstellung davon, was sie ihm einbringen sollten. Die Kommissionsscheine enthielten ausnahmslos Mindestverkaufspreise. Erzielten die Objekte diesen Preis, war alles in Ordnung und er verkaufte sie. Erzielten sie allerdings nicht den gewünschten Preis, auch nicht, nachdem sie bei mehreren Auktionen angeboten worden waren, konnte das nur bedeuten, dass sie entweder für einen zu hohen Preis angeboten wurden oder es einfach keine Nachfrage nach dieser Art von Ware gab. So oder so trug dann der Rückkauf zur Lösung des Problems bei, denn für den nicht informierten Beobachter sah es so aus, als wären die Vasen für den angestrebten Preis verkauft worden, wodurch ihr Wert scheinbar bestätigt wurde. Wenn eine genügende Anzahl eines bestimmten Artikeltyps auf diese Weise „verkauft" worden war, musste das bedeuten, dass es eine gesunde Nachfrage dafür gab, und andere Händler registrierten dies aufmerksam.

Auch in einer dritten Hinsicht profitierte Medici von seinen Rückkäufen. Auf indirekte Weise profitierte sogar der gesamte Antiquitätenhandel davon. Ein Argument, das oft von allen zu hören ist, die eine strenge Einschränkung des Handels mit Antiquitäten ohne Provenienz ablehnen, lautet: Ein Großteil der Antiquitäten, die durch die Auktionshäuser wandern, sei weder besonders selten noch von besonderer Bedeutung. Daher sei das ganze Problem längst nicht so schwerwiegend, wie die Archäologen behaupten. Was nun Medicis Täuschungsmanöver betrifft, so war ein Aspekt seines Verhaltens, dass die Auktionshäuser mit weniger bedeutenden Antiquitäten „gespickt" wurden. Der höchste Preis, den ein „gewaschenes" Objekt aus der obigen Liste und der im Dossier erzielte, waren 17 000 Pfund (30 600 Dollar) und der Durchschnittspreis betrug 2 105 Pfund (3790 Dollar) – und lag somit deutlich unterhalb des durchschnittlichen Preises zum Beispiel der an das Getty verkauften Fleischman-Antiquitäten, der über 100 000 Dollar betrug. Indem Medici „seine" einfachen Objekte, gewöhnliche Vasen, Marmorköpfe und Kapitelle zurückkaufte und so ihre Preise nach oben manipulierte, hielt er den „Goldstandard" der Antiquitäten aufrecht. Wenn gewöhnliche, weit verbreitete Objekte ein allgemein bekanntes Mindestpreisniveau haben, hat alles, was über ihre Qualität hinausreicht, ein Mehrfaches dieses Grundwerts. Zugleich konnte er durch die Bestückung der Auktionen mit gewöhnlichen Objekten die Fiktion aufrechterhalten, der Antiquitätenmarkt bestehe vorrangig aus solchen Gegenständen.

Dies wirft ein neues Licht auf die Antiquitätenauktionen in London und New York. Alle in diesem Buch erwähnten Personen, Medici, Symes, Hecht, Koutoulakis, Tchacos und die Aboutaams benutzen die Auktionen. Zweifellos verschafften sie sich dadurch ein gewisses Grundeinkommen, aber meist sind die Objekte, die durch die Auktionshäuser gehen, relativ unbedeutend. Kritiker sagen, wenn die Auktionen von Gegenständen ohne Provenienz abgeschafft würden, würde der Handel in die Illegalität abtauchen. Aus der Antiquitätenwäsche in London und New York geht aber hervor, dass der eigentliche Handel bereits jetzt im Verborgenen stattfindet, denn die wichtigen Objekte gelangen nie auch nur in die Nähe eines Auktionshauses. Der organisierte Antiquitätenhandel benutzt die Auktionshäuser zur Irreführung der Öffentlichkeit.

Mittels Pellegrinis Aufdeckung der Antiquitätenwäsche in London und New York konnte sogar der tote Punkt im Verhältnis zu den Schweizer Behörden überwunden werden.

Die erste Ahnung von diesen Vorgängen hatte Pellegrini im November 1999. Bis er all die anderen Beispiele gefunden hatte, schrieb man längst das Jahr 2000. Just zu diesem Zeitpunkt einigten sich die Schweizer und die US-amerikanischen Gerichte über die enormen Beträge, die Schweizer Banken den Holocaust-Überlebenden schuldeten. Als die Schweizer erfuhren, dass Medicis Lager in Genf zumindest teilweise ein Aufbewahrungsort für *gewaschene* Antiquitäten war, änderte sich ihre Haltung, und zwar schnell. Nicht nur, dass das Geld der Holocaust-Opfer für unangenehme Schlagzeilen sorgte, die Schweiz wollte auch auf keinen Fall Gefahr laufen, jetzt auch noch mit Geldwäsche, womöglich von Geldern aus dem Drogenhandel, in Verbindung gebracht zu werden. So entschied der Generalstaatsanwalt des Kantons Genf in der zweiten Märzwoche, es gebe genügend Beweise dafür, dass Medici der Hehlerei schuldig sei und so dem italienischen Staat Schaden zugefügt habe. Zwei Tage später, am 15. März (an den Iden des März, dem Tag der Ermordung Cäsars ...) reichte die Schweizer Botschaft in Rom eine förmliche Anfrage an Italien ein, gegen Medici wegen in der Schweiz begangener *„appropriazione indebita"* („unzulässiger Aneignung" oder „Hehlerei") und Diebstahls gerichtlich vorzugehen. Noch eine Woche später leitete das italienische Justizministerium offiziell das Verfahren gegen Medici wegen seiner in der Schweiz begangenen Verbrechen ein und am 2. Juni wurde Conforti, Ferri und Pellegrini der gesamte Inhalt von Korridor 17 – alle Unterlagen, Polaroids, Fotoabzüge und Negative und alle beschlagnahmten Objekte – zur Verfügung gestellt.

Endlich. Innerhalb von zehn Tagen wurde ein Umzugsunternehmen gefunden und zwei Lastwagen mit einer zehnköpfigen Besatzung wurden nach Genf geschickt. Unter der Aufsicht von Confortis Carabinieri benötigten sie volle zwei Wochen, um den Inhalt des Lagers in Kisten und dann auf die Lastwagen zu packen. Ende Juni waren sie fertig. An der Grenze des Zollfreilagers kam es zu einer letzten Verzögerung. Seit September 1995, als Korridor 17 durch den Schweizer Richter mit Wachs versiegelt worden war, war keine Miete bezahlt worden. Die Geschäftsleitung des Freilagers wollte die Lastwagen erst vom Gelände fahren lassen, wenn die Schulden getilgt waren. Zum Glück hatte Ferri dieses Problem vorausgesehen und die Carabinieri ermächtigt, die Rechnung zu bezahlen.

Als sie Rom erreichten, trennten sich die beiden Lkws. Derjenige mit den archäologischen Objekten fuhr zur Villa Giulia, wo die Antiquitäten abgeladen und in einem wieder aufgebauten etruskischen Tempel im Garten des

Museums gelagert wurden. Der andere Lastwagen, der die Unterlagen transportierte, fuhr zur Piazzale Clodio und zum Palazzo di Giustizia, wo Ferris Büros untergebracht waren.

Endlich befanden sich die Beweise auf italienischem Boden. Pellegrinis Aufklärung der belastenden Zusammenhänge in den Unterlagen war sehr überzeugend – und für viele auch sehr beschämend. Aber erst jetzt, wo Ferri über die Originale verfügte, konnte er wirklich etwas ausrichten. Jetzt konnten die Vernehmungen beginnen. Und es war keine Frage, womit Ferri beginnen würde: mit einem Besuch in Paris, um dort Robert Hecht zu treffen.

Anmerkung

1 In Kapitel 12 wird das beschwerliche Verfahren internationaler Rechtshilfeersuchen genauer beschrieben. Es handelt sich dabei um einen Mechanismus, mit dem Polizei- und Justizbehörden eines Landes offiziell Ermittlungen in einem anderen Land tätigen können. Anwälte aber nutzen die Langsamkeit des Verfahrens aus: Im Wissen, dass ein Rechtshilfeersuchen auf den Weg gebracht worden ist, es aber Monate dauern kann, bis es sich seinen Weg durch die beiden Rechtssysteme gebahnt hat, bietet der Rechtsanwalt freiwillig Informationen an. Dies scheint ein überraschender Zug zu sein, hat aber einen entscheidenden Vorteil. Wenn eine Partei – zum Beispiel Sotheby's oder das Getty – freiwillig Informationen anbietet, wird die Gegenseite höchstwahrscheinlich akzeptieren. Ein ermittelnder Staatsanwalt wie Dr. Ferri erklärt sich einverstanden, weil dadurch das Verfahren beschleunigt und verhindert wird, dass eventuell drohende Verjährungsfristen überschritten werden. Der Vorteil für die freiwilligen Lieferanten ist, dass sie weder wirklich alle relevanten Einzelheiten liefern noch sich dem vorgerichtlichen Verfahren einer „Ausforschung" stellen müssen, bei dem sie gezwungen werden können, alle relevanten Unterlagen vorzulegen. Durch die freiwillige Vorlage von Dokumenten kann jemand also scheinbar bereitwillig mit den Ermittlern kooperieren, während er zugleich rechtmäßig sensible Unterlagen zurückhält. So etwas ist immer schwer zu beweisen, aber die Leser mögen für sich selbst urteilen.

11
Telefonmitschnitte und das verheißungsvolle Gerücht

Mehrere frühere Ermittlungen im illegalen Antiquitätenhandel sind gescheitert, weil die mutmaßlichen Tombaroli oder Schmuggler, als sie vor Gericht aussagen sollten, plötzlich verneinten, was sie zuvor den verdeckten Ermittlern oder Journalisten anvertraut oder bei der Festnahme gestanden hatten. In den meisten Fällen konnten die italienischen Behörden die Anklage nicht halten, weil es, wie Hecht und andere mehrmals feststellten, nie möglich war zu beweisen, dass die relevanten Objekte wirklich auf italienischem Staatsgebiet illegal ausgegraben worden waren. Unabhängige und unanfechtbare fotografische oder sonstige dokumentarische Beweise gab es nun einmal nicht.

Im Fall Medici hatte sich dies grundlegend geändert. Dieses Mal gab es eine erstaunliche Fülle an Material: 4000 bis 5000 Fotografien, zehntausende von Dokumenten, 4000 Antiquitäten aus illegalen Grabungen. Diese Beweise waren schon für sich genommen unschätzbar wertvoll, verschafften Ferri aber noch einen weiteren wesentlichen Vorteil gegenüber früheren Kollegen: Sie lieferten ihm die Munition für Durchsuchungen und Vernehmungen anderer Verdächtiger aus Medicis Netzwerk. Dessen Lager stellte offenkundig die größte Fundgrube dar, die den italienischen Behörden in diesem Bereich der Unterwelt je unter die Augen gekommen war, und so wurde das größte Gerichtsverfahren seiner Art geplant. Beträchtliche Ressourcen wurden in diese Ermittlungen gesteckt. Ferri konnte eine große Anzahl von Tombaroli, Händlern, Auktionshäusern, Wissenschaftlern und Kuratoren mit hieb- und stichfesten Beweisen konfrontieren; das hatte zuvor auf diesem Gebiet noch keiner vermocht. Es war eine völlig neue Situation.

Conforti erkannte dies. „Nach der Ankunft des Materials aus der Schweiz war es mir eine große Befriedigung, die Polaroids in meinen Händen zu halten. Die Freude daran, etwas Materielles, Greifbares zu haben ... zu wissen, dass wir jetzt den Staatsanwalt mit echten, mit überzeugenden Beweismitteln ausstatten konnten." Er erinnerte sich an seine Zeit in Neapel, als er gegen die Camorra kämpfte. Später hatte es eine Spezialeinheit zur Bekämpfung der Roten Brigaden gegeben. Aus diesen Erfahrungen hatte Conforti so einiges gelernt und jetzt wandte er diese früher erprobten Taktiken auf den Bereich des Antiquitätenraubs an.

„Ich sagte dem Oberstaatsanwalt, sehen Sie, im Moment führen wir 270 Ermittlungen gegen verschiedene Einzelpersonen. Jede einzeln. Warum schaffen wir nicht einen Richterpool, wie den Anti-Mafia-Pool in Palermo, den „Pool der sauberen Hände" [ein Antikorruptionspool] in Mailand, einen Pool von Richtern, die sich mit dieser Art von Kriminalität befassen, die zusammenarbeiten, miteinander Informationen austauschen und zu Experten in ihrem Bereich werden können. Und schließlich wurde genau dies getan, in Bari, Turin, Florenz und Palermo." Paolo Giorgio Ferri, der zu dem entsprechenden Pool in Rom gehörte, entwickelte sich zum Rechtsexperten, nicht nur für die Gesetze Italiens, sondern auch für die der Schweiz, Großbritanniens, Deutschlands und der Vereinigten Staaten. Die Reihenfolge der Prozesse wurde untereinander abgesprochen, damit ein wachsender Druck auf die Schuldigen aufgebaut werden konnte, indem sich Staatsanwälte und Richter von unten nach oben arbeiteten. Dieses Buch erscheint gewissermaßen auf halbem Wege und die Leser können inzwischen vermutlich selbst beurteilen, wie erfolgreich die italienischen Taktiken waren.

Wie erwähnt, kam der Wendepunkt der Ermittlungen, zumindest was die Vernehmungen betrifft, als die Schweiz sich entschied, nicht selbst gegen Medici vorzugehen, und den Italienern das gesamte Beweismaterial überließ. Aus verschiedenen Gründen aber konnte Ferri ein paar Befragungen auch schon vor der Schweizer Entscheidung durchführen. Die Dokumente, die James Hodges von Sotheby's entwendet hatte, befanden sich beispielsweise nicht in der Schweiz, und sobald wir realisierten, dass das Auktionshaus keine rechtlichen Schritte gegen uns einleiten würde, stellten wir unser Material Ferri zur Verfügung. Diesen Informationen konnte er schon weit vor dem Jahr 2000 nachgehen.

Henri Albert Jacques konnte er sogar schon am 11. September 1995, zwei Tage vor der Durchsuchung des Freilagers vernehmen. Dies war möglich, weil Editions Services (dessen Geschäftsführer Jacques war) nicht nur einen gestohlenen Sarkophag aus der Kirche San Saba in Rom* bei Sotheby's in Auktion gegeben hatte, sondern auch ein Objekt hatte, das einem italienischen Bürger in Latina, ein paar Kilometer südlich von Rom gestohlen worden war. Den Bewegungen von Diebesgut, das internationale Grenzen überschritten

* Siehe Seite 41.

hat, war schon immer leichter zu folgen, als dem Schmuggel von Antiquitäten aus illegalen Grabungen.

Bei dieser Vernehmung bestätigte Jacques, dass Editions Services ein 1981 gegründetes panamaisches Unternehmen war, das 1986 von Giacomo Medici gekauft wurde. 1991 habe das Unternehmen von Mat Securitas S.A. Räume im Genfer Freilager gemietet. „Der einzige Zweck des Unternehmens war, die Erlöse der Antiquitätenverkäufe bei Sotheby's in London einzusammeln, und verkauft wurde ausschließlich über Sotheby's." Medici sei es gewesen, der diese Transaktionen inszeniert und die Gewinne behalten habe, und es habe „nie irgendeine Form von Buchführung" gegeben. Außerdem vertrat Jacques die Ansicht, dass „sehr viele Objekte, auch wertvolle Objekte, über Sotheby's verkauft" wurden. Er bestand darauf, dass er nur der Verwalter sei und Medici alle „wirtschaftlichen Rechte" im Unternehmen ausübe. Gleichzeitig räumte er aber ein, dass er auch der Verwalter anderer Unternehmen sei, einschließlich Tecafin S.A. und Xoilan Trader Inc. Xoilan verwaltete er seit 1976. Dieses Unternehmen hatte er selbst gegründet, und zwar für einen britischen Staatsbürger namens Robin Symes.

Danilo Zicchi wurde selbstverständlich sofort nach der Durchsuchung seiner Wohnung im Februar 1996 verhört. Er ergänzte das bisher gezeichnete allgemeine Bild um zwei Informationen. Er bestätigte – was als Beweismittel sehr wichtig war –, dass das Organigramm wirklich in der Handschrift von Pasquale Camera geschrieben war, und er berichtete, Camera habe ihm von einem Schatz von mehr als einhundert römischen Silberstücken erzählt, die ungefähr gegen Ende 1994 oder Anfang 1995 in der Gegend des Vesuv gefunden worden waren.* Zicchi sagte, der Schatz sei von solcher Qualität gewesen, dass er nur mit zwei ähnlichen zu vergleichen sei: dem Pisanella-Schatz im Louvre, einem aus 109 Stücken bestehenden Silberschatz, der 1895 in der Villa Pisanella in Herculaneum entdeckt und von Edmond de Rothschild dem Louvre vermacht worden war, und dem Schatz des Hauses Menandro, der 1930 im Keller des Hauses des pompejischen Dichters Menandro entdeckt wurde und sich heute

---

* Dies ist keineswegs unwahrscheinlich. Im Juli 2005 wurde ein 2000 Jahre altes Silberservice, 20 Becher, Teller und Tabletts, die in Pompeji beim Ausbruch des Vesuv in der vulkanischen Asche begraben worden waren, am Fundort ausgestellt, nachdem sie von Arbeitern beim Bau einer neuen Autobahn in der Nähe der Ruinen von Pompeji entdeckt worden waren.

im Museo Archeologico Nazionale von Neapel befindet. Zusammen mit dem heimlich verkauften Silber seien mehrere hundert Gold- und Silbermünzen gefunden worden, ebenfalls aus römischer, genauer julisch-claudischer Zeit. Dieser Schatz, der „ungefähr 1990 von einer älteren Person" gefunden wurde, sei von Benedetto D'Aniello aus der Region Neapel (im Organigramm aufgeführt) gekauft worden, der ihn wiederum an Giacomo Medici verkaufte. Camera hatte Zicchi all dies erzählt, weil er wütend darüber war, dass der Schatz „auseinander gerissen" worden war. Medici hatte den Schatz anscheinend in die Schweiz gebracht und einen Teil davon an „die Symes'" verkauft. Andere Teile waren an einen Perser verkauft worden (dessen Name Zicchi nannte), der in der Schweiz lebte, aber ein Lager in London hatte.

Darüber hinaus gab es ein paar Tombaroli, die Ferri im Rahmen der Operation Geryon verhörte. Gelegentlich wurde das sich abzeichnende Bild der Organisation der *cordate* durch ihre Angaben bestätigt. Einer dieser Tombaroli war Walter Guarini, der im März 1999 mehrmals vernommen wurde. Guarini war ein Grabräuber aus Apulien, der ein paar Sprossen auf der Leiter nach oben gestiegen und selbst ein wichtiger Mittelsmann und Händler geworden war. Die Carabinieri beobachteten ihn seit geraumer Zeit und Guarini, der kein Dummkopf war, hatte ihnen mehrmals Tipps und Hinweise gegeben, wenn diese nicht direkt seine eigenen Aktivitäten betrafen. Er bestätigte, Hecht sei „immer die Nummer eins in der Welt" gewesen, über viele Jahre hinweg:

Staatsanwalt [Ferri]: Wissen Sie, ob Hecht derjenige ist, an den sich die Leute in ganz Europa wenden, um diese Objekte zu „waschen", oder nicht?
Guarini: Ein großer Teil der Leute wendet sich an ihn.
S.: Um die Objekte zu „waschen"?
G.: Ja, um sie zu verkaufen. Aber nicht nur Italiener, auch Ausländer: Türken, Libanesen, Syrier …
S.: „Waschen" ist ein ziemlich wissenschaftlicher Begriff in diesem Zusammenhang. Sehen Sie, ich möchte das gerne genau haben.
G.: Sie auf den Markt bringen.
S.: Und warum ist er [Medici] nicht direkt beispielsweise zum Paul Getty Museum gegangen?
G.: Ich glaube, das Paul Getty Museum benutzt einen Filter, um gewisse Kunstwerke zu kaufen.

S.: Warum benutzt es einen Filter?
G.: Weil, ich glaube, weil Bob Hecht sehr angesehen ist in seinem Beruf, den er seit 40, fast 50 Jahren ausübt.
S.: Dieser Filter ist also dafür zuständig, zu kaufen und zu verkaufen?
G.: Er ist auf jeden Fall der Bezugspunkt.

Guarini listete auch die Namen der Personen in den verschiedenen *cordate* auf und gab an, wer mit wem in Verbindung stand. Er erwähnte eine Unmenge von Tombaroli aus Apulien, Sizilien, Kampanien und Latium, die Savoca belieferten, unter anderem [Vincenzo] Cammarata; er führte Personen in Neapel und Rom an, die Frida Tchacos belieferten, unter anderem Pasquale Camera; und er sagte: „Fridas Kontakte im Ausland sind [Michael] Steinhardt [ein New Yorker Händler], Leon Levy, Jiri Frel und Marion True."

Dann folgte der nächste hier wiedergegebene Dialog. Es scheint, dass Guarini bei den Gesprächen über Hecht *memorie* (Memoiren) erwähnte, an denen dieser schreibe. (Dabei ist zu beachten, dass dieses Verhör 1999 stattfand.) Ferri stürzte sich auf diesen Hinweis, weil die Carabinieri bei der Telefonüberwachung mehr als einmal gehört hatten, dass eine *memorie* erwähnt worden war, sich aber auf das Gehörte keinen Reim machen konnten. War es etwas Schriftliches? Eine Kassette? Und wozu diente es?

S.: Was sind diese *memorie* von Bob Hecht? Bob Hechts *memorie* – was ist das?
G.: Ich habe in Savocas Haus, bei Nino, davon gehört …
S.: In welchem Jahr?
G.: Letztes Jahr, oder vor zwei Jahren.
S.: Und wo befinden sich diese *memorie*?
G.: Diese *memorie* sind … es scheint, Bob hat sie, dass er alles aufgeschrieben hat … seine ganzen illegalen Handelsaktivitäten [*traffico*] der letzten Jahre, mit all den anderen …
S.: Es war nicht so, dass Nino Savoca die *memorie* von …
G.: Nein, nein. Er hatte sie nicht und er wusste auch nicht … zu der Zeit hatte er sogar Angst vor diesen *memorie*.
S.: Savoca hatte Angst vor diesen *memorie*? Warum?
G.: Vermutlich, weil er auch in den *memorie* war.
S.: Ah ja, das kann ich mir vorstellen …

G.: Wie alle Händler, die irgendetwas mit ...

S.: Ich verstehe ...

[aus rechtlichen Gründen gestrichene Stelle]

S.: ... am Ende werde ich mich vermutlich bei dem guten Herrn Guarini bedanken müssen, aber im Moment kann ich mich noch nicht bei Ihnen bedanken, weil die Mitglieder Ihrer *cordata* nicht aufgetaucht sind. Also, diese *memorie* von Bob Hecht?

G.: Wenn ich sie hätte, Doktor, würde ich sie Ihnen sofort übergeben ...

S.: Und Savoca hat sie nicht zufällig?

G.: Nein, nein. Die haben alle so große Angst, Doktor ...

S.: Wer?

G.: Savoca hat auch Angst vor ...

S.: Sie haben sie nicht, nein ...?

G.: ... vor den direkten Kontakten ...

S.: ... auf einer Diskette?

G.: Nein, nein, ganz und gar nicht, weil wenn ... der Typ, der gestorben ist [Savoca starb 1998] hat mir erzählt, dass Bob Hecht, wenn das Thema angeschnitten wurde, sehr geheimnistuerisch wurde und dann ohne ... ohne Aufnahme bitte ... Kann ich etwas erzählen, ohne dass es aufgenommen wird?

S.: Nein, das können Sie keineswegs. Behalten Sie es lieber für sich. Nicht mir. Nichts zu machen.

G.: Nun, ja, ... es ging um Bob, der ein extrem gefährlicher Mann ist. Absolut.

S.: Oh, das möchte ich annehmen, er ist seit 20 Jahren eine zentrale Figur im internationalen Schmuggelgeschäft [*traffici internazionali*].

G.: Ja, aber abgesehen davon ist er gefährlich.

Pietro Casasanta war ein weiterer Tombarolo. Unter den Grabräubern Italiens ist er bekannt wie ein bunter Hund. Er ist Ende sechzig, Kettenraucher, lebt nördlich von Rom in Anguillara in der Nähe des Braccianosees und begann 1960 zu graben. Uns erzählte er, er habe „ungefähr hundert Villen entdeckt". (Gräber, sagte er, raube er keine aus). Bekannt ist er für drei außergewöhnliche Entdeckungen. 1970 fand er L'Inviolata, eine große Siedlung, einen Tempelkult, der, so sagt er, 63 Statuen enthielt, davon 25 in Lebensgröße. Viele davon habe er an Robin Symes verkauft. 1992 kehrte er nach L'Inviolata zurück und entdeckte die berühmte Kapitolinische Trias, eine sechs Tonnen schwere Marmorstatue dreier sitzender Götter: Jupiter, mit einem Blitz in der Hand und einem Adler zu seinen Füßen; Juno, mit Zepter und Gans; und Minerva, mit Lanze und Eule. Diese Skulptur aus Luni-Marmor ist einzigartig, die einzige intakte mit dieser Dreiergruppe. Nach der zweijährigen „Operation Juno" wurde das Werk von den Carabinieri ausfindig gemacht und wird inzwischen im Museo Archeologico Nazionale von Palestrina ausgestellt. Casasanta war ein Jahr lang inhaftiert. Dann entdeckte er 1995, weniger als ein Jahr nach seiner Entlassung, einen Elfenbeinkopf von Apollo aus dem 5. Jahrhundert v. Chr. und drei ägyptische Göttinnenstatuen, zwei aus grünem Granit und eine schwarze. Er habe sie in einem Feld in der Nähe einer bekannten archäologischen Anlage gefunden, bei den Bädern des Claudius, und er glaubt, er habe eine luxuriöse Villa entdeckt, die der Familie des römischen Kaisers aus dem 1. Jahrhundert n. Chr. gehört habe.

Insbesondere der Elfenbeinkopf war sehr wertvoll. Elfenbeinskulpturen waren sogar in der Antike extrem kostbar und selten. Sie wurden „chryselephantin" genannt, nach den griechischen Wörtern für Gold und Elfenbein. Bei besonderen Skulpturen, wie Athena Parthenos in der Akropolis, waren Köpfe, Hände und Füße aus Elfenbein gefertigt und die hölzernen oder steinernen Körper mit Blattgold belegt. Elfenbein war in der Antike so teuer, dass sich nur Kaiser und andere wichtige Personen solche Statuen leisten konnten. Sie waren so selten, dass nur eine andere lebensgroße Figur in Italien überlebt hat, die in Montecalvo (ebenfalls in der Nähe von Rom) gefunden wurde und heute in der Apostolischen Bibliothek im Vatikan steht. In Griechenland überlebte nur eine Gruppe lebensgroßer chryselephantiner Skulpturen.

Casasanta schmuggelte den Elfenbeinkopf und die drei Statuen selbst aus Italien heraus und verkaufte sie an Nino Savoca. Sie einigten sich auf eine Summe von zehn Millionen Dollar. Casasanta räumte ein, er kenne Medici, habe ihn einmal im „Antiquitätenlager" (wie er es nannte) von Franco Luzzi in Ladispoli (nördlich von Rom) getroffen. Luzzi wurde bekanntlich im Organigramm genannt, wo sein Einflussbereich auch mit „Ladispoli" angegeben wurde. Casasanta sagte, er habe nie Geschäfte mit Medici gemacht – er handle nicht gern mit „römischen" Händlern –, aber dem Namen nach sei er ihm immer bekannt gewesen, „weil er in ihrer Welt eine bekannte Figur ist". Hecht habe er ein paar Mal in Basel getroffen, aber „geschäftlich" habe er nichts mit ihm zu tun gehabt, auch nicht mit Gianfranco Becchina. Stattdessen habe er ein paar „Geschäfte" mit Ali Aboutaam im Ausland abgeschlossen, für die er „strafrechtlichen Verfahren unterzogen" worden sei. Casasantas Problem war, dass der Markt, der „für seine Aktivitäten relevant" war, von den *cordate* beherrscht war, sodass er an „gewisse Milieus" gar nicht herankommen konnte. Casasanta, dessen Vernehmung sich mit der Guarinis überlappte, war der Erste, der das Wort „*cordata*" benutzte, und er gab an, für ihn gäbe es drei Gruppen, nicht nur zwei: eine aus Italien heraus über Savoca in München, eine über Becchina in Basel und eine über Medici in Genf. In seinem Milieu herrsche „bei allen die Ansicht, dass Medici ,*il boss dei boss*' [der Boss der Bosse]" sei, obwohl ihm, Casasanta, keine konkreten Fakten bekannt seien. Er war überzeugt, es sei Medici gewesen, der ihn in Schwierigkeiten gebracht und ihm die Carabinieri auf den Hals gehetzt habe, als er die Kapitolinische Trias gefunden (und Medici nicht an dem Geschäft beteiligt) hatte. Laut Casasanta ging das Gerücht, dass „Medici der Kopf des Schmuggels, ein ,General' in Italien wie im Ausland, in London wie in Basel und Cerveteri" war. (Er meinte Genf, nicht Basel. Für ihn lief es auf dasselbe hinaus: die Schweiz.) Insbesondere Franco Gangi, dem Casasanta von Ende der 1960er-Jahre bis Ende der 1980er die von ihm ausgegrabenen Objekte verkaufte, hatte ihm gesagt, wenn er nach Etrurien komme, werde er „auf ,Giacomino' Medici treffen, weil in Etrurien alles über ihn lief und man dort nicht ,arbeiten' könne, weil er immer alles an sich reiße und den Markt über seine vielen Kontakte und Beziehungen in der Region kontrolliere".

Casasanta berichtete interessante Dinge über Medicis Anfänge, zum Beispiel, dass seine Eltern in Rom einen Stand an der Fontanella Borghese hatten, wo sie kleine Objekte verkauften. Viele Jahre lang hätte er einen Mann namens Ermenegildo Foroni mit dem Spitznamen „Scotchwhisky" beschäftigt, der den Versand seiner Objekte übernahm und sie im Ausland für ihn verkaufte. Auch dieser Name – Ermenegildo Foroni – erschien auf Pasquale Cameras Organigramm. (Casasanta wusste zum Zeitpunkt seiner Befragung nichts über dieses wertvolle Stück Papier.) Es sei üblich, schweizerische Versandunternehmen zu benutzen, um die Objekte auf ihrem Weg ins Ausland zwischenzulagern. Darüber hinaus bestätigte Casasanta, dass Pasquale Camera in der Regel Diebstähle aus Museen und Kirchen organisierte und eine enge Verbindung zu Nino Savoca in München hatte – er war Teil dieser *cordata*. Um das offizielle Vernehmungsprotokoll zu zitieren: „Als Camera noch bei der [*Guardia di*] *Finanza* arbeitete, kamen Savoca und seine Frau öfter nach

Etrurien und übernachteten in Casasantas Haus, weil sie nicht in Hotels gehen wollten, und vermieden so, aufzufallen und ihre Namen zu hinterlassen. Anschließend gingen sie [Casasanta und Savoca] zusammen mit Lello Camera [Lello ist eine Kurzform von Pasquale] – Anfang der 1960er-Jahre – Fresken aus Paestum holen."

Casasanta erzählte noch mehr und sagte, der Euphronios-Krater sei von einem gewissen Renato mit dem Spitznamen „Roscio" gefunden worden. Wer Roscio war, wurde ermittelt, aber er war bereits verstorben. „Franco Gangi sagte immer, er habe Giacomo Medici 180 Millionen [Lire oder 150 000 Dollar] gegeben, um den Euphronios-Krater zu kaufen, und Medici habe das Geld eingestrichen und die Vase an jemand anderen verkauft." Über Nino Savoca hatte Casasanta 1995 eine „etwa 35 bis 40 Jahre alte Dame" getroffen, die ihm als stellvertretende Leiterin des Metropolitan Museum in New York vorgestellt worden sei und gekommen war, um sich einen römischen Kopf in Casasantas Haus anzusehen. Hinterher hatte Nino Savoca den Kopf „den Anweisungen der Frau folgend" gekauft. 1970 hatte er eine sagenhafte Entdeckung gemacht, viel wichtiger als die der Kapitolinischen Trias: Er hatte über 60 Skulpturen gefunden. Er hatte sie relativ billig an römische Händler verkauft und ein Großteil von ihnen wurde später von Robin Symes und Christo Michaelides gekauft. Im Herbst 1970 kamen sie nach Rom und kauften oft von Casasanta ausgegrabene Objekte.

Mario Bruno, sagte er, sei ein Freund von ihm gewesen, ein Händler, der in Etrurien und Apulien operierte, wo alle arbeiteten, und er verkaufte dann die archäologischen Funde im Ausland. „Er lebte in Lugano, wo er eine Villa am See hatte. Er kannte Giacomo Medici, und Bruno redete schlecht über ihn, weil sie Konkurrenten im Antiquitätenschmuggel waren, die beide versuchten, die besten Objekte zu kaufen, die aus dem Boden kamen." Die Trias hatte Casasanta Bruno gegeben. Becchina, berichtete er, hatte eine wunderbare Galerie in Basel. Es war schon einige Jahre her, seit er sich auf seine Villa auf Sizilien zurückgezogen hatte, obwohl er vorher 15 oder 20 Jahre lang sehr aktiv gewesen war. „Becchina kaufte archäologisches Material grundsätzlich auf Sizilien, wo er einige gute Lieferanten hatte, die ihm auch einige wertvolle Stücke beschafften. In Etrurien kaufte er von Tombaroli, die ihm die Ware nach Basel brachten. Becchina war als völliger Niemand, als Emigrant mit einem kleinen Koffer in die Schweiz gegangen, hatte dort in Basel seine Arbeit begonnen und war zum Multimillionär geworden. Er kaufte sich ein großes

Anwesen in seiner Heimatstadt, er kaufte einen prunkvollen Palazzo, in dem er alleine mit vier oder fünf Bediensteten lebt ..." Auch Frida Tchacos kannte Casasanta. Er hatte ihr in Zürich zwischen 1990 und 1993 einen kleinen Kopf verkauft. „Tchacos war mächtig, hatte viel mit den Symes' zu tun, und sie hatte bemerkenswerte Mittel zur Verfügung."

Tatsache war, die in Genf gefundenen Unterlagen begannen Früchte zu tragen. Die im Freilager enthüllten Details, plus das Organigramm, überzeugten zumindest die kleineren Fische, dass es in ihrem Interesse war, mit Conforti und Ferri zu kooperieren. Der Staatsanwalt fühlte sich im Aufwind. Aber er würde noch viel mehr Aufwind bekommen, wenn er die *memoria* von Hecht finden könnte. Gab es diese Memoiren wirklich?

12
Paris: Die Durchsuchung der Wohnung Robert Hechts

Für den nächsten Teil der Ermittlungen war Ferri zunächst auf Rechtshilfeersuchen angewiesen. Damit werden die Justizbehörden eines Landes von denen eines anderen Landes um Hilfe gebeten und das ist umständlich und kompliziert. Ein Staatsanwalt wie Ferri bereitet die Papiere vor, in denen die Rechtsgründe und ein prima-facie-Fall dargelegt werden, d. h. der Ermittlungsgrund glaubhaft gemacht wird. Diese Unterlagen werden vom italienischen Justizministerium an das französische, britische oder amerikanische geleitet, von wo aus die schriftliche Anfrage an die Justiz- oder Polizeibehörde weitergeleitet wird, die vermutlich davon betroffen ist. Jegliche Antwort geht über denselben Weg zurück. Ein derart langatmiges Prozedere kann Monate dauern, manchmal sogar über ein Jahr. Oft kommt auch gar keine Antwort. In diesem Fall kooperierte Frankreich prompt und bereitwillig, die Schweiz und Deutschland etwas langsamer, die Vereinigten Staaten widerwillig, Großbritannien und Dänemark jedoch waren zu Ferris großem Bedauern zu keiner Hilfe bereit.

Glücklicherweise lebte der Mann, an dem Conforti und Ferri vor allen anderen interessiert waren, zu dieser Zeit in Paris und die französische Polizei war kooperativ. Ende Juni 2000, nach Ankunft des Materials aus Genf, reichte Ferri sofort ein Rechtshilfeersuchen ein, in dem er die Genehmigung für eine Durchsuchung von Robert Hechts Wohnung am Boulevard Latour Maubourg im 6. Pariser Arrondissement unweit des Invalidendoms erbat. Dem Ersuchen wurde stattgegeben und die Durchsuchung auf den 16. Februar 2001 angesetzt. Teil nahmen zwei der erfahrensten Leute Confortis und vier französische Polizisten. Hecht, so wussten sie, hatte auch ein Apartment in New York. Die Amerikaner hatten es bereits abgelehnt, die Durchsuchungserlaubnis zu erteilen, weil die Informationen über Hecht „nicht jüngeren Datums" seien. Die Tatsache, dass die Schweiz die Unterlagen so lange zurückgehalten hatte, begann ihren Tribut zu fordern. Außerdem lief die Pariser Wohnung auf den Namen von Hechts Ex-Frau, war also theoretisch gar nicht seine. Zum Glück der Italiener waren ihre französischen Kollegen nicht so kleinlich. „In Paris hatten wir null Schwierigkeiten", sagt Conforti.

Robert Hecht, Jahrgang 1919, wuchs in Baltimore auf und besuchte das außerhalb von Philadelphia gelegene Haverford College. Seine Familie hatte eine Kaufhauskette gegründet. Er lernte Latein in der Schule, begann auf dem College mit Griechisch und hatte gerade mit archäologischen Arbeiten begonnen, als er während des Zweiten Weltkrieges einberufen wurde. Nach seinem Dienst bei der Marine verbrachte er ein Jahr in Zürich, wo er auf einen Ph.D. hinarbeitete, und gewann dann ein zweijähriges Stipendium an der American Academy in Rom. 1950 wandte er sich dem Kunsthandel zu und tätigte seinen ersten Verkauf: eine apulische Vase aus dem 4. Jahrhundert v. Chr., die er dem Metropolitan Museum in New York verkaufte. Seine Leidenschaften sind, abgesehen von Antiquitäten, seine beiden Töchter, Rotwein und Backgammon. Er ist ein unverbesserlicher Spieler.

Die Pariser Wohnung lag im zweiten Stock. Der ranghöchste französische Beamte klopfte an die Tür und Ex-Frau Elisabeth öffnete. Bob sei nicht anwesend und überdies wohne er nicht mehr hier, schon seit 15 Jahren nicht mehr. Die Polizisten hatten etwas in der Art erwartet und stellten sie vor die Wahl: Entweder sie lasse sie freiwillig herein, dann würden sie ihr persönliches Schlafzimmer nicht betreten, oder sie könnten auf die harte Tour vorgehen und die Tür einbrechen, dann aber die gesamte Wohnung durchsuchen. Sie ließ sie herein.

Im Inneren war es „nicht luxuriös, aber elegant", wie einer der Anwesenden feststellte. In einem geräumigen Flur hing ein eindrucksvoller Kronleuchter, und die Wohnung hatte zwei Schlafzimmer. Die Möbel waren eher antik als modern. Links befand sich ein Arbeitszimmer, aber Elisabeth führte sie in eines der Schlafzimmer, das ihr zufolge Hecht gehörte. Die beiden Carabinieri hatten sich oft darüber amüsiert, dass in den Filmen Polizisten, die eine Wohnung durchsuchen, immer zuerst unter dem Bett nachsehen. Im wirklichen Leben versteckt niemand etwas unter dem Bett. Fast niemand. In diesem Fall sahen sie, sobald sie das Schlafzimmer betreten hatten, weiße Kunststofftüten, die unter das Bett gestopft waren. Sie legten sie auf das Bett und fassten hinein. Als Erstes kamen einige antike Vasen (attische, apulische, korinthische) zum Vorschein, die voller Erde waren, dann ein Bronzehelm und ein Bronzegürtel, beide mit Erdstaub bedeckt, und schließlich einige Vasenfragmente, ebenfalls schmutzig.

Im weiteren Verlauf des Tages entdeckten sie noch so einiges. Mehrere Ordner mit Fotografien wurden gefunden, von denen einer 13 Polaroids enthielt, die alle dieselbe Seriennummer trugen. Sie zeigten eine Oinochoe mit einem Wildschwein, das Unterteil einer großen, eventuell apulischen Vase, einen

Bronzespiegel mit zwei Kriegern, eine Figur mit Flügeln und eine Antefix-Skulptur mit zwei Pferdeköpfen. Polaroids eines identischen Objekts wurden auch in Medicis Unterlagen gefunden.

Ein anderer Ordner enthielt 15 Farbfotografien mit weiblichen Büsten, „stark erdverschmutzt", wie es im offiziellen Durchsuchungsbericht heißt. Auch Fotografien jener 20 rotfigurigen attischen Teller, die im Genfer Safe gefunden wurden, befanden sich in der Wohnung und zwar exakt dieselben Fotos, die Medici besaß, bis hin zu einem mit einem Preisschild, auf dem stand: „21 Stück 2000". Sie befanden sich in einem Ordner mit einer Kopie des Briefes, den Hecht an das Getty geschrieben hatte, um mitzuteilen, er habe die Teller von Medici auf Kommissionsbasis erhalten. In einem letzten Ordner mit Fotografien waren 23 Objekte abgebildet, die alle aus Medicis Fotoalben bekannt waren.

Unter den Briefen befand sich einer vom 18. April 1991, den Felicity Nicholson an Editions Services geschrieben hatte. Darin: „Wir haben auch eine attische schwarzfigurige panathenäische Amphora; Bob Hecht hat uns gebeten, sie auf Ihren Namen zu führen. Diese Amphora werden wir voraussichtlich in unsere Auktion im Juli aufnehmen." Sotheby's, oder zumindest Felicity Nicholson, war voll im Bilde über die Medici-Hecht-Cordata.

In gewisser Weise bestätigten diese Fotografien und Briefe aber nur das, was Ferri und Pellegrini bereits wussten: dass Medici dafür verantwortlich war, die Schmuggelware aus Italien herauszubringen, und Hecht die Hauptverbindung zwischen ihm und den Sammlern und großen Museen der Welt war; und dass die Mitglieder der Cordata mit Antiquitäten im Namen anderer Mitglieder handelten. Im Vergleich dazu waren andere Dokumente aus Hechts Pariser Wohnung viel interessanter: sie enthüllten Neues über Hechts und Medicis Welt.

Am bestürzendsten war eine Reihe von Briefen, die General Conforti in seiner Eigenschaft als Leiter des Kunstdezernats wegen des Morgantina-Silbers an William Luers geschrieben hatte, den Präsidenten des Metropolitan Museum of Art. In seinem Schreiben vom 15. November 1996 erwähnte Conforti diesbezüglich einige in Vorbereitung befindliche Rechtshilfeersuchen. Er erwähnte aber auch die Möglichkeit, dass das Met den Schatz vielleicht freiwillig zurückgeben wolle, „mit entsprechender Publizität". Ashton Hawkins, der stellvertretende Museumsleiter und Rechtsberater des Stiftungsrats, antwortete, sein Haus sei „nach wie vor von der Richtigkeit der zum Kaufzeitpunkt angegebenen Fakten überzeugt". Hawkins war höflich, aber bestimmt, und Conforti hatte eine Abfuhr erhalten. Aus anderen Unterlagen in diesem Ordner ging aber hervor, dass Hawkins im Mai 1997 eine Kopie von Confortis Brief an Robert Hecht geschickt hatte. Warum? Welches Interesse hatte Hecht am Silber von Morgantina? Laut der offiziellen Version des Museums kamen die Silbergegenstände aus der Türkei und wurden in der Schweiz legal gekauft. Welche Rolle hatte Hecht bei ihrem Kauf gespielt? Diese Vorgänge legen nahe, dass das Metropolitan Museum eine engere, vertraulichere Beziehung zur Antiquitäten-Unterwelt hat als zu den Polizeibehörden, was, gelinde gesagt, enttäuschend ist.

Die Art der engen Beziehungen Hechts zu Museen (und der Museen zu ihm) wurde zusätzlich durch zwei andere Dokumente bestätigt. Es handelte sich um von Conforti gezeichnete Briefe an zwei Museen, in denen die Veröffentlichung von 500 Bildern gestohlener oder illegal ausgegrabener Objekte aus Latium, Apulien, Kampanien und Sizilien auf der Website der Carabinieri angekündigt wurde. Mit anderen Worten: Diese Objekte waren entwendet worden und Conforti bat die Museumsleiter, nach ihnen Ausschau zu halten. Was machten diese daraufhin? Sie schickten die Informationen an Hecht. Warum? Könnte es sein, dass sie ihn warnten? Wieder scheint es, als ob einige weltberühmte Museen vertrautere Beziehungen zu den Quellen illegaler Antiquitäten als zu Polizeibehörden pflegen. Eines dieser Museen war das archäologische Museum in Genf, das andere hatte seinen Namen mit Tipp-Ex unkenntlich gemacht. Ein Carabinieri hielt das Blatt gegen das Licht, so war der Name gut zu erkennen: Es war die Münchner Antikensammlung. Warum wollte dieses Museum seinen Namen unkenntlich machen?

Und es gab noch ein weiteres Dokument von Bedeutung, das die Carabinieri fanden. Seit der Entdeckung von Pasquale Cameras Organigramm 1995 wussten die italienischen Behörden, dass Hecht die Hauptfigur war, der oberste Mann an der Spitze der beiden Cordate. Darüber hinaus hatten sie im Laufe der anschließenden Ermittlungen von verschiedenen Quellen erfahren, dass viele der unter ihm stehenden Figuren Angst vor Hecht hatten und von ihm eingeschüchtert waren. Der wichtigste Grund dafür war, dass er alle, mit denen er regelmäßig handelte, wissen ließ, er schreibe ein Buch über die Antiquitäten-Unterwelt. Hecht gab indirekt zu verstehen: wer aus der Reihe tanzte, wer ihm in die Quere käme, wer ihn überginge, wer seine Rolle zu übernehmen trachte, wer versuche, seine Kontakte abzuwerben, der werde in diesem Buch genannt und bloßgestellt. Je öfter Ferri, Pellegrini oder einer von Confortis Leuten etwas über dieses „Buch" oder die „Memoiren" hörten, desto neugieriger wurden sie. Als sie schließlich im Februar 2001 die Durchsuchungsgenehmigung für Hechts Wohnung hatten, waren die Memoiren das, wonach sie in erster Linie suchten.

Natürlich entfachte die Entdeckung der Briefe und der Polaroids im Boulevard Latour Maubourg viele Diskussionen unter den anwesenden Polizisten, insbesondere unter den Italienern. Neben Gesprächen über die Dekoration der Vasen sprachen sie selbstverständlich auch über andere, verwandte Unterlagen, die sie in Genf gefunden hatten und die zu den Pariser Funden passten. In diesem Moment allerdings bemerkte einer von Confortis Leuten, wie Elisabeth Hecht ihrem Gespräch lauschte. Das war seltsam, weil sie zu Beginn der Durchsuchung, als sie in den Flur der Wohnung kamen, mit den französischen Polizisten auf Französisch gesprochen und auf eine direkte Frage hin gesagt hatte, sie könne kein Italienisch. Zunächst war es keinem der Carabinieri aufgefallen. Aber dann erinnerte sich einer, dass sich unter Hechts Korrespondenz ein Brief an seine Frau in der Via di Villa Pepoli befand – sie hatte in Rom gelebt. Also stellte er sie erneut vor die Wahl: Entweder er und seine Kollegen gingen weg und besprächen ihre nächsten Schritte außerhalb ihrer Hörweite, oder sie würden alle italienisch sprechen. Auf dem falschen Fuß erwischt gab sie nun zu, sie verstünde Italienisch. Darum bemüht, ihren psychologischen Vorteil auszunutzen, sagten Confortis Leute unmittelbar darauf, an schmutzigen Antiquitäten seien sie weniger interessiert als an den Memoiren ihres Ex-Mannes, von denen ihnen einiges zu Ohren gekommen sei.

Elisabeth Hecht erstarrte, sagte aber, sie wisse davon nichts. Einer von Confortis Männern bemerkte ihr leichtes Zögern. Der französische Polizist, der die Durchsuchung leitete, bemerkte es ebenfalls. „Wie Sie möchten", sagte er, „entweder Sie führen uns direkt zu den Memoiren oder wir stellen die gesamte Wohnung auf den Kopf". Er gab ihr zu verstehen, dass ihr eigenes Schlafzimmer dann nicht länger tabu sei.

Ohne etwas zu sagen, drehte sie sich auf dem Absatz um und führte sie in das Arbeitszimmer. Und dort, in der Mitte des Zimmers, stand ein Schreibtisch und in der Mitte des Schreibtischs lag, offen und für alle erkennbar, ein schlichter, lederfarbener Ordner. In seinem Inneren befand sich ein handschriftliches Manuskript aus liniertem, blankem und Millimeterpapier. Die

Seiten waren mit einer unordentlichen Handschrift voll gekritzelt, die sich bei näherem Hinsehen als englisch entpuppte. Das Geschriebene war vorerst unverständlich, aber als sie durch die Seiten blätterten, sahen sie einige Namen, Abkürzungen und Initialen, die sie wieder erkannten: Vulci, Montalto di Castro, R. Symes, Euphr., „G. M."

Das war es.

Die Gerüchte hatten gestimmt. Hecht hatte in der Tat seine Memoiren geschrieben und nun hatten sie sie endlich in der Hand.

Das Manuskript wurde beschlagnahmt, aber selbstverständlich von der französischen Polizei. Es würde noch einige Zeit dauern, bis die Italiener es wirklich in die Hand bekämen. In der Zwischenzeit, nachdem ihr klar geworden war, wie schwerwiegend diese Durchsuchung aus Sicht ihres Ex-Mannes wurde, rief Elisabeth Hecht ihn in New York an. Er sagte, er würde sofort aufbrechen und nach Paris kommen. Er wolle unbedingt mit der Polizei sprechen.

Einen Tag später, während sich die Carabinieri noch in Paris aufhielten und die Schreibarbeiten erledigten, die zur Überführung der Objekte und Dokumente nach Italien erforderlich waren, nahm Hecht Kontakt auf. Er sei begierig darauf, die Carabinieri zu sehen – nicht die französische Polizei. Er bat um ein Treffen.

Conforti autorisierte ein kurzes Gespräch und einer seiner Mitarbeiter traf sich mit ihm am folgenden Tag. Hecht wählte den Treffpunkt: vor Notre Dame. Er wollte um vier Uhr nachmittags „an der Ecke, die beim Blick auf die Kirche links ist", sein.

Zum verabredeten Zeitpunkt regnete es in Strömen, aber Hecht war pünktlich. Er trug einen rehbraunen Mantel, aber keinen Hut oder Schirm. Dem Carabinieri tat er fast leid. Hecht führte ihn zu einem nahe gelegenen Café, wo das Treffen kaum 20 Minuten dauerte. Er wollte wissen, was bei der Durchsuchung passiert sei, warum er zur Zielscheibe geworden war und was sie glaubten, gefunden zu haben. Sein Gegenüber hatte strikte Anweisung, nichts preiszugeben. Er riet Hecht lediglich, er solle sich „einen Anwalt nehmen".

Es mag ein kurzes Treffen gewesen und fast nichts gesagt worden sein, aber Conforti hatte das Gefühl, dass es wichtig war. Hecht hatte darum gebeten und alle Fragen gestellt. Trotz allem, was geschehen war, hatte er ganz offensichtlich nicht mit der Durchsuchung gerechnet und nun – was ihn betraf, zum ersten Mal – hatte sich das Blatt gewendet. Er hatte nicht direkt Angst, aber er war zweifellos nervös. Das war neu.

Ferri wollte Hecht vernehmen, aber zuvor musste er sich eine italienische Übersetzung der Memoiren beschaffen. Die Überstellung des Manuskripts aus Frankreich erfolgte prompt, aber als es in Rom ankam, steckte es in einem Ordner. Die Blätter waren gelocht und wurden mit einer Schnur zusammengehalten, die Seiten nummeriert. So sollte verhindert werden, dass Seiten zerstört oder neue hinzugefügt wurden. Das war alles ganz vernünftig, nur dass die Italiener bald bemerkten, dass die Seiten nicht in der richtigen Reihenfolge eingeordnet waren. Was auch immer nach der Durchsuchung der Pariser Wohnung geschehen war, die Seiten waren jedenfalls durcheinander. Also mussten sie fotokopiert und richtig sortiert werden, bevor sie übersetzt werden konnten. Das alles kostete Zeit. Aber schließlich war es so weit und Ferri und seine Kollegen konnten lesen, was Hecht geschrieben hatte.

Die Memoiren waren 81 Seiten lang und schienen über mehrere Monate oder Jahre hinweg verfasst worden zu sein. Der Text hat ein paar Eigenheiten, zum Beispiel schreibt Hecht statt „mit" meist „c" oder „c⁻", kurz für das italienische *con*; „C.C." ist die in Italien übliche Abkürzung für „Carabinieri"; „Æ" steht für Silber, „Au" für Gold und so weiter. Es geht oft um Essen und Trinken, Tennis und seine Familie, die Kasinos jedoch erwähnt er mit keinem Wort. Sein Ton strahlt durchweg Selbstvertrauen, ja Selbstgerechtigkeit aus und manchmal klingt er geradezu großspurig. Die von den 1950ern bis in das Jahr 2001 reichende Erzählung ist in acht Abschnitte aufgeteilt, beginnend mit den frühen Jahren, den 1950ern und 1960ern in Italien, Griechenland und der Türkei. Von der Affäre um den Euphronios-Krater gibt es interessanterweise zwei Versionen. Ein Abschnitt ist dem Kauf der Euphronios-Onesimos-Kylix gewidmet, gefolgt von einem eher theoretischen Abschnitt, in dem Hecht darlegt, wie seine Aktivitäten angeblich der Archäologie nützen, und sich gegen den Vorwurf verteidigt, er und seinesgleichen würden das Erbe mehrerer Zivilisationen zu Schanden machen.

In einem der ersten Abschnitte, in dem er aus dem Jahr 1961 erzählt, beschreibt er, wie er von einer Sizilienreise mit einer *arula*, einem Miniaturaltar zurückkehrte, den er in Gela gekauft hatte, einer von Griechen im 8. Jahrhundert v. Chr. gegründeten Stadt. Am nächsten Morgen wurde er von den Carabinieri durchsucht, aber die Arula fanden sie nicht. Er hatte ihnen einige billige archäologische Gegenstände gezeigt, die er für genau solche Gelegenheiten in seiner Wohnung aufbewahrte, um im Falle eines Verdachts abzulenken.

Die Carabinieri hatten eine ihrer unregelmäßigen Aktionen gegen den Antiquitätenhandel durchgeführt und waren zufällig auf einen Schweizer Händler namens Herbert Cahn gestoßen. Bei seiner Befragung nannte dieser als einen der Leute, die er in Rom kenne, Robert Hecht, meinte aber, er mache keine Geschäfte mit ihm, weil er „Konkurrenz" sei. Er nannte allerdings auch zwei römische Händler, von denen er in den vorausgegangenen Jahren gekauft hatte: Renzi und Pennacchi.

„Als ich das erfuhr, konnte ich es nicht glauben. Ich rief Cahn an und fragte ihn, ob es stimme. Er antwortete auf Deutsch: ‚Ja. Ich habe es aber minimal gehalten'. Cahn realisierte nicht oder wollte nicht realisieren, dass er es mit Schmuggelware zu tun hatte und es deshalb unehrenhaft ist, als Informant gegen seine Mithelfer aufzutreten."

Dies war eine interessante Sichtung des Wortes „Schmuggelware". Aber Cahns Aussage war nicht alles. Er trug sein Adressbuch bei sich und die Carabinieri beschlagnahmten es. Neben den Namen und Telefonnummern seiner Kontakte enthielt es auch Aufzeichnungen darüber, was er von wem gekauft hatte.

Dann wechselt Hecht abrupt das Thema und schreibt über George Ortiz, mit dem er 40 Jahre lang gehandelt hat. Nach Ausführungen über Ortiz' Herkunft beschreibt er seine Entwicklung als Sammler, wie er eine besondere Vorliebe für griechische Kunst entwickelte, anfänglich mit Museumsbesuchen, dann mit Hilfe von Händlern beiderseits des Atlantiks, wie er vor allem Bronzen kaufte, und meist solche guter Qualität. Als er aber die wichtigsten Händler in Rom und Athen kannte, nahm Ortiz bald „Kontakt mit den Leuten auf, die Gräber aushoben und auf dem Land mit Antiquitäten handelten, insbesondere in Südetrurien ... George wurde unter den Dörflern zu einer bekannten Persönlichkeit und die Carabinieri fanden bei ihren Ermittlungen in den durchsuchten Häusern Briefe und Hinweise auf Zahlungen von ihm. Sie fanden sogar Hinweise auf Schecks der Schweizerischen Kreditanstalt, die er einem Mann in Montepulciano gegeben hatte."

Im Herbst 1961 wurden die römischen Händler Renzi und Pennacchi sowie Cahn, Ortiz und Hecht vor Gericht gestellt, Letztere wegen Hehlerei. Alle wurden freigesprochen. Bei der Revision wurden alle schuldig gesprochen. 1976 schließlich (ja, 15 Jahre später) wurden Cahn und Ortiz für schuldig befunden und zu kurzen Bewährungsstrafen verurteilt, während Hecht freigesprochen wurde.

Die Memoiren, die in den folgenden Strafverfahren beträchtliche Bedeutung erlangen sollten, enthalten interessante Details über die Geschichte der Grabräuberei. Zum Beispiel, dass 1963 ein Schweizer Händler so weit ging, die Plünderer in Tarquinia mit Elektrosägen auszustatten, mit denen sie die Fresken leichter von den Wänden der Gräber und Villen entfernen konnten. Es entbehrt nicht einer gewissen Ironie, dass die Polizei überzeugt war, nur Amerikaner würden so extravagante Plündertechniken riskieren und finanzieren – und deshalb Hechts Aufenthaltserlaubnis einzogen und ihn auswiesen, sodass er die Geburt seiner Tochter verpasste. Elia Borowsky übrigens kaufte zu jener Zeit mehrere Fresken aus Tarquinia.

In einer weiteren Anekdote wurden Hecht in der Pandrossan-Straße in Athen schöne Silberfiguren angeboten. Der armenische Händler bestand auf Barzahlung. Hecht bewegte eine Freundin dazu, für einen Kurzurlaub von Zürich nach Athen zu fliegen und 40 Tausenddollarscheine mitzubringen. Damit scheint die Sache erledigt gewesen zu sein, denn ein paar Tage später flog sie zurück in die Schweiz – mitsamt den Figuren. Hecht zufolge befinden sie sich heute in Kopenhagen.

Ab 1963 durfte er wieder nach Italien, wobei seine Aufenthaltserlaubnis zunächst nur für jeweils einen Monat galt, dann für drei Monate und 1965 schließlich jeweils für ein Jahr. Bis dahin hatte er seine Beziehung zu einem „GZ" (George Zakos) wieder aufgenommen, einem in Istanbul aufgewachsenen Griechen, den er seit 1951 kannte. Nach einigen kleineren Geschäften – vor allem mit Münzen – begannen die größeren Transaktionen.

Eine betraf das British Museum und mit dieser Geschichte lieferte Hecht auch gleich noch einen Hinweis auf Raubgut in dessen Beständen: Zakos brachte ihm drei Silberkelche mit Blumenmustern und einer Szene aus „Iphigenie auf Tauris". Hecht war am folgenden Wochenende in London, vor einem Besuch bei Sir John Beazley und Gattin in Oxford. Da er die Kelche nicht den ganzen Weg bis nach Oxford mitnehmen wollte, fragte er Dennis Haynes, den Antiquitätenverwalter des British Museum, ob er sie ihm zur sicheren Aufbewahrung überlassen könne. Er hatte ursprünglich vorgehabt, sie an das Boston Museum of Fine Arts zu verkaufen, weil Cornelius Vermeule, einer seiner Freunde, dort gerade Kurator geworden war. Zu seiner großen Überraschung fragte Haynes aber nach dem Preis der Kelche. Überrascht sagte Hecht, er würde darüber nachdenken, und nannte nach seiner Rückkehr von den Beazleys den von ihm als „defensiv" beschriebenen Preis von 90 000 Dollar. Was er damit meinte, war, dass er solch eine Summe für weit jenseits der Möglichkeiten des British Museum hielt. Tatsächlich aber willigte Haynes ohne mit der Wimper zu zucken ein. Ende des Monats hatte Hecht das Geld erhalten.

In den Memoiren finden sich mehrere Episoden wie diese. Hecht werden Antiquitäten „gebracht", die er detailliert beschreibt, auch wenn ihr Weg aus Italien, Griechenland oder der Türkei heraus selten spezifiziert wird.

So vergehen Anekdote um Anekdote die Jahre, bis Medici („GM") eingeführt wird. Es war Anfang 1967 und Hecht hielt sich gerade außerhalb Italiens auf, als seine Frau ihm am Telefon erzählte, ein Mittelsmann namens Franco Luzzi (im Organigramm erwähnt) habe eine Kylix guter Qualität angeboten, aber seine Lieferanten, die Tombaroli, wollten einen (für jene Zeit) hohen Preis. Seine Neugierde war angestachelt, Hecht kehrte schnell nach Rom zurück und traf sich mit Luzzi in der Nähe der Piazza del Campidoglio, dem Kapitolsplatz mit dem ehemaligen Senatorenpalast und heutigen Rathaus Roms. In der Regel ist Hecht in seinen Memoiren sehr wortkarg hinsichtlich solcher Treffen und es wird deutlich, dass er einige Mühen auf sich nahm, um zu vermeiden, dass er von irgendjemand Offiziellem mit diesen Mittelsmännern gesehen wurde. Bei diesem Rendezvous ließ er Luzzi eine Bleistiftzeichnung der Kylix anfertigen, aus der hervorging, dass sich auf beiden Außenflächen eine Eule zwischen Olivenzweigen befand. Im mittleren runden Teil, dem *tondo*, war ein Knabe mit einer Vase abgebildet. Hecht muss gefallen haben, was er sah, denn er beauftragte Luzzi, den Kelch zu kaufen, koste es, was es wolle. Dieser klagte, die Tombaroli wollten 1 800 000 Lire (damals 3000 Dollar). Hecht garantierte ihm mindestens 2 500 000 Lire, sodass ein ordentlicher Gewinn gesichert sei. Als Luzzi aber zu seinen Tombaroli zurückkam, erwiderten diese, Giacomo Medici habe ihnen bereits versichert, jedes Angebot von Luzzi zu überbieten. Und in der Tat erwarb zunächst Medici die Kylix und verkaufte ihn seinem Hauptabnehmer. Laut Hecht handelte es sich dabei um Elia Borowsky.

Aber Robert Hecht gab nicht klein bei. Medici hatte die Kylix für 1 500 000 Lire gekauft und an Borowski für nur einhunderttausend mehr weiterverkauft. Also sagte Hecht zu Luzzi, er solle zu „GM" gehen und ihm 2 000 000 Lire bieten. Verglichen mit dem, was heute üblich ist, sind diese Preise zwar lächerlich, aber damals waren solche Preisunterschiede von Bedeutung und nachdem er das erhöhte Angebot erhalten hatte, holte sich Medici die Kylix von Borowsky wieder und verkaufte sie an Hecht:

„Abends, am Lungotevere [dem Boulevard, der am Tiber entlangführt], vor dem [alten] Justizpalast, in meinem hinter ihrem geparkten Wagen, zeigten mir Luzzi und GM den Kelch und ich fragte GM, ob er mit 2,2 [Millionen Lire] zufrieden sei. Er hüpfte fast vor Freude und sagte ‚ja' ... Luzzi gab ich eine Provision in Höhe von 800 000 Lire, sodass beide zufrieden waren. Später verkaufte ich ihn an Dr. Hirk, einen Basler Chemiker, für 60 000 Schweizer Franken (= ca. 8 500 000 Lire)."

Hecht war offensichtlich ein kleiner Angeber, der es genoss, andere wissen zu lassen, wie clever er war und welche Menschenkenntnis er besaß. Medici scheint er jedenfalls von Anfang an durchschaut zu haben. In einer Passage, die später von anderen Tombaroli bestätigt wurde, schreibt Hecht:

„Bis dahin war GM (noch keine 30 Jahre alt) der Lieferant eines Apothekers in Rom gewesen. GMs Vater und Mutter hatten einen Stand auf dem Markt an der Piazza Borghese und verkauften kleinere Ausgrabungsobjekte an Touristen. GM wollte mehr. Nachdem er für 400 Dollar einen gebrauchten Fiat 500 gekauft hatte, stand er jeden Morgen früh auf, fuhr durch die Dörfer Etruriens und stattete allen heimlichen Ausgräbern Besuche ab. Jeden Abend kehrte er mit seiner Beute zu dem Apotheker zurück, der ihm lediglich einen kleinen Bargewinn verschaffte, ihm aber alles abkaufte. Der Verkauf der Kylix öffnete GM die Augen; er sah, dass Qualität hohe Gewinne brachte."

Dies sollte sich als Untertreibung herausstellen. Wie wir noch sehen werden, hatte dieses Ereignis ganz entscheidende Konsequenzen für Medicis Karriere. Von diesem Zeitpunkt an nahm der Wert der Objekte, die er Hecht lieferte, deutlich zu. Außerdem werden die Preise seiner Waren in Hechts Text von nun an in Dollar statt in Lire angegeben. Die Summen steigen im Laufe der Jahre von 1600 auf 6000 und weiter auf 63 000 Dollar. Jedes Mal berichtet uns Hecht genau, was mit diesen Objekten geschah, bei welchen Sammlern oder in welchen Museen sie endeten und, selbstverständlich, was für ansehnliche Gewinne er machte. Das silberne Streitwagenzubehör aus Etrurien beispielsweise, das er Medici seinen eigenen Angaben zufolge für 63 000 Dollar abnahm, verkaufte er Mogens Giddesen vom Kopenhagener Museum für 240 000 Dollar.

„G.M. wurde bald ein treuer Lieferant", stellt er fest, und die Liste der Objekte, die Medici an Hecht lieferte, ist in der Tat beeindruckend. Aber dieser Hintergrund ist selbstverständlich nicht nur in leuchtenden Farben gezeichnet, sondern auch strafrechtlich belastend. Und dann, mitten auf Seite 14 dieses Teils, schneidet Hecht den berühmt-berüchtigten Euphronios-Krater an.

Bevor wir darauf genauer eingehen können, müssen wir uns allerdings mit einer anderen Angelegenheit beschäftigen. 1993, kurz bevor die Ermittlungen begannen, die Thema dieses Buches sind, veröffentlichte Thomas Hoving seine eigenen Memoiren. (Nachdem er das Met verlassen hatte, war er Journalist geworden und hatte sich auch schriftstellerisch betätigt.) Sie trugen den Titel *Making the Mummies Dance* – Der die Mumien zum Tanzen bringt –, anspielend auf sein Talent, sich in Szene zu setzen, und auf seine effektvollen Darbietungen während seiner Zeit als Leiter des Metropolitan. Kapitel 17 trug den bezeichnenden Titel „The Hot Pot" (Der heiße Topf) und handelte vom Kauf des Euphronios-Kraters. Diese Version unterschied sich auf interessante Weise von seiner früheren Version, die in diesem Buch im Prolog wiedergegeben ist. Seine wichtigsten Enthüllungen waren dieses Mal:

> ▎ Zum ersten Mal erfuhr er im September 1971 durch einen direkt an ihn ergangenen Anruf von Hechts Frau von der Existenz des Kraters; sie sagte, ihr Mann habe „gerade ein frappierendes Objekt" anvertraut bekommen.
> ▎ Während der darauf folgenden Verhandlungen nahm Hecht ständig auf die „Dollarlage" Bezug, weil diese Währung damals gegenüber dem Schweizer Franken mehr und mehr nachgab.
> ▎ Hecht wusste, dass das Metropolitan mit dem Gedanken spielte, seine Münzsammlung zu verkaufen und bot einen Tauschhandel an.
> ▎ In einem einleitenden Brief an das Museum meinte Hecht, der Preis des Kraters würde dem eines impressionistischen Gemäldes entsprechen (das Met hatte gerade mehr als eine Million Dollar für einen Monet ausgegeben).
> ▎ Die ersten Fotografien des Kraters zeigten ihn zusammengesetzt, aber mit sichtbaren Fugen.

Darüber hinaus sagte Hoving, er habe Jahre nach dem Kauf, im Juli 1976, unaufgefordert einen Brief von Muriel Silberstein aus Chicago erhalten, in dem sie behauptete, sie habe Dikran Sarrafian 1964 in Beirut getroffen, wo er ihr einige Rollsiegel und einen Karton mit Scherben einer antiken griechischen Vase des Künstlers Euphronios gezeigt habe. Hoving erklärte nie, warum sie so lange gebraucht hatte, um mit dieser Information herauszurücken, aber sie blieb bei ihrer Geschichte, die sie unabhängig davon mehreren anderen erzählt hatte.

Für Hoving war die Sache damit nicht geklärt – dazu war er zu erfahren und gewitzt. Indem er aber alles, was er wusste, mit den Informationen von Frau Silberstein kombiniert betrachtete, entwickelte er in seinen Memoiren eine neue Theorie: Es habe *zwei* Krater und einen Kelch gegeben, alle von Euphronios und alle Anfang der 1970er-Jahre auf dem Markt. Der zweite Krater war laut Hoving der fragmentarische, den später die Hunts besaßen und der bei der Auktion ihrer Sammlung im Jahr 1990 von Leon Levy und Shelby White gekauft wurde. Sowohl diesen zweiten Krater als auch die Kylix sollen die Hunts von Bruce McNall gekauft haben. Demnach fing das Ganze damit an, dass Hecht 1970 (in Wirklichkeit 1968) der Münchner Antikensammlung für 250 000 Dollar einen fragmentarischen Euphronios-Krater (einen *dritten*) verkaufte. Woher dieser stammte, erwähnte Hoving nicht, aber es sei „wahrscheinlich", dass Hecht sich bei diesem Handel an den anderen fragmentarischen Krater erinnerte (den er angeblich 1965 in Beirut gesehen hatte), und Sarrafian zum Verkauf überredete. Und *diesen* Krater wollte Hecht ursprünglich dem Metropolitan anbieten.

„Dann geschah ein Wunder." Im Dezember 1971 fanden Grabräuber in der Nähe von San Antonio di Cerveteri ein etruskisches Grab und entdeckten den vollständigen Krater. Laut Hoving tauschte Hecht die beiden Krater einfach aus, das heißt er gab dem Krater aus Cerveteri die Provenienz des Kraters von Sarrafian. Dies erkläre die verschiedenen Ungereimtheiten: bei den Daten, bei der Frage, ob Sarrafians Krater überhaupt vollständig war und wann er den Libanon verlassen hatte, in welcher Reihenfolge die Rechnungen gestellt wurden, wann der Krater zur Restaurierung zu Bürki kam. Es würde auch erklären, was Frau Silberstein 1964 in Beirut sah und warum Sarrafian nicht so viel Geld erhielt, wie er angeblich hätte bekommen sollen.

Kehren wir nun zu Hechts Memoiren zurück. Der Richter bei Medicis Gerichtsverfahren verglich diese „wahre Geschichte" bei seiner Urteilsverkündung mit Hechts späterer „frisierten" Version (siehe unten in diesem Kapitel). Beide Berichte vermitteln zentrale Einblicke in seine Geschäftsmethoden.

„GM war loyal und eines Morgens im Dezember 1971 erschien er kurz nach dem Frühstück in unserer Wohnung in der Villa Pepoli mit Polaroids eines von Euphronios signierten Kraters. Ich traute meinen Augen nicht. B.L.

[Hechts Frau] rief: ‚Kann das wahr sein?' Innerhalb von einer Stunde saßen wir im Flugzeug nach Mailand, nahmen im Colline Pistoiesi ein Mittagessen mit Wein zu uns und nahmen den Zug nach Lugano, wo GM den Krater in einem Tresor aufbewahrte. Die Verhandlungen dauerten nicht lange und wir einigten uns auf 1 500 000 Schweizer Franken in Raten. Noch am selben Abend ging ich nach Zürich, ließ den Krater bei Fritz Bürki, zahlte alle flüssigen Mittel, die ich zu der Zeit hatte (40 000 Dollar) an GM und ging zurück nach Rom, um die Familie zu einem Skiurlaub nach Courmayeur zu bringen. Und was für ein fröhlicher Urlaub das war!

Zusammen mit GZ besaß ich einen Bronzeadler, mit dem ich keinen Erfolg gehabt hatte, nicht mit Fort Worth, dem L. A. County Museum oder dem Metropolitan. Um für [den] Euphronios zu bezahlen, holte ich mir GMs Erlaubnis, den Adler für 75 000 Dollar an Robin Symes zu verkaufen (wir hatten 40 000 bezahlt). So hatte ich also noch ein paar Dollar für GM. Ich hatte vorgehabt, den Krater Sotheby's zu überlassen, aber Felicity Nicholsons Schätzung von 200 000 Dollar war ein bisschen niedrig. M Gyp [?] versuchte, einen dänischen Schiffseigentümer dazu zu bewegen, ihn für die Glyptothek in Kopenhagen zu kaufen, aber ohne Erfolg.

Ich hatte einen Brief an DvB geschrieben, in dem ich einen r/f Krater wie den in ARV Seite --[*Attic Red-Figure Vase-Painters* von J. D. Beazley] erwähnte, der aber praktisch vollständig und mit einer ansprechenden mythologischen Szene bemalt sei. Kurz darauf antwortete DvB, ich hätte ihm den Mund wässrig gemacht und seinem Museumsleiter gleichfalls, und fragte nach dem Preis."

Hecht sagte ihnen dreist, der Preis sei auf demselben Niveau wie ein impressionistisches Gemälde, weil die zeichnerische Leistung auf der Vase der des Monet-Gemäldes entspräche, das vom Met gerade erworben worden war – für 1,4 Millionen Dollar. Hecht wartete, bis Fritz Bürki die Restaurierung der Vase abgeschlossen hatte, bei der jedoch das Fugennetz aus rotem Klebstoff sichtbar blieb, sodass die Vertreter des Met sehen konnten, was alt war und was neu. Dann flog Hecht mit ein paar guten Fotografien nach New York. Von Bothmer, der in New York auf Center Island lebte, hatte ihn eingeladen, einen Teil des Wochenendes dort zu verbringen.

Von Bothmer war sehr beeindruckt von den Fotografien und so waren alle guter Dinge. Hecht spielte mit der „schönen Stieftochter" des Kurators Tennis, alle schwammen im Pool und aßen zusammen. Am nächsten Morgen wurden die beiden Männer nach Manhattan gefahren und zeigten Tom Hoving und

Ted Rousseau (dem Kurator für Gemälde und Stellvertreter Hovings) die Fotografien. Diese waren nicht weniger beeindruckt als von Bothmer und alle vier vereinbarten, sich Ende Juni bei Fritz Bürki in Zürich wieder zu treffen, um die Vase selbst in Augenschein zu nehmen.

„Dietrich von Bothmer, Thomas Hoving und Theodore Rousseau kamen und sahen sich im Garten in der Sonne den Krater an. Tom Hoving zog mich zur Seite u. sagte, dies sei das erlesenste Kunstwerk, das dem Met angeboten worden sei, seit er Direktor sei … Es ging auf Mittag zu, also fuhren wir zur Rotisserie de la Muette, um dort Steaks vom Grill zu essen und über den Krater zu sprechen.

Hoving eröffnete die Verhandlungen, indem er vorschlug, mehrere Jahre lang eine Art Jahresrente zu bezahlen. Der Preis sei verhandelbar, erwiderte ich, aber ich wolle eine Einmalzahlung und das relativ bald, weil der Dollar sehr schwach war. (Damals war der $ von 4,30 Schweizer Franken auf 4,05 Schweizer Franken gefallen.) Dann erwähnte ich die antike Münzsammlung, die bei Sotheby's versteigert werden sollte."

Einige Zeit zuvor hatte von Bothmer Hecht mitgeteilt, das Museum plane seine Sammlung antiker Münzen zu verkaufen und die Kuratoren hätten mit einer Bank und einem bestimmten Münzhändler bezüglich einer gemeinsamen Auktion Rücksprache gehalten.

Bei dem Treffen brachte Hecht vor, das Met könne mit Sotheby's einen besseren Preis für die Münzen erzielen und Hoving tätigte rasch ein paar Anrufe an Peter Wilson, den Hauptgeschäftsführer des Auktionshauses, und flog unmittelbar darauf nach London. Sotheby's bot in der Tat eine höhere Schätzung und günstigere Bedingungen und leistete dem Museum eine Vorauszahlung.

Rousseau besuchte Bürki erneut, um einen zweiten Blick auf die Vase zu werfen, und machte bei der Gelegenheit den Vorschlag, der Restaurator solle die roten Fugen mit schwarzer Farbe bedecken. Das Met bewegte sich offensichtlich auf einen Abschluss zu und tatsächlich rief Hoving Mitte August Hecht in Rom an und bot genau eine Million Dollar für die Vase. Hecht akzeptierte. Am darauf folgenden Tag reiste er nach Zürich, wo er sah, dass Fritz Bürki die Restaurierung beinahe abgeschlossen und die roten Fugen bedeckt hatte.

„Ich reservierte zwei Plätze in der ersten Klasse des TWA-Flugs von Zürich nach New York [ein Ticket erster Klasse kostete damals 450 $]. Bei der Ankunft am JFK-Flughafen wurde ich von Herrn Keating, dem Spediteur des

MMA und einem bewaffneten Museumswächter abgeholt ... Als wir an der Ladeplattform auf der Südseite des Museums ankamen, standen dort meine Frau Elisabeth und unsere beiden Töchter, um mich zu begrüßen ... Als ich Hoving die Rechnung zeigte, auf der stand, dass der Krater von Dikran stammte, lachte er und sagte: ‚Ich wette, der existiert nicht.'"

Diese Erzählung widerspricht völlig dem ursprünglichen Bericht, den das Metropolitan Museum zum Zeitpunkt des Kaufes abgab. Am nächsten Tag flog Hecht nach Malaga, um in Lew Hoads Tennis-Camp Urlaub zu machen, und ein paar Wochen später meldete sich von Bothmer, um ihm mitzuteilen, der Stiftungsrat des Museums habe den Kauf der Vase genehmigt.

„... der Scheck über 1 000 000 $ wurde am 11. September nach Zürich geschickt. Ich tauschte ihn sofort mit einem Kurs von 3,91 Schweizer Franken pro Dollar um. Bis zum Mai 1974 war der $ auf 2,40 Schweizer Franken gefallen und heute ist er noch 1,30 wert."

Bemerkenswert ist seine genaue Erinnerung an das Datum, an dem das Geld gezahlt wurde, und an die exakten Wechselkurse, die bis auf zwei Stellen hinter dem Komma in seinem Gedächtnis eingebrannt zu sein scheinen.

An dieser Stelle werden in Hechts Memoiren der Artikel über den Krater im *New York Times Magazine* und die darauf folgenden Ermittlungen von Nicholas Gage erwähnt, auf die im Prolog dieses Buches eingegangen wird. Schließlich äußert sich Hecht zu der Tatsache, dass Sir John Pope-Hennessy, der damalige Leiter des Victoria and Albert Museum in London und spätere Leiter des British Museum, Bedenken äußerte, der Krater könnte eine Fälschung sein. Dies sei ebenfalls die Ansicht von Robin Symes und seinem Partner Christo Michaelides gewesen. Offensichtlich traf ihn diese Kritik, denn eine ganze Seite wird von dem Applaus eingenommen, der dem Krater von anderen Experten gezollt wurde.

Bis hierher war der Bericht nahtlos. Die Euphronios-Geschichte ist der Höhepunkt eines 14-seitigen Teils, der 1967 beginnt und fast ausschließlich Hechts Geschäften mit Medici gewidmet ist.

Der Beitrag der *New York Times* zu der Geschichte erscheint erst auf Seite 10 und wird dort in wenigen Absätzen abgehandelt. Später kehrt Hecht zu einem umfassenderen Bericht über die Ermittlungen der *New York Times* und des Londoner *Observer* zurück. Dieser beginnt dann auf einer neuen Seite und ist mit einem anderen Stift verfasst.

In einem Abschnitt von über 14 Seiten Länge befasst er sich mit den Ermittlungen von Nicholas Gage und wie ihn die Carabinieri verfolgten, mit der Strafverfolgung in Italien, seinem Freispruch und einem Versuch der italienischen Behörden von 1977, ihn von der New Yorker Polizei vor eine Anklagejury stellen zu lassen. Letztendlich wurde er auch dort freigesprochen, aber bei seinem Kreuzverhör wurde er als kaum mehr als ein „Straßenhändler" charakterisiert. Das ärgerte ihn und – zur großen Belustigung der Jury, wie er berichtet – las er eine eindrucksvolle Liste von Institutionen vor, denen er Antiquitäten verkauft hatte. Dazu gehörten das British Museum, der Louvre, die Glyptothek in München, die Glyptotek in Kopenhagen, das Museum of Fine Arts in Boston, das Campbell Soup Museum in New Jersey und Museen in Toledo, Cleveland, an der Harvard University und der University of Pennsylvania. Nachdem die Jury die Anklage gegen ihn abgewiesen hatte, „hatten die Schikanen ein Ende".

Dann geht er zu anderen Themen über. Etwa 30 Seiten später aber kommt er erneut auf die Euphronios-Affäre zurück. Diesmal sind wesentliche Abweichungen gegenüber der ersten Version festzustellen. Der Abschnitt handelt ausschließlich von der Angelegenheit und ist vom Rest der Memoiren visuell abgesetzt. Das Papier ist außerdem nicht liniert, sondern entweder blank oder Millimeterpapier, und seine Schreibweise weicht leicht vom restlichen Text ab. Dieser Abschnitt enthält weit mehr Abkürzungen. Er beginnt mit der Beschreibung der Situation, in der Tom Hoving den Krater in Zürich zum ersten Mal sah:
„Hvngs spont. Reakt. zeigte, was für ein feinfühliger Kunstliebhaber er war. ‚Das i d grßt Kwerk, das dem Ms. angbtn wurde, seit i hier bin!' Ich antwortete ‚und d Bury St. Ed. X?' ‚Als Kwerk ist dies v. erhab.' 1 ½ St. lang untersuchten sie die aus ung. 100 Fragm. zusammengesetzte V."
Wie in der vorherigen Beschreibung gingen sie in die Rotisserie de la Muette zum Mittagessen und sprachen dort über den Preis, nur dass es in dieser Version Hoving war, der ihm von der Münzauktion erzählte. „Hoving wollte einen Teil im Herbst und einen Teil im nächsten Jahr bezahlen."
Dann Folgendes: „~~Ich erwähnte, dass mir eine baldige Zahlung lieber wäre und obwohl ich bereit wäre~~, mit d Preis heruntergehen, um e frühe Zahl. mgl. zu machen." Dieser Satz wurde folgendermaßen geändert: „Ich sagte, ich würde d Eigentümer bitten, mit d Preis heruntergehen, um e frühe Zahl.

mgl. zu machen." Weiter schreibt er: „Juli u. Aug vergingen damit, eine Lösung zu finden, die für d Mus und ~~mich~~den Eigentümer akzept. war." Später, nachdem der Krater in seiner Schachtel mit dem TWA-Flug nach New York gekommen war: „Beim Kennedy wurde ich von einem bewaffneten Museumswächter, Herrn -- und Herrn X, dem Zollmkl. des Museums abghlt." Wie zuvor erwarteten ihn bei seiner Ankunft am Museum seine Frau und seine beiden Töchter, wobei B. L., wie er seine Frau nannte, ein Dirndl und seine Töchter farbige Jeans trugen. „Meine Frau sah den Krat jetzt zum 1. Mal u. rief: ‚Ich könnte weinen, es ist wie e. Rembrandt!' Anschließend überquerten Hecht und seine Familie die Fifth Avenue zum Stanhope Hotel und tranken etwas im dortigen Straßencafé.

„Wir waren entspannt. Warum auch nicht? Ein großes Museum hatte gerade eines der erlesensten archaischen griechischen Gmlde bekommen, die erhalten sind, und wir hatten es dorthin gesteuert. Vor allem waren wir glücklich, weil Dikran sich nun seiner Altersversorgung sicher sein konnte."

Daraufhin werden die Details der Sarrafian-Geschichte wiederholt, in der die Herkunft des Kraters damit erklärt wird, dass er in den 1920ern in London gekauft worden sei und Sarrafian sich entschieden habe, ihn zu verkaufen, bevor er ins Ausland zöge. In dieser Version kontaktierte Sarrafian Hecht schließlich Anfang 1971, um ihm mitzuteilen, sein Bevollmächtigter werde in Zürich im August dieses Jahres mit ihm Kontakt aufnehmen.

„Das Telef. klingelte um 7 Uhr morgens und eine Stimme m/ e typ. fr. Akz. sgt: ‚Ischd daas Err ~~Hecht~~Esch-te.'" Der Mann kam, Hecht zeigte seinen Pass, um zu beweisen, wer er war, und dann gingen sie zusammen zu Fritz Bürki, um ihm die Vase zur Restaurierung zu übergeben. Hecht brachte den Bevollmächtigten zum Bahnhof, er selbst nahm den Abendflug nach Rom „und blieb m B. L. spät auf, weil ich ihr die Sarpedon-Geschichte erzählte." Er blieb noch zu einer Hochzeit in Rom, dann ging er wieder zu~~m~~ Lew Hoads Tennis-Camp in Spanien, während Frau und Töchter nach Amerika flogen. Während sie dort waren, bat er seine Frau, „DvB anzuruf. & zu sagen, er solle sich auf e Bombenglgnht. gefasst machen."

Der Rest dieses Berichts entspricht fast wörtlich dem, was Hecht 1972 behauptete.

Eines der spannendsten Merkmale dieses Teils der Memoiren ist die starke Abkürzung der Worte. Sind sie belastend? Weisen die so stark gekürzten Worte vielleicht darauf hin, dass Hecht sie bereits zuvor geschrieben hatte und sie ihm ein bisschen langweilig erschienen, sodass er sich nicht die Mühe machen wollte, sie voll auszuschreiben, und dass er nun eine „verbesserte" Version verfasste? Und enthalten die durchgestrichenen Worte die Wahrheit, wenn er „ich" oder „mich" schreibt und stattdessen dann „den Eigentümer" einsetzt? Warum kann er sich in dieser letzten Version nicht an den Namen von Herrn Keating, dem Zollmakler im J. F. Kennedy-Flughafen erinnern, sehr wohl aber daran, dass der Anblick des Kraters seine Frau fast zum Weinen brachte und sie an einen Rembrandt erinnerte? Wenn sie wirklich so eine theatralische Bemerkung gemacht hatte, war es dann wahrscheinlich, dass er sie bei seinem anderen Bericht vergessen hatte? Ist seine Beschreibung der Ankunft von Sarrafians Bevollmächtigtem in Zürich, der ihn als „~~Hecht~~Esch-te" bezeichnet, nicht gleichermaßen aufgesetzt? Hier sagte Hecht seiner Frau, sie solle von Bothmer auf eine „Bombengelegenheit" aufmerksam machen. Wie passt dies zu dem anderen Bericht, er habe von Bothmer einen Brief geschrieben, und zu Hovings Bericht, seine Frau habe <u>ihn</u> angerufen? Befinden sich in diesem zweiten Bericht nicht deutlich weniger nebensächliche Details als in der ersten, der „Medici-Version"? Und vor allem: Wenn Sarrafians Bevollmächtigter die Vase erst im August 1971 aus dem Libanon nach Zürich brachte, wie Hecht hier berichtet, wie kann sie dann Dietrich von Bothmer seinen eigenen Angaben zufolge im Juli 1971 bei Bürki gesehen haben?

Allein, dass es zwei unterschiedliche Berichte gibt, ist seltsam. In den 88 Seiten der Memoiren kommt das nur dieses eine Mal vor. Außerdem ist da die Tatsache, dass es in der „Medici-Version" verschiedene Parallelen gibt, die zu Hovings Bericht und keinem anderen passen – zum Beispiel Hechts Idee, die Münzen des Museums zu verkaufen, um die Vase bezahlen zu können, Rousseaus zweite Züricreise, die Tatsache, dass die Vase auf den ersten Fotografien mit einem „Spinnennetz" von Rissen überzogen war, der Vergleich des Preises mit einem Gemälde von Monet und Hechts Besorgnis angesichts der „Dollarlage". Ferri wurde bei der Vernehmung von Robin Symes später auch bestätigt, dass er Anfang der 1970er-Jahre von Hecht einen Bronzeadler für 75 000 Dollar gekauft hatte.

Der Richter im Medici-Prozess hatte keine Zweifel hinsichtlich dieser zweiten Version. Sie sei „geschönt" und enthalte „eklatante Korrekturen, die dazu dienen sollen, Rückerstattungsforderungen von Museen zu vermeiden, die Objekte wie den Euphronios-Krater zu sehr hohen Preisen erworben haben". Welchen Weitblick der Richter hier zeigte, werden wir noch sehen.

Hechts Memoiren sind auch wegen der Freimütigkeit bemerkenswert, mit der andere Aspekte des Antiquitätenhandels beleuchtet werden. In einem Abschnitt beschreibt er, wie Kunst und Antiquitäten dazu benutzt werden können, fragwürdige US-Steuervergünstigungen zu erhalten. Ein Beispiel: Mitte der 1970er-Jahre kreuzten sich die Wege von Bob Hecht und Bruce McNall. Sie trafen sich im Mai 1974 bei einer Münzauktion in Zürich, wo McNall mit den Mitteln eines seiner Geldgeber – den Hecht nennt – den damaligen Rekordpreis für eine Münze bezahlte, 850 000 Schweizer Franken für eine athenische Dekadrachme. Auf derselben Reise zeigte McNall besagtem Geldgeber „vier Fresken aus dem 4. Jahrhundert v. Chr. mit einer Szene aus einem Pferderennen, die ein Grab in Paestum, einer antiken griechischen Stadt etwa 50 Meilen südlich von Neapel" schmückten. McNalls Geldgeber kaufte ihm die Fresken für 75 000 Dollar ab und spendete sie später dem Getty, wo sie auf 2 500 000 Dollar geschätzt wurden. An diesem Punkt bemerkt Hecht trocken, diese Person sei in der 50-Prozent-Steuerklasse gewesen und habe so, durch Abzug dieser Summe von ihrem versteuerbaren Einkommen, 1 250 000 Dollar an Steuern gespart, was unter dem Strich einen Gewinn von 1 175 000 Dollar ergibt. Später habe ihm der edle Spender erzählt, er „sammle" nur Antiquitäten, um Schenkungen an Museen machen zu können, und es lohne sich nicht, wenn er sie nicht auf einen Wert schätzen lassen könne, der das Fünffache des Kaufpreises betrage. Hecht führt zwei weitere detaillierte Berichte über „Sammler" auf, die nur wegen der Steuervergünstigungen Antiquitäten gekauft hatten.[3]

Im Frühjahr 1975 schlug McNall vor, er und ein gewisser Sy Weintraub sollten persönlich haftende Teilhaber Hechts werden und zwei Geschäfte in Los Angeles gründen, die Summa Gallery und Numismatic Fine Arts. Diesen Unternehmen war ein wechselhaftes Schicksal beschieden, über das sich Hecht in seinen Memoiren auslässt.

Eine spätere Episode der Memoiren enthüllt wohl mehr als beabsichtigt. Hecht beschreibt, wie die Princeton Collection einen Psykter von ihm kaufte, und vor lauter Stolz auf seine Kunstkennerschaft ließ seine Wachsamkeit etwas nach.

„Anrufe von Mauro [Moroni, ein bekannter Antiquitätenfälscher] waren selten – aufgrund meiner Beziehungen zu Giac. [Medici] und wegen seiner Beziehungen mit Fried [Frida] Tchacos, die wagemutig genug war, nach Cerveteri zu gehen und dort sofort bar zu bezahlen. [Aber] im Juni 1984 kam ein

Anruf von Mauro, der mir sagte, ich solle wegen einer sensationellen r/f Vase [mit schwarzer Bemalung] nach Rom kommen.

Mauro holte mich am Flughafen ab und wir fuhren direkt nach Cerveteri zu ihm nach Hause, wo er mir die Vase zeigte. Es handelte sich um einen Psykter, eine Vase, die zur Weinkühlung benutzt wurde, dekoriert mit liegenden Bankettteilnehmern, die aus verschiedenen Gefäßen tranken … Innerhalb von wenigen Tagen lieferte Mauro den Psykter nach Zürich und wir einigten uns auf 225 000 Dollar."

Hecht rief sofort Robert Guy in Princeton an, und sogar am Telefon schwärmte er von seiner neuen Akquisition. Guy sagte, es höre sich so an, als habe dieser Psykter Ähnlichkeiten mit einer Vase in einem wichtigen Nachschlagewerk über süditalienische Vasen. Der telefonischen Beschreibung nach ordnete Guy die Vase vorläufig dem Kleophradesmaler zu. Dadurch bestärkt, schickte Hecht Fotografien an Marion True. Auch sie war begeistert, und erst recht, nachdem sie die Fotos Dyfri Williams vom British Museum gezeigt hatte. Hecht wurde gebeten, die Vase gleich nach ihrer Reinigung nach Malibu zu bringen, „und sie fand den Preis von 700 000 Dollar nicht unangemessen".

Als die Reinigung der Vase abgeschlossen war, überführte Hecht sie persönlich an Bord einer Lufthansa-Maschine, genau wie den Euphronios-Krater. In der Bibliothek der griechischen und römischen Abteilung des Getty packte er den Psykter feierlich aus. Zu seiner großen Bestürzung aber war Marion True überhaupt nicht beeindruckt. Sie war ziemlich kühl und bat, den Chefrestaurator zu holen. Am nächsten Morgen, als sich Hecht mit True in ihrem Büro traf, sagte sie ihm, das Museum werde den Psykter nicht kaufen: Man denke, es handle sich um eine Fälschung. Hecht war zutiefst entrüstet. Einige Zeit später fragte er den Restaurator, was ihn zu seiner Fälschungs-Vermutung geführt habe. Dieser meinte, bei einigen der schwarzen Figuren sei das Schwarz nicht bläulich, wie es bei Vasen dieser Art üblich sei, sondern grünlich. Hecht ließ das nicht gelten.

„In Wirklichkeit ist das Auftreten von grünlichen Figuren neben schwarzen nichts Ungewöhnliches und könnte dadurch verursacht worden sein, dass die Vase wegen der Hitze im Ofen zerbrochen ist …"

Für Hecht hatte die Geschichte jedoch ein Happy End, weil die Vase vom Princeton Art Museum gekauft wurde – auf Empfehlung von Robert Guy. Trotz dieser zufriedenstellenden Lösung konnte Hecht die Sache nicht recht auf sich beruhen lassen. Es sei ihm zugetragen worden, die Zweifel Marion

Trues seien von Großbritannien aus gesät worden, und er spekulierte, der Skeptiker sei Martin Robertson, ehemals Archäologieprofessor in Oxford. Er war immer noch nicht zufrieden. Aber schließlich: „Kurz nach dem Kauf [des Psykters] durch Princeton gab Marion True in einem Telefongespräch zu, Robert Guy habe sie von der Echtheit des Psykters überzeugt."

Neben dem, was dieser Bericht über die Provenienz des rotfigurigen Psykters in Princeton aussagt (dem die italienischen Behörden zweifellos zu gegebener Zeit nachgehen werden), ist diese Episode auch insofern äußerst interessant, als sie einem Echo von Hechts erstem Bericht über die Affäre um den Euphronios-Krater, der „Medici-Version", gleichkommt: Es ist eine simple Erzählung, in der viel über Flüge und Geldsummen geredet wird; sie erzählt wahrheitsgemäß, wie er die Vase zum ersten Mal in Italien sieht, verfolgt sie in die Schweiz und verweilt bei ihrer Rezeption in den Vereinigten Staaten; sie stellt Hechts Fachwissen und Erfahrung zur Schau und endet mit seiner triumphierenden Feststellung der Echtheit des Objekts. Die beiden Geschichten gleichen einander in Ton, Einzelheiten und Stil bis aufs Haar.

In einem letzten Teil der Memoiren kommentiert er einige in den 1990er-Jahren im *Boston Globe* erschienene Artikel über die Plünderung antiker Stätten und den Antiquitätenschmuggel von Walter Robinson, und erläutert dabei, was man seine „Philosophie der Archäologie" nennen könnte. Als Robinson im Rahmen der Recherche zu seinen Artikeln anrief, habe er ihm gesagt, er habe nie Objekte geschmuggelt oder jemanden zum Schmuggel „angestiftet". Er sei „nicht abgeneigt", eine Antiquität ohne zertifizierte Herkunft zu kaufen, außer sie sei „nachweislich gestohlen". Anschließend bestand er aber darauf, dass Objekte „ohne bekannte Provenienz" der Welt „mehr Nutzen" brächten, wenn sie sich in öffentlichen Museen und privaten Sammlungen befänden als in „obskuren Ausstellungsräumen vor Ort". Außerdem seien viele aus italienischen Museen und Privatsammlungen gestohlene Objekte durch seine „Vermittlertätigkeit" wieder zurückgegeben worden, obgleich er keinerlei Einzelheiten erwähnte.

Dass er das Verb „anstiften" verwendete, war jedenfalls interessant. In seinen Memoiren trifft er mehrere Male Mittelsmänner in Rom oder in Athen, bekommt (an diskreten Treffpunkten) Antiquitäten der einen oder anderen Art gezeigt, unterhält sich über ihren Wert, oder jedenfalls über ihren Preis, und nimmt sie dann in der Schweiz in Besitz, von wo er sie mit einem satten Gewinn weiterverkauft. Ist das nicht als Anstiftung einzuordnen? Wenn er seine „seriöse" Schweizer Freundin dazu bringt, mit 40 Tausenddollarscheinen nach Athen zu fliegen, um Silberfiguren bezahlen zu können, die ihm von einem armenischen Händler auf der Pandrossan-Straße angeboten worden waren, sie anschließend zurückfliegen und die Figuren mitnehmen lässt – zählt das nicht als Anstiftung? Wenn er Mauro Moroni in dessen Haus in Cerveteri trifft und ihm der Psykter gezeigt wird, der „innerhalb weniger Tage" nach Zürich gebracht wurde und den Hecht schließlich an Princeton verkaufte – zählt das nicht als Anstiftung? Wenn er Giacomo Medici anhand der Kylix mit einem Knaben im Tondo demonstriert, dass „Qualität hohe Gewinne bringt" – zählt das nicht als Anstiftung? Er sagte selbst, der Verkauf der Kylix habe Medici die Augen geöffnet und nach diesem Vorfall sei „G.M. ... bald ein treuer Lieferant" geworden. Auf eine ähnlich eigenwillige Verwendung bestimmter Begriffe werden in diesem Buch bald erneut stoßen – in Medicis Verteidigung bei seinem Prozess.

Hechts Vernehmung am 10. März 2001 in Paris fand genau 25 Tage nach der Durchsuchung im Boulevard Latour Maubourg statt. Für Ferri war Hecht zunächst schwer zu knacken, aber allmählich gab er ein paar Dinge zu und widersprach sich mehrmals, sodass das Bild nach und nach an Schärfe gewann. Er habe die Memoiren vor vier oder fünf Jahren geschrieben, 1996 oder 1997 (also *nach* denen von Hoving) und sie enthielten nur Fantasien und Sachen, die er gehört habe. Er habe ein faszinierendes Buch schreiben wollen, eines, das sich gut verkauft. Der erste Bericht über die Affäre um den Euphronios-Krater sei die Version, „die die Italiener wollten" (obwohl sie vier oder fünf Jahre früher geschrieben wurde), und er habe „nur gehofft, Medici würde ihm die Vase geben". Er weigerte sich zu sagen, was er damit meine, wobei es zu bestätigen scheint, dass Medici im Dezember 1971 zumindest eine Euphronios-Vase hatte. Marion True kenne er, leugnete aber zunächst, jemals etwas an das Getty Museum verkauft zu haben. Dann änderte er seine Geschichte und sagte, „vielleicht" habe er ihnen eine Bronzefigur im attischen Stil verkauft, die er aus einer Schweizer Sammlung erstanden habe, und eine schwarzfigurige Schale und ein paar rotfigurige Vasen.

Er konnte (oder wollte) nicht erklären, warum True und Medici nicht direkt miteinander handelten, „wo sie einander doch gut kennen". Ja, er habe dem Getty den Bronze-Dreifuß der Gugliemi-Sammlung verkauft, aber er erinnere sich an keinen Kandelaber. Als er darauf hingewiesen wurde, dass der Kandelaber in Boursauds Bestandsliste aufgeführt war, und eine Fotografie gezeigt bekam, erkannte er ihn und bestätigte, dass er an das Getty gegangen war. Er gestand auch ein, er habe dem Getty „ein paar" apulische Vasen „gegeben", behauptete aber, sich an keine Einzelheiten zu erinnern. Er erinnerte sich nicht an die Namen seiner Lieferanten, nannte dann aber Medici (obwohl er nur wenig von ihm gekauft habe) und Savoca – er erinnere sich an eine archaische griechische Bronzevase, die er von ihm gekauft habe. Auch erinnere er sich, von Monticelli einige Münzen, von Orazio Di Simone eine kleine Terrakotta aus Scrimbia und von Becchina zwei Bronzehefte und eine griechische Vase gekauft zu haben. Ja, er kenne Sandro Cimicchi, einen Restaurator, der in Borowskys Haus gelebt hatte. Auf die Feststellung, er habe „im Allgemeinen unbedeutende Bronzen und Vasen gekauft", legte er großen Wert.

Hinsichtlich der Fresken aus Pompeji sagte Hecht, Medici habe sie in Genf gehabt und ihm im Zollfreilager gezeigt. Er schickte sie an Bürki zur Restaurierung. Zuvor hatte er sie von Medici gekauft und ihn bezahlt – die auf den Namen Bürki ausgestellten Rechnungen seien „Gefälligkeitsrechnungen", um Medici die Einfuhr zu ermöglichen. Dies war eine höfliche Ausdrucksweise dafür, dass sie gefälscht waren. Er habe sich „dafür hergegeben, für Medici in Erscheinung zu treten". Als er „auf die unrechtmäßige Provenienz der Fresken aufmerksam gemacht" worden sei, habe er sie an Medici zurückgegeben.

Anmerkungen

1 Dass Hecht auch andere wichtige Museen mit Raubgut belieferte, wird ebenfalls angedeutet: „Meine Freunde waren während dieser Zeit treu ergeben und brachten mir so schöne Objekte wie die attische r/f Kylix [heute in München] des Elpinidosmalers, auf dem Theseus den Gauner Sinis an einen Baum bindet."

2 In einem im Juli 2001 veröffentlichten Zeitschriftenartikel erzählte Hoving, er habe Hecht im vorigen Dezember zufällig bei der Eröffnung der Hermitage Rooms im Somerset House in London getroffen, wo er ihn „direkt" gefragt habe, ob er die Unterlagen Sarrafians auf die Vase im Metropolitan übertragen habe. „Er sah mich aufmerksam an, drehte dann sein Gesicht zur Seite und sagte: ‚natürlich'."

3 Der wohl interessanteste Kunde von Summa und NFA war Gordon McLeudon aus Dallas, dessen Vater Besitzer einiger Zeitungen und einer Fernsehstation war. „Gordon kaufte Fragmente griechischer Vasen, griechische Bernsteinfigurinen und -perlen und römische Marmorportraits und spendete sie mit der stillschweigenden Einwilligung Jiri Frels zu überhöhten Schätzwerten an das Getty Museum, um diese Summen von der Steuer absetzen zu können. Manche Bernsteinperlen mit einem Wert von 5 bis 25 Dollar wurden auf 150 Dollar geschätzt und so weiter. Dass die US-Steuerbehörde eine Neuschätzung der Spenden von Gordon McLeudon anordnete, ist nicht überraschend: Anscheinend schrieb Frel die ursprüngliche Schätzung auf Briefpapier der Royal Athena Gallery und fälschte die Unterschrift von deren Besitzer J. E. [Jerome Eisenberg]."

13
Durchsuchungen in Zürich und Genf, eine Verhaftung und Vernehmungen in Zypern und Berlin

Etwa einen Monat nach der Durchsuchung von Hechts Wohnung, in der zweiten Märzwoche des Jahres 2001, untersuchten eine Schweizer Richterin und zwei Schweizer Polizisten zusammen mit Ermittlern aus Confortis Kunstdezernat und Staatsanwalt Ferri persönlich die Genfer Räumlichkeiten von Phoenix Ancient Art, S. A., 6 Rue Verdaine, sowie die von Inanna Art Services im Zollfreilager. Die Italiener wussten natürlich durch die in Korridor 17 gefundenen Unterlagen bereits von den engen Verbindungen zwischen Medici und Phoenix Ancient Art. In den Räumlichkeiten an der Rue Verdaine war nur der Geschäftsführer Jeffrey Suckow anwesend, sodass niemand von den Aboutaams befragt wurde, weder zu diesem Zeitpunkt noch später. Suckow übergab den Italienern eine Liste von Auktionen, auf denen die Aboutaams von Medici verkaufte Objekte erworben hatten, wobei diese in mindestens zwei Fällen wieder bei Medici in Korridor 17 gelandet waren. Abgesehen davon wurden fünf Vasen beschlagnahmt, die alle von Ariss Ancient Art vorübergehend in die Schweiz importiert worden waren und die laut Suckow Noura Aboutaam, der Schwester von Ali und Hischam gehörten. Zwei davon stammten von Medici, wie aus den Polaroids hervorging. Die Einzelheiten zur Antiquitätenwäsche und zu Nouras Beteiligung waren ein Schritt nach vorn, aber – was Ferris Ermittlungen anbelangte – nur ein kleiner. Er hoffte, später in ihren Lagerräumen im Zollfreilager mehr zu finden.

Die Carabinieri kannten das Zollfreilager inzwischen schon besser, als sie den Eingang zu Inanna erreichten, gab es ein kleines Problem: Die Schweizer Richterin äußerte Zweifel, ob Inanna wirklich etwas mit Phoenix Ancient Art und den Aboutaams zu tun habe. Ferri erklärte die Verbindungen zwischen Medici und den Aboutaams und die Hinweise auf Inanna in den beschlagnahmten Dokumenten von neuem. Die Zweifel der Richterin waren damit nicht ausgeräumt, aber nach weiteren Diskussionen im Flur vor den Büros erklärte sie sich einverstanden, einen der Schweizer Polizisten hineingehen zu lassen, um nachzusehen, wer dort war. Er kam zurück und sagte, drinnen seien Jeffrey Suckow, den sie bereits am Morgen getroffen hatten, und Ali Aboutaam. Nach dieser Rückversicherung genehmigte die Richterin die Durchsuchung, woraufhin Ali Aboutaam den Ort der Handlung verließ.

Die Galerie in der Rue Verdaine war luxuriös und elegant gewesen. Nicht so die Räume im Freilager. Auf Italienisch gibt es den Ausdruck *raccapricciante*, der in etwa bedeutet, dass es einem vor Entsetzen kalt den Rücken herunterläuft. Und dies war allgemein die Reaktion bei den Italienern, als sie die Büros von Inanna betraten. „Überall lagen haufenweise Objekte herum", sagt einer von Confortis Leuten. „Es war bedrückend zu sehen, wie so viele Kulturgüter mit solcher Brutalität behandelt wurden." Was er damit meinte, war, dass es hier keinen Respekt für nichts zu geben schien. „Goldringe waren auf dem Boden verstreut, in Umschlägen; ein hölzerner ägyptischer Sarkophag war in Stücke zersägt worden, glasierte Keramiken lagen einfach da und dort herum, ein Durcheinander von Münzen, Glas und Schmuck; Mumien lehnten an der Wand, sogar Mumien von Katzen; es gab Objekte aus dem Irak und Iran, aus Indien und Südostasien, alles in einem großen Durcheinander auf dem Boden verstreut." In den äußeren Räumen war der überwiegende Teil der Objekte nicht italienischer Herkunft. Aber in dem hintersten Raum befanden sich ein paar Schränke und alle Gegenstände in den Schränken waren italienisch. Und was fanden sie da? Zwei Kisten mit Keramiken aus Scrimbia.* Die italienischen Objekte wurden fotografiert und in die Schränke zurückgestellt und diese dann – nicht aber das gesamte Lager – mit Wachs versiegelt. Unabhängig von ihrer persönlichen Meinung, woher die nicht-italienischen Gegenstände kamen, hatten die Carabinieri kein berufliches Interesse an ihnen und verfügten über keine Kompetenzen oder Gerichtshoheit, um im Zusammenhang damit irgendwelche Maßnahmen zu ergreifen. Als sie zwei Monate später mit den Archäologen zur fachlichen Begutachtung der italienischen Objekte zurückkehrten, stand das restliche Lager leer. Alles andere war weggebracht worden.

Als die Siegel von den „italienischen Schränken" entfernt wurden, waren es die Archäologen, denen es kalt den Rücken herunterlief. Bei genauerer Betrachtung stellte sich heraus, dass eine der Schachteln im Schrank Goldringe enthielt, in denen noch die Fingerknochen der Toten steckten. Bei der Plünderung der Gräber waren in der Hektik offensichtlich die Hände und Finger der Skelette von den Tombaroli einfach abgebrochen worden.

Suckow sagte, das Lager gebe es seit 1992 und es sei von Sleiman Aboutaam, dem Vater von Ali und Hischam, eingerichtet worden. Suckow war als Geschäftsführer eingestellt worden, nachdem er bei Phoenix gearbeitet hatte.

---

* Siehe Seite 31.

Er sagte, in Wirklichkeit besäßen weder Inanna noch Phoenix auch nur eines der Objekte im Zollfreilager. Das Unternehmen bestehe ausschließlich zu dem Zweck, für andere zu kaufen und verkaufen. Die wichtigsten Kunden seien Ariss Ancient Art, Tanis Antiquities Ltd., Sekhmet Ancient Art und die Galerie Weber aus Köln. Viele Objekte würden zur Restaurierung an Inanna geschickt. Das Unternehmen stelle temporäre Importgenehmigungen aus und sende die Objekte überwiegend an zwei Restauratoren in London, Martin Foster und Colin Bowles, und an Jane Gillies in New York.

Suckow habe das Lagerhaus auch nach dem Tod von Sleiman Aboutaam und seiner Frau beim Absturz eines Schweizer Flugzeugs über Neuschottland im Jahre 1998 weiterhin verwaltet. Ali Aboutaam komme einmal pro Woche, um die in der Zwischenzeit angekommenen Objekte in Augenschein zu nehmen und ihm Anweisungen zu den Verkäufen zu erteilen. Die im Zollfreilager gefundenen italienischen Objekte gehörten Ariss Ancient Art. Fritz Bürki, Giacomo Medici und Editions Services seien ihm dem Namen nach bekannt, aber er habe nie für sie gearbeitet. Ihm sei bekannt, dass Marion True im John Paul Getty Museum arbeite, aber er könne sich nicht erinnern, ob er sie je getroffen habe. Die Namen Christian Boursaud, Hydra Gallery und Xoilan Trader sagten ihm angeblich nichts.

Die Durchsuchungen bei den Aboutaams hatten letztendlich mehr Fragen aufgeworfen als beantwortet. Worin bestand ihre Geschäftätigkeit wirklich? Wenn Suckow zu glauben war, besaßen sie nichts und arbeiteten ausschließlich als Holdinggesellschaft. Den in Medicis Lager gefundenen Schecks von den Fleischmans zufolge schienen sie lediglich eine bequeme „Fassade" für andere zu sein. Ihre Rolle bei der Antiquitätenwäsche über Auktionen schien eine solche Rolle ebenfalls nahe zu legen. Der Zustand ihres Lagers deutete darauf hin, dass sie keinen Respekt für Kunst oder antike Kunstwerke hatten.

Ferri war sich der mysteriösen und somit umso interessanteren Rolle der Aboutaams bewusst. Aber, wie er es ausdrückte: „Die Zeit reichte nicht aus, um allen Flüssen zu folgen." Er hatte seine Prioritäten und die Zeit blieb nicht stehen. Sein nächstes Ziel waren Fritz und Harry Bürki, die Restauratoren in Zürich. Ihre Räumlichkeiten wurden ein paar Monate später durchsucht, im Oktober 2001. Anwesend waren diesmal zwei von Confortis Leuten, vier Schweizer Polizisten und ein Richter aus Zürich. Die Wohnung der Bürkis befand sich im vierten Stock eines anonymen Gebäudes in der Nähe des Hauptbahnhofs.

Im Inneren fanden sie ein Labor, das „technisch sogar noch ausgefeilter war als das von Savoca", wie einer von Confortis Leuten, der beide gesehen hatte, bemerkte. Was den Ermittlern gleich ins Auge fiel, war eine abgenutzte Sporttasche. Sie war hoch, aus einer Art Segeltuch gefertigt und hatte einen doppelten Boden. Als sie das versteckte Fach öffneten, fanden sie Erdkrümel. Gleichfalls bemerkenswert war die Dekoration der Tasche mit dem Emblem eines italienischen Fußballteams – aus Mondragone, unweit von Casal di Principe, dem Ort, an dem nach dem Diebstahl in Melfi die Telefone der Tombaroli heiß liefen.* Wurde diese Tasche benutzt, um Objekte aus Italien heraus zu schmuggeln?

Harry Bürki zuckte mit den Schultern. Er wisse nicht, worüber sie sprächen. Er wisse nicht, wozu die Tasche verwendet werde.

Ob er in dem Raum lebe, der gerade durchsucht wurde? „Ja."

„Wo ist das Bett?" Darauf wusste er keine Antwort. Es gab keines.

Da bemerkte jemand einen Raum, der vom Flur abging. Es war ein kleiner Raum, gerade groß genug, um eine Holzwendeltreppe aufzunehmen. „Wohin führt diese Treppe?" fragte einer von Confortis Leuten, der sich daran erinnerte, wohin die (marmorne) Treppe in Savocas Haus geführt hatte. „Nirgendwohin", antwortete Bürki.

„Wir sehen trotzdem mal nach", sagte der ranghöhere der beiden Schweizer Polizisten.

Oben befand sich eine weitere, riesige Wohnung. Darin standen Bücherregale mit vielen Büchern. Einer der Italiener zog aufs Geratewohl eines heraus und fand darin – welch ein Glückstreffer – den abgelaufenen Pass von Robert Hecht. Der Finder sah Harry Bürki an, der nun zugab, die Wohnung gehöre seinem Vater, der aber im Ausland sei. Daraufhin nahmen sie eine gründliche Durchsuchung der oberen Wohnung vor, wo sie viele archäologische Objekte, darunter einige mit Becchinas Etiketten fanden. Alle wurden fotografiert und beschlagnahmt, und kurze Zeit später wurden die Fotografien nach Rom geschickt. Dort wurden sie von Daniela Rizzo untersucht, die herausfinden sollte, ob die abgebildeten Objekte wirklich aus Italien kamen. Mit diesen Informationen kehrten Ferri und Rizzo ein paar Wochen später nach Zürich zurück, um beide Bürkis, Vater und Sohn, zu vernehmen.

---

* Siehe Seite 32.

Die drei Stunden dauernden Vernehmungen fanden in ihrem Labor statt. Zunächst war keiner der beiden sonderlich hilfsbereit.

Fritz Bürki begann mit dem Eingeständnis, er wisse, dass die meisten Objekte, um deren Restaurierung er im Laufe seines Berufslebens gebeten worden sei, aus illegalen Grabungen stammten, auch wenn alle behaupteten, sie seien Teil ihres „Familienerbes". Als ihm die Fotografien des Gugliemi-Dreifußes* vorgelegt wurden, sagte er, er habe ihn nie gesehen, nur davon gehört, vor fünf oder zehn Jahren. Nachdem ihm die Unterlagen des Getty Museums über den Kauf dieses Objektes vorgelegt wurden – auf denen er selbst unterschrieben hatte – änderte er sofort seine Geschichte und behauptete, Mario Bruno habe ihn gebeten, das Dokument als „Verleiher" zu unterzeichnen (zum Zeitpunkt der Vernehmung war Bruno, der in Kapitel 11 beschriebene Händler aus Lugano, bereits verstorben). Fritz Bürki wusste angeblich nicht, warum er ihn als „Strohmann" benutzte, vermutete aber, das Museum wolle wohl keinen direkten Kontakt mit Bruno haben, da dieser als Hehler bekannt sei. Er wisse nicht, wie Bruno in den Besitz des Dreifußes gekommen sei, und später habe er das Getty informiert, dass Hecht und Atlantis (und nicht er selbst) die wirklichen Eigentümer des Objekts seien.

Medici kenne er, aber dieser sei nie in seinem Labor gewesen und er, Bürki, habe nie etwas von Medici gekauft oder für ihn restauriert. Daraufhin zeigte Ferri ihm einige Fotografien von unrestaurierten Vasen, die in Medicis Genfer Lager gefunden worden waren. Fritz Bürki behauptete, er erkenne sie nicht. Ferri machte eine effektvolle Pause, um dann darauf hinzuweisen, dass die Möbel und die Tapete im Hintergrund der Fotografie haargenau die gleichen waren, wie in dem Raum, in dem gerade die Vernehmung stattfand.

Widerwillig gab Bürki zu, ein paar mal mit Atlantis Antiquities Geschäfte gemacht und den Euphronios-Krater restauriert zu haben, für den er eine ordnungsgemäße Rechnung ausgestellt hatte, weigerte sich aber, weitere Fragen zu beantworten, weil er bereits (wenn auch 30 Jahre zuvor) befragt worden sei. Ferri bemerkte, dass eine Fotografie des Euphronios-Kraters auf Bürkis Schreibtisch stand. Wie Medicis Name und Kontaktangaben in sein Adressverzeichnis kamen, oder sein Name in das von Medici, konnte Bürki nicht erklären. Er behauptete, Medicis Aussage, dass er, Bürki, verkaufsfertige Objekte in das Zollfreilager gebracht habe, sei unwahr. Er erinnere sich nicht an einzelne

---

* Siehe Seite 106.

Antiquitäten oder daran, was er für seine Arbeit bezahlt bekommen habe. Dass er als „Strohmann" für Hecht, seinen wichtigsten Kunden, fungiert habe, gestand er ein, aber er stritt ab, jemals für andere als „Strohmann" aufgetreten zu sein. Er kenne Becchina, aber dieser sei nie in seinem Labor gewesen. Warum einige der Objekte, die bei der Durchsuchung in seinem Labor waren, Etiketten mit Becchinas Namen trugen, konnte sich Bürki nicht erklären.

Ja, die pompejischen Fresken, deren Fotografien ihm vorgelegt wurden, hätten er und sein Sohn restauriert. Die während der illegalen Grabungen aufgenommenen Fotografien davon habe er nie gesehen, aber die Fresken selbst seien in elf Stücke zerschnitten angekommen. Die Restaurierung habe 12 bis 18 Monate gedauert und die Objekte seien mindestens drei Jahre lang bei ihm gewesen.

Sein Sohn war auch nicht entgegenkommender. Harry Bürki sagte, er kenne Medici, habe ihn auf Auktionen bei Sotheby's gesehen, lagere aber keine Objekte in dessen Zollfreilager und kaufe auch nichts von ihm. Wenn sein Name in Medicis Unterlagen auftauche, sei dies eine Fälschung. Er gestand allerdings ein, bei der Restaurierung der pompejischen Fresken mit seinem Vater die vor Ort von den Tombaroli aufgenommenen Fotografien gesehen zu haben, und dass es möglich sei, dass Marion True sie in Bürkis Labor gesehen habe. Er kenne Becchina, aber die Objekte mit den Becchina-Etiketten, die sich in Bürkis Züricher Räumen befanden, seien ungefähr fünf Monate zuvor in München von jemandem gekauft worden, der inzwischen verstorben sei. Auch er konnte nicht erklären, warum die Etiketten da waren und Becchinas Namen trugen.

Er meinte, vielleicht habe er dem Getty ein paar Objekte verkauft, aber er erinnere sich nicht daran. Harry Bürki erinnerte sich auch nicht, von wem er den etruskischen Dreifuß gekauft hatte, den er für 65 000 Dollar an das Getty verkaufte, aber dass es Medici gewesen sein könnte, schloss er aus. Im Laufe der Jahre habe er ungefähr zehn Objekte an das Getty verkauft, mit Hecht als Vermittler.

Frida Tchacos wurde unter recht dramatischen Umständen verhört, bei deren Herbeiführung auch der Zufall eine Rolle spielte. Der Weg zu ihr führte über die Statue der Artemis, von der eine Fotografie im Handschuhfach von Pasquale Cameras Renault gefunden worden war.*

---

* Siehe Seite 35.

Danilo Zicchi, in dessen Wohnung die Artemis nach Verlassen der Metzgerei fotografiert worden war, hatte ausgesagt, seiner Meinung nach habe Frida Tchacos etwas mit der Statue zu tun gehabt. Walter Guarini, der Tombarolo aus Apulien, den wir in Kapitel 11 kennen gelernt haben, war als einer der Hauptlieferanten von Frida bekannt, also wurde er unter Druck gesetzt, bei der Wiederbeschaffung der Statue behilflich zu sein.

Und tatsächlich wurde sie zurückgegeben: Sie wurde auf ein Feld in der Nähe von Bari gelegt und die örtliche Polizei durch einen anonymen Anruf darauf hingewiesen. Damit schien die Sache abgeschlossen zu sein, wäre Ferri nicht eines Tages bei der Durchsicht der protokollierten Telefongespräche aufgefallen, dass die Mitglieder der Cordata immer noch von einer Artemisstatue sprachen. Ferri kam ein beängstigender Gedanke: War die zurückgegebene Artemis eine Fälschung? Sie war von Sachverständigen untersucht und für echt erklärt worden und ihre Maße passten genau zu den anderen drei bekannten Arbeiten. Aber dennoch …

Ferri ließ die Statue von anderen Sachverständigen in Augenschein nehmen und diese machten eine ungewöhnliche Entdeckung: Die Maße der „Bari-Artemis" waren genau so, wie sie sein sollten, nur dass ihre Höhe *mitsamt Sockel* bei allen anderen Versionen der Höhe der eigentlichen Figur entsprach. Der Fälscher hatte seine Arbeit offensichtlich mit Hilfe guter Fotografien ausgeführt und die Maße genannt bekommen, hatte jedoch nicht verstanden, dass sich die Höhenangabe auf die Artemisfigur *ohne Sockel* bezog. Die eigentliche Figur der Bari-Artemis war somit einige Zentimeter kürzer, als sie sein sollte.

Die Bari-Statue war offensichtlich ein ernsthafter Versuch, die Polizei in die Irre zu führen – die Herstellung einer solchen Fälschung kostete Geld, Zeit und brauchte einiges an Können. All dies bestätigte sich, als Conforti den Fälscher fand und dieser ein Geständnis ablegte. Auf Guarini wurde noch mehr Druck ausgeübt und er gestand, die echte Artemis sei immer noch bei Frida Tchacos in der Schweiz, woraufhin Ferri sie auf die Liste international gesuchter Personen setzte und ein Auslieferungsgesuch auf den Weg brachte. Jetzt konnte sie nicht reisen – sobald sie eine Grenze überschritt, würde sie festgenommen und inhaftiert. Während sich das Auslieferungsverfahren durch das Schweizer Rechtssystem vorarbeitete, erhielt Ferri in Rom Besuch von Tchacos' Anwälten, die eine gütliche Einigung anstrebten. Nach mehrstündigen Gesprächen erkärte sich Ferri bereit, die Anklage gegen sie fallen zu lassen, wenn sie zwei Forderungen erfülle: Erstens müsse die echte Artemis zurückgegeben werden und zweitens müsse sie einen detaillierten Bericht abliefern, über alles, was sie über die Antiquitätenunterwelt wisse, unter Angabe von Namen und mit Einzelheiten über Medicis, Hechts und Symes' Geschäfte.

Tchacos erklärte sich mit den Bedingungen einverstanden und nach kurzer Zeit wurde die Artemis nach Italien zurückgebracht. Jetzt zog Ferri sein Auslieferungsersuchen zurück. Die zweite Bedingung erfüllte Tchacos allerdings nie, den versprochenen Bericht erhielt der Staatsanwalt nicht. Vielleicht dachte sie, es sei nicht so wichtig und er wolle vor allem die Artemis. Ferri aber wollte beides und so zog er zwar das Auslieferungsersuchen zurück, nicht aber den internationalen Haftbefehl.

Als Frida Tchacos dann im Glauben, es gebe keine rechtlichen Beschränkungen mehr für sie, ihre nächste Auslandsreise unternahm, wartete eine Überraschung auf sie. Sie hatte einen Bruder in Zypern und in der zweiten Februarwoche 2002 landete sie auf dem Flughafen in Limassol. Bei der Passkontrolle wurde sie erkannt, festgenommen und inhaftiert. Die Italiener wurden informiert und sie wurde zunächst eine Nacht im Gefängnis behalten, um dann bei ihrem Bruder unter Hausarrest gestellt zu werden. Es dauerte vier Tage, bis Ferri und zwei von Confortis erfahrenen Leuten nach Limassol kommen konnten, und die Zeit bis dahin war offensichtlich eine unangenehme Erfahrung für sie und mag dazu beigetragen haben, dass sie bei ihrer Vernehmung so kooperativ war. Ferri sah seine Chance gekommen: Er spürte, dass Frida Tchacos in Zypern verwundbar war, und erklärte sich bereit, sich zu beeilen, wenn sie im Gegenzug „umfassend kooperieren" würde. Sie stimmte zu, er beeilte sich, und am 17. und 18. Februar 2002 wurde sie zwei Tage lang befragt.

Er wollte genau das von ihr, was er ursprünglich von ihr gefordert hatte: ihre Einschätzung, wie die Unterwelt wirklich funktionierte und welche Rolle Medici, Hecht, Symes und die anderen darin spielten. Dieses Mal enttäuschte sie ihn nicht und bestätigte umgehend die Existenz der Cordate. Sie sagte, Symes habe ihr erzählt, Hecht sei ein gefährlicher Mann, und auch sie empfinde ihn als nachtragend und rachsüchtig und habe Angst vor ihm. Medici sei „die rechte Hand" Hechts und Hecht schreibe ein Buch, das nach seinem Tod zum finanziellen Nutzen seiner Frau veröffentlicht werden solle, außerdem habe er Symes einmal fotografiert, als er „etwas Kompromittierendes" – mit anderen Worten: Raubgut – in den Händen hielt.

Weiter erzählte sie, die Aboutaams träten an die Stelle der älteren Händler. Im Jahre 2001 hatte Harry Bürki ihr mitgeteilt, er restauriere nicht mehr, er handle nur noch. Medici war ihrer Ansicht nach kein Experte: „[E]r konnte in Wirklichkeit keinen Maler von einem anderen unterscheiden, genauso wenig wie ich." Aber er wusste genau, wann er Fälschungen verkaufte. Die Symes' (d. h. Robin Symes und Christo Michaelides) hatten Jiri Frel vom Getty eine Marmorvenus von Doidalses (einem der berühmteren Bildhauer der griechischen Antike) verkauft. Sie war gefälscht und stammte, wie Tchacos glaubte, von Medici. Medici hatte sie in den 1970er-Jahren getroffen, und „damals war er bereits eine Person von Inter ... eine wichtige Person." Er verfügte auch schon über Räume im Genfer Zollfreilager und bat sie dorthin, um sich ein paar Marmorobjekte anzusehen. Darunter befand sich auch eine Venus von Doidalses (eine Venus „*acoupis*", eine Liegende), aber die meisten Objekte dort waren Fälschungen. „Es war schon bekannt, dass diese gefälschten Venusskulpturen auf dem Markt waren."

Sie bestätigte, dass Medici als der größte Händler galt, „dass er Kontakt zu allen ... zu allen großen Händlern, den größten Händlern hatte ... vor allem zu Hecht, nicht [aber] zu Gianfranco Becchina – die beiden hassten einander". Sie wusste, dass Medici die Hydra Gallery hatte und Christian Boursaud sein Strohmann gewesen war. Dann folgte dieser Dialog:

Ferri: War Hecht damals schon bekannt? [Sie sprachen über die 1980er-Jahre.]
Frida Tchacos: Er war schon bekannt. Hecht war in Paris, er kannte die bedeutendsten Leute, er verlor immer Geld beim ... in ... in den Kasinos. Dann ... ja, von Medici kann ich sagen, dass ich einmal überrascht war, als ich ihn bei Sotheby's gesehen habe, 1985 ... nein, '90, ich habe gesehen, dass er Vasen kaufte, rotfigurige oder schwarzfigurige, aber zu sehr hohen Preisen, und ich habe nicht verstanden, woher jemand wie Medici das Geld nehmen sollte, um solche Vasen zu kaufen. Ich habe versucht, es herauszufinden, aber niemand konnte mir sagen, warum er diese Vasen gekauft hat. Damals dachte ich, er habe sie gekauft, um ... um selbst eine Vasensammlung zu haben, dann habe ich begriffen, ... dass er ... dass er all dieses Hin und Her mit Sotheby's gemacht hat, Vasen in ... seine Vasen in Auktion zu geben und sie selbst zu kaufen, um ihnen eine Provenienz zu geben, was ich damals nicht wusste. Und in den letzten ... in den letzten Jahren habe ich erfahren, dass er eine Partnerschaft mit den Aboutaams, den Arabern im Genfer Zollfreilager hatte oder mit ihnen zusammenarbeitete.

Ferri: Was bedeutet „in den letzten Jahren"?
Tchacos: Hm ... seit sie im Freilager aufgemacht haben, das ist noch keine zehn Jahre her ...
Ferri: Ja.
Tchacos: Und zuerst war es der Vater ... und zu den Aboutaams, das werde ich hinterher wiederholen, dass zu einem bestimmten Zeitpunkt beobachtet wurde, wie die Aboutaams bei Sotheby's neben Medici gestanden sind und Vasen gekauft haben. Beide sind hinten gestanden, haben sich nicht hingesetzt, und die Aboutaams haben sehr bedeutende Vasen zu sehr hohen Preisen gekauft.

Weiter bestätigte sie, dass Medici „eine ganze Menge" an Robin Symes verkaufte und dass Symes „zweifellos" Vasen von Medici kaufte, und sie bejahte, dass Symes die Venus von Morgantina von Orazio Di Simone gekauft habe. „So hieß es immer."[1]

Wieder auf Hecht kommend sagte sie: „[E]r war ein Gelehrter, aber von schrecklichem Charakter, einer, der einem Angst gemacht hat ... er war ein alter Mann, ein boshafter alter Mann. Ich hatte immer Angst vor ihm ... Was kann ich ihnen sonst noch sagen? Hecht wurde ‚Mister Percentage' genannt, Mister Prozente, weil er immer Prozente nahm ... ich glaube von Medici auch ... seine großen Kunden in Los Angeles waren die Hunts, die Hunt-Brüder ... Ich wusste, dass Medici hinter ihm stand ... ja, ja."

Sie berichtete, es habe „ein exaktes Dreieck" gegeben – Hecht, Becchina, Monticelli – und letzterer habe vor allem „alles [geliefert], was im Süden Italiens zu finden war; ich glaube apulische [Vasen], Terrakotten, glaube ich, Bronzen ..." Später ergänzte sie diese Cordata um die Namen George Ortiz und Mario Bruno. Mauro Moroni sei Teil der Savoca-Cordata und er habe die Kylix von Onesimos geliefert, oder zumindest einen Teil davon. Moroni habe sie über Guarini getroffen und sie kenne ihn als einen „sehr fähigen Schöpfer von Fälschungen".

Sie bezeugte, dass Marion True Anfang der 1990er-Jahre, vor ihrer Ehe, einen Geliebten in Rom namens Enzo Constantini hatte.

„Aha, aha. Sie ist oft nach Italien gereist, um diesen Geliebten zu sehen. Und das war interessant, weil, nach den Besuchen von Marion True in Italien, in Rom, wussten die Römer viel mehr über das Getty – die Römer wussten im Allgemeinen mehr als das Paul Getty selbst ... der gesamte italienische Markt wusste, dass das Getty kaufte oder nicht kaufte, von wem es kaufte ... Und jedes Mal, wenn ich ihr etwas gezeigt habe, hat sie ... sie sagte zu mir: ‚Schön, interessant, ich kann mit Fleischman darüber sprechen ...' Später haben wir dann verstanden, wie die Fleischman-True-Dinge liefen ... Händler haben Marion True das eine oder andere angeboten und sie, ganz wie bei mir, sie hat sie zurückgewiesen oder gekauft, ich weiß es nicht. Aber bei mir hat sie nicht gekauft, und dann hat sie einen Anruf von Fleischman bekommen, der sagte ‚Was haben Sie für mich?', und dann, wenn man viele Monate, vielleicht auch Jahre gewartet und etwas für Marion True reserviert hatte, kam Fleischman ins Spiel ... Fleischman hatte Beziehungen zu Medici ... Aber Marion True war es, die die beiden zusammengebracht hat ... Fleischman war ein Händler, Tempelsman nicht."

Tchacos bestätigte, dass die Objekte in der Levy-White-Sammlung Symes abgekauft worden waren, und zwar auf folgendem Weg: „Hauptsächlich von Hecht; ich weiß nicht, ob von Medici, aber wenn wir Hecht sagen, sagen wir auch Medici; in letzter Zeit hat sie [Shelby White] viel von den Aboutaams gekauft."

Von Bothmer und Robert Guy beschrieb sie als akademische „Feinde". Wenn einer eine Vase einem Maler zugeschrieben habe, habe sie der andere einem anderen Maler zugeschrieben. George Ortiz sei der größte Sammler in Europa und seine Sammlung sei von Becchina, aber er habe auch Verbindungen zu Savoca. Sie bestätigte, dass Becchina viel bei Sotheby's verkaufte und dass Borowsky Kontakte zu deutschen Museen hatte.

Ein Aspekt, der bei Tchacos' Befragung deutlich zum Ausdruck kam, war, wie bitter die Rivalitäten zwischen den verschiedenen Cordate zeitweise waren. Sie selbst verabscheute Hecht aus tiefstem Herzen. An anderer Stelle erzählte sie von einer Begebenheit aus dem Jahr 1993, als mehrere von der Schweiz aus operierende Antiquitätenhändler im selben Flugzeug saßen, um zur Eröffnung einer Ausstellung der George-Ortiz-Sammlung nach Japan zu fliegen. Während des Fluges sei Becchina zu ihr gekommen und habe gesagt: „Wir dürfen es nicht zulassen, dass gewisse Leute arbeiten." Auf die Frage, wen er damit gemeint habe, sagte sie, er habe über Savoca gesprochen.

Tchacos berichtete auch, Fiorella Cottier-Angeli, die Schweizer Expertin und Zollbeamtin, die „diese Sammlung etruskischer Vasen hat", habe ihr erzählt, dass sie einen Schlüssel zu Medicis Lager besitze. Sie habe als seine Beraterin für Zollbewertungen angefangen, und dann habe „diese Sache begonnen, dass sie Schweizer Sammler kannte, denen sie auch Objekte verkaufte, die zweifellos von Medici stammten … sie hatte Verbindungen zum Leiter des Genfer Museums, der von recht schwachem Charakter war und tat, was sie von ihm verlangt hat."

Ferri fragte: „Und das bedeutet?"

„… bedeutet, dass wenn sie wollte … wenn sie einem Sammler etwas verkaufen wollte, ließ sie von diesem Kerl vom Genfer Museum, diesem … [Jacques] Chamay eine Expertise erstellen."

Frida Tchacos war erstaunlich entgegenkommend.

Ferris Instinkt im Hinblick auf Tchacos' Stimmung in Limassol hatte sich als richtig erwiesen. Noch während sie in Zypern waren, wurden sie handelseinig. Es gab Objekte, die die Italiener sehr gerne wiedergehabt hätten, und an erster Stelle stand der lebensgroße Elfenbeinkopf Apollos, den Casasanta entdeckt hatte und der Teil einer chryselephantinen Statue gewesen war – vielleicht das bedeutendste archäologische Objekt, das seit dem 1971 entdeckten Euphronios-Krater ans Licht gekommen war (viele halten ihn sogar für bedeutender als die Vase). In Limassol ließ Tchacos durchblicken, sie könne bei dessen Wiederbeschaffung behilflich sein. Da sie bereits kooperiert hatte, schlug Ferri vor, die Anklagepunkte gegen sie als Gegenleistung für ihre Hilfe bei dem Elfenbeinkopf einzuschränken. Er würde lediglich Vergehen aufführen, auf die Strafen von bis zu zwei Jahren standen (das heißt, die mit hoher Wahrscheinlichkeit auf Bewährung ausgesetzt würden), und vor allem würde Frida Tchacos nicht der Verschwörung beschuldigt werden, der er Medici, Hecht, Robin Symes und vielleicht Marion True anklagen wollte. Sie stimmte diesem Vorschlag zu und am 17. September 2002 wurde sie wegen Hehlerei und unterlassener Meldung der ihr zu Augen gekommenen Antiquitäten zu einem Jahr und sechs Monaten Haft auf Bewährung und einer Geldstrafe von 1000 Euro verurteilt.

Ferri dachte dabei noch einen Schritt weiter. Er wusste, dass Tchacos sehr eng mit Robin Symes befreundet war, und ihn wollte er nur zu gerne befragen. Symes hatte Wohnsitze in New York und Griechenland und Unternehmen in der Schweiz, verbrachte aber die meiste Zeit in London. Ferris Handel mit Tchacos sollte Druck auf Symes ausüben. Der Staatsanwalt war überzeugt davon, dass Symes den Elfenbeinkopf von Savoca gekauft hatte. Er wusste, dass Frida Tchacos mit Robin Symes über ihre Behandlung in Limassol sprechen würde, weil er davon ausging, dass sie ihn drängen würde, den Kopf zurückzugeben.

Symes war für Ferri ein viel wichtigeres Glied in der Kette als Tchacos. Er teilte die Adresse in der Genfer Avenue Krieg mit Medici, er war ein aktives Mitglied der Cordata und Ferri hatte nicht vor, sich mit ihm auf einen Handel einzulassen – aber er hätte nichts dagegen gehabt, falls Symes dies dachte. Wegen der schlechten Kooperation seitens der Briten (in Wirklichkeit handelte es sich eher um eine Nichtkooperation), gab es kaum eine Chance, dass Ferri jemals Symes' Räumlichkeiten in London durchsuchen oder ihn dort vernehmen würde. Ein Ziel des Handels mit Tchacos war somit, Robin Symes in der Hoffnung auf eine ähnliche Behandlung nach Rom zu locken.

Es dauerte ein Jahr, aber es funktionierte. Ende März 2003 machte Symes das Angebot, freiwillig nach Rom zu kommen, um sich im Palazzo di Giustizia von Ferri befragen zu lassen. Sein italienischer Rechtsanwalt Francesco Tagliaferri begleitete ihn. (Dieser Name war für alle eine Quelle großer Heiterkeit: „Tagliaferri" kann auf Italienisch auch als „geschnittener Ferri" im Sinne von „zugeschnittener" oder „zurechtgestutzter Ferri" gelesen werden.) Tagliaferri war übrigens auch Tchacos' Anwalt.

Wie zu erwarten, war Symes sehr zugeknöpft und Ferri musste ihm alle Informationen aus der Nase ziehen. Es war, als ob er wieder mit den Bürkis am Tisch sitzen würde. Symes sagte, er kenne Medici schon seit sehr langer Zeit, seit den 1980er-Jahren, als sie beide zu den Sotheby's-Auktionen in London kamen. Aber er und sein Partner Christo hätten ihn jetzt schon seit über zehn Jahren nicht mehr getroffen. Symes vertrat hartnäckig die Überzeugung, Medici sei ein Vasenexperte und habe eine sehr bedeutende Sammlung, und „da es sich um berühmte und veröffentlichte Vasen handelte, musste er ihre Herkunft nicht bescheinigen lassen." Insbesondere behauptete er, Medici könne sehr wohl die Maler unterschiedlicher Vasen voneinander unterscheiden.

Xoilan war laut Symes das Unternehmen, in dessen Namen Objekte gekauft wurden, die er sammeln (behalten) wolle, während er für Handelszwecke Robin Symes Limited benutze.[2]

Symes behauptete, an den in Medicis Lager gefundenen Polaroids sei nichts Ungewöhnliches oder strafrechtlich Belastendes, auch wenn sie die Objekte in Fragmenten und mit Erde bedeckt zeigten. „Die Aufbewahrung von Fotos eines Objekts vor seiner Restaurierung dienen schlicht dazu, dem Klienten den Originalzustand zu zeigen und nachzuweisen, wie viele und welche Art von Restaurierungsarbeiten ausgeführt wurden. Viele Händler geben dem Käufer die Fotos des Objekts vor seiner Restaurierung." Dies stand in direktem Widerspruch zu den Ergebnissen von Ferris späteren Vernehmungen. Symes bestätigte, Felicity Nicholson sei eine gute Freundin von ihm (er fand sie „*molto simpatica*") und sie gingen oft abends zusammen essen. „Sie war unglaublich ehrlich und förmlich bei ihrer Arbeit für Sotheby's".

Symes kannte Hecht und hatte ihn besucht, als dieser in Rom lebte. In Paris habe er ihn nie besucht, und obwohl er angeblich nicht viele Geschäfte mit ihm gemacht hatte, bestätigte er, 1971 oder 1972 einen großen Bronzeadler für 70 000 oder 75 000 Dollar von ihm gekauft und anschließend dem Getty Museum verkauft zu haben. Dies ist eine wichtige Bestätigung der Episode aus Hechts Memoiren – der „Medici-Version" –, wie der Euphronios-Krater ins Met gekommen war. Symes sagte auch, Peter Wilson, Hauptgeschäftsführer von Sotheby's und ein Bekannter von ihm, habe ihm eine Fotografie der Euphronios-Vase gezeigt, die damals Sotheby's angeboten worden war, und ihm sei aufgefallen, dass es sich um das Exemplar handelte, das vom Metropolitan gekauft wurde. Auch dieses Detail bestätigt die „Medici-Version", in der Hecht schreibt, er habe sich mit dem Gedanken getragen, die Vase über Sotheby's zu verkaufen, sei aber von Felicity Nicholsons Schätzung von 200 000 Dollar enttäuscht gewesen.

Felicity Nicholson, die über keine berufliche Vorbildung im Antiquitätenbereich verfügte und bei Sotheby's als Sekretärin angefangen hatte, war ein Schützling von Peter Wilson, der ihrer Abteilung großes Interesse entgegenbrachte. Von Hecht eingereichte Fotografien einer bedeutenden Vase hätte sie sicher Wilson gezeigt. So kam es vermutlich, dass Wilson (der 1984 verstorben ist) die Fotografien wiederum Symes zeigte. Symes sagte weiter, er habe damals geglaubt, der Euphronios sei eine Fälschung, ohne zu wissen, dass Hecht in der „Medici-Version" sich genau darüber beklagte: dass Robin und Christo (und Sir John Pope-Hennessy) Zweifel an der Echtheit der Vase geäußert hatten. Ohne dies zu realisieren, bestätigte Symes also die „Medici-Version" von Bob Hecht in drei Punkten. Darüber hinaus erzählte er, Hecht habe ihm bereits vor 25 (!) Jahren berichtet, er sei dabei, ein Buch für seine Frau zu schreiben. Symes hielt viel von Hechts akademischem Wissen, hielt ihn aber für einen unsteten Charakter, weil er zu viel trinke und unzuverlässig sei.

Von Medici habe er, Symes, Fragmente griechischer Vasen gekauft. Medici habe ihm ein paar Fragmente als Spende an das Metropolitan Museum gegeben, da es Missfallen erregen könnte, wenn er sie als Italiener selbst überreiche. Für das Getty könne True nichts von jemandem wie Medici kaufen, sonst hätte das Objekt keine gültige Provenienz. Es würde ihn sehr wundern, wenn Marion True jemals etwas direkt von Medici gekauft hätte. Hier ist also die Bestätigung der Dreiecks- und Reihengeschäfte und ihrer Gründe aus erster Hand.

Er und Christo hätten beide eine hervorragende Beziehung zu Marion True gehabt, „was Christo betrifft eher eine persönliche, da er keine Objekte verkauft hat". Marion True hatte laut Symes ein Haus in Griechenland, nicht weit von seinem eigenen, und so pflegten sie sich im Sommer zu treffen. Jiri Frel habe er kennen gelernt, als dieser Kurator des Getty wurde, und ihn in London, Los Angeles und auch in Griechenland getroffen. Er halte ihn für ein bisschen verrückt und nicht ganz zuverlässig. Frel sei zu ihm nach Griechenland gekommen, um ihm Fotografien eines Kuros zu zeigen, den er kaufen wollte. Symes glaubte aber, es handle sich um eine Fälschung und teilte dies auch John Walsh, dem Leiter des Getty mit, der ihn vor dem Kauf ebenfalls gefragt habe. Medici habe ihm dann in London erzählt, er besitze etwas „sehr ähnliches wie den Kuros", und dies wiederum habe Christo Marion True weitererzählt. Aus Kapitel 7 ist bekannt, dass das Getty Mitte der 1980er einen Kuros kaufte, der bei seiner Veröffentlichung aber einen kleinen Aufruhr um seine Provenienz und seine Echtheit auslöste.* Diesen Kuros hatte das Getty von Gianfranco Becchina gekauft, woraufhin Medici eine Statue nach Los Angeles schickte, die seiner Auskunft nach eine Fälschung war und viele Ähnlichkeiten mit dem Kuros hatte. Medicis Fälschung sollte somit „beweisen", dass der Kuros von Becchina ebenfalls gefälscht war.** So kämpften zwei bittere Rivalen miteinander.

Den Elfenbeinkopf habe er für 850 000 Dollar von Savoca gekauft.

Ferris letzter „Streich" in dieser Ermittlungsphase war ein internationales Rechtshilfeersuchen zur Vernehmung von Professor Wolf-Dieter Heilmeyer, dem Direktor der Berliner Antikensammlung, die von einem von Confortis Leuten durchgeführt werden sollte. Er sollte zum Kauf von sieben Vasen befragt werden, die alle auf den in Genf beschlagnahmten Fotografien abgebildet waren.

* Siehe Seite 104.
** Siehe Seite 120.

Laut Heilmeyers Antwort auf das Rechtshilfeersuchen stammen die sieben in Berlin befindlichen Vasen aus vier verschiedenen Quellen. Die erste Akquisition war ein Skyphos des Trittolemosmalers, den das Museum 1970 in Genf für 60 000 Dollar von Koutoulakis erworben hat. Der dafür verantwortliche Kurator war der inzwischen verstorbene Adolf Greifenhagen. Außerdem wurden dem Museum später vier Fragmente des Skyphos von Robert Hecht gestiftet, der sie angeblich in Genf gekauft hatte.

1980 die zweite Akquisition: eine attische Kylix, für 16 000 Dollar von Robin Symes gekauft. Heilmeyer flog selbst nach London, um dieses Objekt zu begutachten und konnte sich nicht mehr erinnern, ob er zuvor eine Fotografie davon gesehen hatte. Er fügte aber hinzu, es seien keine Nachforschungen hinsichtlich der Provenienz angestellt worden.

Die dritte Akquisition war die wichtigste und fand 1983 statt. Es handelte sich um vier apulische Vasen, die Teil einer wesentlich größeren Gruppe von 21 Exemplaren waren. Sie wurden alle zur selben Zeit gekauft, aber nur von vieren davon wurden in Medicis Alben Polaroids gefunden. Alle 21 wurden den Berlinern von einem Christoph Leon aus Basel im Auftrag der dort ansässigen Familie Cramer angeboten. Heilmeyer begutachtete die Vasen bei Jacques Chamay, dem Leiter des Genfer Museums für Kunst und Geschichte. Chamay habe sich als Entdecker der Vasen dargestellt und angegeben, seine Nachforschungen hätten begonnen, nachdem er ein Fragment einer der Vasen in der alten Cramer'schen Bibliothek betrachtet habe. Heilmeyer hatte mit Fiorella Cottier-Angeli gesprochen, die die Vasen selbst restauriert haben wollte. Sie erklärte, die Vasen seien in sehr alten Kisten gewesen und im 19. Jahrhundert nach Genf gekommen. Außerdem habe Cottier-Angeli gesagt, sie wünsche nicht, dass ihr Name in den Veröffentlichungen des Museums erscheine. Alle Vasen kamen aus Apulien und im Museum hatte man für bare Münze genommen, was Leon, Chamay und Cottier-Angeli über ihre Provenienz angegeben hatten. Der Gesamtpreis von drei Millionen DM war an Leon bezahlt worden.

Die vierte Akquisition, ein attischer Krater, war dem Museum 1993 als Erbstück von der Brommer-Sammlung zugegangen. In den Unterlagen des Spenders fanden sich keinerlei Hinweise auf ihre Herkunft.

Auch in diesem Fall sind die üblichen Verdächtigen und die üblichen Dreiecksgeschäfte erkennbar. Und über die Provenienz wurden die üblichen Lügen erzählt.

Das wohl wichtigste Ergebnis all dieser Durchsuchungen und Vernehmungen war, dass Ferri nichts fand, was das Bild widerlegte, das Pellegrini, Rizzo, Confortis Leute und er selbst sich in den Monaten und Jahren seit der Entdeckung des Organigramms und der ersten Durchsuchung bei Medici gemacht hatten. Seine Arbeit hatte dieses Bild vielmehr um einige wesentliche Details bereichert. Bezüglich der zentralen Rollen von Medici, Hecht, Symes, Becchina und Savoca waren ihre Vermutungen voll und ganz bestätigt worden. Die Existenz der Cordate und der Dreiecksgeschäfte wurde ebenso bestätigt, wie die Tatsache, dass diese „gängige Geschäftspraxis" waren. Hechts Memoiren gab es tatsächlich und sie enthielten eine Version der Geschichte des Euphronios-Kraters, die sich deutlich von der damals, d. h. 1972 vertretenen unterschied, die aber von Dritten – die es wissen mussten – bestätigt wurde.

Eine Durchsuchung im Jahre 2002 bleibt noch zu erwähnen, die zweite, die Medici galt. Diesmal wurde allerdings nicht das Genfer Zollfreilager durchsucht, sondern sein Haus in Santa Marinella, nördlich von Rom. Die wichtigste Entdeckung war ein Fotoalbum, in dem der Euphronios-Krater abgebildet war. Das in Form eines Ringbuchs angelegte Album enthielt mehrere Bilder des Kraters. Bei genauerer Betrachtung der Fotografien stellte Pellegrini allerdings fest, dass auf zwei der Kraterfotos gefälschte Krater abgebildet waren. In der Hauptszene auf dem echten Euphronios-Krater – im Metropolitan – ist der sterbende Sarpedon abgebildet, der aus drei Wunden blutet. Er wird von den Göttern Hypnos und Thanatos gehalten, die beide wunderschön gemalte Flügel haben, die zu beiden Seiten des Bildes herausragen. Neben diesem Hauptbild steht rechts und links je ein Wächter mit einem Speer.

Die Speere sind wichtig. Beide werden aufrecht gehalten und die Spitze des linken Speers berührt die Flügelspitze eines Gottes, der rechte dagegen hat einen kleinen Abstand vom Flügel des anderen Gottes. Bei einer Fälschung befindet sich die Speerspitze auf der linken Bildseite *hinter* dem Flügel und wird von ihm verdeckt, bei der anderen Fälschung ist der Speer auf der rechten Seite *hinter* dem Flügel. Auf den ersten Blick gleichen sich die Bilder, aber bei genauerem Hinsehen sind die Fälschungen leicht zu erkennen – kein Kunstliebhaber oder professioneller Archäologe würde sich täuschen lassen.

Unabhängig davon, ob es sich nun um Kopien oder Fälschungen handelt – die Existenz der beiden anderen Krater beweist noch nichts über Medicis Beteiligung am umstrittenen Kauf des Originals durch das Met. Und doch sind diese Bilder sehr aufschlussreich. Auf die Frage, warum er sie besitze, sagte Medici, er sei fasziniert vom Euphronios-Krater, von seiner Qualität und seiner bildlichen Darstellung, und die Kopien seien lediglich ein Ausdruck dieser Faszination und Leidenschaft. Warum aber diese Vase und keine andere, warum zwei Kopien und nicht eine, warum wurden absichtlich Fehler eingebaut? Darauf gab er keine Antwort.

Medici wollte ebenfalls nicht preisgeben, wer die Kopien angefertigt habe. Daraufhin suchte der Staatsanwalt den bekanntesten Fälscher griechischer und römischer Vasen auf. Der aber bestritt, irgendetwas mit Medici zu tun zu haben. Ferri war patt gesetzt worden.

So frustrierend das war, verstärkte es doch nur Ferris Überzeugung, dass er den richtigen Mann im Visier hatte, und dass der Kauf des Euphronios-Kraters durch das Metropolitan einen Wendepunkt im gesamten Untergrundhandel mit geraubten Antiquitäten darstellen sollte.

Innerhalb von 20 Jahren, von Ende der 1960er-Jahre bis gegen Ende der 1980er, tauchten sage und schreibe fünf Vasen von Euphronios auf dem Markt auf. Zuvor wurde mehr als 100 Jahre lang nichts Neues von ihm entdeckt. Für die klassische Archäologie war das ein Wunder. Wunder dieser Art beflügeln manche Menschen, aber die methodische Skepsis von Wissenschaftlern beseitigen sie nicht. Die fünf Objekte sind: die fragmentarisch erhaltene Vase, die Hecht 1968 der Münchner Antikensammlung verkaufte; der Sarpedon-Krater, den Hecht 1972 an das Metropolitan Museum verkaufte; die Euphronios-Onesimos-Kylix, den Frida Tchacos 1983 dem Getty verkaufte; der Krater, den die Hunt-Brüder in den 1980er-Jahren von der Summa Gallery kauften und den Robin Symes 1990 für Leon Levy und Shelby White erwarb, und die Kylix, die die Hunts ebenfalls in den 1980ern von der Summa Gallery kauften und die bei der Hunt-Auktion 1990 von Giacomo Medici ersteigert wurde. Inzwischen wissen wir, dass die Unterlagen zu vier dieser Vasen auf eine Beteiligung Robert Hechts schließen lassen und die Unterlagen zu dreien auf eine Beteiligung von Giacomo Medici. Allein, dass diese fünf Vasen so kurz nacheinander auf dem Markt erschienen, ist entweder ein verrückter Zufall oder, für skeptischere Gemüter, ein Anzeichen für eine plötzliche Epidemie von Fälschungen.

Berücksichtigt man nun, dass Medici in seinem Haus in Santa Marinella, in der Nähe von Cerveteri, eine Fotografie des Euphronios-Kraters im Met, Fotografien von zwei Kopien oder Fälschungen und eine der Kopien oder Fälschungen in natura dort hatte, und zusätzlich, dass 1993 ausgerechnet in Cerveteri ein Kultgebäude für Herkules – er ist Gegenstand der bildlichen Darstellungen auf vielen dieser Vasen – entdeckt wurde, wird die Vermutung, dass die fünf über Europa und Nordamerika verteilten Euphronios-Vasen aus dieser einen Quelle stammen, fast zur Gewissheit – dass sie aus Cerveteri kommen, über Medici und Hecht.

All dies machte die Strafverfolgung Giacomo Medicis nur umso dringender. Hier bleibt lediglich ein Teilbereich der Ermittlungen nachzureichen: die Vernehmungen in den Vereinigten Staaten.

Anmerkungen

1 Die Venus von Morgantina gilt als eines der wichtigsten Objekte im Getty, und Italien versucht seit Jahren, sie zurückzubekommen. Die lebensgroße Statue von Venus/Aphrodite wird auf circa 420 v. Chr. geschätzt und zeigt die Göttin in anschmiegsame Stoffe gehüllt, die ihren Körper bedecken und gleichzeitig enthüllen. Die Meinungen über das Objekt reichen (zu verschiedenen Zeiten) von „wunderschön" bis „skandalös". Außerdem wird darüber gestritten, ob der Kopf wirklich zum restlichen Körper gehört. Man weiß, dass ein Tombarolo in Aidone, einem Teil Morgantinas, drei Köpfe ausgegraben hat. Zwei davon erreichten das Getty über den Umweg der Tempelsman-Sammlung, der dritte aber fehlt – es sei denn, es ist derjenige, der auf dem Körper der Venus von Morgantina sitzt.

2 Symes gab zu, die bei Medici beschlagnahmten pompejischen Fresken gesehen zu haben. Seiner Meinung nach waren sie unverkäuflich. Er selbst hatte die Greifen, die Tyche und die von Koutoulakis erworbene Kore verkauft. Diese Objekte gingen laut Symes deshalb an Koutoulakis, weil es glaubhafter war, wenn griechische Objekte aus Mazedonien von einem griechischen Händler kamen. Symes meinte, er habe nicht gewusst, dass sie von Medici kamen (was durch das Polaroidfoto der Greifen belegt wird). Er habe dann die Kore an das Getty, die Greifen an Tempelsman und die Tyche an Fleischman verkauft, der sie wiederum an das Getty verkaufte.

14
Vernehmungen in Los Angeles und Manhattan

Wenn Giacomo Medici in den Augen Confortis und Ferris Gegner Nummer 1 war und Hecht Nummer 2, so konnte man sich immer noch darüber streiten, wer Nummer 3 war. Kandidaten gab es genug: Becchina, Fritz Bürki, Symes. Und dann war da Marion True.

Es war unvermeidlich, dass Confortis und Ferris Ermittlungen sie in die Vereinigten Staaten führten. Sobald die Schweizer entschieden hatten, nicht selbst gegen Medici vorzugehen, und das dokumentarische und fotografische Beweismaterial sowie um die 4000 Antiquitäten nach Italien überführt worden waren, bat Ferri um ein Gespräch mit True. Ferri, Rizzo, Pellegrini, zwei von Confortis Mitarbeitern und ein staatlicher Vertreter – ein Archäologe vom italienischen Kultusministerium – flogen im Juni 2001 nach Los Angeles, um sie zu befragen. An einem brütend heißen Tag landete die Maschine auf dem Flughafen in Los Angeles. Der Smogschleier über den Wolkenkratzern der Innenstadt war beim Landeanflug gut zu sehen.

Das italienische Team übernachtete in einem Hotel in Santa Monica, nur wenig südlich vom neuen Getty Museum. Sie hatten allerdings keine Gelegenheit, diese angenehme Lage zu genießen. Nach dem zwölfstündigen Flug waren sie alle müde, und Ferri hatte am nächsten Morgen um 8:00 Uhr ein Treffen anberaumt, noch bevor sie zu ihrer „Verabredung" im Museum aufbrechen würden. Ferris strikte Planung war eine Reaktion auf das vorherige Verhalten der Amerikaner. Elf Monate zuvor hatte der italienische Staatsanwalt Rechtshilfeersuchen für mehrere Dokumente eingereicht sowie um Erlaubnis zur Vernehmung von Marion True, Dietrich von Bothmer und Ashton Hawkins gebeten. Ihm war mitgeteilt worden, von Bothmer sei „nicht verfügbar", es sei denn, die Italiener entschieden sich, strafrechtliche Schritte gegen True zu unternehmen; auf seine Bitte um Vernehmung von Hawkins bekam er überhaupt keine Antwort. Zudem hatte der zuständige US-Bundesanwalt Daniel Goodman behauptet, Ferris ursprüngliche Anfrage an das Getty sei „zu vage, zu weit gefasst" und, wenn er sein Anliegen nicht genauer spezifizieren könne, könne das Museum ihm nicht weiterhelfen.

Zehn Tage später klopfte es dann an Ferris Tür im Palazzo di Giustizia und es erschien – Richard Martin, der Anwalt des Getty. Und er hatte einen Packen Unterlagen mitgebracht.

Weil ein Teil der Unterlagen freiwillig übergeben wurde, war das Museum nicht gezwungen, alle relevanten Dokumente vorzulegen, und konnte schlecht für etwas bestraft werden, das wie Kooperation aussah. Das Getty wusste, dass Rechtshilfeersuchen schwerfällige Instrumente sind und Ferri kaum etwas anderes übrig blieb, als zu akzeptieren, was ihm angeboten wurde. Es wusste auch, dass sich durch diese Geste die förmliche Vorlegung der Dokumente vermeiden ließ, bei der sie gezwungen gewesen wären, alles offenzulegen.

Also wollte Ferri an jenem Morgen in Santa Monica eine letzte kurze Zusammenkunft, um sicherzustellen, dass alle seine Leute vor dieser entscheidenden Begegnung auf Trab waren. Hier würden sie nur eine einzige Chance bekommen. Man schrieb den 20. Juni.

Das Treffen begann um 9:30 Uhr im Besprechungszimmer des Museums. Auf der einen Seite des langen Holztisches saßen die Italiener, auf der anderen die Getty-Vertreter, Ferri direkt gegenüber Marion True. Zum amerikanischen Team gehörten außerdem: Richard Martin; Daniel Goldmann, der US-Bundesanwalt, der das Justizministerium vertrat; Deborah Gribbon, die damalige Leiterin des Getty; Lodovico Isolabella, Trues italienischer Rechtsanwalt, sowie Dolmetscher und amtliche Stenografen.

Zu Anfang ihrer Berufslaufbahn war Marion True im Museum of Fine Arts in Boston in der dortigen griechischen und römischen Abteilung tätig gewesen. 1983 wechselte sie zum Getty Museum und zwei Jahre später wurde sie Kuratorin. Ihre Vernehmung dauerte volle zwei Tage und zunächst herrschte eine angespannte Atmosphäre – True wurde in Anwesenheit ihrer Kollegen und Vorgesetzten zu schwerwiegenden Anklagepunkten vernommen. Ferris Ziel war es zunächst, sie zum reden zu bringen, und zwar – vorläufig zumindest – über andere. Es war ein klassisches Verhörspiel, das aber über die Hürde des Dolmetschens hinweg gespielt werden musste. Ferri saß ihr mit gemischten Gefühlen gegenüber. Er war verärgert über das, was True gemacht hatte, war aber auch fasziniert von einer Frau, die zweifellos stark war, sich in ihrem Fach gut auskannte und, wie er glaubte, auf Abwege gebracht worden war.

Marion True sagte aus, sie habe Giacomo Medici erstmals 1984 in Basel getroffen, beim Verkauf der Bolla-Sammlung griechischer Amphoren. Robert Hecht und Dietrich von Bothmer hätten sie einander vorgestellt. Später habe sie ihn in Malibu, Rom und Genf gesehen. Dort traf sie ihn 1988 zusammen mit Robert Hecht im Zollfreilager. Damals wurden ihr ein etruskischer Dreifuß aus Bronze und ein Kandelaber angeboten und Medici zeigte ihr einige

Fotografien einer Sammlung rotfiguriger attischer Teller, die dem Bryn-Mawr-Maler zugeschrieben wurden. Sie waren intakt und nicht in Scherben, erinnerte sie sich, aber bei einem Teller fehlte ein Stück vom Rand. Ein oder zwei Jahre später traf sie Medici erneut, in einer Genfer Bank, wo er ihr unter anderem eine späthellenistische Skulptur der Göttin Tyche zeigte, die bereits gereinigt war. (Diese Statue wurde später von Symes den Fleischmans verkauft, die sie dann an das Getty weiterverkauften.) Einige Zeit später kam Medici selbst nach Malibu, um sie zu sehen, wiederum zusammen mit Hecht. Es war ein Höflichkeitsbesuch und er hatte seinen Sohn dabei. True war im Gegensatz zu Symes überzeugt davon, dass Medici kein Experte sei.

Sie wisse, dass ihr Vorgänger Jiri Frel von der Hydra Gallery gekauft habe und dass sowohl diese Galerie wie auch Editions Services Medici gehörten. Über Frel habe sie auch Gianfranco Becchina kennen gelernt, und zwar 1983/84 im Getty, „als begonnen wurde, über die Statue zu sprechen, die als der Getty-Kuros bekannt werden sollte". Soweit sie wisse, hassten Becchina und Medici einander. Becchina hatte damals dem Getty bereits einen Dinos-Krater und einige Freskenfragmente verkauft.

Robert Hecht kenne sie seit 1972 oder 1973, als sie im Museum of Fine Arts in Boston gearbeitet habe. „Er war ein guter Freund des dortigen Kurators Cornelius Vermeule und seiner Frau Emily." Emily Vermeule war Marion Trues Professorin gewesen. True bestätigte, dass Hecht bei der Summa Gallery eine Partnerschaft mit Bruce McNall hatte, aber auch mit Fritz Bürki in Zürich in einer Partnerschaft gewesen war und verschiedene Objekte in dessen Werkstatt aufbewahrte. Dies widersprach den Angaben Bürkis.

Mit Dietrich von Bothmer vom Metropolitan sei sie gut befreundet. Auch er war ihr Professor gewesen. Ihr schien das Thema von Bothmer zu schaffen zu machen und sie bat um eine Pause. Als die Vernehmung fortgesetzt wurde, kam Ferri auf Dietrich von Bothmer zurück.

Ferri: Hat er jemals ... hat er sich Ihnen jemals anvertraut? Auf diesen Punkt bestehe ich.
True: Ja, ich glaube das kann man sagen.
Ferri: Wann?
True: In Beziehung auf wichtige Dinge, so gegen Ende seines Berufslebens, als er in Ruhestand ging, sagen wir, das muss 1990, so um diese Zeit herum gewesen sein.

Ferri: Er hat Ihnen sehr vertraut und ich habe dieselben Informationen, ich habe Informationen über etwas Wichtiges ... dass er Ihnen etwas Wichtiges anvertraut hat. Können Sie mir sagen, was das ist?
True: Nur um das in die richtige Perspektive zu rücken, Herr ... Professor von Bothmer wollte, dass ich seine Nachfolgerin werde beim Met. Und einmal war ich in seinem Büro und er hatte eine Fotografie, eine Luftaufnahme, auf der die Nekropole von Cerveteri zu sehen war. Und da zeigte er auf einen bestimmten Punkt und sagte, das ist der Platz, an dem der Euphronios-Krater gefunden wurde.
Ferri: Hat er auf bestimmte Gräber gezeigt?
True: Ja.
Ferri: Wo war das Grab? War es Sant' Angelo?
True: Ich weiß es nicht. Wirklich ... Es war nur diese Fotografie und ich ...
Ferri: Hat er Ihnen gesagt, warum er wusste, wo dieses Grab ist?
True: Nein. Er sagte nur, er habe die Information erhalten, dass der Krater von dort war.

Dies war natürlich eine sensationelle Aussage und Ferri hätte sehr gerne sofort eine Pause eingelegt, um sich auf der Zunge zergehen zu lassen, was Marion True gerade zugegeben hatte. Zunächst aber machte er weiter. Er las den entsprechenden Abschnitt aus Hechts Memoiren vor, die „Medici-Version", in der berichtet wurde, wie Medici eines Tages mit Fotografien in Hechts Haus in Rom aufgetaucht war, wie sie sofort nach Mailand geflogen waren und so weiter. Aber Marion True sagte, davon wisse sie nichts. Sie kenne die Dikran-Sarrafian-Version und das sei alles.

Hecht beschrieb sie als einen sehr intelligenten und faszinierenden Mann, aber auch einen „unheilbaren Spieler" und „chronischen Alkoholiker". Robin Symes habe ihr von Hechts Drohungen erzählt, seine Rivalen in einem nach seinem Tod veröffentlichten Buch zu diffamieren. Sie berichtete, Hecht sei auf den Verkauf von Fragmenten von solchen Vasen spezialisiert, die die Museen bereits gekauft hatten. Sie ginge davon aus, dass er immer noch aktiv sei. Ungefähr vor zwei Jahren sei sie zufällig in Athen auf ihn gestoßen, wo sie beide im selben Hotel wohnten, und er versucht habe, etwas an das Benaki-Museum zu verkaufen. Obwohl er bisweilen charmant sei, könne er auch „sehr feindselig, sehr sarkastisch, sehr böse" werden. „Er war eine Person mit einem sehr eigenartigen Charakter."

Ferri: Wissen Sie ob Hecht … Hat Hecht jemals damit gedroht, jemanden zu verleumden, wenn man nicht bei dem mitspielte, was er wollte oder gegen etwas rebellierte, was er machen wollte?
True: Ich habe von solchen Drohungen gehört.
Ferri: Wer hat Ihnen das erzählt?
True: Ich glaube, es war Robin Symes.

Später:

Ferri: … Was waren das für Drohungen, über die Symes sprach?
True: Nur … Ich erinnere mich nur, dass da etwas war, und kann Ihnen nicht genauer sagen, was es war, aber es war eine Andeutung, die Robin machte … ich glaube, dass er … Ich versuche nur zu rekonstruieren, wie es abgelaufen ist. Es könnte bei der Jubiläumsfeier gewesen sein, die Robin in London veranstaltet hat. Und es war wie ein … ich glaube es war das 25-jährige Jubiläum seiner Galerie und er gab eine große Party. Und ich war nicht dort, aber er hat mir erzählt, dass Bob sehr betrunken war und ein paar Sachen sagte wie, wisst ihr, ich kann euch alle vernichten, oder … etwas sehr Unangenehmes, aber nichts Bestimmtes.

Sie bestätigte – und das war ein wichtiger Punkt –, dass vom Verkäufer nie Polaroids geschickt wurden, wenn dem Museum Objekte angeboten wurden, weil sie nicht präzise genug waren, um die wirkliche Qualität zu offenbaren. Robin Symes hatte das Gegenteil behauptet. Außerdem bestätigte sie, dass sie alle Schlüsselfiguren in der Cordata kannte. Fritz Bürki habe sie oft in Zürich getroffen. (Man erinnere sich: Er konnte sich nicht daran erinnern, viel mit dem Getty zu tun gehabt zu haben.)
Dann:

Ferri: Fritz Bürki restauriert Kunstwerke. Hat er … hat er Objekte direkt an das J. Paul Getty verkauft?
True: Ich glaube er ist unter den Besitzern von Objekten, die wir gekauft haben. Und das war so eine Situation, wie ich Ihnen erzählt habe, ich wusste, dass er mit Bob zusammenarbeitete. Und entweder der eine oder der andere besaß ein Objekt. Und manchmal ist ein Objekt unter Bürkis Namen angekommen.

Ferri: Ich sehe. Also haben sie getauscht ... Einer war der Zwischenhändler für den anderen?
True: Ja. Ich meine, man hatte bei Bob Hecht das Gefühl, dass er ... er hat mit verschiedenen Leuten gearbeitet, war abhängig von Leuten, die wirklich Geld zur Verfügung stellen konnten.

Sie konnte nicht erklären, warum sie am 10. Juni 1987 den Brief an Medici geschrieben hatte, in dem sie ihm mitteilte, dass die beiden Objekte vom Museum gekauft würden, weil sie ihren eigenen Angaben zufolge wusste, dass die Bronzen Bürki und dann Hecht gehörten.

Ferri: Also wussten Sie, dass Medici doch der Eigentümer war?
True: Medici war derjenige, der sie mir gezeigt hatte. Wie ich Ihnen gesagt habe, ich könnte Ihnen beim besten Willen nicht sagen, ob die Objekte Bürki oder Medici gehört haben.
Ferri: Warum haben Sie Dokumente akzeptiert, die von Bürki kamen?
True: Weil er, wie ich Ihnen bereits gesagt habe, häufig mit Bob zusammengearbeitet hat und Bob mit Giacomo zusammengearbeitet hat.

Das Museum habe einige Objekte direkt von Medici gekauft, unter anderem Fragmente der Onesimos-Kylix und der Hydria aus Caere, „also gab es keinen Grund, warum Giacomo Medicis Name nicht in den Unterlagen des Museums erscheinen sollte". Mit der Tatsache konfrontiert, dass der Name Medici trotz dieser Versicherung nicht in den Getty-Unterlagen erscheint, antwortete sie, einige Objekte liefen auf den Namen der Hydra Gallery, gestand aber ein, dass „Editions Services" nirgends in den Getty-Archiven auftaucht.

Auf den Brief angesprochen, den sie bezüglich der laufenden Ermittlungen an Bürki geschrieben hatte und in dem sie sagte, sie habe den Dreifuß bei Medici in Genf und nicht bei Bürki in Zürich gesehen, antwortete sie, sie habe sich erst da an den wirklichen Verlauf der Ereignisse erinnert. Sie gab zu, Medici die Ankunft des Dreifußes bestätigt zu haben, obwohl er anscheinend nicht der Eigentümer war. Der vertrauliche Ton ihrer Briefe an ihn sei darauf zurückzuführen, dass das Museum ihn wegen des Problems mit der Kuros-Fälschung noch gebraucht hätte; Medici hatte den Beweis dafür geliefert, dass Becchina dem Museum eine Fälschung verkauft hatte. Sie sei auch Zeuge eines Wortwechsels zwischen Robin Symes und Robert Guy gewesen, bei dem

Letzterer, während er Objekte aus Symes' Sammlung begutachtete, vorgab, sie noch nie gesehen zu haben. Sie habe aber gewusst, dass er sie schon bei Medici gesehen hatte und diese Tatsache für sich behielt. „Also war klar, dass Symes' Objekte von Medici kamen."

Die ersten Teile der Onesimos-Kylix habe Jiri Frel ursprünglich von der Galerie Nefer (von Frida Tchacos) gekauft. Dann kaufte Arthur Houghton die Fragmente des Tondos und von Bothmer schenkte dem Museum 1986 oder 1987 noch ein Fragment. Es trug einen Aufkleber mit der Bezeichnung „RH '68", was sie als „Robert Hecht 1968" interpretierte. Auf den bei Medici beschlagnahmten Fotos – darunter ein Polaroid – erkannte sie die Fragmente der Kylix-Tondos.

True sagte, sie wisse, dass zumindest ein Teil der Levy-White-Sammlung von Tchacos, Hecht, Symes, den Aboutaams und Becchina stamme, weil mehrere Objekte dieser Sammlung von eben diesen Personen zunächst ihr angeboten worden waren. Ihr sei auch bekannt, dass die Hunt-Sammlung von Hecht, McNall und der Summa Gallery zusammengestellt wurde. Darüber hinaus erzählte sie, als sie frisch in das Getty gekommen sei, habe Jiri Frel ihr über die „Bruderschaft" von Hecht, Bürki und den Hunts berichtet.

Ortiz beschrieb sie als einen „außerordentlich unangenehmen Menschen. Er ... er lebt außerhalb von Genf, bewahrt seine Sammlung in einem unterirdischen Gewölbe auf. Ich glaube, die engsten Verbindungen hat er mit Becchina und mit ... Nikolas Koutoulakis stand er nahe. Eine Art Hass-Liebe schien ihn mit Robin Symes zu verbinden, der ihn einmal die Treppen hinunterwarf."

Zu den attischen Tellern sagte sie, als das Museum sich gegen ihren Kauf entschieden habe, habe Medici sich geweigert, die mit angebotenen Fragmente allein zu verkaufen, die ungefähr mit 125 000 Dollar veranschlagt waren.

Bei Vorlage der Fotografien der pompejischen Fresken bestätigte sie, sie habe drei der Wände in Zürich in natura gesehen. Ihrer Meinung nach seien diese Fresken unmöglich zu verkaufen, und sie sei von dem Angebot sogar so beunruhigt gewesen, dass sie sich von Professor Michael Strocka, einem Freskenexperten der Universität Freiburg (im Breisgau) hatte begleiten lassen. Ein „Teil des Simses", fügte sie hinzu, habe sie an ein Fragment in der Levy-White-Sammlung erinnert, und in der Fleischman-Sammlung befinde sich ebenfalls eines, das „Teil desselben Freskos" sein könne. Sie sei schockiert gewesen: „Es ist unmöglich, architektonische Objekte wie diese zu entfernen, ohne die Bausubstanz zu zerstören."

Das war ein wichtiger Moment. Während der Mittagspause des zweiten Tages hatte True Maurizio Pellegrini selbst durch das Museum geführt. Sie war viel sympathischer, als er erwartet hatte, und ihm weit mehr als jedem anderen im italienischen Team. Sie blieben vor den Greifen stehen und Pellegrini blickte von dem schön ausgestellten Raubgut zu True. „In diesem Moment habe ich gespürt, dass True ‚*dispiaciuta*‘ war" (dass es ihr leid tat). Nicht so sehr, weil sie schuldig war – was sie in seinen Augen war –, sondern weil sie als Archäologin ihren Berufsstand verraten hatte. Ferri war unerbittlicher. Als True darüber sprach, wie „schockiert" sie von den Fresken war, die sie in Bürkis Werkstatt gesehen hatte, hatte er den Eindruck, sie versuchte lediglich, Mitleid zu erheischen. Von da an war er entschlossen, sie vor Gericht zu stellen.

Nach dem Mittagessen wechselte Ferri das Thema und widmete sich zunächst einem Beispiel für den Handel mit Fragmenten oder auch „Waisen". Der Kantharos mit den Masken wurde zunächst Jiri Frel angeboten, und zwar von Symes. Anfangs wurde er abgelehnt, dann wurde er dem Museum in Form von Fragmenten verkauft, zunächst von Fritz und Harry Bürki, „die sagten, sie hätten ihn von Symes in halb zusammengesetztem Zustand erhalten". Weitere Fragmente wurden 1988 von Symes angeboten, dann 1996 noch einmal elf von Brian Aitken, einem Kunstmäzen.

Zur Phiale von Duris, die von True als „außergewöhnliches Objekt" bezeichnet wurde, sagte sie, sie sei „von verschiedenen Provenienzen" – Frida Tchacos und ihrem Mann Werner Nussberger, Symes, Bürki – in Fragmenten erworben worden. Sie bemühte sich sehr, alle Fragmente zu bekommen, und verhandelte zu diesem Zweck „mit allen: Hecht, Tchacos, [Herbert] Cahn".

Allgemeiner bestätigte True, dass die Fragmente meistens scharfe Kanten hatten, was bedeutet, dass sie noch nicht lange auseinandergebrochen sind. „Ich würde sagen, in den meisten Fällen waren es scharfe Bruchkanten, die gut passten. Sie konnten fast nahtlos zusammengefügt werden." Manchmal seien sie an der Oberfläche verwittert. „Aber sie waren nicht abgenutzt." Sie bestätigte auch, dass eine bestimmte Vase im Getty auf Medicis Polaroids zu erkennen war. Dies war deshalb von Bedeutung, weil sie auf der Polaroidaufnahme noch ein Loch hatte. Daniela Rizzo erklärte, das sei durch einen *spillo*, einen langen Metallstab entstanden, den die Tombaroli in den Boden stoßen, um nach verschütteten Gräbern zu suchen. Manchmal macht der *spillo* Löcher in die Vasen eines sehr vollen Grabes. Ein eindeutiger Hinweis also, dass die Vase aus einer illegalen Grabung stammt. True antwortete: „Ich weiß. Ich verstehe."

Schließlich konnte Marion True Ferri einen Dienst erweisen. Er zeigte ihr eine Reihe von Fotografien und Polaroids, und sie konnte nicht nur bestätigen, welche Objekte sich in der Sammlung des Getty befanden, sondern manchmal auch, in welchen anderen Museen die Objekte zu finden waren. True bestätigte für 19 Objekte, dass sie im Getty waren, und zwei weitere – Fragmente von Vasen des Kleophradesmalers und des Berliner Malers – könnten Teil von unvollständigen Objekten gewesen sein, die sie bereits hatten. Sie identifizierte ein, zwei Fälschungen, ortete aber auch eine lakonische Kylix und zwei weitere Objekte im Metropolitan Museum, ein weiteres Objekt in Toledo, Ohio, einen Lekythos „im Cleveland oder Richmond Museum", eine *situla* (eine eimerartige Bronzevase mit Henkeln) „vielleicht in Richmond", eine Vase im Museum of Fine Arts in Boston und eine Sabene-Statue, ebenfalls in Boston und von Robert Hecht erworben. Sie identifizierte andere Objekte in Minneapolis, mindestens eines in der Levy-White-Sammlung und ein drittes im japanischen Museum Koreshiki Ninigawa.

Aus den beschwerlichen zweisprachigen Befragungen Trues war nichts hervorgegangen, was Ferris geplanten Anklagepunkten widersprochen hätte, im Gegenteil, vieles war bestätigt und erläutert worden. Medicis und Becchinas Rolle als Hauptlieferanten von Raubgut aus Italien war untermauert worden, die Existenz der Dreiecksgeschäfte unter Beteiligung von Hecht, Symes, Bürki und Tchacos ebenfalls. Und natürlich war die enge Verbindung von Marion True und Dietrich von Bothmer einerseits und der Unterwelt andererseits höchst bemerkenswert. Als Kuratoren der Antiquitätenabteilung eines großen Museums waren beide Teil dieses geheimen Netzwerks geworden, und wussten sehr wohl, woher die Objekte kamen, die ihre Häuser ankauften. True behauptete, sie sei „entrüstet" angesichts der Schäden, die bei der Entfernung der pompejischen Fresken entstanden sein müssen, aber ansonsten scheint sie wenig Gewissensbisse oder Bedauern verspürt zu haben. Während ihrer Befragung kam jedenfalls keine Reue zum Ausdruck. All dies bestätigte Ferri nur darin, dass er zur rechten Zeit Anklage gegen die Kuratorin des Getty erheben würde.

Ferris vorrangiges „Ermittlungsobjekt" war Medici. Zugleich hatte er nun zwei wichtige Beweismittel, die den Status des Euphronios-Kraters im Metropolitan Museum völlig veränderten. Er hatte Hechts Memoiren, aus denen hervorging, dass es Medici – und nicht Dikran Sarrafian – war, von dem von Bothmer dieses Objekt gekauft hatte. Und jetzt hatte er Marion Trues Aussage, dass eben dieser Dietrich von Bothmer ihr persönlich das Grab in Cerveteri gezeigt hatte, aus dem der Krater gekommen war. Ferri machte sich also daran, von Bothmer aufzusuchen. Genauer gesagt tat er sich in diesem Fall mit seinem Kollegen Dr. Frank di Maio zusammen, einem sizilianischen Staatsanwalt, der wegen des Silbers von Morgantina ermittelte.* Die Italiener dachten offensichtlich, sie würden eine angemessenere Reaktion bekommen, wenn sie diese beiden Anfragen gleichzeitig stellten. Außerdem ergänzten sich die Anfragen gegenseitig und setzten die Amerikaner unter Druck, zu kooperieren. Ein „Dringendes Rechtshilfeersuchen" ging im August 2002 an die „zuständige Justizbehörde für New York, USA". Damit wurden die Rechtshilfeersuchen vom Juni 2000 weiterverfolgt; mangelnde Entschlusskraft konnte man den Italienern nicht vorwerfen.

Die zu vernehmenden Personen sollen gegen vier Artikel des italienischen Strafgesetzbuchs verstoßen haben: unterlassene Meldung archäologischer Funde, illegaler Export, Hehlerei und Verschwörung. (Im von di Maio vorgebrachten Fall ohne Verschwörungsabsicht.)

Die Dokumente, die die Staatsanwälte in die USA schickten, umrissen kurz und prägnant, warum die beiden so erpicht darauf waren, zwei US-Bürger und ehemalige Mitarbeiter des Metropolitan Museum of Art in New York – Dietrich von Bothmer und Ashton Hawkins – zu vernehmen: Zunächst wurde dargelegt, was in Medicis Lager in Genf entdeckt worden war, und die sieben Objekte im Met benannt, die den Italienern zufolge von ihm stammten, einschließlich des Euphronios-Kraters. Die Italiener wiesen auf Hechts beschlagnahmte Memoiren hin und auf Marion Trues Aussage, von Bothmer habe ihr auf einer Luftaufnahme den Ausgrabungsort in Cerveteri gezeigt. Hecht hätte bei seiner Vernehmung auf die Frage, welche Version der Herkunft die richtige sei, eine Pause erbeten, um seinen Anwalt zu kontaktieren – „wodurch er uns ... zu verstehen gab, dass die offizielle Rekonstruktion der Affäre um diesen bedeutenden archäologischen Fund nichts als ein Märchen war, ... um die Straf- und Zivilrechtsbehörden Italiens zu behindern". Von Bothmer könne ihnen bei der Rekonstruktion des genauen Weges der sieben Objekte im Met

* Siehe Seiten 125–129.

sowie vieler Objekte im Getty und in der Levy-White-Sammlung behilflich sein.

Außerdem den italiensichen Ermittlern noch zwei andere Themen am Herzen. Ferri und Pellegrini hatten im Laufe der Monate das *Getty Museum Journal* durchgesehen und festgestellt, dass von Bothmer ein sehr aktiver Spender war: Insgesamt *119 Stücke** hatte er diesem Museum gespendet. Wie war er zu diesen „Waisen" gekommen? Was ging hier vor sich?

Und Staatsanwalt Ferri war auch daran interessiert, mehr zu von Bothmers Einstellung im Allgemeinen zu erfahren. Als dieser 1985 den Sotheby's-Katalog für die Antiquitätenauktion im Juli erhalten hatte, war ihm aufgefallen, dass über Los Nr. 540, eine attische schwarzfigurige Amphora, in einer italienischen Zeitschrift berichtet wurde, sie sei von einem Tombarolo aus Tarquinia illegal ausgegraben worden. Seine Reaktion hatte darin bestanden, Felicity Nicholson von Sotheby's auf seine Entdeckung hinzuweisen – nicht die italienischen Behörden. Dieser Geschichte wollte Ferri nachgehen.

Zur selben Zeit war Frank di Maio auf der Spur der 15 Silbergegenstände aus Morgantina. Mitte der 1980er-Jahre, als erste Zweifel an der Provenienz des Silbers laut wurden (das in der 1984er Sommerausgabe der Museumsmitteilungen veröffentlicht wurde), hatte das Metropolitan widersprüchliche Informationen dazu geliefert. Zuerst war behauptet worden, es sei in zwei Portionen, 1981 und 1982, von einem gewissen Nabil el Asfar, einem Antiquitätenhändler aus Beirut, erworben worden. Dieser Version zufolge hatte Asfar das Silber nach dem Zweiten Weltkrieg von seinem Vater bekommen und 1961 in die Schweiz geschickt, wo es geblieben war, bis sich das Metropolitan zum Kauf entschloss. In Wirklichkeit war das Silber aber erst gekauft

---

* Im Einzelnen: 1984 ein Fragment einer Euaion-Kylix / 1986 47 (nicht genauer bezeichnete) Fragmente von 810 Fragmenten verschiedener Künstler, die vom Getty Museum gekauft wurden / 1987 vier Fragmente einer Duris-Kylix und bei einer anderen Gelegenheit ein Fragment einer Duris-Kylix / 1987 elf (nicht genauer bezeichnete) Fragmente von 189 Fragmenten verschiedener Künstler, die vom Getty Museum gekauft wurden / 1988 13 Fragmente eines Astragal des Syriskosmalers / 1989 ein Fragment eines Kelchkraters des Berliner Malers / 1993 acht Fragmente eines Skyphos des Kleophradesmalers / 1993 ein Fragment einer Kylix des Brygosmalers / 1981, 1982, 1987 und 1988 insgesamt 32 Fragmente einer Duris-Kylix

worden, als es sich schon in den Vereinigten Staaten befand.* Die vom Met selbst vorgelegten Rechnungen passten auch nicht zu seinem Bericht oder den Importdokumenten, die vom US-Zoll vorgelegt wurden.

Das Szenarium erinnert deutlich an die Affäre um den Euphronios-Krater und den Wirbel um das Silber von Sevso, bei dem sich die Exportgenehmigungen, die angeblich aus dem Libanon stammten, als Fälschungen erwiesen. Auch hier ist der Libanon das vorgebliche Herkunftsland, auch hier hat ein Vater seinem Sohn wertvolle Antiquitäten überlassen, auch hier lagerten sie trotz ihrer Schönheit und Seltenheit jahrelang unbemerkt, und auch hier war es Robert Hecht, der sie aus der Schweiz in die Vereinigten Staaten brachte.

Im Dezember 2000 vernahm di Maio den bekannten sizilianischen „Antiquitäten- und Münzensammler" Vincenzo Cammarata, der sich im internationalen Antiquitätenschmuggel gut auskannte. Der meinte: „… zu den Silbergegenständen, ich habe gehört, sie wurden im Rahmen archäologischer Zufallsfunde in Scillato [eine Kleinstadt in der Provinz Palermo] entdeckt, oder eher zufällig gefunden. Ich weiß das wegen einigen Personen, die mich gefragt haben, wie viel die Stücke wert sind. Ich habe das so verstanden, dass sie aus Morgantina gekommen sind." Cammarata zeigte di Maio auch ein paar Zeitungsausschnitte zu den Silbergegenständen und sagte, ein anderer, Vincenzo Arcuri, habe sie auch gesehen. Arcuri wurde im darauf folgenden Monat vernommen, und gab zu Protokoll: „… Anfang der 80er haben zwei Personen, die ich nicht kannte, in diesem Zentrum an der Piazza Garibaldi nach mir gesucht und ich sollte mir silberne archäologische Gegenstände ansehen; sie haben mich gefragt, wie viel sie damit verdienen könnten …" Arcuri erinnerte sich, diese Leute hätten gesagt, sie kämen aus der Gegend von Palermo, und hätten ihm vier Objekte gezeigt: „Als ich sie sah, waren die Objekte außergewöhnlich schmutzig und teilweise mit Schlamm bedeckt. … Auf meine Frage nach der Provenienz dieser Stücke wurde mir gesagt, sie kämen alle aus dem Gebiet zwischen Caltacuturo und Scillato." Als ihm 16 ungekennzeichnete Fotografien guter Qualität von hellenistischen Silbergegenständen – vier aus dem Met und zwölf andere – gezeigt wurden, erkannte Arcuri sofort die Silbergegenstände des Met als diejenigen, zu denen er damals „um Rat gefragt" worden war.

---

* Siehe Seite 125.

Die amerikanischen Behörden hatten sich Ferri und di Maio gegenüber nicht gerade hilfsbereit gezeigt. True war zwar vernommen worden, aber eine Genehmigung zur Durchsuchung von Hechts Wohnung in New York war zumindest vorläufig verweigert worden, auch die Genehmigung zur Vernehmung von Bothmers war – zumindest vorläufig – verweigert worden und zu Ashton Hawkins kam nie eine Antwort. Unter solchen Umständen sind Ermittlungen gelinde gesagt schwierig. Aber Ferri arbeitete fleißig weiter und schaffte es schließlich, die Genehmigung für weitere Vernehmungen zu erhalten, wenn auch erst, nachdem fast drei weitere Jahre verstrichen waren. Im September 2004 konnte er Barbara Fleischman, John Walsh und Karol Wight befragen.

Barbara Fleischman wurde am 20. September 2004 in New York City, 1 St. Andrews Plaza, vernommen. Anwesend waren 13 Personen. Neben dem Richter Guglielmo Muntoni, Ferri, Rizzo und diesmal nur einem von Confortis Mitarbeitern waren anwesend: Richard Martin für das Getty, Lodovico Isolabella für Marion True, ein Vertreter des US-Justizministeriums und zwei Rechtsanwälte für Barbara Fleischman. Hecht war angeboten worden, er könne einen Rechtsvertreter schicken, aber er hatte abgelehnt.

Das Hauptergebnis war die Bestätigung Barbara Fleischmans, dass sie und ihr 1997 verstorbener Gatte die meisten ihrer Objekte entweder über Hecht-Bürki, Symes oder Tchacos erworben hatten. Sie nahm an, dass Hecht und Bürki Partner waren, und obwohl sie ein paar Dinge von den Aboutaams gekauft hatten, hielt sie diese in erster Linie für ein Unternehmen, das im Auftrag anderer verkaufte.

Die Fleischman-Sammlung sei deshalb im Getty ausgestellt und ihm anschließend angeboten worden, weil ihre ehemals guten Beziehungen zum Metropolitan Museum Schaden genommen hatten: das Met hatte ihnen mitgeteilt, sie müssten für eine bereits seit mehreren Monaten geplante Ausstellung nun plötzlich doch etwas bezahlen und darüber hinaus zwölf Objekte spenden. Das erboste Lawrence Fleischman derart, dass er sein Angebot zurückzog und jegliche weitere Zusammenarbeit ablehnte. Barbara Fleischman stritt vehement ab, sie und ihr Mann hätten jemals etwas erworben, damit das Getty es später kaufen könne. Keiner habe sie je beeinflusst oder habe sie je beeinflussen können.

Dann erzählte sie eine Geschichte über Hecht, die, wie sie sagte, seinen Charakter veranschauliche. Einmal lag ihr Gatte im Krankenhaus und bekam Besuch von Hecht. Sie dachte, es handle sich um eine Geste der Höflichkeit, bis er eine kleine Bronze aus seiner Tasche zog, um zu sehen, ob Lawrence sie kaufen wolle.

Medici habe sie nie getroffen, aber sie habe stets vermutet, dass er eine große Figur im Hintergrund war. Als sie gebeten wurde zu erklären, wie die beiden Schecks in Medicis Lager gekommen waren, war sie um eine Antwort verlegen, mutmaßte aber, dass die Aboutaams als Kommissionäre handelten. Sie gab zu, dass bei der Überstellung der Fleischman-Sammlung an das Getty sämtliche Finanzinformationen zurückgeblieben waren, aber das sei nur ein Versehen gewesen. Alle Unterlagen zur Provenienz seien dem Getty zusammen mit den Objekten überstellt worden. Sie hätten außerdem nur in den Vereinigten Staaten oder in London Kunstwerke gekauft, nie in der Schweiz oder sonst wo.

John Walsh, von 1983 bis 2000 mit der Leitung des Getty betraut, wurde am darauf folgenden Tag am selben Ort befragt. Er trat stark für Marion True ein und argumentierte, als sie zum Museum gestoßen sei, sei die Akquisitionspolitik dort „eher lässig" gewesen und sie habe begonnen, die Sicherheitsvorkehrungen zu verschärfen. Das Getty hätte daraufhin mehr und mehr Regierungen von – mit seinen Worten – „Archäologieländern" auf Objekte hin abgeklopft, die von dort gekommen sein könnten, sich mit den Veröffentlichungen mehr beeilt, damit sich die Wissenschaftler früher eine Meinung über ihre Akquisitionen bilden konnten, und eine größere Bereitschaft gezeigt, aus Plünderungen stammende Objekte zurückzugeben, und zwar „unabhängig von den Verjährungsfristen".

Marion True sei die treibende Kraft hinter all diesen Veränderungen gewesen, aber obwohl sie die entsprechenden Regierungen auf potenzielle Probleme aufmerksam gemacht hätten, sei die Reaktion enttäuschend gewesen. Eigentlich hätten die Archäologieländer fast gar nicht reagiert. Es habe weder Gerichtsprozesse noch offizielle Rückforderungen gegeben. Später, Mitte der 1990er-Jahre, seien sie dann noch strikter geworden und hätten versucht, enger mit den Archäologieländern zusammenzuarbeiten. Walsh meinte, dies habe True und das Getty bei anderen amerikanischen Museen sehr unbeliebt gemacht. In den Augen des Metropolitan Museum, des Cleveland Museum of Art und des Fort Worth Museum sei Trues neue Politik „zu großzügig" gewesen. Den reicheren Museen habe das überhaupt nicht gepasst. In seinem eifrigen Bestreben, True zu unterstützen, merkte Walsh anscheinend gar nicht, was er damit über amerikanische Museen im Allgemeinen sagte.

Walsh kannte Symes, Hecht, Becchina und ein paar andere Antiquitätenhändler, die meisten habe er aber nur einmal getroffen und der Kontakt habe sich auf ein Händeschütteln beschränkt. Von Bürki habe er gehört, ihn aber nie getroffen, dasselbe gelte für Medici – den Namen habe er gehört, ihn aber nie gesehen, auch nicht während seiner Romreise mit Marion True, die zuvor einen Brief an Medici geschickt hatte, um ein Treffen zu vereinbaren. Er habe keine Ahnung von der Bedeutung Medicis.

Am nächsten Tag – wiederum am selben Ort – war Marion Trues Assistenzkuratorin, Karol Wight an der Reihe. Wight war schon seit 1985 im Getty, zunächst als Teilzeitbeschäftigte und seit 1997 als Mitkuratorin. Sie war eine konfuse Zeugin, die viele Fragen nicht zu verstehen schien, und der US-Bundesanwalt setzte sich über Richter Muntoni hinweg und erlaubte ihr, sich während der Befragung mit ihren Rechtsanwälten zu beraten, was ungewöhnlich war.

In einer Angelegenheit allerdings war Wights Verhalten seltsam. Sie wurde zur Entscheidung der Fleischmans, ihre Sammlung an das Museum zu verkaufen, befragt und zu Marion Trues Rolle dabei. True habe keinen Anteil daran gehabt, die Fleischmans dazu zu überreden, und folglich fragte Richter Muntoni, was das Ehepaar denn dann davon überzeugt habe, sich von ihrer Sammlung zu trennen und sie and das Museum in Los Angeles zu verkaufen. Daraufhin fragte Karol Wight: „Ist es jetzt Zeit für die Geschichte?"

An wen genau diese Frage gerichtet war, war unklar, aber sie ging rasch dazu über, eine Anekdote zu erzählen: Barbara und Lawrence Fleischman und Marion True gingen durch das Museum, noch während ihre Sammlung ausgestellt wurde. Sie kamen an einer Gruppe von Schulkindern vorbei, die Referate über einige der Objekte vorbereitet hatten. Sie waren stehen geblieben, um zuzuhören und hatten sich von den Kindern bezaubern lassen. Als diese mit ihren Präsentationen fertig waren, stellten sich die Fleischmans vor und ermunterten die Kinder, Fragen zu stellen. Nach dieser Begegnung hätten sie sich bereitwillig entschlossen, ihre Sammlung einer öffentlichen Einrichtung zu verkaufen. Das war natürlich höchst interessant, da Barbara Fleischman zwei Tage zuvor ein solches Motiv für den Verkauf oder die Schenkung ihrer Sammlung mit keinem Wort erwähnt hatte. Es hätte vielmehr erst des Streits mit dem Met bedurft, ehe sie und ihr Mann sich für das Getty entschieden. Schulkinder hatte sie keine erwähnt.

Karol Wight sagte noch etwas, was Ferri seine Ohren spitzen ließ. Direkt gefragt, ob es im Museum eine „vertrauliche" Akte mit Informationen über die Provenienz von Antiquitäten gebe, antwortete sie, sie kenne keine solche Akte. Müsste man nicht davon ausgehen können, dass ein Museum, das eigene Nachforschungen zur Provenienz potenzieller Kaufobjekte betreibt, die Ergebnisse irgendwo aufbewahrt?

Bei manchen der Vernehmungen in den Vereinigten Staaten waren bis zu 15 Personen gleichzeitig im Vernehmungsraum. Neben der schieren Größe gab es zusätzlich noch die Sprachbarriere. Beides war zu erwarten gewesen. Pellegrini aber spürte noch etwas anderes, etwas, das er nicht erwartet hatte, vielleicht aber hätte erwarten sollen. „Da war ein Element von konkurrierendem Nationalismus", sagte er. Aus „Polizei gegen die Verdächtigen", war bis zu einem gewissen Grad „Italien gegen die Vereinigten Staaten" geworden.

15
Das Rätsel der „Waisen"

Bei ihrem Besuch in den Vereinigten Staaten bekamen Ferri, Rizzo und Pellegrini mehr und mehr das Gefühl, dass sie mindestens einen Aspekt ihrer Ermittlungen immer noch nicht ganz verstanden. Eine Ahnung davon, wie schwer fassbar dieser Aspekt war, vermittelten die Aktivitäten von Dietrich von Bothmer. Zwischen 1981 bis 1993 hatte von Bothmer dem Getty sage und schreibe 119 Vasenfragmente gespendet. Warum? Normalerweise akquirieren Museen keine Fragmente, zumindest nicht in größeren Mengen. Daniela Rizzo erzählte uns beispielsweise, dass die Villa Giulia nie Fragmente kauft. Ein einziges Mal wurden ein paar mit dem Metropolitan Museum getauscht, weil beide Museen ein paar Stücke hatten, die in eine Vase des jeweils anderen passten. Professor Michael Vickers vom Ashmoleon-Museum in Oxford sagte uns, er habe vor kurzem etwas mehr als 20 legal ausgegrabene und von der zuständigen Behörde zum Verkauf und Export freigegebene Fragmente aus Rumänien gekauft. In Oxford wollte man diese nicht, um sie zu einer Vase zusammenzusetzen, sondern für die Lehrmittelsammlung – als Beispiele verschiedener Herstellungsverfahren und Dekorationstechniken von Keramiken für die Studenten.

Insofern fällt das Getty schon dadurch aus dem Rahmen, dass es erstens viele Fragmente kauft und sie zweitens mit dem Ziel kauft, diese zu Vasen zusammenzusetzen. Wir haben mit mehreren hervorragenden Archäologen gesprochen, die uns bestätigten, dass dieses Verhalten in der Tat ungewöhnlich ist und sie es bereits seit mehreren Jahren beobachtet haben.

Wie ungewöhnlich das Getty in dieser Beziehung wirklich ist, demonstrieren vielleicht die folgenden Zahlen. In den zehn Jahren, die von den Ermittlern untersucht wurden, d. h. von 1984 bis 1993, erwarb das Museum mindestens 1061 Fragmente. Dies unterscheidet sich bereits deutlich von dem, was zum Beispiel in Auktionshäusern üblich ist. Wir haben 23 Antiquitätenauktionen bei Bonhams, Christie's und Sotheby's ausgewertet, zwischen 1996 und Oktober 2005, und in diesem Zeitraum kamen 1619 griechische und italienische Terrakottavasen, aber nur 24 Vasenfragmente zur Versteigerung. Selbst die Zahl 24 erzeugt noch ein übertriebenes Bild: Auf 15 der 23 Antiquitätenauktionen wurden überhaupt keine Vasenfragmente versteigert und in nur dreien wurden gleich 18 Fragmente gehandelt. Warum und auf welche Weise sollte das Getty innerhalb von zehn Jahren 1061 Fragmente erwerben?

Es ist nicht so, als ob Fragmente für die Wissenschaft besonders wichtig wären. Dafür spielt bei der Zuschreibung von Fragmenten an bekannte Künstler auch ein finanzieller Faktor eine Rolle. Laut Museumsexperten kann ein Fragment, das ohne Zuordnung vielleicht 400 Dollar wert ist, auf bis zu 2500 Dollar im Wert steigen, wenn es einem anerkannten Maler zugeordnet wird. In den Vereinigten Staaten können zugeordnete Fragmente daher im Hinblick auf die Steuerersparnisse attraktiv sein, die sich damit erzielen lassen. Sowohl Dietrich von Bothmer (ein Schüler von Beazley) als auch Robert Guy sind unter ihren Kollegen bekannt für ihr Können und ihren Hang dazu, Fragmente berühmten Künstlern zuzuordnen. Natürlich ist es für Wissenschaftler und Museen viel befriedigender, Vasen, selbst in Form von Fragmenten, zu erwerben, die von bekannten Künstlern stammen, somit stimmen hier wirtschaftliche und wissenschaftliche Werte miteinander überein. All dies stützt Marion Trues Aussage, dass das Getty Fragmente erwarb, um sie zu vollständigen oder möglichst vollständigen Vasen zusammenzusetzen.

Aber ist das alles? Bietet die Tatsache, dass das Getty so stark von den anderen Museen abweicht, angesichts all seiner anderen in diesem Buch beschriebenen Unzulänglichkeiten nicht doch Anlass zur Sorge?

Rizzo und Pellegrini fiel in diesem Zusammenhang auf, dass viele der Fragmente laut True scharfe Bruchkanten hatten, sodass benachbarte Fragmente sehr gut zusammenpassten. Selbst Marion True bejahte die Schlussfolgerung, dass zumindest einige der Bruchstellen neueren Datums sein mussten. Ein weiteres Indiz steckte in einem vom Getty zur Verfügung gestellten Dokument bezüglich des 1990 von den Levy-Whites bei der Hunt-Auktion erworbenen Euphronios-Kraters. Dieser wurde anschließend an die Restaurierungsabteilung des Getty geschickt, um herauszufinden, ob zwei andere Fragmente hineinpassten, die ihnen Robin Symes verkauft hatte. In Kapitel 9 wurde bereits berichtet, dass die Fragmente nicht passten, dass aber Maya Elston von der Restaurierungsabteilung über die beiden Stücke gesagt hatte, „an der größeren Scherbe" seien „frische Oberflächenschäden zu beobachten", die vielleicht „Spuren eines Ausgrabungswerkzeugs" seien. Auch hieraus war zu schließen, dass die Fragmente erst vor kurzem ausgegraben worden waren.*

---

* Siehe Seite 153.

Darüber hinaus gab es die Aussage von Marion True, das Museum besitze eine unvollständige Schale des Brygosmalers und Hecht habe einmal angerufen, ein passendes Fragment angeboten und dafür einen „unverschämten" Preis verlangt.

Das letzte Indiz ergab sich aus den Verhandlungen über die 20 attischen Teller, die das Getty schließlich nicht kaufte. Da sich Medici über diese Zurückweisung ärgerte, zog er auch die 35 Fragmente des dem Berliner Maler zugeschriebenen Kraters zurück, die er gleichzeitig mit den Tellern für 125 000 Dollar angeboten hatte. Warum? Warum sollte er sich ins eigene Fleisch schneiden? Warum ein Geschäft über 125 000 Dollar ausschlagen, nur weil ein noch größerer Handel nicht zustande gekommen war? Warum wegen ein paar „Scherben" seine guten Beziehungen zum Museum aufs Spiel setzen? Und warum befand sich diese Vase überhaupt noch in zerbrochenem Zustand? Warum hatte sie Bürki oder sonst jemand nicht zusammengesetzt? Schon für sich genommen stellt dies ein merkwürdiges Verhalten dar, aber was Ferri besonders hellhörig machte, war die Formulierung in Marion Trues Brief an Medici, in dem sie ihm die Entscheidung mitgeteilt hatte:

„Es tut mir selbst sehr Leid um die Teller und ich hoffe, sie werden verstehen, dass die Entscheidung gewiss nicht die meine war. Dies ist das erste Mal, dass John [Walsh] etwas zurückwies, was ich vorgeschlagen habe. Ich hätte die Fragmente des Berliner Malers in meinem [früheren] Brief erwähnen sollen, selbstverständlich werden wir sie mit den Tellern zurücksenden, da sie Teil der Vereinbarung waren …"

Was war diese „Vereinbarung"? In Los Angeles konnte nur eine begrenzte Anzahl von Themen behandelt werden, und dieses war so undurchsichtig, dass sie es hintangestellt hatten. So hatten sie nie die Gelegenheit, Marion True zu fragen, was mit dieser Formulierung genau gemeint war. Die Suche in Medicis Unterlagen und denen, die vom Getty bereitgestellt worden waren, ergab kein klares, stimmiges Bild. Aber Ferri und Pellegrini entwickelten allmählich eine Vorstellung davon, was sich abspielte.

Einige der Vasen, mindestens acht, erreichten das Getty als Fragmente, Stück für Stück, verteilt über mehrere Jahre. Aus den Papieren des Getty ließ sich jedoch nur die Geschichte zweier Vasen mehr oder weniger vollständig rekonstruieren. Dabei handelt es sich um die attische rotfigurige Phiale von Duris und den attischen rotfigurigen Kelchkrater des Berliner Malers. Beides sind in der Tat sehr wichtige Vasen. Erstere wurde von 1981 bis 1990 in Form von 63 Fragmenten erworben, die andere in Form von 58 Fragmenten, die von 1984 bis 1989 ihren Weg ins Museum fanden.

Aus der genauen Untersuchung des Vorgangs wurde zunächst klar, dass der durchschnittliche Einkaufspreis eines Vasenfragments irgendwo zwischen 2500 und 3500 Dollar lag. Offensichtlich hing der Preis auch von der Bedeutung und Größe des Fragments ab und davon, ob es zum Hauptbild der Vase gehörte oder zum Rand. Von diesem Durchschnittswert ausgehend liegt der Wert der Spenden von Bothmers an das Getty zwischen (119 x 2500 =) 297500 Dollar und (119 x 3500 =) 416500 Dollar. Man fragt sich, woher von Bothmer die Mittel zur Finanzierung dieser Spenden nahm. Nach dem, was uns von anderen Archäologen berichtet wurde, hätte sich also der Wert dieser Fragmente durch ihre bewusste Zuordnung an bekannte Maler – falls er dies getan hat – von „normalen" (119 x 400 =) 47600 Dollar auf mindestens 297500 Dollar steigern lassen – ein Wertzuwachs um 249900 Dollar. Konnte er mit Hilfe dieser Spenden Steuern sparen?

Wenden wir uns nun dem Gesamtpreis der beiden in Fragmentform erworbenen Vasen zu. Im Falle der Duris-Phiale betrug dieser 141300 Dollar und für den Kelchkrater des Berliner Malers waren es 101900 Dollar. Verglichen mit anderen Vasen, die das Museum in diesem Zeitraum erwarb und deren Preise von 42000 bis 750000 Dollar reichten, war dies weder besonders teuer noch besonders billig. Andererseits wurden dem Museum in beiden Fällen auch Fragmente gespendet. Somit lässt sich sagen, dass die beiden Vasen für weniger Geld erworben wurden, als sie eigentlich wert waren. (Von den Kosten der Restaurierung sehen wir hier ab.)

Zwei weitere Dinge sind in Betracht zu ziehen. Erstens wurden die Fragmente beider Vasen von mehreren Quellen erworben, auch wenn die überwiegende Mehrheit jeweils von einem Händler stammte. Bei der Duris-Phiale stammten beispielsweise die meisten Fragmente von der Nefer Gallery (von Frida Tchacos), ein paar von Bürki und eines von Symes. Beim Krater des Berliner Malers wurden die meisten Fragmente von Symes erworben, nicht wenige von Dietrich von Bothmer, ein paar steuerte die Nefer Gallery bei und eines Fred Schultz, ein New Yorker Händler. Was hat dies zu bedeuten? In beiden Fällen kamen die Teile aus einer Hauptquelle, wenn auch nicht alle auf einmal – die Duris-Phiale erreichte das Getty in 13 Teillieferungen, der Krater in neun. Die Existenz mehrerer „Nebenquellen" ermöglichte vielleicht die

Aufrechterhaltung der Fiktion (gegenüber den naiven Stiftungsratsmitgliedern der Museen), diese Fragmente seien unabhängig voneinander ausgegraben worden, zu verschiedenen Zeiten aufgetaucht und auf verschiedenen Wegen auf den Markt gekommen.

Noch ein weiteres Muster war aus dem Erwerb dieser beiden Vasen ersichtlich: Sie erreichten das Museum schubweise. In beiden Fällen konnten mehrere Jahre vergehen, ohne dass ein Fragment auftauchte, dann wieder mehrere fast gleichzeitig. Beim Krater des Berliner Malers gingen beispielsweise am 3., 7. und 20. Dezember 1984 Fragmente von Dietrich von Bothmer ein. 1985 und 1986 kamen keine neuen dazu, aber 1987 kamen am 11. Februar 16 Fragmente von ihm und am 17. weitere 16 von Robin Symes. Im Falle der Duris-Phiale wurden die ersten Fragmente 1981 und 1982 gekauft, 1983 und 1984 passierte nichts und Anfang 1985 tauchten insgesamt zwölf Fragmente auf, alle von der Nefer Gallery. 1986 und 1987 war es wieder still, aber im April 1988 trafen wiederum zwölf Fragmente in zwei Teilen in einem Abstand von acht Tagen ein, wiederum von Nefer. Wieder zwei Jahre Pause, dann im November 1990 drei weitere Fragmente im Abstand von elf Tagen, diesmal von Robin Symes und von den Bürkis.

Alles zusammen – die scharfen Kanten der Fragmente, die eventuellen Spuren von Ausgrabungswerkzeugen, der „unverschämte" Preis von Hecht für ein Fragment verlangte, die kleine Anzahl von überwiegend vertrauten Lieferanten, Medicis Rückzug seiner Fragmente, als der Handel mit den Tellern nicht zustande kam, die Erwähnung einer „Vereinbarung" zu Fragmenten in Marion Trues Brief, die Tatsache, dass so viele Fragmente aus unterschiedlichen Quellen schubweise eintrafen – ergibt ein Muster.

Wie wahrscheinlich ist es denn, dass Grabräuber bis zu zehn Jahre nach der Entdeckung der ursprünglichen Fragmente – also zehn Jahre nach der Erkenntnis, dass sie bedeutend genug für ein Museum sind – zu einer illegalen „Grabungsstätte" zurückkehren und die Erde nach weiteren Fragmenten durchsieben, für die nur dann um die 2500 bis 3500 Dollar pro Stück bezahlt werden, wenn sie einem bekannten Maler zugeordnet werden können? Wie wahrscheinlich ist es, dass Grabräuber im Falle der Duris-Phiale zu 13 unterschiedlichen Zeitpunkten bei Grabungen am selben Ort immer wieder Fragmente genau dieser Vase fanden? Sehr wahrscheinlich klingt das nicht. Wenn die Fragmente also doch den Erdboden gemeinsam und vor nicht allzu langer Zeit verlassen haben, warum erreichten sie dann das Getty auf verschiedenen

Wegen und zu unterschiedlichen Zeiten? Wie, warum und wo wurden sie voneinander getrennt?

Ein mögliches Erklärungsmuster ist, dass die Fragmente innerhalb der Cordata verteilt werden. Auf diese Weise erweisen sich Händler untereinander Gefälligkeiten, und versüßen den Museen andere, wichtigere Transaktionen. Das war es, was Medici tat, als er dem Getty die 35 Fragmente anbot, für den Fall, dass es die attischen Teller kaufte. Als das Museum sich dagegen entschied, zog er die Fragmente zurück – der Köder wurde wieder eingeholt. Darum ging es bei der „Vereinbarung" und True wusste, dass sie die Fragmente zurückgeben musste, als der Tellerkauf nicht zustande kam.

Ferri, Rizzo und Pellegrini kamen daher zu der Einsicht – auch wenn sie keine schlüssigen Beweise haben –, dass hier ein praktisches Arrangement zum Vorschein kommt, das mehrere Funktionen erfüllt. Die Akquisition von Vasen in Form einzelner Fragmente, „der Verkauf der Waisen", wie es Pellegrini nennt, ermöglicht es einem Museum, eine Vase billiger zu erwerben, als wenn es sie vollständig oder intakt kaufen würde. Die Tatsache, dass die Fragmente genau zusammenpassten und an den Kanten nicht abgenutzt waren, deutet stark darauf hin, dass sie absichtlich zerbrochen wurden, zu Beginn der ganzen Prozedur. Indem ein Händler verschiedene Fragmente verschenkt, kann er sich beim Museum beliebt machen und für gute Beziehungen sorgen.

Des Weiteren kann ein Museum durch die Veröffentlichung von Bruchstücken vorsichtig die Fühler ausstrecken, ob sich das Land, aus dem diese geplündert wurden, beschwert. Und wenn ein Land wie Italien dies in den zehn Jahren oder mehr, die benötigt werden, um auf diese Art und Weise eine Vase zusammenzukaufen, nicht getan hat, wird seine Beschwerde dann noch ernst genommen werden, wenn die Vase zusammengesetzt werden kann? Wenn sich dieses Land in der Zwischenzeit nicht beklagt hat, ist es dann in gewisser Weise nicht zumindest zum Teil mitverantwortlich für die entstandene Situation? Obendrein sind mit all den Verzögerungen irgendwann die Verjährungsfristen abgelaufen.

Zu guter Letzt können Fragmente verwendet werden, um andere Geschäfte zu versüßen. Sie sind eine Art versteckte Prämie, die Kuratoren und Händlern bekannt ist, dem Stiftungsrat und der Öffentlichkeit jedoch eventuell entgeht. Fragmente kommen dann schubweise, wenn andere – größere – Geschäfte abgeschlossen werden.

Bewiesen werden könnte dieser Ablauf nur, wenn das Getty alle Unterlagen zugänglich machen würde, die von den Italienern angefordert wurden, sodass wichtige Akquisitionen mit den Ankunftsdaten der Fragmente abgeglichen werden könnten. Aber dies ist nicht geschehen. Folglich bleibt das Gesamtbild, das wir uns vom „Verkauf der Waisen" gemacht haben, bis auf weiteres unscharf.

16
Die Fortsetzung der Cordata in Ägypten, Griechenland, Israel und Oxford

Die durch die Strafverfolgung von Giacomo Medici erzeugten Papierberge waren immens. Vier Sekretärinnen arbeiteten für Paolo Ferri in seinen Büros im vierten Stock an der Piazzale Clodio und manchmal fühlte man sich fast erschlagen vom Ausmaß der Aktivitäten Medicis, der riesigen Menge an Unterlagen, die zu analysieren waren, der Zahl der Personen, die noch zu vernehmen waren. Den Überblick zu behalten, wer wann mit was gehandelt hatte, wer wann wen gedeckt hatte, wer wann was gespendet hatte und wo, wer wem welche Lügen über wen erzählt hatte und wann – das war keine leichte Aufgabe. In Ferris Büro hingen farbenfrohe Poster von archäologischen Ausstellungen, aber sie waren kaum mehr als ein Witz. Keiner hatte die Zeit, andere Museen als die Villa Giulia zu besuchen, die zu einer Art Anbau des Staatsanwaltsbüros geworden war.

Und doch wurde die Last von Zeit zu Zeit etwas leichter. Einstellungen und Gesetze zum Schutz des kulturellen Erbes ändern sich auf der ganzen Welt, und dies nicht nur in den „Archäologieländern", sondern auch in den Marktländern. In den über zehn Jahren, die seit der ersten Durchsuchung von Korridor 17 in Genf verstrichen sind, wurden in Großbritannien und der Schweiz neue Gesetze zum Antiquitätenhandel erlassen. Die Vereinigten Staaten sind auf ihre Weise tätig geworden und haben mit mehreren Ländern bilaterale Abkommen geschlossen (darunter Guatemala, Peru, Mali, Kanada und Italien), gemäß denen der Import bestimmter antiker Objekte in die USA verboten ist.

In den letzten Jahren haben diese neuen Gesetze und Abkommen erste Wirkungen gezeigt. Darüber hinaus treten Länder wie Ägypten, Griechenland, Jordanien und China in ihrem Bestreben, den illegalen Handel zu unterbinden, selbstbewusster auf und haben diesbezüglich einen gemeinsamen Standpunkt gefunden: Langfristig ist es effektiver, die Nachfrage in den Marktländern, in Westeuropa, Nordamerika und Japan einzudämmen, als zu versuchen, tausende von Grabräubern zu fassen und zu verurteilen, die sowieso viel weniger Geld mit ihrer „Arbeit" verdienen als die betuchteren Mittelsmänner.

Dies wird durch eine Reihe anderer Fälle untermauert, paralleler Geschichten, die sich von Kairo über Stockholm nach London, New York und

Los Angeles erstrecken und in den letzten Jahren ans Licht gekommen sind, Fälle, bei denen uns die Namen und „Geschäftspraktiken" nur allzu vertraut sind. Dadurch aber wurden Ferri, Conforti und andere in dem Glauben bestärkt, dass jetzt wirkliche Veränderungen in der Luft lagen.

Im November 1995, zwei Monate nach der Durchsuchung von Korridor 17, wurde in New York eine Goldphiale aus Sizilien aus dem 4. Jahrhundert v. Chr. beschlagnahmt. Ihre Provenienz war weitgehend unbekannt. Es heißt, zwischen 1976 und 1980, als ein italienisches Versorgungsunternehmen auf Sizilien Kabel verlegte, stießen Arbeiter auf eine goldene Servierschale, etwa in der Größe einer Kuchenplatte. Sie war mit Eicheln, Bucheckern und Bienen dekoriert und passte zu einer anderen, die 1961 dem Metropolitan verkauft worden war – von Robert Hecht. Die neue Phiale interessiert uns, weil sie 1980 von ihrem ersten Käufer Vincenzo Pappalardo, einem auf Sizilien lebenden Privatsammler, mit Vincenzo Cammarata gegen Kunstwerke im Wert von etwa 20 000 Dollar eingetauscht und später von Robert Haber, New Yorker Kunsthändler und Eigentümer von Robert Haber & Company, gekauft wurde, der sie für den Finanzfachmann Michael Steinhardt erwarb. Haber erzählte Steinhardt, die Phiale sei das Gegenstück zu einem Objekt im Metropolitan Museum und verlangte 1,2 Millionen Dollar. Steinhardt ließ die Echtheit des Objekts von Wissenschaftlern des Met bestätigen und stellte sie anschließend von 1992 bis 1995 bei sich zu Hause aus.

Auf Anfrage der italienischen Behörden wurde sie beschlagnahmt – und jetzt wird es verdächtig. Die US-Regierung behauptete, die Beschlagnahme sei rechtens, weil die Phiale Diebesgut sei und auf den Zollformularen falsche Angaben gemacht wurden. Ihr Wert wurde zum Beispiel mit 250 000 Dollar angegeben, obwohl er in Wirklichkeit viel höher lag. Im darauf folgenden Gerichtsverfahren wurde die Entscheidung zur Beschlagnahmung aufrechterhalten, ebenso im Berufungsverfahren, das im Juli 1999 endete. Daraufhin wurde sie an Italien zurückgegeben und wird nun in Palermo ausgestellt. Wie aber kamen die Behörden überhaupt an die Informationen, die zu diesen Prozessen führten?

Die Episode wird in Hechts Memoiren erwähnt. Er hielt die Phiale für eine Fälschung, nennt den sizilianischen Fälscher und einige von dessen anderen „Werken". War er es, der die Behörden informiert hat, weil er eifersüchtig auf Habers Verbindungen zu einem reichen Kunden wie Steinhardt war? Das jedenfalls erzählte Frida Tchacos bei ihrer Vernehmung. Hechts Gerichtsverfahren in Rom, das Ende 2005 begann, bringt vielleicht Licht in diese Angelegenheit.

Im April 1997 tauchten in London zwei Steinreliefs auf. Shlomo Moussif hatte die Erlaubnis beantragt, eine dieser Antiquitäten zu exportieren, war aber vom offiziellen Regierungsberater John Curtis vom British Museum gestoppt worden. Curtis war aufgefallen, dass das Relief Raubgut aus dem Irak war – es gehörte in die Thronsäle des Palastes des assyrischen Königs Sanherib in Ninive (gegenüber von Mosul am Tigris). Das Relief wurde aufgrund der Arbeit von Dr. John Russell erkannt, einem Archäologen vom Massachusetts College of Art, der vor dem ersten Golfkrieg als Teil eines Teams der University of California an Ausgrabungen in Ninive beteiligt gewesen war und 900 Fotos von der Grabungsstätte gemacht hatte. Ermittlungen von Scotland Yard ergaben, dass Moussif die aus Plünderungen stammenden Antiquitäten vom damals in Basel ansässigen Nabil el Asfar gekauft hatte, demjenigen, der angeblich Robert Hecht das Silber von Morgantina geliefert hatte. Moussif war gesagt worden, die Reliefs seien „seit Jahren in der Schweiz" gewesen. Damals gab Dr. Russell bekannt, dass etwa zehn weitere geplünderte Reliefs auf dem Markt aufgetaucht waren. Meist sei er von einem Rechtsanwalt angesprochen worden, der vorgab, im Auftrag eines „Kaufinteressenten" zu handeln.

In einem Fall aber, bei dem es um ein anderes geraubtes irakisches Relief ging, war er von jemandem vom Metropolitan Museum angesprochen worden. In diesem Fall konnte er in Erfahrung bringen, dass derjenige, der dem Museum das Relief angeboten hatte, Robin Symes war. Diesmal stammte das Relief aus dem Palast von Tiglatpileser III. in Nimrud. Dieses Objekt konnte von Richard Sobolewski, der 1975 eine polnische Ausgrabungsexpedition dorthin geleitet hatte, als Raubgut identifiziert werden.

Wieder beschafft wurden nur Moussifs Objekte. Laut Sobolewski enthielt der Thronsaal in Tiglath-Pilesers Palast ursprünglich 100 Steinplatten, ähnlich der, die dem Met angeboten wurde. Viele von ihnen fehlen immer noch.

Im Frühsommer 1998 beschloss Robert Guy, sein Forschungsstipendium für klassische Archäologie im Corpus Christi College Oxford nicht zu erneuern. Damit kam eine Reihe seltsamer Ereignisse zum Abschluss, die nie vollständig geklärt wurden.

Fast ein Jahrzehnt zuvor, hatte sich Claude Hankes-Drielsma 1990 mit einem Vorschlag an das College gewandt, wie ein ständiges Forschungsstipendium für klassische Archäologie finanziert werden könnte. Hankes-Drielsma war ein einflussreicher Bankier, war 1985 maßgeblich mit dem Management der südafrikanischen Schuldenkrise betraut, war ein Berater der irakischen Regierung und tat sein Bestes, dass der „Öl-für-Lebensmittel"-Skandal bei den Vereinten Nationen zum Thema wurde; er war einer derjenigen, die nach dem Fall Bagdads damit beauftragt wurden, die Saddam-Hussein-Dokumente durchzusehen. Gegenwärtig betreut er den Spendenaufruf für die Instandsetzung der Kapelle auf Schloss Windsor. Als Amateur-Antiquitätensammler ist er Mitglied des Getty Villa Council, einer Wohltätigkeitsorganisation, die der Antiquitätenabteilung des Getty zugute kommt, außerdem ist er ein Ehrenmitglied des Corpus Christi College in Oxford, wo er auch *dining rights* genießt.

Sein 1990 dem College vorgebrachter Vorschlag war lediglich an zwei Bedingungen geknüpft: Das Forschungsstipendium sollte „Beazley-Ashmole Fellowship" genannt werden und der erste Stipendiat sollte Robert Guy sein. Das war völlig unüblich. Normalerweise werden Stipendien ausgeschrieben, Wissenschaftler bewerben sich und im Idealfall erhält es der beste Kandidat. Als sich bei weiteren Gesprächen herausstellte, dass es zumindest zum Teil durch den Antiquitätenhandel finanziert werden sollte, lehnte das Corpus Christi College ab, weil es „unangebracht" sei, solche Gelder zu akzeptieren.

Einige Zeit später wandte sich Hankes-Drielsma erneut an das College. Diesmal, sagte er, habe er eine andere Finanzierungsquelle aufgetan. Der Name des Geldgebers wurde nur dem College-Präsidenten offenbart, aber den Mitgliedern wurde versichert, es handle sich um jemanden, der schon öfters als Freund der Wissenschaft an Universitäten gespendet und keine Verbindungen zum Antiquitätenhandel habe.

Dieses Mal wurde der Vorschlag in Archäologenkreisen bekannt, woraufhin das Corpus Christi College mit Briefen von Archäologen aus der ganzen Welt überschwemmt wurde, die gegen das Vorhaben protestierten. Fast das gesamte archäologische „Establishment" war dagegen. Alle vertraten die Ansicht, das College solle keine anonymen Mittel akzeptieren, egal was Hankes-Drielsma sagte (es wurde vermutet, dass 1,2 Millionen Dollar angeboten wurden), alle fanden die Bezeichnung des Stipendiums falsch und anmaßend – weder Beazley noch Ashmole hatten irgend etwas mit diesem College zu tun – und alle meinten, es solle auf die übliche Weise ausgeschrieben werden.

Diejenigen, die den Vorschlag ablehnten, vermuteten auch, ursprünglich sei ein „zahmes" Forschungsstipendium geplant gewesen. Vom Handel finanziert und unpassenderweise nach Beazley und Ashmole benannt, trage es immer die Gefahr in sich, dass sein Inhaber sich verpflichtet fühlen würde, den geschäftlichen Bedürfnissen von Händlern zu entsprechen und z.B. ihre Vasen großen griechischen Vasenmalern zuzuschreiben. Eine solche Praxis sei zwar wirtschaftlich von Vorteil, stelle aber einen Missbrauch der Wissenschaft dar. Eine der wenigen, die sich für den Vorschlag aussprachen, war übrigens Marion True.

Im College wurde ein Ausschuss eingerichtet, der eine Empfehlung aussprechen sollte. Dort konnte aber keine Einigung erzielt werden. Die Ausschussmitglieder einigten sich zwar darauf, die Bezeichnung auf „Humphrey Payne Fellowship" zu ändern, nach einem genialen Leiter der British School in Athen, aber abgesehen davon waren die Meinungsunterschiede zu grundlegend. Schließlich wurde ein Mehrheitsbericht erstellt, der sich für Robert Guys Berufung aussprach, und ein Minderheitsbericht von Robin Osborne, einem berühmten klassischen Archäologen, der dagegen war. Daraufhin befasste sich das Führungsgremium des College mit der Frage und die ganze Angelegenheit wurde vollständig an die Öffentlichkeit gebracht. Der College-Präsident Sir Keith Thomas war für die Einrichtung des Stipendiums, das dann (mit der Namensänderung) schließlich angenommen wurde. Robert Guy wurde ordnungsgemäß gewählt und war, wie es üblich ist, sieben Jahre lang Mitglied von Corpus Christi. Nach Ablauf der sieben Jahre allerdings, als die Erneuerung seiner Mitgliedschaft fällig gewesen wäre – eine Erneuerung, die gewöhnlich automatisch stattfindet –, wollte er nicht bleiben, und das Stipendium wurde ohne weitere Bedingungen ausgeschrieben.

Selbst Robin Osborne, der gegen Guys Berufung war, bejaht, dass dieser ein brillanter Vasenkenner ist. Aber die ursprüngliche Beteiligung des Antiquitätenhandels am Forschungsstipendium, die Anonymität der Gelder und die Befürwortung durch das Getty hinterließ einen schlechten Nachgeschmack.*

Im Sommer 1999 erwarb Frida Tchacos-Nussberger ein antikes Manuskript, das damals seit geraumer Zeit in Europa und Nordamerika zirkulierte.

---

* In einem Interview mit Peter Watson am 6. Februar 2006 sagte Robin Symes, er habe eine Million Dollar zu dem Oxforder Stipendium beigetragen.

Das so genannte Judas-Evangelium, bestehend aus 13 Handschriften in einer koptischen Übersetzung des Altgriechischen, stammt aus dem 2. Jahrhundert n. Chr. und zählt zu den apokryphen Schriften. Angeblich waren die Handschriften alle im Wüstensand bei Muh Zafat al-Minya in Ägypten vergraben gewesen und erschienen erstmals Anfang der 1980er-Jahre auf dem Markt, über Nikolas Koutoulakis, verschwanden aber wieder, da sie sich als schwer verkäuflich erwiesen. Ihr Wiederauftauchen im Jahre 1999 war ein weiterer Versuch, sie zu verkaufen, da Frida Tchacos sie der Beinecke-Bibliothek der Universität Yale für 750 000 Dollar anbot. Wieder kam kein Verkaufsabschluss zustande und so wurde das Manuskript in eine extra dafür eingerichtete Schweizer Stiftung übernommen, die seine Veröffentlichung sicherstellen sollte. Anschließend wurden die Handschriften dem Koptischen Museum in Kairo übergegeben.

Und die Moral von der Geschichte: Weil keiner ein so wichtiges Objekt – ohne bekannte Provenienz – anrühren wollte, wurde es ordnungsgemäß veröffentlicht und kehrte dann dorthin zurück, wo es hingehört.

Im Februar 2000 stellte der schwedische Journalist und Archäologe Staffan Lunden Nachforschungen über ein römisches Grabrelief an, das kurz zuvor vom Medelhavs Museet (dem Museum für mediterrane und nahöstliche Antiquitäten) in Stockholm erworben worden war. Lunden war deshalb an dem Objekt interessiert, weil es dem Stil zufolge aus Ostia stammen musste – wie und wann war es von dort nach Schweden gekommen?

Bei der Zurückverfolgung des Weges erfuhr er, dass das Stockholmer Museum es 1997 von der Galerie Arete in Zürich gekauft hatte; zuvor, 1991, hatte es Numismatic Fine Arts gehört, Bruce McNalls Galerie in Los Angeles. Noch früher allerdings wurde es in Guntram Kochs *Roman Funerary Sculpture: Catalogue of the Collection*, einer Publikation des Getty, erwähnt. In diesem Katalog schrieb Koch, das Stockholmer Relief sei 1986 „auf dem New Yorker Kunstmarkt" gewesen, gab aber nicht an, in welcher Galerie. Im selben Katalog war jedoch auch ein sehr ähnliches Relief veröffentlicht, das sich im Getty befand. Aus dem Text ging hervor, dass dieses Objekt von der Summa Gallery, also einem anderen Geschäft von McNall, gekauft worden war. Da er über die engen Verbindungen zwischen McNall und Robert Hecht und über dessen zweifelhaften Ruf im Bilde war, fragte sich Lunden, ob McNall oder Hecht wohl etwas mit dem Stockholmer Relief zu tun hatten.

Er schrieb an Koch und fragte, bei welchem New Yorker Händler das Stockholmer Relief 1986 gewesen sei. Koch wusste es nicht, denn seiner Meinung nach sei diese Information dem Manuskript des Katalogs von Karol Wight hinzugefügt worden.* Laut Koch war das Relief dem Getty angeboten worden und es hatte abgelehnt.

Mit diesen Informationen schrieb Lunden eine E-Mail an Karol Wight, stellte sich vor und fragte, ob sie ihm mit dem Namen des Händlers weiterhelfen könne, in dessen Besitz das Stockholmer Relief 1986 gewesen war. Dann geschah etwas sehr Seltsames. Noch am selben Tag erhielt er eine Antwortmail, aber sie stammte nicht von Karol Wight und war auch nicht für ihn gedacht. Diese Mail stammte von Marion True und lautete:

„Karol,

wenn ich darüber nachdenke, würde ich sagen, wir haben diese Information nicht. Ich mache mir Sorgen, er könnte am Handel interessiert sein und Bob Hecht in etwas hineinziehen, das auch für uns unangenehm werden könnte. Sag einfach ‚New Yorker Markt'. M."

Was war hier passiert? Karol Wight muss Marion True gefragt haben, die per E-Mail antwortete, aber versehentlich erhielt Staffan Lunden diese Mitteilung, die niemals für seine Augen gedacht war.

Ein paar Stunden später hörte er von Wight, die Antiquitätenabteilung des Getty würde seiner Anfrage nachgehen. Nach fünf Tagen schrieb sie erneut und teilte ihm mit, sie müsse Marion True fragen, die momentan verreist sei. Am 9. März schrieb sie schließlich ein drittes Mal und teilte ihm mit, Marion True wolle die Information nicht herausgeben, „um das Berufsgeheimnis des Händlers und unsere Beziehungen mit ihm zu schützen".

Lunden fragte nach, warum diese Information zurückgehalten werde, ob es allgemeine Museumspolitik sei oder ob an diesem Fall etwas „Besonderes" sei. Sie antwortete: „Ich glaube, ich muss das unter der Kategorie ‚Besonderes' einordnen." Lunden trieb sie weiter in die Enge: „Man fragt sich schon, ob diese ‚nicht-öffentlichen' [Händler] etwas verbergen? Sind das keine ehrbaren Händler?"

Wight antwortete: „Nun, ich denke Sie haben bezüglich des Charakters dieser Händler den Nagel auf den Kopf getroffen (um eine alte Redensart zu benutzen). Manche sind der Öffentlichkeit sehr zugewandt und freuen sich über

---

* Siehe Seite 235.

Anerkennung, andere sind es nicht, in der Regel, weil sie etwas zu verbergen oder eine unschöne Vergangenheit haben. Dieser Händler hat in der Vergangenheit ein kleines Problem gehabt und ist eher öffentlichkeitsscheu, was seine geschäftlichen Arrangements betrifft."

Im Januar 2002 erschien Frederick H. Schultz Jr. vor dem South District Court in New York. Seine Anklage lautete auf Verschwörung und Hehlerei von Antiquitäten. Sein Erscheinen vor Gericht war aus dreierlei Gründen eine Sensation: Erstens war er nicht ein x-beliebiger Antiquitätenhändler: Bis zum Jahre 2000, als die Anklage gegen ihn erhoben wurde, war er Präsident der US-amerikanischen Händlervereinigung National Association of Dealers in Ancient, Oriental and Primitive Art (NADAOPA) und konnte wohl als der mächtigste Mann in der Antiquitätenwelt bezeichnet werden. Er hatte die US-Regierung bezüglich ihrer politischen Linie zum kulturellen Erbe anderer Nationen beraten. Die NADAOPA repräsentiert seit über 25 Jahren die Interessen der Händler, insbesondere mit ihrer Ablehnung der Ratifikation und Umsetzung der UNESCO-Konvention von 1970 durch die Vereinigten Staaten.

Bemerkenswert an diesem Gerichtsverfahren war außerdem Schultz' Komplize, ein Mann, der zahllose aus Plünderungen stammende Objekte aus Ägypten herausgeschmuggelt hatte. Jonathan Tokely-Parry war ein englischer Restaurator mit einem erfundenen Namen (getauft war er auf den Namen Jonathan Foreman), der sich in seiner Korrespondenz mit Schultz als „006½" und den anderen als „004½" bezeichnete. Tokely-Parrys Schmuggeltechnik bestand darin, Antiquitäten aus Stein oder Terrakotta in flüssigen Kunststoff zu tauchen und sie in grellen Farben zu bemalen, sodass sie wie moderner Touristenramsch aussahen. Schon der eigene Prozess von Tokely-Parry/Foreman in London 1997 hatte für Aufsehen gesorgt, mit Zeugen, die bedroht wurden, und einem Angeklagten, der im Verlauf des Verfahrens sogar Gift genommen hatte und ins Krankenhaus eingeliefert werden musste. Schließlich wurde er wegen Hehlerei von Antiquitäten zu sechs Jahren Haft verurteilt.

Der wirklich sensationelle Aspekt an Schultz' Prozess aber war das Urteil. Nach seiner Anklage reichte er einen Antrag auf Einstellung des Verfahrens ein, der vor allem damit begründet wurde, dass die Anklage nicht mit US-amerikanischem Recht vereinbar sei und das ägyptische Gesetz, gegen das verstoßen worden war, nicht wirklich zum Eigentumsrecht gehöre. Einem amicus-Schriftsatz zufolge [eine begründete Stellungnahme interessierter, aber nicht beteiligter Personen], der von Christie's, der NADAOPA und der Dealers Association of America eingereicht wurde, hat „[d]iese Anklage ... in der Kunstwelt Schockwellen ausgelöst ... Die unvermeidliche Folge davon, US-Bürger der Gefahr auszusetzen, für die Übertretung ausländischer [Kulturgutschutz-]Gesetze ins Gefängnis zu kommen, ist, dass Sammler und Museen gezwungen sein werden, den Handel mit und das Sammeln von allen Objekten zu unterlassen, die ausländische Regierungen unilateral als ‚kulturelles Erbe' beanspruchen könnten."

Anfang Januar 2002 aber erging ein richtungweisendes Urteil des US-amerikanischen Gerichts: ausländische Regierungen besitzen danach in der Tat auch unentdeckte Antiquitäten, vorausgesetzt sie verfügen über solche Gesetze wie z.B. Ägypten. Dieses Urteil bedeutete in diesem Fall, dass Antiquitäten ohne bekannte Provenienz, die Ägypten nach 1983 verlassen haben, nach US-amerikanischem Recht gestohlen sind. Und der Import gestohlener Waren in die Vereinigten Staaten verstößt gegen Paragraph 2315 des US-amerikanischen Strafrechts. Seit diesem Urteilsspruch akzeptiert nun zumindest ein einflussreiches Land, dass aus Plünderungen stammende Objekte, die aus Ländern mit strikten Gesetzen zum Schutz ihres kulturellen Erbes herausgeschmuggelt wurden, in Wirklichkeit Diebesgut sind. Die Organisation, die Schultz leitete, hat über viele Jahre hinweg erfolgreich die US-amerikanische Ratifizierung der UNESCO-Konvention von 1970 aufgehalten. Nach dem Schultz-Urteil jedoch ist davon auszugehen, dass da, wo die Vereinigten Staaten vorangehen, andere Länder folgen.

Am Ende des Prozesses gab der Richter der Jury darüber hinaus einige Anweisungen, die von besonderem Interesse sind. Schultz hatte zu seiner Verteidigung vorgebracht, die Regierung habe es versäumt nachzuweisen, dass er wusste oder glaubte, er begehe Diebstahl. Der Richter legte Wert darauf, die Jury folgendermaßen aufzuklären:

„[E]in Angeklagter darf nicht absichtlich unwissend bleiben, um dadurch den strafrechtlichen Folgen zu entgehen – weder im Hinblick auf Tatsachen noch im Hinblick auf Gesetze. Wenn Sie [die Jury] also zu dem Schluss kommen, dass der Angeklagte nicht durch bloße Fahrlässigkeit oder Unvorsichtigkeit, sondern absichtlich bewusst vermied, sich über ägyptisches Recht bezüglich des Eigentums an ägyptischen Antiquitäten zu informieren, können Sie, wenn sie möchten, [daraus ableiten], dass er dies getan hat, weil er implizit wusste, dass das ägyptische Recht das Eigentum an diesen Antiquitäten mit hoher

Wahrscheinlichkeit dem ägyptischen Staat zusprach. Das bewusste Vermeiden ausdrücklichen Wissens können sie als das Äquivalent solch eines Wissens behandeln, es sei denn, sie kommen zu dem Schluss, dass der Angeklagte tatsächlich glaubte, die Antiquitäten seien nicht Eigentum des ägyptischen Staates."

Mit anderen Worten: Ein erfahrener Antiquitätenhändler kann keine Unkenntnis der Gesetze der Länder geltend machen, aus denen die Objekte stammen, mit denen er handelt.

Schultz wurde schuldig gesprochen und im Juni 2002 zu 33 Monaten Haft und einer Geldstrafe von 50 000 Dollar verurteilt. Der Richter machte eine weitere beachtenswerte Bemerkung. Er sagte, raffinierte Angeklagte wie Schultz würden durch Geldstrafen nicht abgeschreckt und daher bilde eine Haftstrafe den Hauptteil der Bestrafung. Das Urteil und die Strafe wurden in der Berufungsverhandlung aufrechterhalten. Schultz wurde im Dezember 2005 aus dem Gefängnis entlassen. Soweit wir wissen, war er nur eine Randfigur der Medici-Hecht-Cordata.

Im Juli 2002 wurde Raffaele Monticelli, der laut Pasquale Cameras Organigramm der Becchina-Cordata zuzurechnen war, vom Tribunale di Foggia der Verschwörung schuldig gesprochen und zu vier Jahren Haft verurteilt. Der Zeitpunkt der Verurteilung war passend gewählt: am 65. Geburtstag von Roberto Conforti, wenige Tage, bevor er als General in den Ruhestand ging.

Bemerkenswert waren die vielen Telefonabhörprotokolle, die als Beweismittel vorgelegt wurden. Grabräuber sind in der Regel am Telefon sehr wortkarg, aber die Carabinieri sind geduldig und hin und wieder rutscht den Tombaroli dann doch etwas heraus. Die folgenden Transkripte sind nicht nur als lebhafte Zeugnisse interessant; sie nehmen die letzten Zweifel am Ausmaß der Plünderungen und an der Qualität der Entdeckungen. Unter den vorgelegten Telefonmitschnitten befand sich dieser Dialog zwischen Orazio Di Simone und seinem *capo zona* für die Region Neapel, Francesco Liberatore. Zunächst schien dieses Gespräch wie viele Telefonmitschnitte nicht viel Sinn zu ergeben, aber dann kam Leben hinein. Anscheinend hatten die Tombaroli in Kampanien Probleme und Liberatore wurde dorthin geschickt, um bei ihrer Lösung behilflich zu sein.

Liberatore: Nein, ich glaube nicht. Aber meiner Ansicht nach brauchen sie Geld, sie haben kein Geld. Ansonsten, tut mir leid, aber was können sie an diesem Punkt machen? Das Ding ist schön, ich habe es noch mal gesehen, es ist schön, aber ...

Di Simone: Wir sehen ...

Liberatore: Und dann ... egal, wie auch immer, jedenfalls musst du es ihnen zeigen ...

Di Simone: Okay.

Liberatore: Klar?

Di Simone: Sicher.

Liberatore: Sie haben einen super Job. Einen phantastischen!

Di Simone: Aber das Zeug von den Wänden, nicht einmal als Geschenk, verstehst du?

Liberatore: Nein, natürlich nicht, und was ... Okay, das Zeug von den Wänden, wenn es nicht gut ist, ist es nicht gut ... Es ist, weil ... sie können nicht ... jetzt, während sie diesen Job haben ... Es sind ungefähr 80 Meter Tunnel, in dem man laufen kann, aufrecht, mit einem Schubkarren ...

Di Simone: Merda! Wirklich?

Liberatore: Mit Lampen ... Aber die Dinge ... sie holen etwas von einem anderen Anwesen, verstehst du?

Di Simone: Ja, ja, ja ...

Liberatore: ... und sie haben noch ungefähr 12 oder 13 Meter zurückzulegen ...

Di Simone: Okay, wollen wir hoffen, dass die Zeit uns Recht gibt ...

Das andere Gespräch führte Monticelli selbst mit Benedetto D'Aniello aus Kampanien.

D'Aniello: Also dann, hör zu ... ich habe einen kleinen etruskischen Goldkelch, 6. bis 7. Jahrhundert – deshalb habe ich dich angerufen, verstehst du?

Monticelli: Äh ...

D'Aniello: ... von denen, die zusammen mit *buccheri* rauskommen [aus dem Boden], diese Zeit, ich weiß nicht ...

Monticelli: Und wie sind sie verziert?

D'Aniello: Er hat einen kleinen Rand ... der kleine Rand ist überall graviert, er hat Henkel, die zwei kleinen Henkel ... Sachen vom 6., verstehst du?

Monticelli: Hat er die zwei ...?

D'Aniello: ... die zwei Henkel, ja?

Monticelli: Hmmm ...
D'Aniello: ... aus dem 6. ... und wie diese buccheri-Vasen, mit einem kleinen niederen Fuß, der auf den Boden kommt, einem Rand, und einer kleinen Schale mit acht bis neun Zentimeter Durchmesser, ungefähr fünf Zentimeter hoch. Er ist ein bisschen verbeult, weil er ein bisschen verbeult raus gekommen ist, verstehst du?
Monticelli: Ich verstehe, aber es ist seltsam, von dieser Sorte kommen ziemlich viele raus ...
D'Aniello: Nein, die da, ... es kommen keine ... aber weil ich sie nie gesehen habe, nie gesehen ...
Monticelli: Ich hatte zwei oder drei in letzter Zeit, aber es ist komisch ... [er hat den Verdacht, der Kelch könnte eine Fälschung sein]
D'Aniello: Ha, ... wenn du die hattest, hast du Glück gehabt. Ich hatte sie nie.
Monticelli: ... sehr seltsam ...
D'Aniello: Das ist das erste Mal, dass ich eine habe. Warum, waren die anderen nicht gut?
Monticelli: ... die anderen ... na ja, so langsam interessiert mich das. Okay, erzähl weiter ...
D'Aniello: Ich weiß nicht ... ich jedenfalls, ich bin sicher, wo er herkommt, verstehst du?
Monticelli: Ah, ich sehe ...
D'Aniello: Äh, na ja, wenn du ... wenn du von diesen Problemen anfangen musst, dann ... weiß ich nicht, was ich sagen soll ...
Monticelli: Wie viel? Wie viel?
D'Aniello: Na, du musst nicht viel verlangen, sie wollen 30 Millionen [Lire = 30 000 Dollar].

Schließlich noch folgender Fetzen:

Di Simone: Diese Dinger, diese Wanddinger ... du weißt, dass es jetzt ein Gesetz gibt, das in Amerika neu herausgekommen ist, und es hat ... [Dies bezog sich auf das bilaterale Abkommen zwischen den USA und Italien, mit dem vereinbart wurde, dass die Vereinigten Staaten nach antiken italienischen Objekten Ausschau halten würden, die über seine Grenzen gebracht werden.]

Carrella [noch ein Tombarolo]: Ja, nein ... und okay, ich weiß, was ich machen muss ...
Di Simone: Genau, genau.
Carrella: Wenn sie rauskommen, weiß ich wo ...
Di Simone: Genau, genau ... ich weiß, ich weiß ...
Carrella: ... ich weiß, wo ich sie hinschicken muss.

Dies waren die Ergebnisse stundenlanger Abhöraktionen. Diese Ausrutscher waren es – und die Übereinstimmungen zwischen ihnen – mit denen Monticelli überführt wurde.

Im Juni 2004 wurde Ali Aboutaam in Ägypten wegen Antiquitätenschmuggels in Abwesenheit zu 15 Jahren Gefängnis verurteilt. Dies war Teil einer größeren Initiative der Ägypter zur Eindämmung des Schmuggels und Ali Aboutaam war eine von etwa 30 Personen, die strafverfolgt wurden, darunter ein einflussreicher Politiker, Zollbeamte, Polizisten und Antiquitätenbeauftragte. Der Politiker erhielt eine 30-jährige Gefängnisstrafe und neun Ausländer – aus der Schweiz, Frankreich, Kanada, Kenia und Marokko – wurden ebenfalls verurteilt, mehrere davon in Abwesenheit.

Ali Aboutaam hielt die Urteile für „völlig absurd". Er habe aus der Presse davon erfahren, sagte er Reportern. Er habe nie irgendein Schreiben von der ägyptischen Justiz erhalten und obwohl die ägyptischen Richter im Rahmen ihrer Ermittlungen dreimal in der Schweiz waren, hätten sie ihn nie kontaktiert. Der einzige Beweis gegen ihn sei, soweit er sehen könne, dass eine seiner Visitenkarten in der Wohnung des verurteilten Politikers gewesen sei. Ali Aboutaam gab zu, mit diesem am Telefon gesprochen zu haben, fügte aber hinzu: „Es gibt so viele Leute, die mich kontaktieren, um mir antike Objekte anzubieten." Er sei von der ägyptischen Presse beschuldigt worden, Kunstwerke aus Ägypten zu schmuggeln, aber keiner habe angegeben, wann und wo derartige Straftaten begangen worden seien. Folglich habe er „mit dieser Geschichte nichts zu tun".

In derselben Woche bekannte sich Alis Bruder Hischam in New York vor einem Bundesgericht schuldig, ein Zolldokument über die Herkunft eines antiken silbernen zeremoniellen Trinkgefäßes gefälscht zu haben, das seine Galerie später für 950 000 Dollar verkauft hatte. Im Dezember 2003 war er wegen des Imports eines iranischen Objekts inhaftiert worden, das als „die bedeutendste Darstellung eines Greifen in der Antike" bezeichnet wurde, und wegen der Begünstigung seines Verkaufs an einen privaten Sammler. Die zur Debatte stehende Antiquität soll Teil des iranischen Schatzes aus der Kalmakareh-Höhle gewesen sein, der vermutlich 1992 geplündert und in der ganzen Welt verteilt wurde.* Für den auf ca. 700 v. Chr. datierten silbernen Greifen war als Herkunftsland fälschlicherweise Syrien angegeben worden. Laut der vor Gericht eingereichten Anklage begann der bekannte Sammler 1999 in Genf die Gespräche über das Objekt, bei denen auch Hischams Bruder Ali dabei war. Hischam teilte dem Käufer bei diesem Treffen mit, das Objekt stamme ursprünglich aus dem Iran. Der Greif wurde von Aboutaam persönlich in die Vereinigten Staaten gebracht und als Importeur wurde die Bloomfield-Sammlung aufgeführt. Die Rechnung, in der Syrien als Ursprungsland ausgewiesen wurde, war von Tanis Antiquities Ltd. ausgestellt – einer Schwestergesellschaft von Phoenix Ancient Art mit Sitz auf den Grenadinen. In der Anklage wurde vermerkt, dass Syrien und der Iran keine gemeinsame Grenze haben. Der Greif wurde von drei Experten untersucht, die seine Echtheit bestätigen sollten. Zwei von ihnen hatten angegeben, ihrer Ansicht nach sei er tatsächlich Teil des Kalmakareh-Schatzes.

Gleichzeitig war Phoenix Ancient Art die Quelle einer Bronzestatue von Apollo, wie er eine Eidechse tötet, die vom Cleveland Museum of Art gekauft und dem griechischen Bildhauer Praxiteles zugeschrieben wurde. Sie zeigt Apollo, wie er eine Eidechse tötet. Die Experten waren uneins, ob die Statue ein griechisches Original oder eine römische Kopie ist, und erst recht uneins angesichts der Frage, ob das Cleveland Museum mit der Akquisition dieses Objekts angesichts der Lücken in seiner Provenienz richtig getan habe. Angeblich wurde die Bronze einfach so auf dem Boden liegend entdeckt, als ein pensionierter deutscher Rechtsanwalt in den 1990er-Jahren seinen Familienbesitz in der ehemaligen DDR erfolgreich zurückverlangte.

Anfang des Jahres 2005 veröffentlichten die griechischen Journalisten Andreas Apostolides und Nikolas Zirganos die Ergebnisse vierjähriger Recher-

---

* Die Kalmakareh-Höhle liegt etwa 15 Kilometer nördlich von Pol-i-Dohtar in Luristan, nahe der irakischen Grenze. Man nimmt an, dass mehrere hundert Objekte geplündert wurden und nun in der Türkei, Japan, Großbritannien, der Schweiz und den Vereinigten Staaten verstreut sind.

chen zum Schmuggel antiker Kunstwerke aus Griechenland, die zusammen mit einem der Autoren dieses Buchs (Peter Watson) durchgeführt worden waren. Sie erstreckten sich auf weite Bereiche, konzentrierten sich aber zum Teil auch auf vertraute Namen: George Ortiz, Elia Borowsky, Nikolas Koutoulakis und Christoph Leon.

Jannis Sakellarakis, einer der bekanntesten Archäologen Griechenlands, sagte in einer Fernsehsendung, ein Grabräuber habe ihm gegenüber zugegeben, zwei bronzene minoische Statuetten geraubt zu haben, deren eine sich in der Ortiz-Sammlung befinde. In dieser Sendung wurde auch aufgedeckt, dass in Athen schon 1968 ein Haftbefehl gegen Elia Borowsky erlassen worden war – wegen seiner Rolle beim Schmuggel minoischer Antiquitäten – dass aber dieser Haftbefehl nie ausgeführt und inzwischen abgelaufen sei. Weiter wurde vorgebracht, zwei kykladische Figuren – eine im Metropolitan in New York, die andere im Besitz der Levy-Whites – seien illegal aus Griechenland exportiert worden und durch die Hände von Koutoulakis gegangen. Quelle dieser Informationen war kein anderer als George Ortiz, der beide Objekte gerne selbst gehabt hätte, dessen Bemühungen aber erfolglos geblieben waren. Im vierten Teil der Sendung wurde aufgedeckt, dass die griechische Polizei 1998 von den deutschen Kollegen über eine nahezu intakte klassische griechische Bronzefigur eines Knaben aus der Schule des Polyklet informiert wurde, die in München auf dem Markt war. Griechische Polizisten eilten nach Deutschland und ermittelten, dass sich die Statue im Besitz von Christoph Leon befand, und auf sechs bis sieben Millionen Dollar geschätzt wurde. Leon selbst wollte eine Million Dollar für seine Rolle bei dem Handel, und als die Polizei auftauchte, befand sich die Statue in einer Kiste mit der Aufschrift „U.S.A.". Später brachten sie in Erfahrung, dass Marion True vor Ort gewesen sei, um sie sich anzusehen. Die Polizei erhob Anklage gegen einen Mann namens Kotsaridis, der das Objekt aus Griechenland herausgebracht hatte (und zu 15 Jahren verurteilt wurde), aber gegen Leon oder True wurden keine Verfahren eingeleitet. Marion True sagte, sie habe die Statue aus persönlichem Interesse sehen wollen und habe nicht vorgehabt, sie zu kaufen.

Im Jahr 2000 wurde die von Borowsky zusammengestellte attische Vasensammlung verkauft, bei Christie's in New York. Für die Griechen war dies kaum überraschend, da der Katalogtext für die Sammlung von Max Bernheimer, dem Leiter der Antiquitätenabteilung bei Christie's New York, zusammengestellt worden war. Alle Vasen waren von hervorragender Qualität und keine verfügte über irgendeine Form von Provenienz.

2001 schließlich wurde die Elia-Borowsky-Sammlung im Badischen Landesmuseum Karlsruhe ausgestellt (normalerweise befindet sie sich im Bible Lands Museum in Jerusalem, wo Borowsky von Kanada aus hingezogen ist). Sie bestand aus einer großen Anzahl vorzüglicher kretischer Objekte von gleich hoher Qualität wie die attischen Vasen. Sakellarakis stellte fest, aus stilistischen Gründen könnten die meisten der kretischen Artefakte nur aus einem Friedhof in Poros stammen. Poros war wahrscheinlich der Hafen des berühmten, von Arthur Evans ausgegrabenen Knossos. Darüber hinaus kämen sie aus einem Teil der Grablege, der erst lange nach 1970 entdeckt wurde.

Es ist deprimierend zu sehen, dass auch Christie's in dieses Geschäft mit hineingezogen wurde. Aber Christie's ist der einzige neue Name von Bedeutung. Trotz des Verfahrens gegen Medici sind die anderen Mitglieder der Cordata so aktiv wie eh und je.

17
Der Niedergang von Robin Symes

Die merkwürdigste Abfolge von Ereignissen begann im Sommer 1999, während Staatsanwalt Ferri auf die Entscheidung der Schweiz wartete, ob Medici dort einer Strafverfolgung unterzogen werden sollte oder nicht. Natürlich war er an der Strafverfolgung von Giacomo Medici, Robert Hecht und Marion True interessiert, aber die vierte Figur, der er am meisten Aufmerksamkeit schenkte, war der britische Händler Robin Symes. In diesem Fall stand ein größerer Durchbruch unmittelbar bevor: Symes sollte eine Reihe von Niederlagen und Katastrophen erleben, die sein Geschäft, sein Vermögen, sein persönliches Glück – sein gesamtes Leben – in sich zusammenstürzen ließen.

Am 4. Juli 1999 waren Robin Symes und Christo Michaelides zu einem Festessen eingeladen, das die amerikanischen Sammler Leon Levy und Shelby White in Terni, in der Nähe von Arezzo in Italien ausrichteten. Gegen Ende des Abends verließ Christo die Tischgesellschaft, um nach Zigaretten zu suchen, rutschte auf ein paar Treppenstufen aus und verletzte sich schwer am Kopf. Am nächsten Tag starb er im Krankenhaus in Orvieto.

Christos eng verbundene Familie und Robin Symes, der 30 Jahre lang sein konstanter Begleiter gewesen war, waren schwer getroffen. Selbst heute noch fällt es einigen in Christos Familie schwer, in Worte zu fassen, was Symes und ihr Lieblingssohn ihrer Einschätzung nach nun genau für eine Beziehung hatten. Der Händler selbst sagt, „Christo hat mich geliebt, 32 Jahre lang", besteht aber trotz der Tatsache, dass sie seit 1970 zusammenlebten, von Gstaad bis Los Angeles als Paar akzeptiert waren und als „die Symes" bezeichnet wurden, auf der Feststellung, es sei kein homosexuelles Verhältnis gewesen, sondern eine langfristige platonische Freundschaft.

Die beiden hatten sich einen Lebensstil zugelegt, der ihrem Erfolg im Antiquitätengeschäft entsprach, besaßen Häuser in London, New York, Athen und auf Schinoussa, einer kleinen Kykladeninsel. Das Haus in London am Seymour Walk, am Rande von Chelsea, hatte einen unterirdischen Swimmingpool, der mit klassischen Statuen dekoriert war, und ein Art-Déco-Zimmer, gefüllt mit Möbeln der Designerin Eileen Gray, deren Wert schätzungsweise 20 Millionen Dollar betrug. Symes, der selbst nicht Auto fährt, wurde stets entweder in einem silbernen Rolls Royce oder einem kastanienbraunen Bentley chauffiert.

Wie Symes in einem Interview erzählte, trafen sich die beiden in den 1960er-Jahren, als Christo Symes' Geschäft auf der King's Road in London besuchte, um ihm ein paar Antiquitäten anzubieten. Ferri hingegen erklärte er, er habe Christo in einem Schweizer Großhandelsgeschäft kennen gelernt. Christo hatte eine Freundin und Symes war verheiratet und hatte zwei Söhne. Nach seiner Scheidung aber wohnte Symes für einige Zeit in Christos Wohnung und anschließend waren sie unzertrennlich.

Ein paar Jahre später erlitt Robin Symes eine Gehirnblutung und danach führten sie das Antiquitätengeschäft zusammen. Der ältere der beiden fand die Objekte und die Käufer, während der jüngere die finanzielle Seite organisierte (auch diesbezüglich erzählte er Ferri das genaue Gegenteil). Es war ein erfolgreiches Arrangement und in den 1980er-Jahren folgten sie dann dem Kalender der Superreichen: im Februar Gstaad; im März die Bahamas; im Frühjahr La Prairie in Montreux, Schönheitsklinik und *beauty-farm* in einem, wo sie sich jährlich durchchecken ließen; im Juni London; über den Sommer Griechenland und im November zu den Auktionen nach New York.

Christos Familie, die Papadimitrious, kamen ursprünglich aus Alexandria in Ägypten und zogen 1962 auf das griechische Festland. Sie sagten, nach Christos Tod seien sie selbstverständlich davon ausgegangen, dass das Vermögen irgendwann halbiert werde, da er und Symes gleichberechtigte Geschäftspartner gewesen seien. Die Papadimitrious haben einen starken Familienzusammenhalt und wohnen sogar alle nebeneinander in derselben Straße im schicken Athener Vorort Psychikos. Seiner Schwester Despina („Deppy"), die 1965 Nicolas Papadimitriou heiratete, stand Christo besonders nahe. Die Papadimitrious sind eine erfolgreiche Reeder-Familie und mit ihrer Erfahrung und Fachkenntnis waren sie Meister im Aufbau von Unternehmen mit Sitz in Panama, durch die sowohl Schiffs- als auch Antiquitätenunternehmen Steuern vermeiden können. Manchmal habe Despina für Christos und Robins Unternehmen persönlich Bürgschaften um die 17 000 Dollar übernommen. Mit anderen Worten: Die Familie war – über Despina und Christo – an der Finanzierung des Antiquitätengeschäfts beteiligt.

Als der Sommer 1999 verstrichen war, den alle, einschließlich Symes, trauernd auf Schinoussa verbracht hatten, teilte Dimitri Papadimitriou (Christos Neffe, der inzwischen das Familienunternehmen leitete) Symes mit, das Geschäft solle zwar halbiert werden, aber Symes könne den Anteil der Familie zunächst behalten und im Laufe von drei bis fünf Jahren verkaufen, anschließend würde sich die Familie zurückziehen. Er könne auf Lebenszeit in dem Haus im Seymour Walk wohnen und sei auf Schinoussa immer willkommen.

Robin Symes sah die Sache insgeheim anders. Wieder allein in London, wuchs seine Überzeugung, dass er das Unternehmen gegründet hatte, er ein Auge für die Antiquitäten gehabt hatte, er ein gutes Objekt von einem schlechten oder gefälschten unterscheiden konnte und er es war, der die kaufwilligen Kunden gefunden hatte, durch die das Unternehmen florierte.

Dann waren da die Dinge, die in allen Unternehmen vor sich gehen, über die aber selten gesprochen wird. Die Inlandsfirma trug den Namen Robin Symes Limited und er war der einzige Kapitaleigner. Offiziell war Christo Michaelides ein Angestellter, aber laut Symes war dies „eine List, um die Leute von der Steuer abzulenken". In Wirklichkeit „waren Christo und ich Partner, nicht im Sinne von Geschäftspartnern, sondern wie Mann und Frau. Solange er lebte, teilten wir das Kapital, die Gewinne und die Schulden des Unternehmens, nach seinem Tod jedoch ging alles auf mich, den Überlebenden über." Dies stand in klarem Widerspruch zur Sichtweise der Papadimitrious.

Im Mai 2000 begann Dimitri Papadimitriou zu ahnen, dass die Dinge vielleicht nicht nach Plan liefen – jedenfalls nicht nach seinem. Bei einem Treffen mit Symes' Schweizer Anwalt Edmond Tavernier im Dorchester Hotel in London, bei dem über die Geschäftspartnerschaft gesprochen werden sollte, sagte Tavernier, wenn überhaupt eine solche Partnerschaft zwischen Symes und Christo bestanden hätte, sei es eine im Verhältnis 70 zu 30 zugunsten seines Klienten gewesen. Dramatisch beugte er sich über den Tisch und brach ein *grissino*, eine italienische Gebäckstange, in diesem Verhältnis entzwei.

Im Juli 2000 reiste Symes zu einer Gedenkfeier zum ersten Todestag Christos nach Athen. Im Anschluss daran nahm ihn Papadimitriou zur Seite. Er ignorierte Taverniers Theatralik und erinnerte Symes daran, dass noch kein Bestandsverzeichnis des Unternehmens aufgestellt worden war, das als Grundlage für eine fifty-fifty-Aufteilung dienen könne. Bei dieser Gelegenheit übergab er ihm auch einen Brief von Christos Mutter Irini, die ihn inständig darum bat, ihr die persönlichen Gegenstände ihres Sohnes zu senden. Sie sei 84 und wolle die Sachen innerhalb der Familie verteilen, bevor sie sterbe. Dabei handelte es sich um sehr wertvolle Gegenstände, unter anderem mehrere vor dem Zweiten Weltkrieg gefertigte Cartier-Uhren, die jeweils auf 50 000 bis 80 000 Dollar geschätzt wurden, eine in den 1950er-Jahren in Handarbeit gefertigte

Rolex und ein Paar Manschettenknöpfe von Cartier mit Saphiren und Baguette-Diamanten, ebenfalls handgefertigt.

Robin Symes ließ sich nichts anmerken, fühlte sich aber doppelt gekränkt. Er war gekommen, um seinem verstorbenen Lebensgefährten die Ehre zu erweisen und war stattdessen – in seinen Augen – in eine Falle gelockt und wie ein Außenseiter behandelt worden. Das Unternehmen gehörte ihm, genauso wie Christos persönliche Sachen. Und sowieso war Irinis Wunsch seltsam. „Christo besaß kein einziges Hemd, an dem er Manschettenknöpfe hätte tragen können".

Diese Begegnung hatte jedenfalls einen katalytischen – und katastrophalen Effekt auf die nachfolgenden Ereignisse. Im November 2000 schickte Symes schließlich eine Aktentasche mit Christos persönlichen Sachen nach Athen, in das „Reich" der Papadimitrious. Als Deppy sich den Inhalt besah, traute sie ihren Augen kaum. Statt Cartier- und Rolex-Uhren und Manschettenknöpfen mit Edelsteinen enthielt die Aktentasche: ein Kunststoff-Feuerzeug, eine halb abgebrannte Kerze, das Kreuz, das Christo griechischer Tradition gemäß bei seiner Geburt bekommen hatte, eine Swatch aus Kunststoff, eine Packung Spielkarten, Nachfüllpatronen für seine Füllfederhalter, ein Kissen mit einem Teddybär, eine billige Kamera und ein paar Fotografien.

Wollte Symes nun provozieren? Versuchte er absichtlich, die Papadimitrious zu ärgern, weil er sich unter Druck gesetzt fühlte? Versuchte er, ihnen unter die Nase zu reiben, dass er und nicht sie Christos rechtmäßiger Erbe war? Oder glaubte er tatsächlich, das wären die persönlichen Sachen, die sie erwarteten? Deppy war so bestürzt, dass sie ihrer Mutter nie sagte, dass die Aktentasche überhaupt angekommen war. Der „beleidigende" Inhalt aber ließ Dimitri Papadimitrious Herz zu Stein werden. Er hatte die Situation bereits mit dem Londoner Rechtsanwalt Ludovic de Walden besprochen. De Walden ist in der Londoner Kunstwelt gut bekannt. Zu seinen Klienten gehört das Getty Museum in Großbritannien.

Noch bevor Papadimitriou und de Walden sich entscheiden konnten, wie sie vorgehen wollten, erhielt die Familie zwei weitere Schocks. Erstens arrangierte Symes Anfang Dezember eine Ausstellung in New York, bei der 152 Objekte – überwiegend Antiquitäten – mit einem Gesamtwert von 42 Millionen Dollar zum Verkauf angeboten wurden. Zweitens kam Papadimitriou Ende Januar 2001 in das Haus am Seymour Walk, um ein paar Stühle abzuholen, die ihm gehörten, und stellte fest, dass sämtliche Eileen-Gray-Möbel verschwunden waren. Dank eines von de Walden flugs angeheuerten Privatdetektivs fanden sie bald heraus, dass diese Möbel im vorangegangenen September auf der Pariser Biennale für – so wurde ihnen gesagt – 20 Millionen Dollar verkauft worden waren. Weit entfernt davon, ein Bestandsverzeichnis zu erstellen, schien es nun, als ob Symes viele der Vermögensgegenstände des Unternehmens veräußerte.

Symes sah es anders. Als der alleinige Eigentümer des gesamten Unternehmens war er davon überzeugt, dass er jedes Recht der Welt hatte, die Ausstellungen zu organisieren, die er für notwendig hielt; die New Yorker Ausstellung „war eine öffentliche Ausstellung … Es war überhaupt nicht die Rede davon, dass ich versucht hätte, heimlich Objekte zu verkaufen – wie konnte jemand so etwas annehmen?" Was die Eileen-Gray-Sammlung betrifft, widersprechen sich die beiden Parteien ebenfalls völlig. Die Familie sagt, sie habe die Möbel gekauft, Symes sagt, er habe sie gekauft, und legt einen Artikel aus der *New York Times* von 1987 vor, der seine Behauptung zu stützen scheint. „Abgesehen davon", sagt er, „haben sie nicht 20 Millionen Dollar eingebracht, sondern vier Millionen, und an dem Tag, an dem ich sie verkauft habe, habe ich das Dimitri mitgeteilt." Dimitri erinnert sich an dieses Gespräch nicht.

Die sich verschlechternden Beziehungen brachen völlig zusammen, als Symes im Frühjahr 2001 etwas tat, was sich die Familie nie hätte träumen lassen. Am späten Vormittag des 23. Februar wurden Despina Papadimitriou zu ihrem Erstaunen Akten eines erstinstanzlichen Athener Gerichtes zugestellt. Während die Familie noch gezögert hatte, Symes zu verklagen, war er ihnen zuvorgekommen und verklagte seinerseits die Papadimitrious.

Aus ihrer Sicht waren die von Symes vorgebrachten Behauptungen schmerzlich, ja beleidigend. Weit davon entfernt, zu akzeptieren, dass Christo und er Geschäftspartner gewesen seien, behauptete er nun, Christo sei nie etwas anderes als ein Angestellter und nie ein „heimlicher oder offener" Teilhaber des Unternehmens gewesen; weder Christo noch „ein anderes Mitglied seiner Familie" hätten finanziell zum Unternehmen beigetragen und außerdem sei er nicht verpflichtet, irgendwelche Besitztümer an Despina oder ein anderes Mitglied der Papadimitrious zurückzugeben.

Aber hier machte Symes nicht Halt. Er brachte vor, Irini und Despina behinderten mit ihren Forderungen und Briefen seine legitimen Geschäftsinteressen und meinte, sie müssten eine Geld- oder Gefängnisstrafe (von bis zu sechs Monaten) oder beides erhalten, wenn sie sich weiterhin einmischten. Er hatte Christos Anteil am Geschäft geerbt und damit Schluss.

Damit hatte Symes allerdings Dimitri Papadimitriou völlig falsch eingeschätzt. Der telefonierte mit de Walden in London, von diesem Moment an, sagte er, „herrschte Krieg".

Vier Tage, nachdem Deppy in Athen die Gerichtsakten zugestellt worden waren, erreichte de Walden in London eine einstweilige Verfügung zur Durchsuchung sämtlicher Räumlichkeiten von Robin Symes und Einfrierung seiner Vermögenswerte. Am darauf folgenden Tag, dem 28. Februar 2001 um 11:30 Uhr, während Symes in Genf war, drangen Anwälte unter de Waldens Führung gleichzeitig in fünf verschiedene Räumlichkeiten von Symes ein, wechselten die Schlösser aus und beschlagnahmten sämtliche Unterlagen. Als Teil der einstweiligen Verfügung war es Symes nun nicht erlaubt, ohne gerichtliche Erlaubnis Handel zu treiben und seine Bankkonten wurden ebenfalls gesperrt.

Als reicher Mann konnte Dimitri Papadimitriou seinen Kontrahenten auf eine Art und Weise angreifen, von der weniger betuchte Prozessgegner nur träumen können. Nach dem erfolgreichen Manöver zur Einfrierung von Symes' Vermögenswerten und Bankkonten ließ er ihm nachspionieren. Dies alles verursachte abenteuerliche Rechtskosten (sie betrugen am Ende um die 16 Millionen Dollar), aber für Papadimitriou war dieser Fall sein Geld wert. Eine Organisation, die in Brighton von einem ehemaligen Kriminalbeamten von Scotland Yard geleitet wurde, folgte Symes in sechs Ländern: in der Schweiz, Großbritannien, Deutschland, Italien, den Vereinigten Staaten und Japan. Dazu wurden bis zu 50 Personen und zeitweise recht unorthodoxe Methoden eingesetzt. Als Symes in Genf an einer Konferenz teilnahm, folgten ihm Privatdetektive, die sich als Polizisten auf der Suche nach illegalen Immigranten ausgaben. Ein andermal gaben sie sich als Feuerwehrleute aus und in einem dritten Fall durchsuchten sie sein Hotelzimmer in Putzfrauenverkleidung.

Aber laut de Walden lohnte es sich. „Wir haben entdeckt, dass Symes seine Antiquitäten nicht an fünf, sondern an 33 Orten lagerte. Die Anzahl der Objekte, die zum Lagerbestand des Unternehmens zählten, wuchs lawinenartig auf 17 000 Stück mit einem Buchwert von 125 Millionen Dollar an." Symes weist jegliche Andeutung, er habe seine Vermögensgegenstände versteckt, von sich. „Das sind meine Besitztümer, nicht die von jemand anderem. Die Frage, ob ich sie ‚versteckt' habe, stellt sich nicht."

Aber Papadimitrious Feldzug beschränkte sich nicht auf Symes' Überwachung. Privatdetektive beobachteten bei der Erkundung von Symes' Räumlichkeiten in Ormond Yard, wie seine Mitarbeiter mehrere Mülltüten mit geschreddertem Papier entsorgten. Sie schnappten sich die insgesamt 23 Tüten, die alle bei de Walden weggeschlossen wurden.

Symes tut dies als Panikmache ab. „Das Schreddern war eine Routineangelegenheit." Dimitri Papadimitriou und de Walden gingen aber so weit, einen Kostenvoranschlag von einer Firma in Birmingham einzuholen, die eine Rekonstruktion dieser Papiere für 350 000 Pfund (500 000 Dollar) vornehmen würde. Selbst Papadimitriou schreckte vor diesem Preis zurück, aber bei der Durchsicht der Papierstreifen fiel de Walden auf, dass einige davon von einem leuchtend gelben amerikanischen Schreibblock stammten, den Juristen benutzen. Anhand der Farbe konnte er ein einzelnes Stück Papier zusammensetzen – und landete einen Volltreffer. Es handelte sich um ein handschriftliches Aide-mémoire von Symes, in dem er anerkannte, dass Christos Familie dem Unternehmen große finanzielle Unterstützung gewährt habe, indem sie „viele Anschaffungen finanziert und für Bankdarlehen gebürgt" habe. Im aufschlussreichsten Satz wurde Despina Papadimitriou als stille Teilhaberin bezeichnet.

Die Überwachungsberichte geben schon für sich eine spannende Lektüre ab, aber Symes wurde auch fotografiert, wie er in vielen Schweizer Restaurants speiste. Seine Begleiter wurden oft anhand ihrer Nummernschilder identifiziert oder man folgte ihnen nach Hause und identifizierte sie über ihre Adresse. Es stellte sich heraus, dass Symes sich regelmäßig mit Personen traf, die am Antiquitätenhandel beteiligt waren, und Papadimitriou und de Walden waren überzeugt, dass er immer noch über Besitztümer verfügte, von denen sie nichts wussten und mit denen er weiterhin handelte. Einmal wurde Symes bis nach Japan verfolgt, wo er das Miho Museum besuchte, das für seine Akquisitionen umstrittener Antiquitäten bekannt ist (siehe Kapitel 20). Robin Symes zeigt sich entsetzt von diesen Vorgängen, die er als grobe Übergriffe in seine Privatsphäre betrachtet, und besteht darauf, er habe nichts Unrechtes getan. Er befand sich außerhalb der Gerichtsbarkeit der britischen Justiz und verfolgte seine legitimen Geschäftsinteressen.

Jedes Mal, wenn eine neue Adresse Symes' entdeckt wurde, beantragte de Walden gerichtlich, dass dieser offen legen müsse, was sich dort befand. Fast 30 solcher Auskunftsklagen wurden eingereicht und allmählich begann sich Dimitri Papadimitrious Kampagne auszuzahlen.

Im Jahr 2002 verlor der zuständige Richter Peter Smith gründlich die Geduld mit Symes und dem, was er als seine Verzögerungstaktiken ansah, sodass er eine Umkehr der Beweislast vornahm. Statt dass die Griechen beweisen mussten, dass wirklich eine Partnerschaft bestanden hatte, war es nun an Symes, das Gegenteil zu beweisen. Daraufhin änderte Symes im Januar 2003 seinen Kurs. In Griechenland nahm er am Vorabend der von ihm angestrengten Gerichtsverhandlung seine Klage zurück. In London vollzog er, was der Richter später als eine „bemerkenswerte Kehrtwendung" in seiner Verteidigung bezeichnen sollte. Er bat den Richter um Erlaubnis, seine Behauptung, Christo sei lediglich ein Angestellter gewesen, fallen zu lassen, und kehrte zu der Sichtweise zurück, die er eigentlich die gesamte Zeit über gehabt hatte: dass er und Christo Lebenspartner waren und nach Christos Tod alle Vermögenswerte, einschließlich des Hauses im Seymour Walk, ihm als Hinterbliebenen zustünden.

Das erzürnte die Papadimitrious noch mehr. Sie hatten nicht vor, Symes ihre Jachten zu überlassen, und erst recht nicht Schinoussa.

Der Richter hatte Symes zwar diese Kehrtwende erlaubt, aber er war nicht dazu geneigt, ihm noch weitere Freiheiten einzuräumen. Das Verfahren wurde auf Juni 2003 angesetzt. Es kam nie dazu, denn Richter Smith hatte ihm auch eine Frist gesetzt: Bis zum 31. März 2003 sollte er alle Dokumente vorlegen, auf die er seine neue Argumentation gründete. Symes hielt die Frist nicht ein, weil ihm laut eigener Aussage die Rechtsanwälte ausgingen. Er hatte seine Anwälte recht häufig entlassen und gewechselt und durch die Auflage, alle geschäftlichen Transaktionen gerichtlich absegnen zu lassen, war er finanziell nicht immer so gut gestellt, wie er es sonst vielleicht gewesen wäre. Den Richter überzeugte diese Begründung nicht, er verlor erneut die Geduld mit Symes und verwarf aufgrund dieser neuerlichen Nichtbefolgung seiner Anordnungen Symes' abgeänderte Verteidigung.

Das bedeutete, dass die Papadimitrious gewonnen hatten. Das Gericht vertrat die Auffassung, es habe in der Tat eine Geschäftspartnerschaft bestanden und die Familie habe Anspruch auf die Hälfte der Vermögenswerte von Symes' Unternehmen.

Unmittelbar danach verschlimmerte sich Symes' Situation rapide. Nach den Durchsuchungen seiner Räumlichkeiten und dem Einfrieren seines Vermögens hatte er vor Gericht die Erlaubnis beantragt, seine Geschäftstätigkeit weiterzuführen, damit er seinen Lebensunterhalt bestreiten und seine Rechtskosten decken könne. Der Richter hatte dies unter der Voraussetzung genehmigt, dass Symes sich bereiterklärte, keine „relevanten Mobilien" ohne gerichtliche

Erlaubnis aus seinen Räumlichkeiten zu entfernen und Objekte nur für ihren vollen Preis zu verkaufen. De Walden aber hatte in Erfahrung gebracht, dass eine ägyptische Apollostatue aus Granodiorit, die Symes angeblich im April 2002 für 1,6 Millionen Dollar an ein amerikanisches Unternehmen namens Philos verkauft hatte, in Wirklichkeit gar nicht dorthin verkauft worden sein konnte, da das eine Briefkastenadresse war. Weitere Nachforschungen ergaben, dass Symes auch hinsichtlich des Preises gelogen hatte, denn tatsächlich war sie für 4,5 Millionen an Scheich Saoud Al-Thani aus Katar gegangen.

Zum dritten Mal in diesem Fall war der Richter wütend. Wenn dies stimme, sagte er, habe sich Symes wohl der Missachtung des Gerichts schuldig gemacht, und ordnete eine Untersuchung an, in der die Umstände dieses Verkaufs vollständig ausgeleuchtet werden sollten. Dies war nun allerdings ein ganz anderes Verfahren als der ursprüngliche Fall. Bisher hatte es sich um einen Rechtsstreit in Geschäftsangelegenheiten gehandelt, um ein zivilrechtliches Verfahren. Nun hatte Robin Symes sich möglicherweise des Betrugs schuldig gemacht, also eine strafbare Handlung begangen, für die er eine Gefängnisstrafe erhalten konnte.

Bevor es zum Prozess kam, erlitt Symes eine weitere Demütigung. Eversheds, einer der sieben britischen Rechtsanwälte, deren Dienste er in Anspruch genommen, aber nicht bezahlt hatte, verlor schließlich die Geduld mit ihm und zwang ihn am 27. März 2003 in den Konkurs. Nicht nur sein Haus und die vollständige Kontrolle über sein Unternehmen hatte er eingebüßt, sondern jetzt besaß er überhaupt keine Firma mehr, die er hätte leiten können. Dann, zwei Monate später, im Mai 2003, starb Leon Levy, der amerikanische Sammler, der ihn finanziell unterstützt hatte. Symes' Welt fiel um ihn herum zusammen.

Seine Verteidigung im Falle der Granodiorit-Statue lautete, sie sei in der Tat für 4,5 Millionen an den Scheich verkauft worden, sie habe ihm aber nur zu einem Drittel gehört, was er zuvor vergessen habe zu erwähnen, die anderen beiden Drittel gehörten zwei Schweizer Händlern – Jean Domercq und Frida Tchacos-Nussberger. Somit waren diese beiden zwar Mitangeklagte dieses Verfahrens, aber weder der eine noch die andere erschien selbst vor Gericht. Das entschied gegen die Angeklagten und kam zu dem Schluss, Symes sei der einzige Eigentümer der Statue gewesen. Er wurde für schuldig befunden, das Gericht irregeführt und die Bedingungen der einstweiligen Regelung missachtet zu haben, und wurde im Juli 2004 zu einem Jahr Haft auf Bewährung verurteilt. Was als zivilrechtlicher Prozess begonnen hatte, hatte zu etwas weit Schlimmerem geführt.

Das ursprüngliche Verfahren wurde fortgesetzt. Die Verwandten von Christo waren immer noch nicht davon überzeugt, dass Symes alle Vermögenswerte des Unternehmens offen gelegt hatte. Bei weiteren Nachforschungen fanden sie heraus, dass Symes das Gericht anscheinend in zwei weiteren Angelegenheiten belogen hatte. Einmal ging es um die Eileen-Gray-Möbel, ein andermal um eine Statue von Echnaton. Die Möbel hatte Symes eigenen Angaben zufolge für vier Millionen Dollar an einen Pariser Händler verkauft. Lane and Partners, die Kanzlei von de Walden, ging dieser Transaktion nach und ermittelte schließlich, dass Symes sie in Wirklichkeit für 14 Millionen Dollar verkauft und einen Großteil des Geldes zu einer Bank in Gibraltar getragen hatte. Die Echnaton-Statue, die er angeblich für 3,6 Millionen Dollar verkauft hatte, war tatsächlich für fast acht Millionen verkauft worden, wiederum an Scheich Al-Thani. Dieses Geld lagerte in einer Bank in Liechtenstein. Die Beträge wurden ausfindig gemacht und eingezogen.

Während Lane and Partners diese Ermittlungen durchführten, hatte Robin Symes versucht, weitere Gerichtsverfahren zu vermeiden, indem er im August 2004 überraschenderweise erklärte, er sei geistig nicht imstande, Rechtsanwälte mit Informationen zu versehen, und daher nicht verhandlungsfähig. Diese Maßnahme scheiterte und er wurde aufgefordert, im Januar 2005 wieder vor Gericht zu erscheinen.

Bis Weihnachten hatte er in einem Gasthaus in einem kleinen Dorf in der Nähe von Basingstoke gelebt, etwa 80 Kilometer von London entfernt. Kurz vor Weihnachten zog er allerdings in das Savoy-Hotel in London. Symes ist zwar bankrott, hat aber einige Freunde, die ihn immer noch finanziell unterstützen. Als er vor Gericht erschien, hatte er jedoch keinen Anwalt dabei. Er legte eine Aussage vor, in der er nun zugab, vor Gericht gelogen zu haben, und zwar bezüglich der Möbel und der Echnaton-Statue.

Richter Peter Smith bewertete diese nun zugegebenen Lügen, bei denen es insgesamt um 14 Millionen Dollar ging, als schwerwiegende Vergehen. In seinem Urteil stellte er fest, Symes habe sich „einer schweren und zynischen Missachtung des Gerichts" schuldig gemacht, die darauf ausgerichtet war, „zu verschleiern, dass er absichtlich die Gewinne eingestrichen [und] für seine eigenen Zwecke verwendet" hatte. Symes habe „unter Eid zahlreiche Lügen erzählt" und „eine falsche Geschichte" wiederholt. Weiter sagte der Richter, er sei nicht beeindruckt von Symes' Versuchen, glauben zu machen, er sei durcheinander und verwirrt. Seine Missachtung des Gerichts habe sich in Form kalkulierter, zynischer und sehr bewusster Täuschungshandlungen manifestiert. Er schloss mit den Worten: „Herr Symes muss begreifen, dass er, falls er dies glaubt, nicht einfach seine Zeit absitzen, seinen Pass zurückbekommen und diesen Rechtsraum verlassen kann. Eine Vielzahl offener Fragen ist noch zu beantworten. Solange diese Fragen nicht beantwortet und auf sinnvolle Weise gelöst sind, hat er kaum eine Chance, seinen Pass zurückzubekommen und den Rechtsraum zu verlassen … Ich sehe einen langen und unabdinglichen Weg, den Herr Symes noch zurückzulegen hat, bevor dieser Rechtsstreit zu einem Ende kommt." Am 21. Januar 2005 wurde Robin Symes in London für zwei Fälle von Missachtung des Gerichts für 15 und 9 Monate ins Gefängnis geschickt. Die Strafen waren nacheinander abzusitzen. Am selben Tag wurde er in das Gefängnis Pentonville in Nordlondon überführt.

Zu Beginn dieses Rechtsstreits hatte die Familie Papadimitriou ihre Rechtsanwälte beauftragt, Symes' Vermögen einzufrieren und alle seine Unterlagen zu beschlagnahmen. Die Anwälte fotokopierten alles, und weil sie damals hofften beweisen zu können, dass Symes und Michaelides Geschäftspartner und nicht nur „Mann und Frau" waren, erhielten die Autoren dieses Buches die einmalige Gelegenheit, in die Aufzeichnungen Einsicht zu nehmen, damit sie selbst erkennen könnten, dass die beiden Männer das Unternehmen wirklich gemeinsam geführt hatten. Dabei konnten wir nicht umhin, einige andere Sachverhalte zur Kenntnis zu nehmen, die für uns wegen unserer Zusammenarbeit mit den italienischen Behörden womöglich mehr bedeuteten, als für die Papadimitrious oder ihre Anwälte. Der folgende Abschnitt basiert auf dieser damals gewährten Einsicht.[1]

In seinen 33 Lagern hatte Symes 17 000 Objekte, die auf 125 Millionen Pfund (210 Millionen Dollar) geschätzt wurden. Eine durchschnittliche Antiquitätenauktion umfasst zwischen 400 und 600 Lose. Bei Christie's, Sotheby's und Bonhams finden in London und New York jährlich insgesamt acht Antiquitätenauktionen statt, d. h. zwischen 3200 und 4800 Lose werden jährlich verkauft. Medici und Symes hatten zusammen 21 000 Objekte auf Lager, das heißt sie hätten damit etwa vier bis fünf Jahre lang sämtliche Antiquitätenauktionen bestücken können – wenn wir diesen Zahlen Glauben schenken. Wenn Symes' 17 000 Objekte auf insgesamt 125 Millionen veranschlagt werden, ergibt dies außerdem einen durchschnittlichen Wert von 7353 Pfund pro Objekt. Der Wert von Antiquitäten ist oftmals schwer zu schätzen, und in der

Tat, als eine unabhängige Expertin im Auftrag von Papadimitrious Anwälten einige der Objekte schätzte, schätzte sie sie auf ganz andere, in der Regel niedrigere Beträge. Aber selbst wenn Symes' Schätzungen „seiner" Objekte das Doppelte von ihrem eigentlichen Wert betrugen, wären sie immer noch durchschnittlich 3677 Pfund (ungefähr 5000 Dollar) wert. Der Durchschnittspreis der auf Auktionen verkauften Antiquitäten beträgt 600 Pfund (1000 Dollar).

Robin Symes hatte bei seiner Vernehmung durch Ferri mehrmals gesagt, sein Unternehmen Xoilan Trader sei kein Handelsunternehmen, sondern eine Holding-Gesellschaft für seine eigene Sammlung. Dies wurde Lügen gestraft durch die markierten Sotheby's-Kataloge, die Hodges uns ganz am Anfang gegeben hatte und aus denen hervorging, dass Xoilan Unmengen von Objekten auf den Auktionen verkaufte, über die wir die Insiderunterlagen hatten. Dieser Eindruck wurde durch die Dokumente und Bestandslisten, die wir in London in Augenschein nahmen, bestärkt. Zunächst ging daraus hervor, dass der Besitzer von Xoilan Trader ein Alexander Michaelides aus Alexandria war, einer von Christos Verwandten. Xoilan hatte auch eine Tochtergesellschaft namens SESA. Außerdem gab es mehrere Unterlagen über Antiquitätenverkäufe, die Xoilan getätigt hatte. In Symes' Unterlagen waren alle Transaktionen nummeriert. Von 1991 bis 1996 enthalten sie beispielsweise 21 nummerierte Transaktionen im Wert von 10 000 bis 300 000 Dollar zwischen Xoilan und Naji Asfar, von 1991 bis 1994 acht nummerierte Transaktionen im Wert von 18 000 bis 500 000 Dollar mit Koutoulakis, wieder von 1991 bis 1994 sieben nummerierte Transaktionen im Wert von 60 000 bis zwei Millionen Dollar mit Leon Levy, 1994 fünf nummerierte Transaktionen im Wert von 12 000 bis 200 000 Dollar mit Nino Savoca, von 1991 bis 1999 18 nummerierte Transaktionen im Wert von 25 000 bis 300 000 Dollar mit Orazio Di Simone, von 1991 bis 1999 59 Transaktionen im Wert von 9000 bis 320 000 Dollar mit Tecafin und 1991 zwei nummerierte Transaktionen im Wert von 127 000 bzw. 175 000 Dollar mit Fritz Bürki. Diese Liste, die einen Zeitraum von neun Jahren umfasst und keineswegs vollständig ist, enthält 167 Transaktionen.

Im März 2000 handelte Nonna Investments, ein weiteres Unternehmen von Symes, mit der Citibank einen revolvierenden Kredit in Höhe von 14 Millionen Dollar aus, der später auf 17 Millionen erhöht wurde. Für diesen Kredit bürgte Despina Papadimitriou, Christos Schwester.[2]

In einem Brief stimmte das Getty dem Kauf verschiedener Objekte zu, rechnete deren Preis aber gegen den eines Diadumenos-Kopfes auf, der Teil der

Fleischman-Sammlung war, und gegen den eines Mithras-Torsos. Beide wurden zu jener Zeit nach Italien zurückgegeben. Von Oktober 1992 gab es Unterlagen zu einer griechischen Statue, die dem Getty für 18 Millionen Dollar verkauft wurde.

Xoilan hatte auch viele Transaktionen mit der Galerie Nefer getätigt sowie 43 nummerierte Transaktionen mit Giacomo Medici. Von 1979 bis 1986 schloss Robin Symes Limited, das andere Unternehmen, mindestens 21 Geschäfte mit Medici ab. Das Getty, Leon Levy, das Kimball Museum in Texas, Naji Asfar, Koutoulakis, Savoca, Tempelsman, Richard Guy, Orazio Di Simone, Sotheby's und Christie's tauchten in der gesamten Bestandsliste in verschiedenen Kontexten immer wieder auf.

Symes' Behauptungen, Xoilan sei das Unternehmen, das er zum Antiquitätensammeln benutze, und handeln würde er nur unter dem Namen Robin Symes Limited, wurde klar widerlegt. Xoilan ist in den Aufzeichnungen der Auktionshäuser zu finden, und das nicht selten. Xoilan verkaufte auf Sotheby's Londoner Antiquitätenauktionen vom 11. Juli 1988, vom 14. Juli 1986, 14. Juli 1987 und vom 12. Dezember 1988. Nicht eines der Objekte in der Bestandsliste, die wir sahen, war mit einer Provenienz aufgeführt.

Am 19. März 2003 kündigte das italienische Kultusministerium auf einer Pressekonferenz an, die damals seltenste und bedeutendste geraubte Antiquität sei von den Carabinieri in London wiedergefunden worden. Der Marktwert dieses einzigartigen lebensgroßen Elfenbeinkopfes, der vermutlich Apollo, den griechischen Sonnengott darstellt und wohl aus dem 5. Jahrhundert v. Chr. stammt, wurde auf annähernd 30 Millionen Pfund (50 Millionen Dollar) geschätzt.

Die Elfenbeinschnitzerei war von so überragender Qualität, dass italienische Archäologen, die sie bei ihrer Rückkehr nach Italien untersuchten, zunächst glaubten, sie könne von Phidias stammen – einem der größten Bildhauer der griechischen Klassik, von dem kein einziges seiner Werke überlebt hat. Diese Entdeckung war daher für Archäologen, Kunsthistoriker, Museen und Antikenforscher gleichermaßen erstaunlich.

Beschlagnahmt wurde der Kopf, teils mit Hilfe der Autoren, bei Robin Symes. Weil die Beziehungen zwischen den Carabinieri und Scotland Yard so schlecht waren, dienten wir als Informationskanal zwischen Ferri und Conforti einerseits und Christos Familie und deren Anwälten in London andererseits, um die Verhandlungen zu beschleunigen. Ein Fragment eines Freskos, das aus einer Villa in der Nähe von Pompeji gestohlen worden war, wurde zur gleichen Zeit sichergestellt. Neben dem Elfenbeinkopf, dessen Augen, gerade Nase und sinnlichen Lippen intakt sind, wurden einige andere Fragmente wie Finger, Zehen, ein Ohr und ein paar Haarlocken gefunden.

Der Elfenbeinkopf und die anderen Elfenbeinfragmente waren ursprünglich 1995 von Pietro Casasanta entdeckt worden.* Er schmuggelte seinen Fund persönlich aus Italien heraus und verkaufte ihn an Nino Savoca, sie einigten sich auf zehn Millionen Dollar. Laut Casanta zeigte Savoca den Kopf den Experten oder Kuratoren zweier amerikanischer Museen, aber keiner war bereit, den Kauf eines so offensichtlich aus Raubgrabungen stammenden Objekts zu riskieren. Daraufhin hörte Savoca bei 700 000 Dollar auf, Casasanta zu bezahlen, und sie zerstritten sich.

Savoca starb 1998 und bei einer (zweiten) Durchsuchung seines Hauses entdeckten die Carabinieri Unterlagen, die ihnen bei einigen bedeutenden Raubgutstücken weiter halfen. Teils, weil Savoca sein Zahlungsversprechen nicht eingehalten hatte, teils, weil Casasanta sich ausrechnete, dass ihn die Carabinieri wieder im Visier hatten, lieferte er Confortis Mitarbeitern die Information, dass Savoca den Elfenbeinkopf an einen Londoner Händler verkauft habe, der homosexuell und „dessen Partner vor kurzem gestorben" sei. Damit war offensichtlich Robin Symes gemeint. Die Carabinieri wussten dies natürlich bereits von Frida Tchacos.

Professor Antonio Giuliano von der Universität La Sapienza, der die Statue untersucht hat – die jetzt im Museo Nazionale Romano in Rom zu sehen ist – datierte sie vorläufig auf das 5. oder 4. Jahrhundert v. Chr. Spätere Untersuchungen änderten dies und inzwischen wird sie auf das 1. Jahrhundert v. Chr. datiert, rund 300 Jahre nach Phidias. Giuliano nimmt an, dass der Kopf Apollo darstellt, die zugehörigen Fragmente aber von einer zweiten, etwas kleineren Statue stammen, die eventuell Artemis oder Atona darstellte.

Robin Symes verließ den Krankenhausflügel im Gefängnis Pentonville im September 2005, aufgrund guter Führung vorzeitig entlassen. Das Zivilrechtsverfahren mit den Papadimitrious ist immer noch nicht abgeschlossen. Er hat immer noch ein Jahr auf Bewährung ausstehen. Sein Reisepass wurde ihm

---

* Siehe Seite 173.

nicht wieder ausgehändigt und der Richter hat ihm mitgeteilt, wenn er den einsichtigen Forderungen der griechischen Familie nicht Folge leiste und seine verbleibenden Besitztümer offen lege, werde die ursprüngliche Strafe nicht mehr „auf Bewährung" lauten. Symes könnte ein zweites Mal ins Gefängnis kommen.

In Italien arbeitet Ferri weiterhin an künftigen Strafrechtsverfahren. Womöglich hat der Niedergang von Robin Symes noch kein Ende gefunden.

Anmerkungen

1 Diese Akteneinsicht war begrenzt, aber einzigartig.

2 Weitere Einzelheiten aus den Bestandslisten: Am 19. Dezember 1998 verkaufte Symes drei Objekte an Leon Levy: eine römische Marmorbüste aus dem 3. Jahrhundert n. Chr. für 230 000 Dollar, einen hellenistischen überlebensgroßen Marmorkopf einer Frau aus dem 3. Jahrhundert v. Chr. für 500 000 Dollar und drei nordeuropäische Goldgefäße aus dem 13. Jahrhundert v. Chr. für 750 000 Dollar, sodass sich seine Tageseinnahmen auf 1 480 000 Dollar beliefen. In den Unterlagen wurde auch ein an Levy verkauftes Fresko im Wert von 1,6 Millionen Dollar erwähnt, das sich als Fälschung herausstellte.

Weitere Einzelheiten: ein linker Fuß aus Elfenbein, römisch, aus dem 1. Jahrhundert n. Chr. im Wert von 15 000 Dollar; eine ägyptische Basaltfigur eines Sitzenden im Wert von 100 000 Dollar; eine ägyptische blaue Figur von Schu im Wert von 100 000 Dollar (diese drei Angaben sind die Schätzungen der Citibank für Symes' Kredit); ein römisches Wandfresko eines Portikus im Wert von 25 000 Dollar.

In einer anderen an „Monsieur Jacques" gerichteten Notiz war vermerkt, dass am 4. Februar (ohne Jahresangabe) 1,5 Millionen Dollar an Xoilan zu bezahlen seien, aus dieser Summe aber verschiedene Zahlungen zu leisten seien. Daraufhin wurden 14 Banken aufgeführt, an die Beträge von 2877 Pfund bis 166 888 Dollar zu zahlen waren und die ihren jeweiligen Sitz in New York bzw. Florida, München, Genf, Zürich, London und auf Guernsey hatten.

Im März 2000 handelte ein anderes Unternehmen von Symes namens Nonna Investments einen revolvierenden Kredit über 14 Millionen Dollar mit der Citibank aus, der später auf 17 Millionen erhöht wurde. Für diesen Kredit bürgte Despina Papadimitriou. In einer Notiz vom 5. Juni 1990 wurde die am 22. Juli 1988 gekaufte Kultstatue einer Göttin mit einer „unbezahlten Hauptsumme von neun Millionen Dollar, die am 21. Juli 1992 fällig wird, und anfallende Zinsen in Höhe von 5 Prozent jährlich" erwähnt. Wieder anderen Unterlagen zufolge war diese drapierte Statue vermutlich eine Aphroditestatue eines unbekannten Griechen, vermutlich aus Süditalien oder Sizilien und auf 425–400 v. Chr. datiert. Sie war ungefähr zwei Meter hoch und war ursprünglich aus mehreren Stücken gefertigt worden. Als sie entweder wegen eines Erdbebens umgekippt oder mutwillig umgestürzt worden war, war sie beschädigt worden. Ein Teil von ihr war erdverkrustet. Auch Polaroids der Statue waren vorhanden, auf denen sie zusammengestückelt zu sehen war.

In einer weiteren Notiz aus dem Jahre 1996 wurde bestätigt, dass Symes elf Objekte an Museen ausgeliehen hatte, die insgesamt auf 9 095 000 Dollar geschätzt wurden. Zu diesen Objekten schienen drei etruskische, griechische und Villanova-Gegenstände aus Gold zu gehören. Es gab auch einen Brief von Malcolm Bell über Morgantina, der das Datum „25. Juli 1991" trug. Es war nicht klar, an wen er adressiert war, aber er befand sich in Symes' Unterlagen neben vielen Dokumenten zum Getty.

Auf zwei weiteren, auf März 1987 und März 1989 datierten Aufzeichnungen, diesmal auf Briefpapier von Robin Symes Limited, waren insgesamt 19 Objekte aufgeführt, die Symes von George Ortiz in Kommission hatte.

Im sonstigen Bestand befanden sich kykladische Statuen, sardinische Marmoridole, griechische Steinköpfe (einer davon auf 80 000 Dollar geschätzt), ein Kuros aus Marmor, griechische Marmorstelen, griechische Bronzen (eine davon auf 65 000 Dollar geschätzt), eine Kore aus Bronze, griechische Waffen und Rüstungen, frühgriechische Keramik (eine Vase wurde auf 45 000 Dollar geschätzt), ein lebensgroßer Bronzekopf eines Herrschers, der auf 850 000 Dollar geschätzt wurde, ein etruskischer Herkules aus dem 5. Jahrhundert v. Chr., etruskische Skulpturen, Terrakotten, Töpferwaren und Schmuckstücke. Das Getty erklärte in einem Brief, es wolle verschiedene Objekte kaufen, den Kaufpreis aber mit einem Diadumenos-Kopf (der Teil der Fleischman-Sammlung war) und einem Mithras-Torso verrechnen, weil diese nach Italien zurückgegeben wurden. Für den Oktober 1992 waren Unterlagen zum Verkauf einer griechischen Statue für 18 Millionen Euro an das Getty vorhanden.

18
Das Archiv des Holzfällers

Wie Conforti bemerkte, schreiben Kriminelle unweigerlich manche Dinge auf. Dies galt auch für die Antiquitätenunterwelt. Camera hatte sein Organigramm hinterlassen und in München hatten Savocas penible Aufzeichnungen die Carabinieri weiter gebracht. Medicis eigene Aufzeichnungen erwiesen sich als sehr produktiv und Hechts Memoiren waren ebenfalls Gold wert. Dank Confortis Idee eines Richterpools, dank hervorragender, sorgfältiger Detektivarbeit mit den Polaroids und dank Ferris Fähigkeit, andere Mitglieder der Cordata zur Zusammenarbeit zu überreden, stand Medicis Prozess schließlich und endlich kurz vor seinem Auftakt.

Dann, eines morgens im Dezember 2003, kurz vor Weihnachten und wenige Tage nach Prozessbeginn, hatten die Carabinieri bei der Telefonüberwachung unvermutet Glück – und Ferri fiel noch ein Archiv in die Hände. Sie stießen plötzlich auf jemanden völlig neues, einen Mann, der sich als Offenbarung erweisen sollte. Sie hörten ihn am Telefon sprechen, sie erfuhren, dass sein Name Giuseppe Evangelisti war und er einen Spitznamen hatte: *Peppino il taglialegna* – Peppino der Holzfäller. Anschließend entdeckten sie, dass der Spitzname sich aus Evangelistis „Tag-Job" ableitete: Er belieferte zwei Dörfer mit Holz. Aber das war keineswegs seine einzige Tätigkeit. Er hatte auch noch seinen „Nacht-Job".

Das Telefonat war kurz vor der Mittagszeit abgehört worden. Am Nachmittag, nachdem sie Evangelistis Adresse ermittelt hatten – in Capo di Monte in der Nähe des Lago di Bolsena nördlich von Rom – statteten sie ihm einen Besuch ab. Sie beschrieben ihn als hoch gewachsenen, kräftigen und muskulösen Mann Ende der Fünfziger. Er war, was nicht verwundert, überrascht sie zu sehen, schien aber nicht nervös. Seine Frau war es allerdings deutlich, erzählte ein Ermittler. Die Carabinieri erzählten den beiden, sie hätten am Vormittag Evangelistis Telefongespräch gehört, also wüssten sie, dass er geraubte Objekte besitze und gingen erst, wenn er sie zu ihrem Versteck bringe. Sie hatten erwartet, dass er sie zu einem Lager in einiger Entfernung brächte, aber er führte sie schlicht in seine Garage, die sich unter dem Haus befand. Dort warteten gleich mehrere Überraschungen auf sie.

In der Garage befanden sich hunderte geraubter Antiquitäten, zerbrochen, erdverschmutzt, alle aus der Umgebung, Fragmente in Säcken und Obstkisten und alle sortiert: attische, Buccheri, Keramiken und Bronzen. Außerdem fanden die Ermittler eine beträchtliche Bibliothek mit archäologischen Büchern, lauter wissenschaftliche Werke. „Dieser Mann wollte wissen, welchen Wert seine Objekte im Ausland hatten, was sich in ausländischen Museen und Sammlungen befand", sagte einer der Carabinieri.

Bis dahin waren die Funde interessant, aber nicht unbedingt sensationell gewesen und die größte Überraschung die, dass ihnen sein Name bislang entgangen war. Das sollte sich bald ändern.

In der Garage befand sich auch ein Tisch für Restaurierungsarbeiten mit einer Palette, Pinseln und anderen technischen Hilfsmitteln. Über diesem Tisch hing ein Regal mit weiteren Büchern. Als die Carabinieri sich diese ansahen, staunten sie nicht schlecht: Sie enthielten gleich zwei kostbare Verzeichnisse. Zum einen war der Holzfäller fotografiebegeistert und hatte jedes einzelne Objekt aufgenommen, das er je aus dem Boden geholt hatte, hunderte über hunderte von Vasen, Statuen, Steinsäulen und Terrakottafliesen. Hier war also eine weitere bildliche Aufzeichnung, die mit Medicis verglichen werden konnte, ein Bildarchiv der ausgegrabenen und ins Ausland geschmuggelten Kunstwerke, das sieben Fotoalben umfasste.

Die andere Büchergruppe in diesem Regal bestand aus neun Tagebüchern und Terminkalendern der Jahre 1997 bis 2002. Am meisten begeisterte die Ermittler, dass die Buchführung für den Holzfäller zur Manie geworden war und die Tagebücher die Fotografien ergänzten. Er hatte genau aufgezeichnet, was er wann und wo gefunden hatte. Er hatte sich die Orte notiert, an denen er gegraben hatte, die Art der Gräber, die er entdeckt hatte, ja sogar, in welcher Tiefe die einzelnen Objekte gefunden wurden. In Daniela Rizzos 26-jähriger Erfahrung, sagte sie uns, sei der Holzfäller – abgesehen von Medici – die einzige Person gewesen, die so konkrete Informationen aufzeichnete. Evangelisti gab in seinen Aufzeichnungen nicht nur Daten und Orte an, er zeichnete sogar kleine Karten, wo die Gräber waren, in welchen Feldern, wie viele Schritte sie von diesem oder jenem Baum entfernt waren. Seine Beschreibungen der Objekte waren ebenfalls viel exakter als die anderer Tombaroli, zum Beispiel: „Amphoretta mit drei großen Vögeln und Pferdeköpfen". Das reichte für Rizzo aus, um das Objekt als wichtige etruskische Keramik zu erkennen. „Dieser Mann verfügt über eine Figurensammlung, eine Sammlung etruskischer Objekte, von der die Villa Giulia nur träumen kann – wir haben so etwas nicht."

Im Archiv des Holzfällers wurden die Eigentümer des Landes aufgeführt, auf dem er grub. Diese spielten eine wichtige Rolle, weil Evangelisti – wie auch Casasanta – deutlich machte, dass sie dafür bezahlt wurden, dass sie die Tombaroli auf ihrem Land graben ließen und einen Anteil von allem bekamen, was gefunden wurde. Ab und zu war in den Tagebüchern sogar angegeben, welchen Prozentsatz die Eigentümer erhalten hatten. Für jedes Grab enthielten die Aufzeichnungen auch das weitere Schicksal der Fundstücke und die Preise, die sie erzielt hatten. Für 1998 gibt es zum Beispiel folgende Aufschlüsselung:

Anno 1998

Scavate	47 tombe	Ausgegraben: 47 Gräber
	39 tombe a cassone	Cassonegräber: Gruben mit Sarkophagen
	1 fossa a terra	Fossagrab: rechteckige Grube für Körperbestattungen
	4 tombe a uovo	eiförmige Steinhöhlengräber
	1 tomba a pozzetto	kleines Brunnengrab
	2 tombe a ziro	Zirogräber: große Tongefäße mit Aschenurne und Beigaben
	Trovati 377 Pezzi	377 Stücke gefunden
	Venduto 81.750.000 Lire	verkauft 81 750 000 Lire = 68 000 Dollar

2000 war ein besseres Jahr: 68 Gräber ausgegraben und 737 Stücke gefunden, verkauft für 164 Millionen Lire (135 000 Dollar). Insgesamt, rechnete Pellegrini aus, hatte Evangelisti in den vier Jahren, für die es die vollständigsten Aufzeichnungen gab, 204 Gräber ausgehoben, 1764 Objekte gefunden und 185 000 Euro eingenommen. Evangelisti selbst schätzte, dass er Ausgaben in Höhe von etwa einem Drittel seiner Einnahmen hatte, sodass der Nettogewinn dieser vier Jahre 130 000 Euro beziehungsweise gut 2700 Euro pro Monat betrug. In diesen vier Jahren hat er durchschnittlich ein Grab pro Woche ausgeräumt, das grob überschlagen jeweils neun Objekte erbrachte. Pro Objekt erhielt er durchschnittlich 105 Euro. Im Vergleich dazu kostet eine Antiquität auf einer Auktion durchschnittlich 1000 Euro und eine von Robin Symes' 17 000 Antiquitäten 3750 Pfund (ca. 5000 Dollar).

Schließlich hatte Evangelisti auch aufgeschrieben, wem er wann was verkaufte. Hier erschienen die Namen Medici, Cilli (den er als „Faktotum" von Medici betrachtete), die Aboutaams, die ihn seinen Angaben zufolge bei sich zu Hause besuchten, und eine berühmte Galerie in Mayfair in London.

19
Giacomo Medici vor Gericht

Der Justizpalast im römischen *quartiere* Clodio ist keineswegs ein schönes Gebäude. Im Gegenteil, er ist aus grauem Beton, eine scheußliche modernistische Monstrosität von sechs Stockwerken, vom Regen verunstaltet und innen so hässlich wie außen. Piazzale Clodio ist ein großer, langer Platz mit Bushaltestellen, Platanen und Tankstellen. In einer kleinen Seitenstraße, einer Sackgasse, befindet sich eine Bank, eine Motorradwerkstatt und ein trauriges Café, in dem Anwälte, Polizisten und Angeklagte sich einen Cappuccino bestellen und eine letzte Zigarette rauchen, bevor sie sich den Sicherheitskontrollen unterwerfen. Diese Ecke ist kein Glanzstück der Ewigen Stadt.

Am 4. Dezember 2003 begann der Prozess gegen Giacomo Medici. Wobei Medici einer der berühmtesten Namen in ganz Italien, wenn nicht gar weltweit ist. Historiker meinen, zu den florentinischen Medici, den „Paten der Renaissance", zählten nicht weniger als 54 Personen, über die es sich zu schreiben lohnt. Neben Lorenzo dem Prächtigen und Cosimo gab es noch Garcia, Gian Gastone, Giancarlo, sieben Giovannis, zwei Giulianos, einen Giulio und einen Guccio. Aber nie zuvor gab es einen Giacomo Medici. Es besteht also keine Gefahr, dass jemand den „Paten des Freilagers" mit einem anderen Medici verwechseln könnte.

Acht Jahre nach den ersten Festnahmen wurde das Verfahren eröffnet. Innerhalb dieser acht Jahre hatte Sotheby's aufgehört, Antiquitätenauktionen in London zu veranstalten (obgleich die Auktionen bei Bonhams wie Pilze aus dem Boden schossen) und drei Abteilungen geschlossen, Felicity Nicholson war in Ruhestand gegangen und Sotheby's Vorsitzender A. Alfred Taubman war in den Vereinigten Staaten für seinen Part in einem Preisabsprachekandal zu einer Haftstrafe von einem Jahr und einem Tag verurteilt worden. Symes hatte seine eigenen Schicksalsschläge erlitten, wie auch mehrere andere, die mit Medici zusammengearbeitet hatten.

Trotz all dieser Vorfälle und Rückschläge aber setzte sich der Antiquitätenschmuggel munter fort. Obwohl Medici gewusst haben muss, dass man ihm folgen würde, traf er sich zumindest ab und zu immer noch mit Tombaroli. Paolo Ferri selbst traf Medici zufällig bei einem seiner Besuche in Genf. Robert Hecht wurde bei seinen Besuchen in Rom ebenfalls nachgespürt und auch er traf sich mit anderen Schmugglern.

Und so konnte der Prozess für Ferri, Conforti (auch wenn er damals schon im Ruhestand war), Rizzo, Pellegrini und diejenigen, die schon länger beim Kunstdezernat der Carabinieri dabei waren, nicht schnell genug beginnen. Für sie war dieser Fall gleich dreifach wichtig: weil Medici mit Abstand der größte Schmuggler war, den sie je vor Gericht gestellt hatten, weil sie mehr dokumentarische und andere Beweismittel gegen ihn hatten als je gegen sonst jemanden und weil seine Verbindungen zum internationalen Händlernetz stärker, ausgefeilter und besser dokumentiert waren als jemals bei sonst einem Angeklagten. Aber würde ein Richter das genauso sehen?

Bis 1989 baute das italienische Strafrecht auf dem Code Napoléon auf und verfügte über drei unterschiedliche Repräsentanten des Gerichtswesens: Untersuchungsrichter, Staatsanwälte und Richter. Dann wurde von diesem an der Untersuchungsmaxime orientierten System auf das *Accusatorio*, ein an der Verhandlungsmaxime orientiertes System umgestellt. Die Rolle der Untersuchungsrichter wurde von den Staatsanwälten übernommen. Jeder Fall kann nun durch drei Instanzen gehen: erstinstanzliches Gericht, Berufungsgericht und oberstes Gericht. In der Regel wird diese Möglichkeit auch ausgeschöpft, weil in Italien (wie in Deutschland, nicht aber im angloamerikanischen Rechtsraum) nicht nur die Verteidigung Berufung einlegen kann, sondern auch die Staatsanwaltschaft.

Stellt das Urteil also eine Seite zufrieden, so ist vermutlich – per Definition – die andere Seite unzufrieden, und so wird meistens Berufung eingelegt. Schwurgerichtsverfahren finden nur in Fällen statt, bei denen es um Mord, Terrorismus, die Mafia oder ähnlich schwere Verbrechen geht. Ein Angeklagter wird bis zum endgültigen Urteil für nicht schuldig erachtet, weshalb Personen, die für schuldig befunden und zu einer Gefängnisstrafe verurteilt wurden, nach Abschluss des erstinstanzlichen Verfahrens manchmal noch mehrere Jahre auf freiem Fuß bleiben.

Ein großes Problem im italienischen Gerichtswesen ist die Verwaltung. Aufgrund einer chronischen Unterfinanzierung, zu wenig Gerichtssälen, Richtern und sonstigen Mitarbeitern und aufgrund des Bestrebens, Verfahren innerhalb eines bestimmten Zeitraums zu eröffnen (wegen der Verjährungsfristen), wird in einem laufenden Verfahren immer nur einen Tag pro Woche oder pro Monat verhandelt. Ein zwölftägiger Prozess kann also ein Jahr dauern – und tut dies in der Regel auch. Viele Prozesse, bei denen mehrere Zeugen vorgeladen werden, ziehen sich noch länger hin.

Um diese Situation zu verbessern, führte die italienische Regierung 1989 den *rito abbreviato*, das „abgekürzte Verfahren" ein. Dieses „Schnellverfahren" kann bei der Voruntersuchung vom Angeklagten beantragt werden und bedeutet, dass der Fall von einem Richter allein aufgrund der von der Staatsanwaltschaft und der Verteidigung zusammengetragenen Dokumente entschieden wird und keine Zeugen geladen oder ins Kreuzverhör genommen werden, es sei denn der Richter oder die Richterin beschließt nach seinem bzw. ihrem alleinigen Ermessen, doch jemanden anzuhören. Dieses System – das Medici wählte – bietet dem Angeklagten den zusätzlichen Vorteil, dass die Strafe, falls er schuldig gesprochen wird, automatisch um ein Drittel verkürzt wird.

Der Richter für Medicis Fall war Guglielmo Muntoni. Er ist Mitte fünfzig, ein fröhlicher Mensch mit einem lebhaften Sinn für Humor, und da er auch für das Verfahren des Tombarolo Pietro Casasanta zuständig gewesen war, war er überdies mit vielen Aspekten dieses Falles bereits vertraut.

Bis hierher haben wir den Fall Medici im Wesentlichen aus der Sicht der Staatsanwaltschaft geschildert. Das Verfahren selbst gab ihm jedoch die Möglichkeit, eine andere Geschichte zu erzählen.

Giacomo Medici ist ein sehr maskulin wirkender, ungeduldiger Mann, 1,80 Meter groß. Er liebt Lederjacken, fährt einen Maserati und in seinem Haus in Santa Marinella bildet ein Fenster seines Arbeitszimmers die Form eines großen „G".

Im Nachhinein ist zu erkennen, dass Muntoni die Strategie verfolgte, den Angeklagten ausgiebig reden zu lassen – was er sehr gerne tat –, sodass dieser sich im Verlaufe seiner Aussage selbst belasten würde, indem er von seinem Insiderwissen preisgäbe und sich selbst widerspräche. Einmal redete Medici drei Stunden am Stück und am Ende war sein Hemd in Schweiß getränkt. In anderen Situationen war er kampfeslustig, beklagte sich mit Geringschätzung über die andere Seite und betonte seine Erfahrung, sein Talent und sein Ansehen als Händler und Kunstkenner. Die letzte Sitzung des Gerichts fand am 13. Dezember 2004 statt.

Medicis Hauptargumente bei seiner Verteidigung waren, er habe vorgehabt, die Objekte in seinem Lager italienischen Museen zu stiften, die Antiquitäten in seinem Haus seien sein persönlicher Besitz und nicht zum Wiederverkauf bestimmt und gehörten sowieso seiner Frau. Zugleich behauptete er, die

Mehrzahl der Objekte im Zollfreilager seien überhaupt nicht aus Italien, sondern gehörten zu nicht-italischen Kulturen, insbesondere ägyptische, syrische, phönizische, anatolische, kykladische, kretische, rhodische, mykenische, sumerische, hethitische und so weiter. So war schwer nachzuvollziehen – wie der Richter bemerkte –, warum er dann vorhatte, sie italienischen Museen zu stiften.

Seine Vaterlandsliebe beteuerte er voller Überschwang, aber wenn es darum ging, wie er genau an seine Objekte gekommen war, wurde er wortkarg und nannte nie Quellen.

„Sie kamen aus einer berühmten Schweizer Sammlung. Ich habe sie aus Herzensgüte und mit nur einem Ziel im Kopf gekauft, Euer Ehren: um sie nach Italien zu bringen. Aufgepasst: Um sie zu stiften, nicht um ein Museum zu machen und dann das Geld zu nehmen, um sie zu stiften. Die Sammlung der Tonvasen [*impasto*] aus der Villanova-Kultur, aus dem 12. bis 8. Jahrhundert [v. Chr.], eine richtige Serie, alle vom gleichen Typ, sehr schön. Nie wollte ich sie verkaufen. Warum dann? Um sie nach Italien zu bringen und sie alle einem Museum zu stiften. Ich wiederhole: als Geschenk … Und die Bronzefibeln, all die kleinen apulisch-gnathischen Vasen [über die er an anderer Stelle sagte, er möge sie nicht], hervorragend erhalten, neu, etwas völlig Wunderbares … alle mit eifriger Sorgfalt gesammelt … Warum? Weil sie nach Italien kommen mussten, um gestiftet zu werden. Was will ich mit all dem sagen? Ich sage, dass 2900 von den 3000 Objekten, die bei mir beschlagnahmt wurden, gestiftet werden sollten – dem italienischen Staat gestiftet. Natürlich, Euer Ehren, sind kaum mehr als einhundert darunter, die wertvoll sind – das ist nicht mein Fehler. Ich habe sie im Schweiße meines Angesichts zusammengetragen."

Dieser Schweiß und diese Mühen passten allerdings nicht ganz zu anderen Behauptungen, als er Richter Muntoni zum Beispiel mitteilte, diese 2900 Objekte im Genfer Lagerhaus seien „nicht von Wert, Objekte, die man in Italien jederzeit kaufen und in seine Wohnung stellen kann". Plötzlich waren die Antiquitäten aus Korridor 17 keine herausragenden Beispiele anatolischer oder ägyptischer Kultur mehr, sondern Trödelkram – und außerdem italienisch.

Ein anderes Mal sagte er, die Objekte in seinem Lager seien von Kunden zur Restaurierung zu ihm geschickt worden, wegen seiner Fachkenntnis. Zur Erklärung, warum er so viel bei Sotheby's in London verkaufte (wenn er es doch dem italienischen Staat schenken wollte) sagte er, die Hydra Gallery in Genf habe 1982 eröffnet und er sei zu ihrem archäologischen Experten und Berater geworden. Die Galerie sei gegründet worden, um einen 1980 zusammengestellten Bestand an Objekten zu verkaufen, der Eigentümer sei Christian Boursaud gewesen, der auch als Spediteur fungierte. Die kleineren – und schwerer verkäuflichen – Objekte seien über Sotheby's in London verkauft worden. Als Hydra 1985 geschlossen wurde, sei ihm die Idee gekommen, alle Objekte im Lager der Galerie und im Genfer Freilager zu kaufen, und zu diesem Zweck habe er zuvor die Inhaber-AG Editions Services gekauft. So habe er das Geschäft wie Hydra zuvor weitergeführt und „seine Beziehungen mit Felicity Nicholson von Sotheby's ausgebaut". Die Antiquitäten, die er an Sotheby's gegeben habe, seien nie aus Italien gekommen.

Manchmal geriet er über seine Großspurigkeit so in Verzückung, dass er sich Probleme einhandelte. Einmal unterstellte er, Pellegrini, der Dokumentenexperte, sei nicht qualifiziert genug, als dass er die Berichte für den Prozess geschrieben haben könne und müsse seinen Namen unter die Arbeit eines anderen gesetzt haben: „Es ist offensichtlich, dass diese Berichte nicht von Herrn Pellegrini geschrieben wurden. Ich verstehe nicht, warum der- oder diejenigen, die sie geschrieben haben, es nicht als ihre Pflicht – und ihren Stolz – betrachtet haben, sie zu unterzeichnen. Sie haben sie unterzeichnen lassen ..."

Richter Muntoni: Medici, beschuldigen Sie Pellegrini krimineller Handlungen ...
Medici: Nein, ich sage ...
Richter Muntoni: Nein, einen Moment mal. Wenn sie Tatbestandsmerkmale haben, um es zu bestätigen ... andernfalls müssen sie sich wegen Verleumdung verantworten, begangen am heutigen Tag in diesem Moment.
Medici: Gut, aber ich ...
Richter Muntoni: Ich sage es ihnen nicht zum ersten Mal: Passen sie auf, was sie hier vor Gericht sagen, denn sie werden dafür zur Verantwortung gezogen. Sie haben gerade Pellegrini des gemeinschaftlichen Betrugs beschuldigt ...

Medicis Rechtsanwalt griff ein, um die erhitzten Gemüter zu beruhigen, aber Muntoni ließ sich nicht beschwichtigen. Medici habe Pellegrini beschuldigt, Berichte unterzeichnet zu haben, die nicht von ihm seien. „Das ist Betrug. Darüber hinaus war er der designierte Berater, also wäre es ein doppelter Betrug."

Medici achtete allerdings sorgsam darauf, zwei wesentliche Beweisstücke anzusprechen und als irrelevant zurückzuweisen: Robert Hechts Memoiren und die große Polaroidsammlung in seinem eigenen Lager in Genf. Zu den Memoiren sagte er, jeder könne ein solches Dokument produzieren, sogar er selbst. Was seine Polaroids betrifft und die Tatsache, dass sie ordentlich in Alben eingeklebt waren und auf so vielen noch die Erdkrusten zu sehen waren, bot er folgende Erklärung an. Wie auch in anderen Teilen seiner Aussage rief er sich einige anonyme Schweizer Unternehmen zu Hilfe, die ihm Deckung verschaffen sollten:

„Als dann, ich will sagen, ein hoher Mitarbeiter einer wichtigen Schweizer Privatbank ruft bei mir an, sagt: ‚Könnten sie sich vorstellen, uns zu beraten, aber nur in Bezug auf den Marktwert?' ‚Ja.' Ich bin hingegangen, die Stufen dieser großen Bank hinunter gestiegen, in diesen großen Raum gekommen, in dem viele Safes waren, er öffnete sie für mich und drinnen war das reinste Wunder. Ich muss Ihnen die Wahrheit sagen, es ist mir wirklich fast so vorgekommen, als ob es sich um Objekte aus nicht lange zurückliegenden Grabungen handelte; diese Sachen aus einem Grab genommen, das jetzt überrascht [entdeckt] worden war, weil sie wirklich in so einem Zustand waren ... Alle waren kaputt, schlecht zusammengeklebt, voller Erde und Verkrustungen, manche waren sehr schlecht restauriert worden.

Ich habe sie alle fotografiert, eines nach dem anderen, mit der angeblich berühmten Polaroid – vorsichtig, wenn Polaroid davon erfährt, verklagen sie uns – weil die Polaroid für die Tombaroli steht. Laut den Beratern, einige besondere Berater wie Dr. Pellegrini sagen, die Polaroidkamera ist typisch für Schmuggler. In Wirklichkeit werden Polaroids wenig benutzt. Jedenfalls habe ich die gesamte Sammlung von Marquis Guglielmi fotografiert, ein Objekt nach dem anderen bei [unverständlich]. Dann öffnen sie den anderen Tresorraum, da waren Bronzen, ein wahrhaftiges Wunder an Bronzen. Und was sah ich da, Euer Ehren? Den berühmten Dreifuß, der berühmte Guglielmi-Dreifuß, der gestohlene, war in dem Genfer Safe. Da war auch so ein großer Ochse, mit einem Loch im Bauch ... so viele Bronzen, alles richtige Wunderwerke; das interessiert nicht [sagten sie], das zeigen wir ihm: ‚Was halten Sie davon?' – ‚Sehr schöne Sachen', habe ich gesagt, ‚dieser Bulle ist eine Menge Geld wert; der Dreifuß ist zerbrechlich, er ist sehr *museale*, aber ein sehr seltenes, sehr schönes Stück'. Wir arbeiten daran ... ich arbeite ... ich stelle die ganzen Dokumente zusammen, für jedes Stück seinen Preis. Warum? Weil sie sie verkauft haben, an wen weiß ich nicht; sie haben sie verkauft und wollten wissen, welchen Markt[wert] sie haben, nicht vom Gesichtspunkt eines Sammlers aus, nein, nein, korrupt, korrupt, wie viel ist es wert und wenn es bei einer Auktion angeboten wird. Also habe ich jedes Stück bewertet, ich gehe und am nächsten Tag bezahlen sie mich."

Die Fotografien habe er nur aufgehoben, um sie studieren zu können.

Die Existenz einer Cordata leugnete er, und das wiederum mit übertriebenem Gestus. „Medici geht zu den internationalen Auktionen. Er kauft Objekte, auch sehr bedeutende Objekte, er steht in Konkurrenz zu all jenen, die die Staatsanwaltschaft heute als ‚Komplizen' definiert und stattdessen sind sie bittere Konkurrenten, Euer Ehren, das sind sie wirklich ... Das sind Leute, die vielleicht zwei oder drei Monate lang nicht mit einem sprechen, weil man ihnen das Objekt, das sie wollten, unter der Nase weggekauft hat." Er pflichtet bei, es habe von außen so ausgesehen, als ob Hecht und er zusammenarbeiteten, aber „da ist eine Neiderei, die uns von innen auffrisst, wir stehen miteinander auf Kriegsfuß."

Einmal ließ er sich so hinreißen, dass seine Überheblichkeit die Überhand gewann und seine Aussage an eine Schimpfkanonade grenzte.

„Jemand [ein Rivale auf einer Auktion] sagt: ‚Medici, denk dran, ich will das, mach nicht das Zuschlagsgebot', und ich antworte, ‚Okay, wie hoch willst du gehen?' – ‚Bis 20 000 Dollar.' – ‚Okay, dann ... ich bin ein Freund; wenn du aufhörst und jemand anderes noch weiter bietet, habe ich das Recht, mitzumachen.' Und oft passiert es dann so. Warum? Weil die Leute leider nicht wissen, wie man in diesem Geschäft gut ist, Euer Ehren, glauben Sie mir, und das hat mir viel Neid eingebracht. Wenn ein Objekt schön ist, Schönheit zahlt sich aus ... Medici Giacomo versteht etwas von diesen Dingen. Also ein Objekt – ich geben Ihnen ein Beispiel – wird von allen auf 500 Millionen [Lire, ca. 400 000 Dollar] geschätzt. Medici sagt: ‚So ist es nicht.' Warum? Weil, wenn es 500 Millionen wert ist, kann es eine Milliarde wert sein, und wenn ich verrückt werde, ist es 5 Milliarden wert ... Glauben Sie mir, das ist ein wunderbares Geheimnis, das mich die Lebenserfahrung gelehrt hat. Wenn ich zu den Auktionen gegangen bin, haben mich die Leute angeschaut, als ob ihnen die Spucke wegbleibt und gesagt: ‚Aber dieser Mann ist verrückt! Wer steht hinter diesem Mann? An wen wird dieser Mann verkaufen? Wie kann dieser Mann all sein Geld ausgeben?' ... sie sind nur noch dagesessen und haben mich angestarrt und haben sich gewundert, warum ich immer weiter und weiter hochgegangen bin. Dann haben sie gesagt: ‚Aber das Getty Museum ist am Telefon! ... ist er verrückt? Was macht er? Führt er Krieg gegen das Getty Museum?' – ‚Aber da ist das Metropolitan Museum! ... da ist Fleischman, wie ist das möglich?' Möglich war es folgendermaßen: Ich habe gewusst, dass diese Herren eine bestimmte Summe ausgeben wollten und ich habe für diese Herren [d. h. mit ihnen im Hinterkopf] gekauft, weil, wie die Bauern sagen, – ich habe an der Brücke auf sie gewartet. [Eine italienische Redensart, die davon ausgeht, dass es nur eine Brücke gibt und jeder füher oder später daran vorbeikommt.] Ich bin nie zu ihnen gegangen, ich habe gewartet, bis es sie waren, die zu mir gekommen sind. Dann ... kam ein Anruf, oder ein Bote erscheint und sagt: ‚Medici, wir wissen, dass du dieses Objekt gekauft hast. Wie viel willst du dafür? 500 000 Dollar? Gut, wir gehen auf 600 000.' Ich sagte dann gewöhnlich: ‚Das Objekt habe ich für mich selbst gekauft, ich liebe es. Für anderthalb Millionen Dollar würde ich es verkaufen, ansonsten brauchen Sie mich nicht zu belästigen.' Das war meine Stärke ... ich lüge Sie nicht an ... Wenn ich auf den Auktionen eingekauft habe ... selbst wenn ich mir einen Bleistift in den Mund gesteckt habe, um den Auktionator wissen zu lassen, dass ich das Objekt wollte, solange ich den Bleistift im Mund hatte, irgendjemand hat das Zeichen verstanden und gewusst, dass ich gekauft hatte ... Jahrelang habe ich in Italien gekauft und nichts ist passiert. Dann, plötzlich, wurden diese Objekte, die ich regelmäßig gekauft hatte, verboten."

In einem anderen Anflug von Überheblichkeit, ja Kühnheit, in dem er sich als ehrlichen Mann darstellte, forderte Medici Ferri heraus zu beweisen, dass auch nur ein Objekt im Zollfreilager von einem Tombarolo stammte. „Ich fordere sie auf, das meine ich in einem guten Sinne, ich fordere die Staatsanwaltschaft auf zu beweisen, dass ein ... nicht 3000, ein Objekt, in Anführungszeichen von einem Tombarolo stammt ... Weil, ich wiederhole, wenn ich mir etwas habe zuschulden kommen lassen, wenn ich ... wenn die Unterlagen dieses Verfahrens beweisen würden, dass ich unrecht getan habe, muss ich dafür bezahlen. Weil es richtig ist, weil es Gesetze gibt ..."

Mit seiner Antwort auf den Vorwurf, er habe Objekte über Sotheby's gewaschen, ging er ebenfalls aufs Ganze: „Wenn Dr. Ferri ein einziges Objekt unter den beschlagnahmten findet, das von Medici Giacomo oder Editions Services dorthin gebracht [d. h. bei Sotheby's veräußert und zurückgekauft] wurde, müssen Sie, Euer Ehren, mich ohne mildernde Umstände verurteilen, müssen Sie mich hart verurteilen ... Nein, nein, ich bitte darum."

Unter dem Strich stellte Medici sich als unschuldigen Berater dar, wenn auch einen mit einer ungewöhnlich großen Fotosammlung. Die wirklichen Übeltäter, sagte er, seien woanders. Seine Aussage war zwar lebendig, rhetorisch gekonnt und forsch vorgetragen, aber nicht mit allzu vielen Details gespickt. Am Ende erklärte Medici leidenschaftlich: „Ich betrachte mich in allen Punkten nicht als schuldig."

Richter Muntoni nahm sich vier Monate Zeit, bevor er seine wohlüberlegte Reaktion auf Medicis Theatervorstellung kundtat. Er begann mit recht entschiedenen Worten:

„Wie zu sehen ist, hat Medici selbst im Verlaufe seiner langen spontanen Erklärungen während seiner Anhörung nie aufgehört zu lügen und die Verdrehung der Tatsachen sogar noch weiter betrieben, indem er sich als Unschuldigen präsentierte, der von der italienischen und schweizerischen Justiz und den Polizeikräften dieser beiden Länder sowie seinem eigenen ‚Arbeitsmilieu' der Strafverfolgung unterworfen wurde. Das Beeindruckendste an dieser langen Reihe von Lügen ist, dass sie ungeachtet der Tatsache erzählt wurden, dass Medici sehr wohl wusste, dass die Unterlagen und das Fotoarchiv, die beide bei ihm beschlagnahmt wurden, Teil der dokumentarischen Beweise für diesen Fall waren und ihn objektiv als Lügner entlarven und nicht widerlegbar sind. Medici erreichte sogar mehrmals einen Punkt, an dem er eine exemplarische Strafe gegen sich erbat, wenn auch nur ein einziges archäologisches Objekt gefunden würde, das ‚gewaschen' wurde ... Also gut, es sind dutzende von Objekten, die zweifelsfrei ‚gewaschen' wurden, wie im entsprechenden Abschnitt noch dargelegt wird ... Arts Franc kaufte auf der oben genannten Auktion alle Objekte Medicis Anweisungen gemäß, zum von ihm angegebenen Preis und mit von ihm geliefertem Geld, und [die Objekte wurden] an ihn geliefert ... jahrelang wurden zahlreiche Waren von Medici auf Auktionen verkauft, damit er sie selbst zurückkaufen konnte, sodass sie sogar in seinem Besitz gefunden wurden."

Der Richter urteilte, 99 Prozent der Objekte, die diesen Fall ausmachten, hätten keine Provenienz.

Er akzeptierte, dass „unzählige Objekte" von Medici „mit Hilfe von Dreiecks- und Reihengeschäften über Hecht, Symes/Michaelides, Bürki und andere, deren Namen Medici selbst unten auf die Polaroids der verkauften Objekte geschrieben hatte" an Einzelpersonen wie Museen verkauft wurden. Der

Richter sagte, der Angeklagte habe keine überzeugende Erklärung dafür, wie er, der in eine arme Familie geboren worden sei, eine „prestigeträchtige Galerie" im Zentrum Roms, in der eleganten Via del Babuino eröffnen konnte, nur um sie dann in die Schweiz zu übersiedeln, „wo er freier arbeiten konnte".

„Er erklärt auch nicht, warum es einfacher war, in der Schweiz über eine in Genf eröffnete Galerie Handel zu betreiben, wenn er nicht beabsichtigte, mit archäologischen Objekten aus Diebstählen und heimlichen Grabungen in Italien zu handeln.

Der Kauf frisch ausgegrabenen archäologischen Materials in Italien ist durch dutzende über dutzende von Polaroids und skandalöse Fotografien dokumentiert, bei denen häufig die verschiedenen Stadien der Ausgrabung erkennbar sind … wir weisen darauf hin, dass zwei Urnen mit Karomuster, die eindeutig frisch ausgegraben waren, in Medicis Haus in Santa Marinella fotografiert wurden … Die Sammlung der Buccheri und Villanova-Objekte, die dem Staat gestiftet werden sollte, steht im Widerspruch zu der Tatsache, dass Medici diese Objekte nie gestiftet hat, weder vor noch nach ihrer Beschlagnahmung, und dass Medici … große Mengen von Buccheri und Villanova-Objekten auf Auktionen verkaufte. Während die Tatsache bestehen bleibt, dass Medici in keiner Weise dokumentiert hat, wo er diese Waren gekauft hat, ist sein [erklärter] Wunsch, sie dem Staat zu stiften, die x-ste [*ennesimo*] schamlose Lüge."

Richter Muntoni schluckte Medicis Behauptung nicht, auf den Polaroids seien Objekte abgebildet, deren Echtheit oder Wert er feststellen sollte, oder Objekte, die ihm zur Restaurierung übergeben wurden. Er wies darauf hin, dass sich unter den Bergen von Unterlagen nicht ein einziges Stück Papier, nicht ein einziger Brief von einem potenziellen Kunden befand, der um eine solche Dienstleistung, Beratung oder Expertise gebeten hätte.

„Medici hat nie eine Rechnung für eine Bewertung oder Restaurierung ausgestellt, dabei ist auffällig, wie akribisch die Akten geführt sind, die seine Aktivitäten dokumentieren; aus diesen Unterlagen geht hervor, dass Medici Rechnungen an die Aboutaams ausgestellt hat, über die er seine archäologischen Objekte zu verkaufen pflegte. Darüber hinaus wurden die Polaroidaufnahmen und Fotografien mit Ausnahme einiger weniger nicht lose [oder einzeln] gefunden, sondern im Gegenteil gut archiviert in spezifischen Alben, in denen die Ankunft der Objekte, ihr Zustand, ihre erste Zusammenstellung [Anordnung] und ihr vorläufiger Import in die Schweiz dokumentiert sind … Medici hat offensichtlich vergessen, dass die Verzeichnisse mit dem Titel ‚Og-

getti Passati' [weitergegebene Objekte] Polaroidaufnahmen und Fotografien von Objekten enthalten, auf denen ihr Bestimmungsort angegeben ist: V.CRI, V.SOTH, P.G.M., COLL [V steht für *venduto*, verkauft], das heißt verkauft über Christo Michaelides, der immer mit CRI oder CR bezeichnet wird, über Bob Hecht, der stets als BO bezeichnet wird, über Sotheby's und an das Paul Getty Museum oder Teil der Medici-‚Sammlung'."

Seine Haupttätigkeit war also der Handel, nicht das Sammeln. Muntoni begutachtete die beschlagnahmten Unterlagen selbst und kam zu dem Schluss, dass Medici akribische und „absolut genaue" Aufzeichnungen über die von ihm verkauften Waren und deren Preise geführt hatte.

„Daher ist es objektiv und zweifelsfrei bewiesen, dass im Fotoarchiv und insbesondere auf den Polaroidaufnahmen ausschließlich Objekte abgebildet sind, mit denen Medici gehandelt hat, der die fotografischen Dokumente deshalb in spezifischen Verzeichnissen archivierte, geordnet nach der Art der Objekte, ihrem Bestimmungsort ... Die verblüffende Falschheit von Medicis Aussagen zu diesem Punkt zeigt, wie gut er sich der Tatsache bewusst ist, dass es keine mit dem Gesetz zu vereinbarende Erklärung dafür geben kann, dass er dieses Fotoarchiv angelegt hat, und dass er es sogar vorzog, die Beweise zu leugnen, in der Hoffnung, die beschlagnahmten Unterlagen seien vielleicht nicht untersucht worden. Genau genommen ist es eine Wut auf jene, die die beschlagnahmten Unterlagen auf sorgfältige und intelligente Weise ausgewertet haben – wie Maurizio Pellegrini ... die Medici dazu verleitet haben muss, mit so falschen wie überflüssigen Anschuldigungen um sich zu werfen."

Um das 659-seitige Urteil zusammenzufassen: Muntoni akzeptierte Medicis Argumentation an keinem Punkt. Er war überzeugt, dass der Angeklagte über sein Verhältnis zu Robert Hecht, Marion True und Christian Boursaud gelogen hatte. Wie konnte Medici die Hydra Gallery von Boursaud gekauft haben, wenn die beiden 1985 über die wirklichen Besitzverhältnisse vor einem Schweizer Gericht stritten?

Cottier-Angeli betrachtete er als Teil der Cordata und er stellte fest, nur 2 bis 3 Prozent der beschlagnahmten Waren seien nicht italienischen Ursprungs. (Der Bericht der drei Archäologieexperten bestätigte dies.) Der Behauptung Medicis, die von ihm bei Sotheby's verkauften Waren seien unbedeutende Artefakte gewesen, stimmte er nicht zu. Und er nahm ihm nicht eine Sekunde lang ab, dass er selbst ein Experte sei. Im Gegenteil, stellte Muntoni fest, wendete sich Medici viel öfter an andere, wenn er spezielle Fachkenntnisse benötigte. Er fügte hinzu: „Angesichts der Anzahl der Fälschungen, die in seinem Besitz gefunden und teilweise auf öffentlichen Auktionen gekauft wurden, entstehen zwangsläufig gewisse Zweifel an Medicis Fähigkeit, nicht nur ein Objekt einer Periode und einem *maestro* zuzuordnen, sondern überhaupt ein echtes Objekt zu erkennen – es sei denn, man möchte behaupten, er sei ein so unehrlicher Händler gewesen, dass er Fälschungen anbot, die er wissentlich gekauft hatte."

Richter Muntonis Urteil war vernichtend.

Auch zu den Aussagen anderer, in diesen Fall verstrickter Personen hatte er verschiedene Bemerkungen und Schlussfolgerungen anzubieten. Zu Robert Hecht bemerkte Muntoni, er sei „einer der Begründer der Verschwörung, die Gegenstand dieses Verfahrens war" und „die treibende Kraft und der Drahtzieher [*anima e regista*] fast aller Unternehmungen".

„Die außergewöhnliche und abenteuerliche persönliche Geschichte Hechts ist in den Memoiren, die er selbst schrieb, gut dokumentiert, in einem Manuskript, in dem seine geschäftlichen Unterfangen nie übertrieben werden. Wir müssen vielleicht sogar davon ausgehen, dass sie objektiv gesehen einige Auslassungen enthalten, um Probleme für seine Familie nach seinem Tod zu vermeiden. Wir beziehen uns hier natürlich auf die erste Fassung der Memoiren und nicht die geschönte [*edulcorata*] Version, die in seinem Haus ebenfalls gefunden wurde und offenkundige Korrekturen enthält, die eventuelle Schadensersatzforderungen von Museen abwenden sollen, die Objekte wie den Euphronios-Krater zu sehr hohen Preisen gekauft haben, Objekte, über die Hecht in der ersten Fassung die wahre Geschichte erzählt, die auch durch andere Beweismittel rekonstruierbar ist ... wir folgern, dass Hecht, zusammen mit Medici und Bürki und noch zu nennenden Personen, zwischen Ende der 1960er-Jahre und Anfang der 1970er die kriminelle Vereinigung [*associazione per delinquere*] gründete, deren Ziel es war, alle wichtigen Gegenstände aus heimlichen Grabungen in Etrurien und die meisten aus Apulien mit Hilfe eines dichten Netzes [*fitta rete*] an Beziehungen abzufangen, die Hecht persönlich mit Personen in Verantwortungspositionen in vielen Museen pflegte ..."

Zu Danilo Zicchi stellte der Richter fest, alle Adressen und Namen, die dieser hinsichtlich des Organigramms erwähnt hatte, seien durch spätere Ermittlungen bestätigt worden.

Fritz Bürki habe hinsichtlich des Dreifußes „schamlos" gelogen und „seine Version an die von Hecht und Rosen angepasst" (Jonathan Rosen, Hechts Partner bei Atlantis Antiquities). Im Weiteren unterstrich er aber die Tatsache, dass Bürki zugegeben hatte, dass die archäologischen Objekte, die zu ihm gebracht wurden, aus illegalen Grabungen in Italien stammten und er sich „dessen völlig bewusst" gewesen sei. Bezüglich des Dreifußes kam der Richter zu dem Schluss, dass Bürki den Namen Medicis mit dem Brunos ersetzt habe.

Zu Harry Bürki sagte er unter anderem, dass dieser zugegeben hatte, dass er die in Pompeji von Tombaroli aufgenommenen Fotografien der Fresken gesehen hatte, und dass er nicht erklären konnte, warum sich eine erdverschmutzte Tasche mit einem doppelten Boden in seiner Wohnung befand. Er schloss:

„Erst als sie mit den unleugbaren Beweisen konfrontiert wurden, gestanden die beiden Bürkis, Vater und Sohn, beim Verkauf von Objekten an das Getty Museum in Los Angeles als ‚Strohmänner' für Robert Hecht gehandelt zu haben. Medici zu kennen, leugneten sie allerdings weiterhin, selbst als sie mit den Beweismitteln konfrontiert wurden. Folglich waren auch für sie die Geschäfte mit Medici etwas, über das nicht gesprochen werden durfte und das als etwas Belastendes betrachtet wurde: [ein] Leugnen, das im Widerspruch zur Präsenz ihrer Namen und Adressen in den Notizbüchern [Adressbüchern] Bürkis und Medicis stand, [im Widerspruch] zu den Restaurierungsarbeiten, die Bürki an unzähligen archäologischen Objekten vornahm, die anschließend von Medici verkauft wurden, [im Widerspruch] zu einer Verbindung, die sich über Jahre erstreckte. Stolz darauf, Bürger eines ‚neutralen' Landes zu sein – im Gegensatz zu einem, in dem die heimlichen Grabungen stattgefunden hatten –, bekannten sie sich schamlos dazu, dass die Objekte, die sie restaurierten, aus heimlichen Grabungen in Italien stammten und sogar dazu, die Fotografien von der Ausgrabung der Fresken aus Pompeji gesehen zu haben."

Zu Pietro Casasanta bemerkte der Richter, durch seine Aussage sei bestätigt worden, dass es konkurrierende Cordate gegeben habe, die versuchten, die besten Objekte aus Italien herauszuschmuggeln, und diese Gruppen von Nino Savoca, Gianfranco Becchina und Giacomo Medici geleitet wurden, dass „absolut jeder im Milieu der Antiquitätenschmuggler wusste, dass Medici der wirkliche ‚Boss' war, der sich fast alles in Etrurien ausgegrabene Material sicherte", dass es eine wohlbekannte Tatsache war, dass Hecht und Medici seit den 1960ern Partner waren, dass die Cordate ihre Konkurrenten immer dann an die Behörden verrieten, wenn ihre eigenen Interessen gefährdet waren, dass Medici und Becchina „mit nichts" angefangen hatten und Milliardäre (in Lire) geworden waren, dass Antiquitäten mit Hilfe „selbstgefälliger Spediteure" aus Italien herausgeschmuggelt wurden und dass Mario Bruno ein Rivale Medicis war und die Beziehungen zwischen den beiden sehr schlecht waren. In Italien, folgerte Muntoni, war Medici zusammen mit Hecht der „Hauptsammler" des archäologischen Materials aus heimlichen Grabungen in Südetrurien und Apulien.

Zu Robin Symes stellte der Richter fest, dieser habe zunächst gelogen und versucht, Medicis „Verteidigungslinie" zu unterstützen, aber als ihm die Polaroids vorgelegt wurden, habe er schließlich „ein paar Fakten" zugegeben und Objekte als von Medici kommend identifiziert, die über Hecht und Fleischman gehandelt wurden.

Zu Wolf-Dieter Heilmeyer sagte er, die Informationen aus Berlin hätten die Existenz der „kriminellen Vereinigung" oder *cordata* von Hecht, Medici und Symes bestätigt, und die Leon-Chamay-Cottier-Version der Ereignisse sei „pure Fantasie", die Vasen seien „unter Medicis wachsamem Auge" restauriert worden.

Zu Marion True meinte der Richter, sie habe ihre eigene Verantwortung in diesen Dingen verschleiert, aber die Cordata bestätigt: Hecht-Bürki-Medici-Symes und mehrere Dreiecksgeschäfte in Verbindung mit von Bothmer und Robert Guy, mit den Hunt- und Tempelsman-Sammlungen und mit dem Getty Museum.

Nach all diesen kompromisslosen und entschiedenen Feststellungen von Richter Muntoni und seinen markigen Kommentaren und Bemerkungen, die zeigten, dass er sich nicht einen Moment hatte täuschen lassen, war es keine Überraschung, dass er Giacomo Medici am 6. Juni 2005 in allen Anklagepunkten schuldig sprach: unterlassene Meldung archäologischer Funde, illegaler Export, Hehlerei und – am schwerwiegendsten – Verschwörung. Für diese Vergehen verurteilte er Medici zu zehn Jahren Haft (15 Jahre wären es gewesen, wenn er nicht das *rito abbreviato*, das Schnellverfahren, gewählt hätte), ordnete die Einziehung fast aller in seinem Besitz befindlichen Antiquitäten an, verurteilte ihn darüber hinaus zu einer Geldstrafe von 16 000 Euro und zu zehn Millionen Euro Wiedergutmachung, die an das Kultusministerium zu zahlen waren. Zu diesem Zweck wurden seine große Villa in Santa Marinella (die mit dem G-förmigen Fenster) und sein Maserati gepfändet. Weitere 16 000 Euro waren als Erstattung der Gerichtskosten an den zivilrechtlichen Kläger (das Ministerium) zu bezahlen. Sein Pass wurde zusammen mit anderen Reisedokumenten in Verwahrung genommen und ihm wurde verboten, das Land zu verlassen. Der Richter gab auch eine Liste von Objekten Medicis bekannt, die zu konfiszieren und nach Italien zurückzubringen waren. Dazu gehörten einige, hinsichtlich deren Schmuggel er freigesprochen worden war, die aber zur Verrechnung mit den zehn Millionen Euro Schadensersatz benötigt wurden.

Dies war mit Abstand die schwerste Strafe, die in Italien jemals gegen einen Angeklagten verhängt wurde, der am heimlichen Handel mit illegalen Antiquitäten beteiligt war. Medici ging in Berufung. Als dieses Buch in Druck ging, hatte das Berufungsverfahren noch nicht stattgefunden. Das Getty wartete nicht auf das Berufungsverfahren. In der zweiten Novemberwoche 2005 gab es den Kalyx-Krater von Asteas zurück (dessen Foto im Handschuhfach von Pasquale Cameras Auto gefunden worden war) und den Kandelaber aus der Guglielmi-Sammlung, den es zusammen mit dem Dreifuß über Medici gekauft hatte.

20
Handel mit Japan, Prozesse in Rom

Das Jahr 2006 repräsentiert den Höhepunkt der Erfolge Confortis und Ferris. Marion True und Robert Hecht stehen in Rom vor Gericht und die ganze Welt beobachtet den Prozess. Medicis Berufungsverfahren wird bald stattfinden und ein endgültiges Urteil gesprochen werden. Parallel zu diesen Ereignissen bereitete sich Paolo Ferri im Frühjahr 2006 darauf vor, das Verfahren gegen die zentrale Figur der konkurrierenden Cordata, Gianfranco Becchina, einzuleiten. Zehn lange Jahre nach dem Diebstahl von Melfi, der Operation Geryon und der Entdeckung des Organigramms werden somit alle drei Personen, deren Namen ganz oben auf diesem außergewöhnlichen Papier standen, für ihre Handlungen zur Rechenschaft gezogen.

Das Verfahren gegen Marion True und Robert Hecht begann am Mittwoch, dem 16. November 2005, und wird voraussichtlich zwei Jahre dauern. Im Vorfeld des Prozesses drangen Geschichten aus dem Getty Museum nach außen, die für Marion True nicht hilfreich waren. Sie basieren auf vertraulichen internen Unterlagen, die, wie ein Museumssprecher offen sagte, gestohlen worden waren.

Den an die Öffentlichkeit gelangten Dokumenten ist dreierlei zu entnehmen: Erstens zeigen sie, dass die Situation im Getty sogar noch schlimmer war, als Ferri und Conforti befürchtet hatten. Sie scheinen nahe zu legen, dass das Museum bereits 1985 wusste, dass drei seiner Hauptlieferanten – Hecht, Medici und Symes – Objekte verkauften, die mit hoher Wahrscheinlichkeit aus Plünderungen stammten. Da ist zum Beispiel eine handschriftliche Mitteilung Hechts: „Liebe Marion ... Gestern rief mich mein Freund an und sagte, er breche die Verhandlungen ab, da die Carabinieri nach der Pelike mit den Waffen des Achill suchten. Also werde ich sie nicht bekommen. Vielleicht können andere sie kaufen. Tut mir leid."

Von John Walsh existierte eine Notiz über ein Treffen im September 1987, an dem Harold Williams, der damalige Hauptgeschäftsführer des Museums, und Marion True teilgenommen hatten, mit der Überschrift „ANTIQUITÄTEN-ETHIK". Laut Walsh war es ein Gespräch über ethische Fragen und das Problem sei nur hypothetisch betrachtet worden. Dennoch:

> HW: wir sagen also, {wir wissen es ist gestohlen
> wir prüfen die Provenienz nicht {Symes ist ein Hehler

Aber alles das verblasste im Vergleich mit einem dritten Dokument, einem langen, eng beschriebenen Memorandum vom Oktober 1985 mit dem Vermerk „vertraulich", das der Antiquitätenkurator Arthur Houghton an die stellvertretende Leiterin Deborah Gribbon geschrieben hatte. Houghton war gebeten worden, zu einem Artikel von Cornelius Vermeule über drei Objekte Stellung zu nehmen, die das Museum von Maurice Tempelsman erworben hatte: eine Apollostatue, ein Zeremonientisch mit Greifen und ein Lekanis (ein Votivbecken). Houghton war nicht allzu begeistert von Vermeules Text, in dem erörtert wurde, ob die drei Artefakte als zusammenhängende Gruppe hergestellt worden waren. Arthur Houghton vertrat die Auffassung, diese Frage könne nicht auf der Basis von „Kennerschaft" geklärt werden, sondern nur durch eine Nachverfolgung der Kette von Personen, die sie besessen hatten. Und genau dies hatte er gemacht:

„Anfang dieses Monats hatte ich Gelegenheit, die Sache mit dem Händler zu besprechen, der [die] drei Objekte von den Ausgräbern gekauft hat. Diese Person, Giacomo Medici, hatte eines (den Lekanis) an einen zweiten Händler namens Robert Hecht und die Greifen und Apollo an einen dritten, Robin Symes, verkauft. Hecht verkaufte später den Lekanis an Symes, der dann die drei Skulpturen als Gruppe an Maurice Tempelsman weiterverkaufte, von dem wiederum wir sie gekauft haben. Medici teilte mir mit, er habe den Lekanis und den Apollo 1976 oder 1977 gekauft und beide seien am selben Ausgrabungsort gefunden worden, in einem Grab, das auch einige Vasen des Dariusmalers enthielt, ‚nicht weit von Tarent'. Hecht sagte, der Ausgrabungsort sei Orta Nova, das nordwestlich von Tarent unweit der Küste liegt und woher viele schöne Italiota-Vasen aus dem späten 4. Jahrhundert stammen. Medici sagte weiter, der Apollo sei aus demselben Ort, sei aber in einer Villa in 150 oder 200 Meter Entfernung von dem Grab gefunden worden, aus dem der Lekanis und die Greifen kamen ... Cornelius habe ich die Ergebnisse meiner Nachforschungen mitgeteilt, ohne die beteiligten Personen beim Namen zu nennen."

Es entbehrt nicht einer gewissen Ironie, dass ausgerechnet Houghton kaum ein Jahr später seine Stellung im Museum aufgab, weil er meinte, es würde im Hinblick auf illegale Antiquitäten den Kopf in den Sand stecken und die Probleme nicht wirklich angehen. Er scheint um diese Zeit herum einen Sinneswandel erlebt zu haben und konnte nicht mehr hinnehmen, was sich in der Antiquitätenunterwelt abspielte. Seine Kündigung, die wir gesehen haben, aber nicht abdrucken dürfen, war sehr scharf formuliert.

Aus den nach außen gedrungenen Dokumenten ging zweitens hervor, dass die fragwürdigen Akquisitionen des Getty vielleicht noch umfangreicher waren, als selbst Ferri wusste. Eine interne Überprüfung des Archivs in Verbindung mit den Museumsbeständen erbrachte, dass sage und schreibe die Hälfte der antiken Meisterwerke des Museums zweifelhafter Herkunft war. Ein Fall betraf einen goldenen griechischen Lorbeerkranz. In den Getty-Akten war ein Telegramm von Interpol, demzufolge der Kranz aus einer illegalen Grabung stammte und ein weiteres, in dem Marion True Bedenken äußerte, als er 1992 dem Museum zum ersten Mal angeboten wurde. Bei einer Reise in die Schweiz noch im selben Jahr richtete sie es ein, dass sie den Kranz sehen und seinen Eigentümer treffen konnte. Aus irgendeinem Grund kam sie zu dem Schluss, der Mann sei ein „Schwindler" und der Handel wurde abgeblasen. „Ich fürchte, dass es in unserem Fall etwas ist, in das involviert zu sein zu gefährlich für uns wäre", schrieb True im Juni 1992 an Christoph Leon, den Basler Händler, der als Mittelsmann fungierte. Sechs Monate später änderte sie anscheinend ihre Meinung. Sie bat Leon darum, den Kranz zu Studienzwecken ausleihen zu dürfen und erhielt dann 1993 die Genehmigung des Getty-Vorstands, ihn für 1,15 Millionen Dollar zu kaufen. 1998 schickte Interpol eine Anfrage an das FBI mit der Bitte, Marion True – unter anderem – über ihre Beziehung zu Leon zu befragen. Leon verweigerte jeden Kommentar außer der Bestätigung, dass er als Mittelsmann gedient habe.

Drittens befand sich in den Akten auch eine interne Notiz mit der Feststellung, die Dokumente, die bei dieser Überprüfung aufgetaucht seien, seien zwar „unangenehm", müssten gleichwohl nicht an Ferri übergeben werden, „weil [die] italienischen Behörden nicht ausdrücklich danach gefragt haben". Der Autor schloss: „Wir sollten darauf hinweisen, dass diese Briefe, auch wenn sie unangenehm sind, nicht beweisen, dass Dr. True wusste, dass ein individuelles Objekt illegal ausgegraben war oder nachweisen, dass sie beabsichtigte, sich an der Verschwörung zu beteiligen."

Damit kommen wir natürlich wieder zu dem Moment zurück, als Richard Martin, der Rechtsanwalt des Getty Museum, mit einem Aktenbündel unter dem Arm unangekündigt in Ferris Büro erschien.* Indem das Getty einige Dokumente freiwillig herausgab, musste es nicht alle relevanten Papiere vorlegen, wozu es nach Genehmigung der Rechtshilfeersuchen sehr wohl verpflichtet gewesen wäre. Ferri hatte mit seinem Misstrauen Recht gehabt.

Nichtsdestotrotz stand das Getty hinter Marion True, man erwartete, dass sie in ihrem bevorstehenden Verfahren freigesprochen würde. Kurze Zeit später gab sie ihre Stellung als Kuratorin in der Antiquitätenabteilung auf. Besonders hart war dies, weil im Januar 2006 das ursprüngliche Getty Museum nach mehreren Jahren wiedereröffnet werden sollte. Es war zu Renovierungszwecken geschlossen worden, mit dem ausdrücklichen Ziel, nach der 275 Millionen Dollar teuren Instandsetzung dort die Antiquitäten (einschließlich der Fleischman-Sammlung) in einer passenden Umgebung auszustellen.

Marion True erklärte, ihr Abschied sei nicht direkt auf die nach außen gedrungenen Unterlagen zurückzuführen, sondern weil aufgedeckt wurde, dass sie auf den griechischen Inseln mit einem Kredit in Höhe von fast 400 000 Dollar ein Ferienhaus gekauft hatte, den Christo Michaelides für sie arrangiert hatte. Dies stand im Widerspruch zu den Ethikgrundsätzen des Museums, auch wenn es schon drei Jahre lang über den Kredit informiert gewesen war, ohne entsprechende Maßnahmen zu ergreifen. Das Museum richtete einen Ausschuss zur Untersuchung von Trues Verhalten ein.

Ihr Ferienhaus kaufte sie 1995 auf der Insel Paros. Sie hatte Schwierigkeiten, den Kauf zu finanzieren, weil amerikanische Banken keine Kredite für griechische Immobilien gewährten und griechische Banken sich weigerten, Kredite an Ausländer zu vergeben. Christo Michaelides griff ein, stellte sie einem Rechtsanwalt vor, der einen Kredit über eine gewisse Sea Star Corporation arrangierte und das Geld in einer Schweizer Bank deponierte. Ein Jahr später zahlte sie ihn zurück. Ihr Anwalt: „Soweit Frau True weiß, war weder Herr Symes noch ein anderes Mitglied der Michaelides-Familie daran beteiligt, ihr zu dem Kredit zu verhelfen, abgesehen davon, dass Herr Michaelides sie Herrn Rechtsanwalt Peppas vorstellte."

Drei Wochen später wurde berichtet, Marion True habe von Barbara und Lawrence Fleischman einen zweiten Kredit in Höhe von 400 000 Dollar erhalten, um den ersten zurückzuzahlen. Mehr noch, dieser wurde am 17. Juli 1996 gewährt, nur drei Tage, nachdem das Getty dem Kauf der Fleischman-

---

* Siehe Seite 221.

Sammlung zugestimmt hatte. True zahlte den Fleischmans nur 8,25 Prozent Zinsen, obwohl es sich um einen ungedeckten Kredit handelte. Der vom Getty zur Untersuchung der Angelegenheit eingesetzte Sonderausschuss stellte fest, dass weder Fleischman noch True diesen Sachverhalt in jährlichen Interessenkonflikt-Erklärungen angegeben hatten. Barbara Fleischman sagte, sie habe nicht vor, den Stiftungsrat des Getty zu verlassen. Zur Handlungsweise ihres verstorbenen Gatten sagte sie: „Der Grund, warum er den Kredit nicht verbarg, war, dass es ein redlicher Kredit für eine Freundin war, mit Zinsen. Da ist nichts Verstohlenes dran." Sie fügte hinzu, True habe keine Rolle bei den finanziellen Verhandlungen über den Kauf ihrer Sammlung gespielt.

Bei unseren Nachforschungen zu Robin Symes erzählte uns Dimitri Papadimitriou, dass sein Onkel Christo selbst Marion True das Geld geliehen habe, um das Haus auf Paros zu kaufen. Er habe ihr 360 000 Dollar vorgestreckt, plus 40 000 für Anwaltsgebühren und Stempelsteuer. Zu diesem Zweck sei vom damaligen Familienanwalt Peppas ein Unternehmen in Panama gegründet worden. Dieses gab Marion True den Kredit, aber das Geld sei „getarnt" gewesen, es kam von Christo.

Felicity Nicholsons Haus in der Fulham Road in London habe Christo auf dieselbe Weise „gekauft".[1] Robin Symes sagte uns, er habe ihr geholfen, ihr Haus zu bezahlen, das 20 000 Pfund gekostet habe, indem er das Studio in ihrem Garten für 18 000 Pfund gekauft habe.[2] Bei unseren Versuchen, Felicity Nicholson zu erreichen, wurden wir abgewiesen.

Als der Prozessbeginn näher rückte, wurden die Beziehungen zwischen den verschiedenen Beteiligten angespannt und schwierig. Einmal behauptete der Getty-Anwalt Richard Martin gegenüber dem US-Bundesanwalt Daniel Goodman sogar, Paolo Ferri habe seine Untersuchung unsachgemäß durchgeführt. Dabei bezog er sich auf „die Bemühungen des italienischen Staatsanwalts, das Getty dazu zu zwingen, sich von einer Reihe von Antiquitäten aus seiner Sammlung zu trennen und sie nach Italien zurückzusenden, um so eine Strafverfolgung der Antiquitätenkuratorin zu vermeiden ... Wie wir dargelegt haben, hat der Staatsanwalt wiederholt seine strafrechtlichen Möglichkeiten benutzt, um Druck auf das Getty auszuüben, eine zivilrechtliche Lösung zu akzeptieren." Wie in den Vereinigten Staaten sei es auch in Italien „der Polizei und den Staatsanwälten nicht erlaubt, die Androhung einer Strafverfolgung zu benutzen, um Druck auf jemanden auszuüben, eine zivilrechtliche Vereinbarung zu treffen". Er meinte, es habe einen Verstoß gegen ethische Standards gegeben und theoretisch bestünde die einzige Wiedergutmachung darin, ein strafrechtliches Verfahren, „in diesem Fall gegen Dr. Ferri", einzuleiten. Praktisch allerdings, dachte er, wäre das aussichtslos.

Gleichzeitig war Paolo Ferris Enttäuschung über Marion True, seit er in Limassol Frida Tchacos gehört hatte, stetig gewachsen. Tchacos hatte gesagt, die Fleischman-Sammlung sei mehr oder weniger eine „Fassade" für das Museum, über die es weiter Objekte sammeln konnte, während es gleichzeitig behauptete, es kaufe nur Antiquitäten „mit Provenienz". Der Status der Fleischman-Sammlung wird den spannendsten Punkt der Beweisführung gegen Marion True bilden.

Als sich 1994 Pasquale Cameras Renault überschlug und er dabei starb, wurden im Handschuhfach seines Autos Fotografien von Antiquitäten gefunden. Darunter befand sich auch das Bild einer Vase von Asteas, einem der bedeutendsten Künstler aus Paestum in Süditalien im 4. Jahrhundert v. Chr. Als wichtigster Künstler in einer großen Werkstätte und einer der einzigen beiden süditalienischen Maler, die ihre Arbeiten signierten, hat Asteas vielleicht das Motiv der freistehenden Halbpalmette zur Umrahmung eines Bildes erfunden. Er bevorzugte Szenen aus der Sagen- und der Theaterwelt, und oft erklärte er seine Kompositionen mit Inschriften. Er hatte einen beißenden Humor, liebte es zum Beispiel, Götter darzustellen, die sich so gar nicht heroisch verhielten. Der Lekythos auf der Fotografie aus dem Handschuhfach war ein Werk von besonderer Bedeutung.

Es dauerte seine Zeit, bis die Vase ausfindig gemacht werden konnte, weil die Entdeckungen in Medicis Räumen im Zollfreilager Ferri und Conforti einen Großteil ihrer Energie kosteten, aber 1998 schließlich entdeckte Pellegrini, dass sich der Lekythos von Asteas im Getty Museum in Los Angeles befand. Sofort schrieb Ferri dorthin, um zu fragen, wer dem Museum die Vase verkauft hatte. Diesmal war der Lieferant nicht Medici gewesen, sondern sein Erzrivale Gianfranco Becchina.

Bis dahin war natürlich auch schon Cameras Organigramm entdeckt worden.* Allein die Tatsache, dass eine Fotografie der Asteas-Vase im Handschuhfach von Cameras Unfallwagen gefunden wurde und die Vase selbst sich im Getty befand, gab Ferri Grund genug, Becchinas Räumlichkeiten in Basel ins Visier zu nehmen: seine Galerie Antike Kunst Palladion und ein Lager im

Zollfreilager der Stadt. An die Schweizer Behörden erging ein Rechtshilfeersuchen.

Während Ferri auf Antwort wartete, ergab eine Überprüfung von Becchinas Vergangenheit, dass er Mitte der 1990er-Jahre nach Castelvetrano zurückgezogen war, wo er geboren und aufgewachsen war. Die kleine Stadt liegt im Westen Siziliens, sehr nahe am Weinbaugebiet Belice, wo 1968 ein starkes Erdbeben zu einem großen Skandal führte, als die örtliche Mafia so viel von den Hilfsgeldern einstrich, dass 20 Jahre später immer noch tausende von Menschen in Baracken lebten. Castelvetrano ist Cosa-Nostra-Land.

Auf Sizilien ist es eine gegebene Realität, dass illegale Grabungen nach potenziell wertvollen Antiquitäten nicht ohne eine zumindest stillschweigende Erlaubnis des organisierten Verbrechens stattfinden können. Das heißt nicht, dass Becchina ein Mitglied der Mafia war oder ist, nur dass alle Waren, die er von dort erhielt, die Insel mit dem Segen der Cosa Nostra verließen.

Becchina scheint unter anderem nach Castelvetrano zurückgezogen zu sein, da nach der Durchsuchung von Medicis Lager die Schweiz wohl nicht mehr der sichere Hafen war, der sie einmal gewesen war. Aber Becchinas Frau war nicht mitgekommen, eine Deutsche namens Ursula Juraschek, die allgemein „Rosie" genannt wird. Sie blieb in Basel und ihre Telefonate mit ihrem Mann wurden von den Carabinieri überwacht, acht Monate am Stück. Den Gesprächsprotokollen war zu entnehmen, dass Rosie oft nach Sizilien fuhr, Becchina aber nur zwei- oder dreimal im Jahr nach Basel. Trotz allem wurde bestätigt, dass er sein Antiquitätengeschäft in Basel noch immer fest in der Hand hatte. Die Telefongespräche offenbarten Interessantes über Becchinas Geschäftspraktiken, insbesondere, dass es mehr als eine Geschäftsadresse gab. Als die Genehmigung zur Durchsuchung der Räume im Zollfreilager schließlich vorlag, beschlossen Conforti und Ferri, die Durchsuchung nicht sofort

---

* Inzwischen hat Pellegrini ermittelt, dass die Niederschrift des Organigramms zwischen 1990 und 1993 erfolgt sein muss. Mario Bruno aus Lugano war auf einer zweitrangigen Ebene aufgeführt, unter Medici und Hecht, aber oberhalb der capi zona. Die Ermittler hatten durch andere Befragungen und Vernehmungen herausgefunden, dass Bruno in den 1980er-Jahren eine sehr prominente Person in der Antiquitätenunterwelt gewesen war, fast auf einer Stufe mit Hecht, danach aber einen Teil seines Einflusses eingebüßt hatte, auch wenn keiner wusste, warum. Bruno starb 1993, also musste das Organigramm zwischen diesen beiden Daten erstellt worden sein.

durchzuführen, sondern zunächst Rosie Becchina zu beobachten. Und tatsächlich führte sie sie zu zwei anderen Lagern, eines im Basler Zollfreilager und eines außerhalb. Sie wurde beobachtet, wie sie diese Lager nach Belieben betrat und verließ, aber Carabinieri wie Schweizer Polizisten bemerkten auch mit Interesse, dass diese anderen Lager nicht auf Becchinas Namen, sondern auf den eines bekannten Mafioso registriert waren.

Im Mai 2002 fanden dann die Durchsuchungen statt. In den drei Lagern entdeckten sie insgesamt ungefähr 5000 Objekte, viele davon zerbrochen, viele noch erdverschmutzt, viele auch restauriert. Becchina hatte weniger Fotografien als Medici, aber immer noch eine ganze Menge, und ungefähr 30 Prozent waren Polaroids. Aus den ebenfalls gefundenen Unterlagen ging hervor, dass der Hauptlieferant Becchinas Raffaele Monticelli war – ein anderer Name aus dem Organigramm und ein Mann, der noch im Juli 2002 wegen Handels mit illegalen Antiquitäten zu vier Jahren Haft verurteilt wurde.* Becchina besaß vier volle Ordner, die seine Geschäfte mit Monticelli enthielten, ein jeder mit langen Listen von Objekten und vielen Polaroids gefüllt.

Ein interessanter Unterschied zu Medicis Lager lag in der Qualität der in Basel gefundenen Objekte. Später schickte Ferri ein kleines Sachverständigenteam, um sie zu untersuchen. Diesmal waren es zwei Archäologen und Maurizio Pellegrini als Dokumentenexperte. Sie erstellten einen zweibändigen Bericht, in dem auf jeder Seite die Fotografien und die jeweils dazugehörigen Unterlagen nebeneinander gestellt und mit konkreten Ausgrabungsorten in Italien in Verbindung gebracht wurden. Eine der Schlussfolgerungen war, dass die Gesamtqualität der Objekte in Becchinas Lagern sogar noch höher war als die derer in Genf. „Medici war wählerischer als Becchina", sagt Ferri. „Becchina hatte nicht die ‚Highlights', die weltberühmten Objekte, die Medici hatte, wenn auch einige ziemlich bedeutende. Aber die durchschnittliche Qualität seiner Objekte war sehr hoch. Während Medici wählerisch war, kaufte Becchina den ganzen *raccolto* [die ganze Ernte]." Das mag ausgereicht haben, um die *capi zona* dazu zu bewegen, lieber an ihn als an andere zu verkaufen. Beim Monticelli-Prozess wurde bekannt, dass einige seiner Tombaroli reguläre Löhne erhielten, und vielleicht stellte Becchina mit diesem Verfahren – Grabräuber als Vollzeitbeschäftigte anzustellen und alles zu kaufen, was sie aus dem Boden holten – sicher, dass er Qualitätsware erhielt.

* Siehe Seite 253.

Den Unterlagen war zu entnehmen, dass Becchina vorwiegend über Sotheby's in London verkaufte, er hatte aber auch einen Ordner, in dem aufgeführt war, was er über Christie's London veräußert hatte. Diese Ordner enthielten viele Fotografien der auktionierten Objekte mit ihren Auktionsdaten, was bedeutet, dass die Archäologen zu gegebener Zeit auch den Weg der Becchina-Objekte über die Auktionshäuser werden nachverfolgen können.

Genau wie Medici Editions Services als das Unternehmen benutzt hatte, über das er Objekte in Auktion gab, und so seinen eigenen Namen heraushielt, verkaufte auch Becchina 90 Prozent seines Warenbestands über Anna Spinello. Dies war der Ehename seiner Schwester. In den Basler Unterlagen stehen neben Listen von Artikeln, die in ihrem Namen verkauft wurden, oft handschriftliche Anmerkungen Becchinas, denen zu entnehmen ist, welche Objekte verkauft, welche aufgrund des nicht erreichten Reservationspreises zurückgenommen (nicht verkauft) und welche zurückgezogen (aus der Auktion genommen) wurden. Becchina benutzte auch noch mindestens einen anderen Namen mit einer Adresse in Buenos Aires, was damit zusammenhängen könnte, dass Anna Spinellos Gatte Italo-Argentinier ist.

Ende der 1990er-Jahre, so schien es, verkaufte Becchina nur noch, kaufte aber nicht mehr selbst. Natürlich waren einige seiner Lieferanten inhaftiert worden, aber es war, als ob er nach der Durchsuchung von Medicis Lager seine Geschäftstätigkeit in Basel verringerte und die Schweiz nicht mehr dieselben Geschäftsmöglichkeiten bot wie früher. Dennoch ließ Ferri weiterhin seine Telefongespräche überwachen und hörte Becchina nach der Durchsuchung seiner Lagerräume fragen: „Haben sie das andere gefunden?" Das führte zur Entdeckung eines vierten Lagers in Basel, in dem sich vor allem Dokumente befanden. Aber auch dies benötigte seine Zeit und da es erst im September 2005 lokalisiert wurde, stehen diese Aufzeichnungen (etwa 30 Prozent der gesamten Unterlagen Becchinas) in Italien noch nicht zur Verfügung und wurden daher noch nicht richtig ausgewertet. Vielleicht werfen sie ein anderes Licht auf die Ereignisse.

Dennoch ist laut Paolo Ferri bereits klar, dass Becchina enge Beziehungen zu Dietrich von Bothmer, dem Metropolitan Museum, dem Boston Museum of Fine Arts, dem Cleveland Museum und dem Louvre pflegte. Arielle Kozlov, eine Kuratorin des Cleveland Museum, verließ dieses 1997 und schloss sich der Merrin Gallery in New York an. Unter den Dokumenten Becchinas befand sich ein Brief von der Galerie, in dem er gebeten wurde, seinen Namen nicht mehr auf die Rückseite der Fotografien mit den zum Verkauf stehenden Antiquitäten zu schreiben.

Für Ferri jedoch betraf der wesentliche Geschäftsbereich, in dem sich Becchina von Medici unterschied, Japan.

Die Unterlagen zeigen, dass Becchina über die Jahre hinweg vor allem mit zwei japanischen Händlern zu tun hatte: mit Tosca Fujita, dessen Unternehmen den Namen Artemis Fujita trug, und mit Noriyoshi Horiuchi, einem Händler mit Sitz in Tokio, der zeitweise auch Galerien in London und in der Schweiz hatte.

In den 1980ern war Horiuchi außerhalb der kleinen Welt des Antiquitätenhandels ein Unbekannter, aber Anfang der 1990er veränderte sich sein Leben grundlegend. Er traf Mihoko Koyama und der Plan zur Errichtung des Miho Museums war geboren.

Das im November 1997 eröffnete Miho Museum ist eine seltsame Institution. Seine geistige Urheberin Koyama ist Erbin eines japanischen Textilvermögens und Schülerin des Religionsphilosophen Mokichi Okada (1882–1955). Dieser erfand Anfang des 20. Jahrhunderts einen künstlichen Diamanten, der ihn reich machte und es ihm ermöglichte, Kunst zu studieren und seine philosophischen und religiösen Glaubenssätze zu entwickeln. Deren zentrale Aussage lautete, dass „bald" eine durch eine globale Katastrophe herbeigeführte göttliche spirituelle Läuterung stattfinden würde, es sei denn, die Menschheit könne sich selbst von Krankheit, Armut und Zwietracht befreien, und zwar durch „Gebet, natürliche Landwirtschaft und die Würdigung von Schönheit". Letzteres, die „seelenläuternden Eigenschaften ästhetischer Erfahrungen", führte zur Einrichtung des Miho Museums.

Nach Okadas Tod gründete Mihoko Koyama ihre eigene Sekte, die Shinji Shumeikai, deren Name soviel bedeutet wie „göttliche Führung höchstes Licht", und die tausende von Anhängern anzog. Koyama begann außerdem, Objekte für japanische Teezeremonien zu sammeln, und plante zunächst ein Museum, das ausschließlich japanischen Antiquitäten gewidmet sein sollte. Der Architekt I. M. Pei aber schlug vor, es solle Antiquitäten aus der ganzen Welt beherbergen, wodurch es in Japan einmalig wäre.

Das etwa eine Stunde südöstlich von Kyoto, in den waldigen Bergen von Shigaraki gelegene Museum verfügt über einen aufsehenerregenden Zugangsweg: einen mit Stahl ausgekleideten Tunnel, der einen Berg durchbohrt und an einer Hängebrücke von 120 Metern Länge endet, die über eine Schlucht führt. Über die Schlucht hinweg ist das Museum zu sehen, halb verdeckt von Bäumen und manchmal in Nebel gehüllt.

250 Millionen Dollar sollen Entwurf und Bau gekostet haben. Als es im November 1997 öffnete, hatte es bereits über eintausend Antiquitäten erworben, 300 davon – nach übereinstimmender Meinung – von herausragender Bedeutung. In den sieben Jahren von 1991 bis zu seiner Eröffnung lag die Verantwortung für deren Erwerb (mit einem Tempo von drei Stück pro Woche) bei Horiuchi. 1991 hatte er Mihoko Koyama und ihre Tochter erstmals getroffen; die drei waren bald fest befreundet, Horiuchi wurde zum Berater des Museums gemacht und erhielt ein riesiges Budget – Berichten zufolge 200 Millionen Dollar – für den Ankauf nicht-japanischer Antiquitäten.

In diesen Jahren gab es keinen Mangel an Kontroversen. Horiuchi focht mehrere erbitterte Kämpfe mit I. M. Pei aus, der sich beklagte, er müsse den Museumsentwurf ständig ändern, um Horiuchis Akquisitionen unterzubringen. Mehrmals gab es Anschuldigungen, Horiuchi, studierter Jurist ohne Ausbildung in Archäologie oder Kunstgeschichte, habe Fälschungen gekauft und gebe es wegen des damit verbundenen Gesichtsverlusts nicht zu.* Sicher ist, dass die meisten der im Miho ausgestellten Antiquitäten keine Provenienz haben. Im vermutlich einzigen Interview, das er je gab, gestand Horiuchi selbst ein, nur einen sehr kleinen Teil seiner Akquisitionen habe er auf Auktionen erworben, vielmehr habe er zu „Spitzenpreisen" von „Spitzenhändlern" gekauft. Über seine erste Begegnung mit Mihoko Koyama meinte er: „Das Schicksal brachte uns zusammen", auch wenn es mehr als das gewesen sein mag.

In Becchinas Unterlagen befindet sich eine nach einer Gläubigerversammlung 1991 in Genf unterzeichnete Vereinbarung. Das Treffen der vier Gläubiger (lauter Schweizer Händler und einer davon Becchina) war einberufen worden, weil Horiuchi jedem von ihnen beträchtliche Beträge schuldete und keine Zahlung in Aussicht stellte. Laut der dabei verfassten Vereinbarung, von allen Anwesenden unterzeichnet, sollte Horiuchi zum Agenten seiner Gläubiger in Japan werden. Anders gesagt, durfte er von da an nicht mehr direkt von den vier Schweizer Händlern kaufen und dann weiterverkaufen, sondern konnte nur mehr einen bestimmten Prozentsatz der zuvor festgelegten Preise nehmen.

---

* Einige Vorwürfe lauteten, dass Exponate des Museums Teil des geraubten Schatzes aus der Kalmakareh-Höhle seien.

Die zeitliche Nähe von diesem Gläubigertreffen und Horiuchis Begegnung mit Koyama war daher, gelinde gesagt, äußerst günstig: Das Schicksal brachte nicht nur diese beiden Menschen zusammen, sondern brachte darüber hinaus die Antiquitätenunterwelt in Tuchfühlung mit einer der größten Kunstfinanzierungsquellen der Geschichte. Mit der Zeit, wenn die Becchina-Unterlagen mehr Informationen preisgeben, werden wir bestimmt herausfinden, wo die vielen Objekte im Miho ihren Ursprung haben.

Nach der Durchsuchung der ersten drei Lager weigerte sich Rosie Becchina, mit den schweizerischen und italienischen Behörden zusammenzuarbeiten, und wurde verhaftet. Dies erzielte bis zu einem gewissen Grad die gewünschte Wirkung und sie gestand zum Beispiel, dass einer ihrer Hauptlieferanten Monticelli war – unschätzbare Informationen über diese Cordata aus erster Hand. Sie wandte sich auch an einen Rechtsanwalt namens Mario Roberty – dessen Dienste auch Frida Tchacos und Robin Symes in Anspruch nahmen –, und er rief Becchina an, um ihn von der Verhaftung seiner Frau zu unterrichten. Daraufhin wollte Becchina Sizilien sofort verlassen und nach Basel kommen.

Keine reguläre Fluggesellschaft fliegt direkt von Palermo nach Basel, also musste Becchina in Mailand umsteigen. Am Flughafen Malpensa wurde er am Flugsteig verhaftet und direkt nach Rom gebracht. Bevor er vernommen werden konnte, behauptete Becchina, er sei wahnsinnig – *pazzo* – und gesundheitlich weder haft- noch vernehmungsfähig. Nicht nur in Italien eine übliche Taktik. Er wurde von einem Psychiater untersucht, der zu dem Schluss kam, er habe zwar ein paar Probleme mit seinem Erinnerungsvermögen, sei aber durchaus gesund genug, um in Haft zu bleiben. Nach sechs Wochen wurde er gemäß italienischem Recht automatisch entlassen.

Ferri verhörte ihn acht Stunden lang, kam aber nicht sehr weit. Becchina gab zu, viele der in diesem Buch erwähnten Personen zu kennen – Frida Tchacos, Medici, Symes, Hecht, Cottier-Angeli, True („eine sehr nette Frau") und Dietrich von Bothmer –, aber das konnte er ja auch schwerlich abstreiten, wenn ihre Namen überall in seinen Unterlagen standen. Er gestand aber nichts Belastendes. „Alles, was er sagte, war *fare salotto*", sagt Ferri. *Salotto* ist das italienische Wort für „Wohnzimmer" und der Ausdruck bedeutet, die Vernehmung hatte nicht mehr Gewicht als eine harmlose Plauderei.

Im Laufe der Vernehmung stellten sich jedoch weitere Unterschiede zwischen Becchina und Medici heraus. Psychologisch gesehen ist Medici eher ein *spaccone*, ein Angeber, der dazu neigt, öfter einmal Dampf abzulassen, während Becchina reserviert ist, ruhig, ein Buch mit sieben Siegeln. Er gestikuliert nicht und versuchte auch nie, Ferri von seiner Unschuld zu überzeugen.

Robert Hecht, Giacomo Medici, Gianfranco Becchina und Marion True – alle stehen sie vor Gericht und allen werden fast die gleichen Vergehen vorgeworfen: Verschwörung, Schmuggel, unterlassene Meldung illegaler Objekte und Hehlerei. Dies ist ein großes Ereignis in der Geschichte der Archäologie, in der Kriminologie, der „Kulturgutpolitik" und der Außenpolitik der Mittelmeerländer. Es ist ein wesentliches Indiz dafür, dass die Einstellungen und ethischen Grundsätze in diesem Bereich weltweit in Veränderung begriffen sind. Man hat aber auch den Eindruck, dass das juristische Schicksal dieser Personen, wenn es auch nicht gerade nebensächlich, so doch nicht mehr das Hauptereignis ist. Das ungeheure Ausmaß des illegalen Handels mit geraubten Antiquitäten, sein Organisationsgrad, die routinierte Täuschung, die überragende Qualität so vieler Objekte, die große Nähe von Museumskuratoren und bedeutenden Sammlern zu Unterweltfiguren – all das liegt nun offen. Egal, welche Urteile gesprochen werden, andere, kleinere Figuren im Untergrundnetzwerk sind bereits vor Gericht gestanden und verurteilt worden. Fast 30 000 Objekte wurden wiedergefunden und die Rückführung von Antiquitäten nach Italien, die sich noch in ausländischen Museen befinden, hat begonnen und wird fraglos zunehmen.

Anmerkungen
1 Dieses Interview fand am 5. Juli 2003 auf Papadimitrious Schiff Astrape statt. Er wiederholte seine Behauptungen am darauf folgenden Tag.
2 Interview am 6. Februar 2006 in London.

21
Schluss: 500 Millionen Dollar + 100 000 ausgeraubte Gräber = Chippindales Gesetz

Christopher Chippindale ist ein erstklassiger Archäologe im Museum of Archaeology and Anthropology in Cambridge, England, und war zehn Jahre lang Herausgeber von *Antiquity*, dem 1927 gegründeten Fachjournal für Archäologen und einer der besten Publikationen ihres Faches. Für prähistorische Felskunst ist er eine Autorität und mit seinem Kollegen David Gill aus Swansea, Wales, zusammen Autor der wohl vernichtendsten wissenschaftlichen Studie zum Raubgräbertum, die je erschienen ist.

Mit ihrer im *American Journal of Archaeology*, dem offiziellen Organ des Archaeological Institute of America, veröffentlichten Arbeit haben Chippindale und Gill mit eindrucksvoller Detailfülle nachgewiesen, dass unser Verständnis der Vergangenheit inzwischen durch die weit verbreiteten Plünderungen ernsthaft bedroht ist und dadurch ein Großteil der antiken Objekte in den berühmten neuen Sammlungen archäologisch bedeutungslos wird. Kurz, ihre Studie zeigt, dass der gesamte Antiquitätenhandel eine einzige böse Geschichte ist – ein auf Raubgut gegründetes Geschäft, voller Eitelkeit, Habgier und Betrug.

Zunächst haben Chippindale und Gill errechnet, dass im Verlaufe dreier ausgewählter „Saisons", für die mehr oder weniger vollständige Unterlagen verfügbar waren, die folgenden Prozentsätze der in den großen Auktionshäusern zum Verkauf angebotenen Antiquitäten keine erklärte Geschichte haben – sie tauchen einfach auf:

	Dezember 1994 London	Mai 1997 New York	Juli 1997 London
Bonhams	98 Prozent	keine Auktion	94 Prozent
Christie's	92 Prozent	89 Prozent	86 Prozent
Sotheby's	79 Prozent	[67 Prozent]	73 Prozent
Gesamtwert	89 Prozent	76 Prozent	86 Prozent

New York scheint nicht ganz so schlecht abzuschneiden wie London, und auch wenn Bonhams den höchsten Anteil an Antiquitäten ohne bekannte Provenienz hat, waren die Objekte, die damals dort verkauft wurden, wesentlich billiger als die bei Christie's oder Sotheby's.

Ein Argument, das die Auktionshäuser traditionellerweise vorbringen, ist natürlich, dass Antiquitäten ohne bekannte Provenienz nicht automatisch illegal ausgegraben und außer Landes geschmuggelt wurden. Sie könnten diese Länder verlassen haben, bevor die modernen Gesetze in Kraft waren, dann in alten, vor vielen Jahren gebildeten Sammlungen aufbewahrt oder viele Jahre lang auf einem Dachboden versteckt gewesen sein und nun von Nachkommen verkauft werden. Die in diesem Buch aufgeführten Beweismittel widersprechen dieser Vorstellung völlig.

Chippindale und Gill halten dieses Argument ebenfalls für Unsinn. Sie gehen sogar noch weiter und bezeichnen es als „bequemes Märchen", eine Lüge, die dem Kunsthandel zugute kommt. Fünf moderne Sammlungen haben sie sich vorgenommen (die Levy-White-, die Fleischman- und die George-Ortiz-Sammlung sowie die Ausstellung über das Italien der Etrusker im Israel Museum in Jerusalem und die Ausstellung „The Crossroads of Asia" (Die Scheidewege Asiens) im Fitzwilliam Museum in Cambridge, England, im Dezember 1992) und jedes einzelne der 569 Objekte so weit wie möglich zurückverfolgt. Nur 101 Objekte (18 Prozent) waren je in einer anderen (aber nicht unbedingt alten) Sammlung gewesen. Da kein Zweifel daran bestehen kann, dass Sammler und Auktionshäuser Informationen zu einer legitimen Provenienz zur Verfügung stellen würden, wenn sie sie denn hätten (weil es den Wert des Objekts steigert), bedeuten diese Ergebnisse, dass 82 Prozent neuerer Sammlungen keine solche Provenienz haben.

Diese Zahl ist zu vergegenwärtigen, wenn man die Tatsache betrachtet, dass in vier anderen Sammlungen, für die eine Berechnung möglich war, 449 von 546 Objekten, also ebenfalls 82 Prozent, unter Archäologen erst innerhalb der letzten 30 Jahre bekannt wurden. Dies ist deshalb von Bedeutung, weil das Archaeological Institute of America Richtlinien erstellt hat, die seinen Mitgliedern verbieten, irgendetwas mit Antiquitäten zu tun zu haben, die keine Provenienz haben und nach dem 31. Dezember 1973 auf den Markt gekommen sind. Daher wird aus den von Chippindale und Gill ans Licht geförderten Zahlen deutlich, dass die überwiegende Mehrheit kostbarer Antiquitäten, die in den letzten 30 Jahren aufgetaucht sind, überhaupt keine Provenienz hat. Die Schlussfolgerungen aus dieser Studie sind unausweichlich: Sehr wenige Antiquitäten waren je in einer alten Sammlung oder auf jemandes Dachboden.

Vielmehr wurde die überwiegende Mehrheit der Antiquitäten ohne Herkunftsgeschichte illegal ausgegraben und geschmuggelt – vor nicht allzu langer Zeit.

Gleichermaßen aufschlussreich sind die „bequemen Märchen", auf die Auktionshäuser und Sammler regelmäßig zurückgreifen, um zu beschreiben, woher ein Objekt kommt. In den von Chippindale und Gill untersuchten Sammlungen und Auktionen waren 395 von 590 Artefakten – 70 Prozent – sehr vage und ausweichend beschrieben. Bei manchen hieß es, „soll" von dort und dort kommen, andere waren „angeblich" von der Insel „xy", von wieder anderen wurde „angenommen", dass sie aus der Stadt „z" kommen, und manche waren einfach mit einem Fragezeichen versehen. Die beiden haben es folgendermaßen auf den Punkt gebracht: „‚Soll da und da her kommen' – Wer sagt das, aus welchem Motiv heraus und aufgrund welcher Quellen? Und wie oft heißt ‚soll' in Wirklichkeit: ‚Wir hätten gerne, dass es so wäre'?"

Selbst wenn als Fundort eine Ortsbezeichnung angegeben wird, handelt es sich dabei meistens um Euphemismen, um Angaben, die so vage sind, dass sie archäologisch bedeutungslos werden. Statt „Türkei" zu sagen, sagen die Händler „Anatolien", „Kleinasien", „Schwarzes Meer", „Ionien" und so weiter. Eine scheinbare Aura von Provenienz wirkt platzfüllend in den Katalogen und sieht so aus, als ob die Kuratoren ihr Honorar verdient hätten. Aber die ganze Übung ist nichts als eine Farce.

Chippindale und Gill konnten im nächsten Schritt die Geschichte einer großen Anzahl von Objekten in früheren Auktionen und Sammlungen nachverfolgen. Dazu versenkten sie sich in verstaubte Archive und machten kaum bekannte Kataloge ausfindig. Aber ihre Anstrengungen zahlten sich mehr als aus. Sie fanden heraus, dass die Provenienz vieler Objekte – mit ihren Worten – „abgedriftet" war. Das heißt nichts anderes, als dass sie sich verändert hatte bzw. verändert wurde, und das manchmal in außerordentlicher Weise. Nehmen wir zum Beispiel ein Objekt einer der untersuchten Ausstellungen, die 1976 im Badischen Landesmuseum Karlsruhe stattfand, den Titel „Kunst und Kultur der Kykladeninseln im 3. Jahrtausend vor Christus" trug und eine der wichtigsten Ausstellungen kykladischer Antiquitäten war, die je stattfand. Nummer 41, eine abstrakte Figur, war mit „Provenienz unbekannt" gekennzeichnet. Fast zwölf Jahre später aber, in einer 1987 in Richmond, Virginia, gezeigten Ausstellung – „Early Cycladic Art in North American Collections" (Frühe kykladische Kunst in nordamerikanischen Sammlungen) – war dasselbe Objekt mit der Bemerkung versehen: „Angeblicher Fundort: Naxos". Woher konnte solch eine Information in den dazwischen liegenden Jahren gekommen sein? Im Katalog der Ausstellung von 1987 wurde dies jedenfalls nicht erklärt. Gleichermaßen war ein Marmorkopf, als Nummer 177 in derselben Karlsruher Ausstellung ebenfalls mit „Provenienz unbekannt" gekennzeichnet, in der US-Ausstellung nun mit „Angeblicher Fundort: Keros" versehen. Diese Angabe ist ein Warnzeichen für jeden Archäologen: Keros ist als Ort einer großen illegalen Grabung bekannt. Am aufschlussreichsten war eine Gruppe von Marmorfiguren: eine sitzende Frau, zwei sitzende Frauen mit Kindern auf ihrem Rücken und ein Tier und eine Schüssel. In Karlsruhe hieß es, sie sei aus Attika, Teil einer Grabgruppe, während sie 1987 „angeblich von einer kleinen Insel in der Nähe von Porto Raphti" stammte. Diese Gruppe wurde noch ein drittes Mal gezeigt, in einer Ausstellung im Metropolitan Museum of Art in New York im Jahre 1990, und diesmal lautete ihre Provenienz: „soll aus Euböa stammen". Ein vierter Fall schließlich betraf die Statuette einer Frau, die Teil der White-Levy-Sammlung ist und 1988 in Cleveland, Ohio, in der Ausstellung „The Gods Delight: The Human Figure in Classical Bronze" (Götterfreuden: Die menschliche Figur in der klassischen Bronze) gezeigt wurde, wo sie dem Katalog zufolge in „Syrien oder Libanon" gefunden wurde. Als dieselbe Figur 1990 im Metropolitan ausgestellt wurde, kam sie „aus Ägypten".

Dies sind nur ein paar Beispiele, aber es könnten noch viele weitere aufgeführt werden und was das bedeutet, ist klar: Die überwiegende Mehrheit dieser Provenienzen sind Erfindungen, um den Wert der Objekte zu erhöhen und ihre Herkunft zu verbergen.

Nachdem sie sich umfassend mit den Märchen befasst hatten, mit denen die Provenienz so vieler dieser Objekte ausgeschmückt war, wandten die Autoren ihre Aufmerksamkeit einer Reihe angesehener Museen und anderer Institutionen zu, die in den letzten Jahren große Antiquitätensammlungen ausgestellt haben und gewusst haben müssen, dass ihre Ausstellungsstücke aus Raubgrabungen stammten: der Royal Academy in London, dem Fitzwilliam Museum in Cambridge, der Eremitage in Petersburg und dem Metropolitan Museum of Art in New York.

Chippindale und Gill nehmen kein Blatt vor den Mund: Im Gegensatz zum British Museum beispielsweise, das (inzwischen) ziemlich sorgsam darauf achtet, jegliche Verbindung mit illegalem Material welcher Art auch immer zu vermeiden, sind diese Museen viel eher darauf bedacht, Sammler zu umschmeicheln, die ihnen helfen, spektakuläre Ausstellungen auf die Beine zu stellen, und ihnen vielleicht Objekte vermachen, als darauf, die Standards einer uneigennützigen Wissenschaftlichkeit aufrecht zu erhalten. Damit ermöglichen sie es den Sammlern, ihre überwiegend aus Raubgut bestehenden Kollektionen zu legitimieren. Die Wissenschaftlichkeit wird vom Ehrgeiz der Kuratoren und kommerziellen Interessen korrumpiert.

Die früheste Ausstellung soll als erste behandelt werden: Die 1990 im Metropolitan Museum gezeigte Ausstellung „Glories of the Past" (Glanzlichter aus vergangenen Zeiten) basierte auf der Shelby White und Leon Levy-Sammlung. Chippindale und Gill ermittelten, dass für nur 4 Prozent dieser Sammlung eine Provenienz bekannt war. 90 Prozent der Artefakte hatten gar keine Provenienz und die verbleibenden 6 Prozent fielen unter die berüchtigten Kategorien „angeblich" oder „wahrscheinlich".

Die 1992 im Fitzwilliam Museum in Cambridge gezeigte Ausstellung „The Crossroads of Asia" beinhaltete eine Sammlung einer mysteriösen Organisation mit der Bezeichnung „A.I.C.", die nie weiter erklärt wurde, aber vermutlich mit Neil Kreitman aus Kalifornien verbunden ist, der jedenfalls Anfang der 1980er-Jahre Eigentümer eines der bedeutendsten Objekte der Sammlung war und sich an der Vorbereitung der Ausstellung beteiligte. In dieser Sammlung hatten 88 Prozent der Objekte keinerlei Geschichte, wurden aber laut Chippindale und Gill dadurch legitimiert, dass die Ausstellung auch Exponate aus dem British Museum, dem Ashmolean und dem Louvre enthielt.

In der Ausstellung der George-Ortiz-Sammlung „In Pursuit of the Absolute", die 1994 in der Royal Academy in London gezeigt wurde, hatten 23 Prozent der Objekte keinerlei Provenienz und weitere 62 Prozent fielen in den Bereich von „soll aus … kommen", „eventuell" und „angeblich". Damit blieben noch 15 Prozent mit einer „Provenienz" übrig, wie euphemistisch dieser Ausdruck hier auch sein mag.

Nicht ein oder zwei Objekte in jeder dieser Sammlungen waren illegitim, sondern die überwältigende Mehrheit. Sie waren erst vor kurzem aufgetaucht und hatten keine gesicherte Provenienz. Und in keiner dieser gewöhnlich so auf Prestige bedachten Organisationen störten sich die dortigen Wissenschaftler auch nur im Geringsten daran.

Ein anderer Aspekt der Branche, den Chippindale und Gill beleuchten, ist die enge Beziehung zwischen illegal ausgegrabenen und geschmuggelten Waren einerseits und weit verbreiteten Fälschungen andererseits. Dem Thermolumineszenz-Labor in Oxford zufolge sind etwa 40 Prozent der Antiquitäten, die zur Prüfung eingesandt werden, „moderner Herstellung". Gefälschte kykladische Statuen lassen sich, so erzählt man, gut altern, indem man sie in gekochte Spagetti einwickelt.

Zunächst scheinen wenige Sammler bereit, auch nur die Möglichkeit zu akzeptieren, dass einige der in ihrem Besitz befindlichen Objekte Fälschungen sein könnten. Viel wichtiger aber ist die Tatsache, dass mehrere ungewöhnliche Kategorien kykladischer Antiquitäten ausschließlich aus Objekten ohne bekannte Provenienz bestehen. Da es sehr schwierig ist, gefälschte und echte kykladische Figuren zu unterscheiden (die verfügbaren wissenschaftlichen Prüfungen funktionieren nicht mit Stein), ist es durchaus möglich, dass ganze Kategorien gefälscht sind. Das ist ein schwerwiegendes Problem für die Wissenschaft. Anfangs, als das Sammeln kykladischer Figuren in Mode kam, waren alle etwa so lang wie ein Unterarm. Nachdem die Figuren aber in den Auktionshäusern populär geworden waren, begannen größere Statuen auf dem Markt aufzutauchen, die höhere Preise erzielten. Wenn aber nur zwei dieser größeren Statuen über eine gesicherte Provenienz verfügen und beide vor 1900 entdeckt wurden, und es zugleich wissenschaftlich unmöglich ist, zwischen Fälschungen und echten Objekten zu unterscheiden, wie können wir da sicher sein, dass auch nur eine dieser in neuerer Zeit gekauften größeren und teureren Statuen echt ist? Die Antwort lautet: Wir wissen es nicht. Dasselbe Argument lässt sich auf männliche Figuren anwenden. Wenn kykladische Figuren einem Geschlecht zugeordnet werden können, sind sie weiblich, eine männliche mit einer gesicherten Provenienz wurde nie gefunden. Also ist nicht auszuschließen, dass der gesamte Bestand männlicher kykladischer Figuren gefälscht ist.

Der hohe Anteil von kürzlich entdeckten Antiquitäten ohne bekannte Provenienz in einer Sammlung ist ein Maß für den Schaden, der von den kommerziell denkenden Auktionshäusern und achtlosen Sammlern angerichtet wird. Aber Chippindale und Gill sind genauer. Sie haben die zum Verkauf angebotenen und von modernen Sammlern erworbenen Objekte ohne bekannte Provenienz überprüft und ermittelt, dass der archäologische Kontext dieser Artefakte auf vielerlei Art und Weise „verloren geht". Das kommt einer starken Anklage gegen das Sammeln gleich, denn ohne eine angemessene Verortung in Kontextinformationen machen solche Sammlungen keinen Sinn und richten mehr Schaden als Gutes an.

Eine Form des Verlusts wurde bereits angesprochen – dass die weite Verbreitung von Antiquitäten ohne bekannte Provenienz, verbunden mit dem großen Durcheinander an Fälschungen, bedeutet, dass ganze Kategorien von Objekten hinfällig sind. Abgesehen davon stellen die Artefakte, die – angeblich oder tatsächlich – in Gruppen gefunden werden, den potenziell schädlichsten Verlust für die Archäologie dar. Auch dafür führen die Autoren endlos viele Beispiele an, aber auch für dieses Problem genügen hier zwei:

In der George-Ortiz-Sammlung befinden sich zwei korinthische Terrakotten, ein Hase und ein „Komast" (ein Tänzer), die „angeblich im selben Grab" gefunden wurden, angeblich in Etrurien. Wären die Umstände gesichert, könnten wir daraus vielleicht etwas über das Grab oder die dort begrabene Person erfahren. Der Fundort könnte dabei helfen, eine Erklärung für die Gegenüberstellung von Hase und Tänzer zu finden, die zunächst eine nicht gerade nahe liegende Paarung ist und eine ungewöhnliche Bedeutung haben könnte. In einem anderen Fall sollen zwei Heraklesstatuetten aus Bronze, aus der Ausstellung „Crossroads of Asia" im Fitzwilliam Museum, in Afghanistan zusammen gefunden worden sein. Sie sind wertvoller, wenn sie zusammen gefunden wurden, weil das selten vorkommt. Aber wer kann sagen, ob diese Behauptung wahr ist und was es bedeutet, dass zwei Heraklesfiguren zusammen gefunden wurden? Das werden wir vielleicht nie herausfinden. In Auktionskatalogen gibt es viele Beispiele für zusammen gefundene Objekte, aber wer kann das beweisen? Wir können uns nur auf das verlassen, was die Auktionshäuser und die hinter ihnen stehenden Händler und Räuber sagen, die ein finanzielles Interesse daran haben, dass diese Objekte zusammen gefunden wurden.

Die völlige Oberflächlichkeit all dieser Praktiken wird von einem weiteren Phänomen untermalt, das Chippindale und Gill „Wunscherfüllung" nennen. Für diese Kategorie führen sie drei eindrucksvolle Beispiele an. Das erste ist ein Marmor-„Ei" in der Ortiz-Sammlung, das angeblich von den Kykladen kommt. Datiert wird es auf 3200–2100 v. Chr. Ohne jedoch irgendetwas über seine Provenienz zu wissen oder über den Kontext, in dem es gefunden wurde, ist dieses Objekt nichts weiter als ein eiförmiger Kiesel, der auf einer x-beliebigen griechischen Insel aufgelesen worden sein kann. Ihn als Ei zu bezeichnen und somit eine künstlerische Absicht und eine spezifische Rolle des Objekts – vielleicht in religiösen Ritualen – zu unterstellen, ist aus archäologischer Sicht völlig ungerechtfertigt und nichts weiter als das Wunschdenken eines Sammlers.

Die Ortiz-Sammlung enthält auch mehrere dreibeinige Stühle aus Ton, die als „Throne" bezeichnet werden, was sich alleine auf die Tatsache gründet, dass sie mykenisch sind und man weiß, dass die Mykener Objekte gebaut haben, „die die Toten in ihre Gräber begleiteten". Wer aber kann ohne den Kontext sagen, ob sie überhaupt mykenisch sind und ob sie nicht etwas ganz anderes sind – Melkschemel beispielsweise? Auch hier haben die Wünsche der Sammler die Oberhand über eine unvoreingenommene Wissenschaftlichkeit gewonnen.

Eine dritte Folge der „Wunscherfüllung" ist, dass alle Lehm- und Marmorfiguren als „Idole" betrachtet werden, als interessante Statuetten, die Teil eines mysteriösen Kults waren. In der Regel wissen wir das aber nicht: Sie könnten genauso gut Spielzeuge gewesen sein – „weniger interessant" und daher weniger wertvoll. Außerdem ist schon das Wort „Idol" eine Interpretation. Wir haben keine Ahnung, ob die Figur eine Göttin oder „die Toten" repräsentierte oder sonst einem Zweck diente.

So wird die Wissenschaft auf unterschiedliche Weise entwertet und die Wünsche der Sammler haben Vorrang vor den Arbeiten objektiver und besser informierter Wissenschaftler. Dies könnte man schlicht als eine Form von intellektueller Korruption bezeichnen.

Mit Abstand das beste Beispiel dafür, wie unser Verständnis der Vergangenheit von den Wertmaßstäben der Auktionshäuser und den Aktivitäten der reichen und nicht sehr gebildeten Sammler verzerrt wird, ist das gesamte Konzept der kykladischen Figuren. Der bereits von Fälschungen und Kopien geplagten kykladischen Archäologie wird das Kunstkonzept der Sammler und Auktionshäuser übergestülpt, ohne dass es in diesem Fall den geringsten Bezug zur Realität haben muss.

Das lächerlichste und vielsagendste Beispiel dafür ist die inzwischen weit verbreitete Praxis, diese oder jene kykladische Figur diesem oder jenem „Meister" zuzuordnen. Es gibt bereits Skulpturen, die dem „Doumas-Meister", dem „Berliner Meister", dem „Fitzwilliam-Meister" oder dem „Kopenhagener Meister" zugeordnet werden. Aber das Konzept von „Meistern" wurde entwickelt, um die Kunst der Renaissance besser zu begreifen und enthält somit zwei wesentliche Bestandteile, die auf kykladische und viele andere Antiquitätentypen schlicht nicht zutreffen. Erstens wird vorausgesetzt, dass es Meister gab – Künstler, die Meisterwerke in ihrem eigenen, unterscheidbaren Stil herstellen konnten und gut genug waren, dass andere, weniger hochrangige Künstler sie nachahmten. Zweitens wurde ein Meister üblicherweise, wenn sein Name nicht bekannt war, immer nach einem charakteristischen Merkmal seines Stils benannt. Das Konzept basierte auf den Ideen von Giovanni Morelli, die von Bernard Berenson aufgegriffen und weiterentwickelt wurden. Berenson stellte die Behauptung auf, dass die Urheberschaft eines unsignierten Werkes anhand kleiner, unbewusster Schnörkel zu erkennen sei, daran, wie die Falten gemalt sind, oder die Ohren. Somit haben wir unter den Malern einen „Meister des Bartholomäusaltars", der nach dem gleichnamigen Altar in Köln benannt ist und aus dessen Stil geschlossen werden kann, dass er aus Utrecht kam. Wir haben einen „Meister der Verkündigung von Aix", der nach einem Triptychon benannt wurde, dessen Stil nahe legt, dass es sich um einen flämischen Künstler handelt.

Im Falle der kykladischen Kunst allerdings wird diese akademische Tradition ad absurdum geführt. Erstens werden die „Meister" nicht nach dem charakteristischen Merkmal des Künstlers oder nach einem wichtigen Werk von ihm benannt, das der Inbegriff seiner spezifischen Fähigkeiten ist, sondern nach dem Besitzer des Objekts, der Sammlung, in der es sich befindet, oder dem Museum, in dem sich die Sammlung befindet; wobei entweder kommerzielle Motive zugrunde liegen (man will suggerieren, dass es ein sehr guter Künstler war) oder dem Eigentümer geschmeichelt werden soll. Wieder einmal werden wissenschaftliche Ziele von kommerziellen Interessen korrumpiert. Damit soll nicht abgestritten werden, dass eine Studie der künstlerischen Variationen kykladischer Figuren möglich oder wünschenswert wäre, oder dass es „Untergruppen" gibt, nur dass das Konzept von „Meistern" angesichts der wenigen Informationen, über die wir verfügen, bedeutungslos ist. Auch macht es auch keinen Sinn, von regionalen Stilen kykladischer Kunst zu sprechen, die den einzelnen Inseln (Naxos, Paros, Ios und so weiter) zugeordnet werden, da die meisten Provenienzen, mit denen diese Zuschreibung erfolgt, so fadenscheinig sind, dass sie ebenfalls bedeutungslos sind.

Von manchen Statuen wird gesagt, sie hätten „kanonische" Proportionen, in der Annahme, kykladische Künstler hätten einen Kanon im Kopf gehabt, andere werden als „postkanonisch" bezeichnet, was auf eine zeitliche Entwicklung hinweisen soll. Auch diese Vorstellungen basieren nicht nur auf Objekten mit „archäologisch gesicherter Herkunft", sondern genauso auf Objekten ohne bekannte Provenienz (oder somit möglicherweise Fälschungen).

Sie setzen ein Mathematikverständnis voraus, für das wir bis jetzt sehr wenige Anhaltspunkte haben. Unter den gegebenen Umständen ist das Konzept eines „Kanons" oder einer Entwicklung verfrüht – was sich das ändern könnte, wenn mehr vertrauenswürdige Informationen über die Umstände der Ausgrabungen verfügbar wären.

Darüber hinaus wurden auch noch einige Figuren mit blauen oder roten Farbspuren entdeckt, sodass wir nicht einmal sicher sein können, welche Farbe sie ursprünglich hatten und wie sie bemalt waren. Wie sollen wir unter solchen Bedingungen denn beurteilen können, wer ein Meister war und wer nicht? Wir wissen nicht einmal, ob die gegenwärtige Mode in Museen wie Auktionskatalogen, kykladische Figuren in aufrechter Stellung auszustellen bzw. abzubilden, richtig ist. Sie verfügen über nach unten zeigende, sorgfältig ausgearbeitete Zehen, was darauf hindeutet, dass diese gesehen werden sollten, aber dadurch konnten die Figuren niemals von alleine gestanden haben. Vermutlich sollten sie in waagerechter Lage ausgestellt werden.

Durch die Sammlung und Zusammenstellung solch detaillierter Beweise haben Chippindale und Gill die Argumentation der Archäologen hinsichtlich der durch Plünderungen angerichteten Schäden wesentlich weiter geführt als je zuvor. Insbesondere haben sie – ohne die Auktionshäuser dadurch zu entlasten – die Aufmerksamkeit auf die Sammler und Museen gelenkt und ihnen unmissverständlich zu verstehen gegeben, dass ihre Handlungen genauso verwerflich sind wie die der Plünderer. Sammler wie George Ortiz haben oft behauptet, selbst wenn ihre Sammlungen Raubgut enthielten, seien diese Objekte dort immerhin besser aufgehoben und könnten dort studiert werden. Die Autoren entlarven dies als Unsinn. Theoretisch, sagen sie, stehen die Objekte vielleicht für Studienzwecke zur Verfügung, aber praktisch gibt es nicht viel zu studieren, wenn die interessantesten Aspekte während der Plünderung verloren gegangen sind.

Ihre Untersuchungsergebnisse zeigen auch, dass der Wissensverlust bereits weit fortgeschritten ist und für die Archäologie bereits viel mehr Schaden angerichtet wurde als bisher angenommen, und dass in mehreren Bereichen (kykladische, etruskische, westafrikanische Objekte) die Mischung aus geraubten Antiquitäten, Fälschungen und bequemen Märchen ein Durcheinander angerichtet hat, das völlig unerträglich ist. Kykladische Figuren werden laut Chippindale und Gill „ungefähr in jedem zehnten Grab" gefunden. Das kann bedeuten, dass für den Korpus von 1600 derzeit bekannten Objekten (von denen 140 wissenschaftlich und mindestens 1400 illegal ausgegraben wurden) 12 000 Gräber zerstört wurden, was etwa 16 ganzen Friedhöfen und 85 Prozent der Begräbnisstätten entspricht. Was kykladische Kunst betrifft, könnte es sein, dass inzwischen nichts mehr zu entdecken übrig ist – weder legal noch illegal.

Eine spezielle Kritik reservieren die Autoren für das Fitzwilliam Museum in Cambridge. Vor der Eröffnung von „Crossroads of Asia" im Jahr 1992 schrieben sie an Museumsleiter Simon Jervis und baten um die Zusicherung, dass die Objekte in der Ausstellung „archäologisch unbedenklich" seien. Ihre Berechtigung dazu leiteten sie aus den Richtlinien der Museums- und Galerienkommission für England und Wales ab, in denen es unter anderem heißt:

„Ein Museum darf kein Kunstwerk oder Objekt, sei es durch Einkauf, als Geschenk, Erbe oder im Tausch erwerben, es sei denn die zuständige Stelle oder der verantwortliche Amtsträger hat sich vergewissert, dass das Museum einen gültigen Rechtstitel auf das fragliche Exemplar erwerben kann und insbesondere, dass es nicht in seinem Ursprungsland (oder einem Drittland, in dem die Eigentümerschaft rechtsgültig war) unter Verletzung der Gesetze dieses Landes gekauft oder von dort exportiert wurde."

Auf diese Anfrage ging nie eine Antwort des Museums oder des Ancient India and Iran Trust ein, der die Ausstellung finanziell unterstützte. Später, als versucht wurde, die staatliche Haftungsgarantie in Anspruch zu nehmen, stellte sich anhand der Protokolle verschiedener interner Treffen heraus, dass die Idee für die Ausstellung von Neil Kreitman aus Kalifornien gekommen war. Er hatte die Sammlung zusammengetragen, die den Hauptbestandteil der Ausstellung bilden sollte. Das war arglistige Täuschung. Zu dieser Zeit wussten bereits alle, die mit Archäologie befasst waren, dass gandharische Skulpturen in großem Maßstab Plünderungen zum Opfer fielen. Es war unprofessionell und unverantwortlich vom Fitzwilliam Museum, die Provenienz dieser Objekte zu ignorieren.

Christopher Chippindale schrieb also einen Leitartikel in *Antiquity*, in dem er darauf hinwies, dass die Objekte in dem Teil der Ausstellung, deren Eigentümer A.I.C. war, mehrheitlich archäologisch bedenklich waren und 88 Prozent vor der Ausstellung keinerlei Provenienz hatten. Die Angelegenheit wurde dann vor den Ethikausschuss der Museums Association gebracht (den Berufsverband, dem die meisten britischen Kuratoren angehören), aber der Ausschuss ging das Thema nicht effektiv an. Chippindale und Gill fahren fort: „Es scheint uns, dass das Fitzwilliam, indem es die [Crossroads of Asia] Ausstellung stattfinden ließ, öffentlich die Zurschaustellung von Antiquitäten gebilligt hat, die aller Wahrscheinlichkeit nach aus Plünderungen stammen. Dort scheint die Auffassung vertreten zu werden, dass es ohne Belang ist, ob der ursprüngliche archäologische Kontext verloren gegangen ist und nie wiedergewonnen werden kann, solange nur die Objekte schön sind. Solch eine Sichtweise dient lediglich dazu, den Markt und private Sammler zu ermuntern, die Zerstörung fortzusetzen." Dies ist eine andere Art und Weise zu sagen, dass Sammler die eigentlichen Plünderer sind.

Als Chippindale und Gill mit ihren Nachforschungen begannen, vermuteten sie bereits, dass der Anteil an Antiquitäten ohne bekannte Provenienz bei den Antiquitätenauktionen von Bonhams, Christie's und Sotheby's sehr hoch sein würde. Als sie aber weiter vordrangen, fanden sie viel mehr, als sie erwartet hatten. Besonders beunruhigt waren sie vom Vorgehen der Museen und Sammler. Der „intellektuelle Vandalismus" und die Gleichgültigkeit waren schlicht schockierend.

Dieser Schock war es, der zu „Chippindales Gesetz" führte. Anfangs war es lediglich als sarkastische Bemerkung gedacht, als Galgenhumor angesichts des puren Zynismus der Branche: „Wie schlimm deine Befürchtungen auch sein mögen, es wird sich stets als schlimmer herausstellen." Dieses Gesetz galt für ihren Artikel im *American Archaeological Journal* und gilt, wie aus diesem Buch nur allzu deutlich wird, für die Welt von Giacomo Medici, für die verbrecherischen Museen, den Klüngel der schamlosen Sammler, die führenden Auktionshäuser und die Unmengen betrügerischer und verschwörerischer Händler. Je mehr wir im Laufe der Jahre über ihre Aktivitäten in Erfahrung bringen, desto schlimmer wird das Bild, das sich vor unseren Augen auftut.

Das Bild, das während der Ermittlungsarbeiten im Vorfeld von Medicis Prozess nach und nach enthüllt wurde, lässt sich folgendermaßen zusammenfassen:

▌ Beginnen wir mit dem ungeheuren Ausmaß der Plünderungen. Medici hatte in seinem Genfer Lager annähernd 4000 Objekte und Fotografien weiterer 4–5000; Robin Symes hatte 17 000 Objekte in seinen 33 Lagern und der Holzfäller

Giuseppe Evangelisti plünderte durchschnittlich ein Grab pro Woche, wobei jeweils neun Objekte entwendet wurden. Pasquale Cameras Organigramm nannte einen harten Kern von einem Dutzend Tombaroli, aber Paolo Ferri begegnete bei seinen Ermittlungen hunderten von Namen. Wenn diese Tombaroli alle so aktiv sind wie Evangelisti (und warum auch nicht?), dann verschwinden jede Woche tausende von Antiquitäten auf illegale Weise. Ferri hat natürlich keineswegs alle Tombaroli befragt oder auch nur Kenntnis von ihnen erlangt. Wir haben viele Namen weggelassen, die in den Unterlagen erwähnt werden. Alle dies bedeutet, dass das Ausmaß des illegalen Handels enorm ist. Keiner kann es mehr bezweifeln und die beliebte Geschichte, Antiquitäten ohne bekannte Provenienz kämen vom Dachboden eines alten Verwandten, ist ein für alle mal ad acta zu legen. Im Verlaufe des separaten Prozesses gegen den ebenfalls im Organigramm erwähnten Raffaele Monticelli, der 2003 in Foggia stattfand, wurde bekannt, dass manche Tombaroli reguläre Gehälter bekommen, statt einzeln für ihre Fundstücke bezahlt zu werden. Für sie ist die Grabräuberei ein Vollzeitjob. Laut einer wissenschaftlichen Studie befindet sich jetzt die gleiche Anzahl apulischer Keramiken in Nordamerika wie in den Museen Italiens – ein anderes Maß für die „Leistungen" von Medici und seinesgleichen.

▪ Auf der Grundlage des Berichts der Professoren Bartolini, Colonna und Zevi und der Aktivitäten der Personen, die durch Operation Geryon und die Befragungen der Tombaroli bekannt wurden, haben Maurizio Pellegrini, Daniela Rizzo und Paolo Ferri Berechnungen angestellt mit dem Ergebnis, dass etwa 100 000 Gräber ausgeraubt worden sein müssen, seit Medici und Hecht ihre Cordata aufgebaut haben.

▪ Die Tombaroli – wie auch viele „Sammler" – geben gerne vor, Antiquitäten zu „lieben", sorgfältig auszugraben und die Ausgrabungsstätten zu erhalten. Das stimmt nicht, und jeder weiß es. Der Skandal der pompejischen Fresken zeigt, dass Medici und seinesgleichen sowie ihre Lieferanten der Schaden, den sie anrichten, nicht im Geringsten kümmert. Nicht einmal Marion True oder Robin Symes glaubten, dass diese Fresken verkauft werden könnten. Dasselbe gilt für die aus Ostia Antica gestohlenen Kapitele, die absichtlich beschädigt wurden, um ihre Identität zu verschleiern. In unserer TV-Sendung über Sotheby's und Schmuggelware hatten wir eine nächtliche „Ausgrabung" gefilmt, die mit einem Bagger durchgeführt wurde – das lässt sich wohl kaum als vorsichtige Grabungsweise bezeichnen, eher als rohe Gewalt. Pietro Casasanta betonte gerne, er grabe Villen aus und plündere keine Gräber, aber Daniela Rizzo musste mehr als einmal die Scherben zusammensuchen, wenn eine seiner illegalen Grabungen entdeckt wurde. Sie bestätigte nicht nur, dass Casasanta „seinen Ausgrabungsstätten" enormen Schaden zufügte, sie ging sogar so weit zu sagen, er sei (im archäologischen Sinne) zu unwissend gewesen, um zu realisieren, was er für Schäden anrichtete.

■ Die Behauptung, dass der illegale Antiquitätenhandel nur unbedeutende Objekte betrifft, wurde als Märchen entlarvt. In Wirklichkeit wird dieser Handel durch das Engagement – und die Nachfrage – einiger der führenden Museen und verbrecherischen Sammler aufrechterhalten, die nur an sehr bedeutenden Objekten interessiert sind. Mindestens fünf der so genannten großen modernen Sammlungen wurden vom illegalen Handel gespeist: die der Levy-Whites, der Hunt-Brüder, der Fleischmans, die von George Ortiz und von Maurice Tempelsman. Mehrere weltberühmte Museen wurden ebenfalls auf diesem Wege gefüllt. Vom Handel mit illegalen Antiquitäten waren hunderte, wenn nicht tausende von Objekten mit Museumsqualität betroffen.

Die Forschungsarbeit der dänischen Wissenschaftlerin Vinnie Nørskov bestätigt auf statistischer Ebene viele unserer Rechercheergebnisse. In ihrem Buch *Greek Vases in New Contexts* von 2002 kommt sie zu dem Schluss, für antike Vasen habe sich ein „unsichtbarer" Markt entwickelt. Sie führt mehrere Beispiele an, um zu veranschaulichen, was sie damit meint. Beispielsweise enthüllt sie, dass die bedeutendsten Vasen, die von Museen gekauft werden, nie auf dem Auktionsmarkt in Erscheinung treten. Es sollte bis 1988, also 16 Jahre nach dem Kauf des Euphronios-Kraters dauern, bis eine Antiquität bei einer Auktion erstmals für eine Million Dollar verkauft wurde. In diesen 16 Jahren waren allerdings mindestens drei Objekte für noch höhere Preise von privat an Museen verkauft worden. Aus den Ermittlungen für dieses Buch ergibt sich, dass weit mehr als drei Objekte diese Zahl überschritten haben: mindestens fünf weitere gab es, und vielleicht mehr.

Nørskov stellt außerdem fest: „Der Vasenmarkt ist viel größer als der Markt der Auktionskataloge."

Sie deckt auch zwei andere langfristige Entwicklungen auf: Erstens gab es ab Anfang der 1970er-Jahre einen Anstieg bei der Anzahl der auktionierten süditalienischen Vasen, der in den 1990ern nachließ. Dies hing zweifellos mit der Veröffentlichung von John Trendalls wissenschaftlichen Werken über die Maler süditalienischer Vasen zusammen, es war aber auch exakt die Zeitspanne, in der die Medici-Cordata aktiv war. „Schönheit zahlt sich aus", wie Medici es bei seinem Prozess formulierte, und als er das begriffen hatte, wurde er aktiver und qualitätsbewusster – ungefähr zu der Zeit, als der Euphronios-Krater Schlagzeilen machte. Als seine Räume im Zollfreilager Ende 1995 versiegelt wurden, endete de facto seine Händlertätigkeit. Die Zeitspanne seiner Aktivität und die der Dominanz süditalienischer Vasen in den Auktionen überlappen sich auf verdächtige Weise.

Nørskovs zweite Feststellung lautet, dass die Anzahl der Vasen, die auf dem Auktionsmarkt ein zweites Mal verkauft wurden, seit ungefähr 1988 lawinenartig angestiegen ist, von praktisch null auf über 20 Prozent. Dafür kann es natürlich viele Gründe geben, aber es passt auch dazu, dass skrupellose Händler Vasen zurückkaufen und erneut versteigern oder verkaufen, um sie zu „waschen" und die Preise in die Höhe zu treiben.

▌ Es stimmt zwar, dass auf den Auktionen Objekte von geringerer Bedeutung verkauft werden, aber Antiquitätenauktionen dienen – wie wir inzwischen wissen – mehreren konkreten Zwecken. Abgesehen von ihrer legitimen Funktion dienen sie dazu, Antiquitäten mit einer Pseudoprovenienz auszustatten. Sie dienen auch als Preismaßstab: Medici (und wie viele andere?) boten auf Auktionen gegen sich selbst, um die „untere Preisklasse", den Maßstab aller anderen, auf einem bestimmten Niveau zu halten. Und indem auf Auktionen nur relativ gewöhnliche Artikel angeboten wurden, konnte die Fiktion leichter aufrechterhalten werden, selbst wenn sie keine Provenienz hätten, beträfe der „Antiquitätenhandel" doch nur unbedeutende Objekte.

▌ Mit Abstand die schwerwiegendste Enthüllung der Medici-Ermittlungen ist die Tatsache, dass der illegale Antiquitätenhandel hochgradig organisiert ist

– in Gruppen, sogenannten *cordate*, mit dem einen entscheidenden Ziel: einen Abstand zwischen Leuten wie Medici und den weltberühmten Museen und Sammlern herzustellen, damit diese abstreiten können, direkte Handelsbeziehungen zum Antiquitätenuntergrund zu pflegen. Diese Möglichkeit wird durch Dreiecks- und Reihengeschäfte geschaffen, durch indirekte Wege, mit denen die eigentliche Herkunft der Objekte verschleiert wird. Es ist nicht erforderlich, hier die Details zu wiederholen, wir können nur nochmals bestätigen, was Richter Muntoni feststellte: Es handelt sich um eine kriminelle Verschwörung.

▌ Ein weiterer Aspekt der Organisierung sind Verzögerungstaktiken. Manche erheben womöglich Einwände gegen die Prozesse von Giacomo Medici, Robert Hecht und Marion True, weil die fraglichen Ereignisse alle vor vielen Jahren stattfanden. Aber Polizeibehörden können nur mit dem Material arbeiten, das ihnen zur Verfügung steht. Mit Indizienbeweisen lassen sich schlecht Prozesse führen. Wie Operation Geryon gezeigt hat, waren Glück und kluge Ermittlungsentscheidungen erforderlich, um die Organisation im Umfeld Medicis aufzudecken. Jetzt liegen die *dokumentarischen* Beweise für das Ausmaß der Raubgräberei vor.

Eine weitere Antwort auf diese Einwände ist, dass nach der Grundsatzentscheidung im Fall Frederick Schultz in den Vereinigten Staaten erst seit 2002 bestimmte Antiquitäten als gestohlen erachtet werden. Nach US-amerikanischem Recht ist es nicht möglich, jemals zum rechtmäßigen Besitzer gestohlener Objekte zu werden. Folglich ist es nicht mehr von Bedeutung, wie lange ein Fall braucht, bis er vor Gericht kommt.

Noch eine Antwort könnte lauten, dass Ermittlungen auf internationaler Ebene immer unbeholfen und schwerfällig sind und daher ihre Zeit brauchen. Wie diesem Buch zu entnehmen ist, kann es Monate, wenn nicht Jahre dauern, bis offizielle Anfragen an Angehörige einer anderen Nationalität beantwortet werden. Unter solchen Bedingungen ist es unvermeidlich, dass die Vorbereitung einer Anklage Jahre in Anspruch nimmt.

Außerdem sind Verzögerungen auch vom illegalen Handel gewollt: Objekte, die monate- und jahrelang in Lagern versteckt sind, können – wenn sie dann an die Öffentlichkeit kommen – schwerer illegalen Grabungen zugeordnet werden, die in der Zwischenzeit von den Polizeibehörden entdeckt wurden.

Vor der oben erwähnten Entscheidung der US-Gerichte von 2002 war der illegale Handel oft dadurch geschützt, dass Verjährungsfristen abgelaufen waren. Wie in Kapitel 15 erwähnt, verlängert der Erwerb von einzelnen Vasenfragmenten das Akquisitionsverfahren erheblich, wodurch es für Länder wie Italien schwieriger wird, Anspruch auf die Objekte zu erheben.

> ▮ Im Bemühen, die ganze Angelegenheit in ihren Zusammenhang zu stellen, berechnete Dr. Ferri, dass der Marktpreis aller in diesem Buch erwähnten Objekte insgesamt um die 100 Millionen Dollar beträgt. Das ist eine eindrucksvolle Summe, aber immer noch deutlich geringer als der Wert, den Robin Symes seinem Besitz zuschrieb: 210 Millionen Dollar, also mehr als das Doppelte. Laut Ferri jedoch ist es gut möglich, dass Gianfranco Becchina, dessen Prozess auf den von Marion True und Robert Hecht folgen wird, genauso aktiv war wie Medici. Unter Einbeziehung seiner Aktivitäten sowie der von Savoca errechnete Ferri, dass diese wenigen Personen über ein Handelsvolumen in Höhe von 500 Millionen Dollar verfügten. Der illegale Handel ist ein riesiges Geschäft.

Chippindales Gesetz erweist sich als wahr. In den vergangenen 30 Jahren wussten viele Archäologen, Polizisten und Juristen intuitiv, dass der Handel mit illegalen Antiquitäten überhand nahm. Aber niemand ahnte, wie organisiert dieser Handel ist, oder dass eine Reihe von verbrecherischen Sammlern und skrupellosen Museen mit den Seilschaften aus bekannten Schmugglern, Strohmännern und Grabräubern aktiv zusammengearbeitet hat. Dies ist sicherlich die beunruhigendste Erkenntnis: dass vorgeblich ehrliche, hoch qualifizierte Fachleute und Akademiker sich an dieser Praxis beteiligen hatten. Christopher Chippindale hat Recht: Wie schlimm die Befürchtungen auch waren, die Wirklichkeit ist schlimmer.

Laut Paolo Ferri ist es sehr unwahrscheinlich, dass wir jemals wieder über so viel Detailwissen zum Antiquitätenraub verfügen werden wie im Fall der Medici-Verschwörung. Die Umstände, die zur Operation Geryon, der Entdeckung des Organigramms, der Polaroids und der zugehörigen Unterlagen führten, die Insiderinformationen von James Hodges über Sotheby's – solche Ereignisse werden kaum nochmals gleichzeitig auftreten. Darüber hinaus wird die mit der Strafverfolgung einhergehende Publizität sicherlich Einstellungen und Praktiken verändern – sowohl in der Öffentlichkeit als auch im Untergrund. Sammlergewohnheiten und die Akquisitionspolitik von Museen müssen sich ändern, insbesondere in den Vereinigten Staaten und Japan, und die Handelspraktiken und -muster werden sich zweifellos verändern (weniger Polaroids, vermutlich), auch wenn wir darüber wohl weniger erfahren dürften.

Bevor wir Bilanz ziehen, müssen wir daher klarstellen, dass Operation Geryon und die nachfolgenden Entwicklungen nur ein Steinchen eines Mosaiks freigelegt haben. Was für die italienische Antiquitätenunterwelt gilt, gilt für viele andere Teile der Welt genauso. Parallel zu den Nachforschungen für dieses Buch war einer der Autoren (Peter Watson) an einer ähnlichen Ermittlung in Griechenland beteiligt – mit sehr ähnlichen Ergebnissen: weit verbreitete Plünderungen und viel Gewalt mit im Spiel. Angesichts der anderen Gerichtsverfahren, die in den Kapiteln 16 und 17 beschrieben sind, können wir mit ziemlicher Sicherheit sagen, dass die Probleme, denen sich Italien, Ägypten und Griechenland gegenübergestellt sehen, auch die der Türkei, Afghanistans, Indiens, Pakistans und mehrerer anderer Länder sind. Wir berichteten, wie sich die Aktivitäten der Cordate bis nach Ägypten und Israel ausbreiten. Peter Watson recherchierte in Guatemala und Mexiko und wir wissen, dass auch dort die Plünderungen und der Schmuggel antiker Artefakte überhand nehmen, wie auch in Peru.

Das Illicit Antiquities Research Centre (Forschungszentrum für illegale Antiquitäten) der Universität Cambridge in England ist die einzige derartige Einrichtung weltweit. Seine Wissenschaftler haben ihre Aktivitäten auf Regionen außerhalb der traditionellen Mittelmeerländer konzentriert und es sich zur Aufgabe gemacht, die weltumspannende Reichweite des Phänomens zu demonstrieren. Neil Brodie hat zum Beispiel eine Langzeitstudie des Londoner Markts für irakische Antiquitäten von 1980 bis 2005 durchgeführt. Er hat nachgewiesen, dass eine große Anzahl von Antiquitäten ohne bekannte Provenienz verkauft wurde, insbesondere nach dem ersten Golfkrieg: „Diese verschwanden nach Einführung der 2003 durch ein neues, starkes Gesetz umgesetzten UN-Handelssanktionen weitgehend vom Markt." UN-Sanktionen zu Antiquitäten wurden in Großbritannien in Form von Rechtsverordnung 1519 umgesetzt, mit der die Beweislast, die zuvor beim Staat lag, der Gegenseite übertragen wurde. Das bedeutet, der Handel ist grundsätzlich verboten, es sei denn es ist bekannt, dass das Objekt den Irak vor 1990 verlassen hat. Wenn also keine anderweitigen Indizien vorliegen, werden die Objekte als „Schuld verursachend" betrachtet.

Brodie stellt auch fest, in den vergangenen zehn Jahren sei eine große Anzahl von Keilschrifttafeln mit einem Echtheitszertifikat und einer Übersetzung des emeritierten Professors für Assyriologie Wilfried Lambert zum Kauf angeboten worden. „Wenn eine Tafel auf diese Weise authentifiziert und übersetzt werden muss, ist davon auszugehen, dass sie zuvor unter Wissenschaftlern nicht bekannt war. Die alternative Erklärung, eine große Anzahl zuvor unbekannter Tafeln aus vergessenen Sammlungen seien aufgetaucht, ist zwar möglich, aber unglaubwürdig." Lambert gab zu, wenn er die Echtheit eines Objekts bestätige, kenne er nicht unbedingt seine Herkunft und er nehme an, die Händler wüssten dies oft selbst nicht. Brodie folgert daraus, dass die Objekte, die in den Auktionskatalogen ohne bekannte Provenienz aufgeführt sind, „entgegen anders lautender Beteuerungen der Händler auch wirklich keine haben ... Es ist auch klar, dass in den 1990er-Jahren irakische und jordanische Antiquitäten mit Hilfe einer Handelskette über Amman und London geschleust wurden, die starke Ähnlichkeiten mit den hier für Italien beschriebenen Cordate hat." Die Namen sind den Polizeibehörden in den betroffenen Ländern bekannt.

Neil Brodie hat auch die „unheilvollen Auswirkungen" untersucht, die der kommerzielle Markt auf das afrikanische Kulturerbe hat. Die Plünderung von Afrikas Vergangenheit sei „eng verknüpft" mit der Nachfrage westlicher Museen und Sammler. Er weist auf Buch von 1960 hin, in dem es heißt: „Afrikanische Tonskulpturen ... sind sehr zerbrechlich und kaum in Museen zu finden." Bis 1984 hatte sich die Situation völlig verändert, vermutlich wegen einer Ausstellung im Kunsthaus Zürich im Jahr 1970, die eine „Sammelwut" auslöste.

Bura-Statuetten aus Niger wurden erst 1983 bei einer offiziellen Grabung entdeckt. Aber nachdem in den 1990ern eine Ausstellung durch Frankreich wanderte, folgten weit verbreitete Plünderungen in Niger. Im Jahr 2000 wurden in der Hamill Gallery in Boston viele dieser Statuetten zum Kauf angeboten, sowie 44 Nok-Terrakotten. Viele der letzteren waren mit einer Thermolumineszenz-Datierung der Bortolot Daybreak Corporation ausgestattet. Brodie: „Bortolots Website ist eine interessante Lektüre. Das Unternehmen behauptet, vor 1993 seien die meisten Nok-Terrakotten, die auf den Markt kamen, Fälschungen gewesen, echte Objekte in der Regel schlecht erhaltene Fragmente. Dann organisierte eine Gruppe europäischer Händler die systematische Plünderung des Nok-Gebietes, woraufhin eine Flut echter Köpfe auftauchte und die Fälschungen so gut wie verschwanden." Die Bedrohung Westafrikas wurde so schwerwiegend, dass sich der Internationale Museumsrat gezwungen sah, im Mai 2000 eine „Rote Liste" afrikanischer Antiquitäten herauszugeben. Unter den acht meistbedrohten Antiquitätentypen waren Nok-Terrakotten und Bura-Statuetten. In nur 17 Jahren waren letztere von einer Neuentdeckung zu einer „vom Aussterben bedrohten Art" geworden.

Zusammen mit seiner Kollegin Jenny Doole untersuchte Brodie auch die Sammelpraktiken amerikanischer Museen im Hinblick auf asiatische Antiquitäten. Das Muster ist bekannt: Ältere Akquisitionen aus dem 19. Jahrhundert verfügten über eine detailliertere Provenienz als solche, die ungefähr seit 1970 erworben wurden. Bei einer Überprüfung der Sammlungen von Personen wie Norton Simon in Kalifornien, Walter C. Mead in Denver, Sherman E. Lee in Cleveland, Avery Brundage in San Francisco, John D. Rockefeller III. von der Asia Society New York und anderen, verfügten die meisten Objekte über keine Provenienz. Zusätzlich aber zeichnete sich ein weiterer Trend ab: Neuere Sammler wissen weit weniger über asiatische Kunst als die Sammler des 19. und frühen 20. Jahrhunderts. Brundage beispielsweise ließ seine Objekte oft uneingepackt und ungepflegt einlagern. Gleichzeitig liebte er es aber, als wichtiger Sammler bekannt zu sein. Die Wissenschaftler bemerken weiter: „Ende des 18. und Anfang des 19. Jahrhunderts waren von Museumsseite aus sehr wenig Fachkenntnisse vorhanden und oft waren es die Sammler selbst, ... die damit beauftragt wurden, Fachkenntnisse zu liefern. In den 1950er und 1960er-Jahren war dies nicht mehr der Fall. ‚Asiatische Kunst' war eine etablierte Museumsspezialität mit einer ausgereiften Struktur von Fachleuten. Das Kunstmuseum konnte die Fachkenntnisse liefern, wenn der Sammler das Geld zur Verfügung stellen konnte."

Das wohl schockierendste Beispiel für das, was Brodie und Doole als „Asian Art Affair" bezeichnen – eine Anspielung auf die „Asian Art Fair", die berühmte jährliche Kunstmesse der Branche – sind die Erfahrungen des deutschen Fotografen Jürgen Schick, der 1989 sein Buch *Die Götter verlassen das Land* veröffentlichte. Darin lieferte er eine bezwingende fotografische Dokumentation der entsetzlichen Schäden, die am kulturellen Erbe Nepals angerichtet werden, wo eine Skulptur nach der anderen verschwindet, um die Nachfrage auf dem internationalen Markt zu befriedigen. Er berichtet, dass Nepal seit 1958 mehr als die Hälfte seiner hinduistischen und buddhistischen Skulpturen verloren hat. Diese groß angelegte Plünderung folgte auf die 1964 im Asia House in New York abgehaltene Ausstellung „Art of Nepal". Bereits 1966 enthielt die Heeramaneck-Sammlung eine Vielzahl nepalesischer Skulpturen, weitere wurden von der Rockefeller- und der Alsdorf-Sammlung gekauft. Das Boston Museum, Cleveland Museum und Metropolitan Museum erhöhten ihre Bestände nepalesischer Kunst ab den 1970er-Jahren deutlich.

Schick hatte beabsichtigt, in die neun Jahre später veröffentlichte englischsprachige Ausgabe weitere Fotografien einzubeziehen, aber im Jahre 1996 wurden sie aus seinem Verlag in Bangkok zusammen mit den Originalen der deutschen Ausgabe gestohlen. Ein Zufall? Oder, wie Brodie und Doole fragen, hat das Buch jemanden allzu nervös gemacht?

Wie geht es weiter? Während wir dies schreiben, stehen Marion True und Robert Hecht in Italien vor Gericht – wie Medici der Verschwörung angeklagt. Die Einleitung des Verfahrens gegen Gianfranco Becchina hat gerade erst begonnen, und Ferri hat vor, Anklage gegen eine Reihe anderer berühmter Personen und Einrichtungen zu erheben. Dies wird der Kulminationspunkt der Anstrengungen von General Conforti und Paolo Ferri. Wird Marion True die erste amerikanische Kuratorin sein, die für etwas verurteilt wird, das mehrere andere Kuratoren vor ihr auch getan haben? Und wird Robert Hecht, nachdem er so viele Male gerade noch davongekommen ist, schließlich verurteilt?

In der Zwischenzeit können wir dank des Bildes, das durch die Ermittlungen gegen Medici entstanden ist, verschiedene Schlussfolgerungen ziehen und Empfehlungen abgeben.

Zuerst wollen wir uns einige der Personen ins Gedächtnis rufen, die an den oben beschriebenen Ereignissen beteiligt waren: Frederick Schultz, ehemaliger Berater des US-Präsidenten und Leiter eines Berufsverbands von Händlern; Lawrence Fleischman, ehemaliger Berater des Präsidenten; Barbara Fleischman, eine Beraterin von Präsident Bill Clinton; Marion True und Dietrich von Bothmer, Kuratoren im Getty bzw. Metropolitan Museum; Ashton Hawkins, Rechtsberater und Vizepräsident des Met; Leon Levy, George Ortiz, Maurice Tempelsman – all dies sind Personen, die in der Regel nicht mit einem geheimen Untergrundnetzwerk in Verbindung gebracht werden.

Das führt zur Schlussfolgerung, dass diese Personen sich nicht schnell genug an eine sich verändernde Welt angepasst haben. In den vergangenen 30 Jahren haben sich Gesetze, Einstellungen und Berufspraktiken verändert. Das kulturelle Erbe wird viel ernster genommen als in der Vergangenheit, bis hin dazu, dass man mit den in diesem Buch beschriebenen Erfahrungen sagen kann: *Es ist nicht mehr möglich, eine Sammlung klassischer Antiquitäten auf legitime Weise zu erwerben.*

Das ist nicht so radikal oder ungewöhnlich, wie es sich anhören mag. Heutzutage ist es sehr schwierig, eine erstklassige Sammlung der Gemälde Alter Meister zu erwerben, weil sich die meisten bereits in Museen befinden. Dasselbe wird bald für erstklassige im pressionistische Gemälde gelten. Die Erfahrung mit den von den Nationalsozialisten geraubten Kunstwerken lässt das Problem deutlich hervortreten. Alle größeren Auktionshäuser prüfen ihre Auktionen nun routinemäßig auf Gemälde, die Lücken in ihrer Provenienz haben. Das bereitet oft großes Kopfzerbrechen und die Auktionshäuser haben sich des Problems dadurch angenommen oder es versucht, dass sie ihre Rechtsabteilungen vergrößert haben. Sie haben die rechtliche, verwaltungstechnische und finanzielle Belastung mit Fassung getragen – wegen der moralischen Problematik, die durch die NS-Verbrechen an den ehemaligen Eigentümern aufgeworfen wird. Dies sind nur ein paar Beispiele dafür, wie sich die Kunstwelt und der Kunstmarkt verändern. Nicht nur im Bereich der Antiquitäten gibt es Schwierigkeiten.

Folglich stehen Veränderungen bezüglich des Antiquitätensammelns unmittelbar bevor. Wir sind der Überzeugung, dass folgende konkreten Maßnahmen aufgrund des großen Schadens, der bereits am italienischen Kulturerbe angerichtet wurde, dringend erforderlich sind:

▌ Die großen Auktionshäuser müssen aufhören, Antiquitäten ohne bekannte Provenienz zu verkaufen. Dabei wollen wir nochmals klarstellen, was „ohne bekannte Provenienz" bedeutet: Die Auktionshäuser dürfen keine Antiquitäten verkaufen, deren Aufenthaltsorte *seit ihrer wissenschaftlichen Ausgrabung durch anerkannte Archäologen nicht bekannt und ordnungsgemäß dokumentiert sind.* Die seit kurzem von den Auktionshäusern eingeführte Praxis, unter Provenienz anzugeben, diese oder jene Antiquität sei zuvor von nicht näher genannten Hinterbliebenen besessen worden, ist nicht mehr tragbar. Das ist ganz eindeutig *nicht* das, was Archäologen unter Provenienz verstehen und die Auktionshäuser wissen das. Solche Aussagen werden durch die Realität ad absurdum geführt: 80 bis 90 Prozent der Antiquitäten auf dem offenen Markt sind

Raubgut. Die Beweislast, dass die in Auktion gegebenen Objekte legitim sind, muss beim Verkäufer liegen. Vinnie Nørskovs Forschungen in diesem Bereich zeigen, dass Christie's und Sotheby's zusammen 70 Prozent des offenen Antiquitätenmarktes abdecken, und an ihnen liegt es, in dieser Sache in Führung zu gehen. Die britische Rechtsverordnung „Statutory Instrument 1519" macht in dieser Hinsicht einen Anfang.

■ Museen weltweit dürfen keine Antiquitäten, in welcher Form auch immer – dauerhaft oder als Leihgabe – erwerben oder ausstellen, deren Aufenthaltsorte seit ihrer wissenschaftlichen Ausgrabung durch angesehene Archäologen nicht bekannt und ordnungsgemäß dokumentiert sind. Gleichzeitig richten wir die dringende Bitte an die „Archäologieländer", es den Museen der „Marktländer" zu ermöglichen, einige der wunderschönen Kunstwerke der Antike auszustellen, indem sie eine langfristige Ausleihe ihrer wichtigsten und bedeutendsten Antiquitäten ermöglichen. Anna Maria Moretti, die Leiterin der Villa Giulia, hat uns gegenüber angedeutet, dass zumindest Italien bereit sei, genau dies zu tun. Der italienische Kunstminister Rocco Buttiglione sprach vor kurzem von der Möglichkeit, acht- oder sogar zwölfjährige Leihverträge abzuschließen – aber nur für Museen, die „kooperieren".

■ Museen dürfen keine Privatsammlungen unbesehen akzeptieren. Heute wissen wir, dass eine Antiquität dadurch, dass sie in einer „namhaften" Sammlung war, noch längst nicht legitim ist. Im Gegenteil hat sich gezeigt, dass moderne Antiquitätensammlungen, d. h. nach dem Zweiten Weltkrieg gebildete, ausnahmslos und fast ausschließlich aus Raubgut bestehen. Wenn Museen sich weigern, solche Sammlungen zu akzeptieren, erweisen sie der Archäologie und dem Erbe antiker Zivilisationen einen unschätzbaren Dienst. Die lange Zeit gültige inoffizielle Akquisitionspolitik, bei der nach dem Motto „nicht fragen, nichts sagen" beide Augen zugedrückt wurden, muss ein Ende haben. Eine kluge Leihpolitik der Archäologieländer würde dabei helfen, den schweren Schlag für die betroffenen Museen zu mildern.

■ Museen müssen die vollständigen Angaben darüber veröffentlichen, wie sie ein Objekt erworben haben. „Geschäftsgeheimnisse" dienen in diesem Bereich, wie nun offensichtlich geworden ist, zu oft lediglich der Verschleierung inakzeptabler Praktiken. Wenn Händler an Museen verkaufen möchten, müssen sie bereit sein, ihren Namen preiszugeben. Nur so können wir sicher sein, dass Neuerwerbungen wirklich rechtmäßig sind.

▌ Obwohl sich die dortige Rechtslage vor kurzem verändert hat, ist die Schweiz mit größter Vorsicht zu behandeln. Antiquitäten, die aus der Schweiz und insbesondere aus den Zollfreilagern der Schweiz kommen und über keine anderweitige, wissenschaftliche Provenienz verfügen, sind als Raubgut zu betrachten und entsprechend zu behandeln.

▌ Italien hat vor nicht allzu langer Zeit begonnen, seine Gesetze zum Antiquitätenschmuggel und -raub durchzusetzen. Das ist begrüßenswert, aber das Land könnte eventuell weniger Probleme haben, wenn es sein Gesetz aus dem Jahr 1939 modernisieren und es beispielsweise mehr an die britische Regelung angleichen würde. Wenn in Großbritannien jemand auf seinem oder ihrem Land ein archäologisches Objekt findet, ist er verpflichtet, es zuerst dem Staat anzubieten, der dann – wenn er das Objekt will – einen handelsüblichen Preis dafür bezahlen muss. Großbritannien verfügt nicht über den archäologischen Reichtum Italiens, aber seine Gesetze scheinen Plünderungen und Schmuggel weniger attraktiv zu machen.

Der Fall Giacomo Medici beweist die Gültigkeit von Chippindales Gesetz. Die Antiquitätenunterwelt ist viel organisierter, viel korrupter, viel hinterlistiger, handelt mit viel größeren Geldsummen, richtet viel mehr Schaden an, betrifft viel mehr Objekte und korrumpiert viel mehr Personen, als je vorstellbar war. Die Situation ist viel schlimmer, als angenommen wurde. Aber es steht in der Macht der Museen – von denen sich viele bisher verbrecherisch verhalten haben – diesen Handel einzudämmen. Tatsache ist, dass bis jetzt die skrupellosen Museen die wirklichen Plünderer waren. Die Nachfrage nach antiken Objekten nimmt ihren Anfang in den Museen, die Sammler erst zu deren Anschaffung verleiten.

Epilog
in der Fifth Avenue

Im November 2005 reiste der Leiter des Metropolitan Museum Philippe de Montebello nach Rom und traf sich mit Giuseppe Proietti, einem Mitarbeiter des italienischen Kultusministeriums, um über den Euphronios-Krater und andere Antiquitäten in seinem Museum zu sprechen. Nach mehrstündigen Gesprächen wurde eine Vereinbarung umrissen, der zufolge die Eigentumsrechte an diesen Objekten auf den italienischen Staat übergehen, die Objekte selbst aber entweder weiterhin im Met ausgestellt oder durch Objekte von ähnlicher Bedeutung ersetzt würden. Dieser Plan muss von der italienischen Regierung und vom Stiftungsrat des Museums genehmigt werden, und de Montebello sagte zunächst, er halte die von den Italienern vorgelegten Beweise, dass es sich um Raubgut handle, für „nicht schlüssig".

Kurze Zeit später aber schlug er einen anderen Ton an. Am 2. Februar 2006 kündigte das Metropolitan großspurig an, es werde auf seine Besitzrechte an der Vase zugunsten des italienischen Staates verzichten. In Dokumenten, die von den Anwälten des Museums in Rom übergeben wurden, versprach das Met darüber hinaus, die Euphronios-Vase und weitere 19 umstrittene Antiquitäten – 15 Teile des Silbers von Morgantina und vier weitere antike Vasen – zurückzugeben. Der Vorschlag des Met beinhaltete auch, dass es einen Teil der Gegenstände noch mindestens bis 2008 (nach der Eröffnung seiner neuen Antiquitätengalerie) ausstellen werde.

Der genaue Zeitplan für die Rückgabe sei noch nicht vereinbart, sagte de Montebello, aber sie schienen kurz vor einer Lösung zu stehen. Zuerst meinte er, das Museum würde eine Rückgabe der Objekte nur in Betracht ziehen, wenn die Italiener „unwiderlegbare" Beweise vorlegten, dass die Antiquitäten das Land auf illegalem Wege verlassen hatten. Später räumte er ein, der Beweisstandard, den er gefordert habe, sei unrealistisch gewesen. „Ich bin kein Jurist", wurde er zitiert, „und das Wort ‚unwiderlegbar', das ich benutzt habe ... mir ist gesagt worden, dass es selbst in Mordfällen nicht verwendet wird." Die Beweise, die von den Italienern in den Wochen zwischen seinen beiden Ankündigungen geschickt wurden, hätten ihn überzeugt, dass die Objekte mit beträchtlicher oder sehr hoher Wahrscheinlichkeit illegal entwendet worden seien. Der Museumssprecher Harold Holzer ging noch weiter. „Man hat uns zu dieser ehrenhaften Tat beglückwünscht", sagte er und fügte hinzu, das Museum habe beschlossen zu handeln, nachdem es mit „unwiderlegbaren" Beweisen konfrontiert worden sei. Dazu gehörte eine Kopie von Hechts Memoiren mit ihren zwei Versionen darüber, wie der Euphronios-Krater angeblich in das Metropolitan gekommen war. Ungefähr zur gleichen Zeit trat Barbara Fleischman ohne Angabe von Gründen von ihrer Position als Stiftungsratsmitglied des Getty zurück.

All dies sind natürlich hervorragende Nachrichten für Ferri, Conforti und den Rest ihres Teams. Die jahrelange Arbeit hat sich als gerechtfertigt erwiesen, und das in großem Stil. Wo allerdings Marion True und Robert Hecht nach diesen jüngsten Entwicklungen stehen – rechtlich und moralisch –, ist längst nicht so klar. Ihr Prozess in Rom dauert noch an und dennoch geben das Getty und das Metropolitan bereits jetzt Objekte zurück, die über True und Hecht erworben wurden, unabhängig von der Entscheidung des Gerichts.

In gewisser Weise wird der Ausgang der Verfahren gegen True und Hecht durch dieses offensichtliche und völlige Einlenken fast zu einer Fußnote. Die zentrale, treibende Kraft hinter der Verschwörung, Giacomo Medici, wurde in Italien bereits zu zehn Jahren Haft verurteilt, auch wenn das definitive Ergebnis seines Berufungsverfahrens noch aussteht.

Der Antiquitätenhandel wird nie mehr sein wie zuvor. Jetzt gibt es kein Zurück mehr zu den schlechten alten Gewohnheiten, nicht für Museen und „achtbare" Sammler klassischer Antiquitäten. Der Auktionsmarkt und der Handel in New York, London, Paris, München und der Schweiz werden dies zwangsläufig zu spüren bekommen.

Aber trotz dieser positiven Ergebnisse gibt es immer noch einige offene Punkte, und die betreffen alle jene Institution in der Fifth Avenue in Manhattan, bei der die lange Kette der Ereignisse ihren Anfang nahm.

Der erste Punkt ergibt sich aus der Forderung des Metropolitan, die Italiener sollten bei den Verhandlungen akzeptieren, dass das Museum die verschiedenen Artefakte „in gutem Glauben" erworben habe. Nun, da so viele wichtige Objekte an Italien zurückgegeben werden, könnten die dortigen Behörden diese Bedingung tatsächlich akzeptieren. Aber wir anderen sollten keinen Zweifel daran hegen, dass eine solche Behauptung barer Unsinn ist. Harold Holzer mag behaupten, ihm und seinen Kollegen habe man zu einer „ehrenhaften Tat" gratuliert, aber die Tatsache bleibt bestehen, dass sich das Metropolitan im Verlauf der letzten 30 Jahre nicht gerade anständig verhalten hat und nun versucht, sich seiner Verantwortung zu entziehen.

Betrachten wir zunächst kurz die folgenden Beweismittel zum Erwerb des Euphronios-Kraters:

> ■ Das belastendste Beweismittel findet sich in Hechts Memoiren: die „Medici-Version". Hecht berichtet: „Als ich Hoving die Rechnung zeigte, auf der stand, dass der Krater von Dikran stammte, lachte er und sagte: ‚Ich wette der existiert nicht'."
>
> ■ Hoving selbst protokolliert in seinen eigenen Memoiren im Kapitel über den „heißen Topf" drei Beispiele seines „guten Glaubens". Nach dem Bericht darüber, wie dem Met die Vase angeboten wurde, schreibt er: „Ich dachte, ich wüsste, wo sie hergekommen sein muss. Eine intakte rotfigurige griechische Vase aus dem frühen 6. Jahrhundert v. Chr. konnte nur auf etruskischem Gebiet gefunden worden sein, von illegalen Ausgräbern." Von Bothmer teilte ihm mit, dass dies unwahrscheinlich sei. Dann, als ihm gesagt wurde, der Krater komme aus Beirut: „Ich versuchte, nicht zu lachen ... Beirut war die Klischee-Provenienz für alle Antiquitäten, die aus Italien oder der Türkei herausgeschmuggelt wurden ... Ich ging davon aus, dass die Vase in Italien illegal ausgegraben worden war." Schließlich ist da noch die Episode, als Hoving hörte, wie Hecht auf Italienisch telefonierte und seinen römischen Rechtsanwalt „über die Tombaroli" ausfragte, „wie viele, ihre Namen", und wie Hecht lachte, als er hörte, es gebe keine Fotografien.

Klingt das, als ob jemand in gutem Glauben einen „heißen Topf" kauft? Ringsum wurde reichlich gelacht. In einem Interview mit uns stritt Hoving ab, gelacht zu haben, als Hecht Dikran Sarrafian erwähnt hatte, und gesagt zu haben: „Ich wette der existiert nicht." Er wies darauf hin, dass es reichlich spät für so eine Bemerkung gewesen wäre, und fügte ein paar neue Informationen hinzu: dass das Met, weil die *New York Times* so viele Fragen stellte, ungefähr ein halbes Jahr nach der Bekanntgabe des Vasenkaufs einen Privatdetektiv nach Zürich schickte, um dort mit Händlern zu sprechen und so viel wie möglich über die Vase in Erfahrung zu bringen. Außerdem schickte das

Museum seinen Rechtsbeistand Ashton Hawkins nach Beirut, um Sarrafian zu befragen. Laut Hoving wurden Hawkins „dokumentarische Beweismittel" gezeigt, aus denen hervorging, dass Sarrafian 900 000 Dollar für die Vase erhalten hatte (eine Million minus 10 Prozent Provision). „Aber natürlich", sagte Hoving, „könnte das Geld auch auf sein Konto gegangen sein und dann gleich wieder zurück zu Bob Hecht, was weiß ich".

Das war alles sehr löblich, fand aber erst statt, nachdem der Krater gekauft worden war. Die oben zitierten Memoiren Hovings, die 20 Jahre nach den Ereignissen veröffentlicht wurden, scheinen zu bestätigen, dass der Museumsleiter die weniger aufrichtige Seite seiner Arbeit genoss. Kann dieser Aspekt von Hovings Persönlichkeit zur Erklärung seiner Behandlung von Oscar Muscarella beitragen? Auch diese Frage ist von Bedeutung, wenn es um den „guten Glauben" bei der Euphronios-Affäre geht.

Anfang 2006 war Muscarella – wie auch der Krater – immer noch im Metropolitan Museum in New York. Wie schon erwähnt, wurde er seit seinem Rechtsstreit mit seinem Arbeitgeber Mitte der 1970er-Jahre, als er (trotz seiner Anstellung auf Lebenszeit) dreimal entlassen und wieder eingestellt worden war, nie befördert und erhielt nie eine Gehaltserhöhung. Während dieser Zeit hat er weiterhin an Ausgrabungen teilgenommen und mehrere Monografien und wissenschaftliche Aufsätze veröffentlicht.

Sein neuestes Buch *The Lie Became Great: The Forgery of Ancient Near Eastern Cultures* aus dem Jahr 2000 ist eine detaillierte wissenschaftliche Untersuchung der vielen Antiquitätenfälschungen, die laut seiner nicht unumstrittenen These weit stärker in den Museen der Welt verbreitet sind, als es die Museumsleitungen zugeben möchten. Sie möchten nicht öffentlich eingestehen, was innerhalb des Museumsestablishments bereits alle wissen. Von den Fälschungen, die er in seinem Buch nennt, befinden sich 43 im Metropolitan Museum selbst, darunter zwei anatolische Figurinen, zwei sumerische Steinstatuetten und ein assyrischer Wagenlenker aus Bronze. Auch im Bible Lands Museum in Jerusalem identifizierte er 17 Fälschungen, sieben im Boston Museum of Fine Arts und zwölf im Cleveland Museum of Arts, 31 im Louvre, elf im British Museum, vier in Kopenhagen, 30 bei Christie's, 45 bei Sotheby's und zwei in der Levy-White-Sammlung.

Nicht jeder stimmt mit Muscarella in seinem Urteil darüber überein, was eine Fälschung ist und was nicht. Sein wissenschaftliches Niveau aber, seine Aufmerksamkeit fürs Detail und seine Entschlossenheit sind bemerkenswert.

Dieses Buch ist kein Buch über Oscar Muscarella, höchstens am Rande. Aber sein Status im Metropolitan Museum interessiert uns insofern, als seine Vergangenheit und seine fortgesetzt schwierige Situation dort zumindest zum Teil mit dem Euphronios-Krater verbunden sind. Denn was nun mehr als klar ist: Oscar Muscarella völlig Recht hatte, als er 1973 sagte, der Krater sei in Italien illegal ausgegraben worden. Die Museumsverwaltung, die ihm so heftig widersprochen hatte, hat sich nun zu seiner Sichtweise bekannt. Daher könnte es gut sein, dass er nach all diesen Enthüllungen triftige Gründe hat, das Museum auf Schadensersatz zu verklagen.

Nun zum Verhalten des Museums hinsichtlich der anderen Objekte, mit deren Rückgabe an Italien es sich einverstanden erklärt hat, zum Silber von Morgantina:

Nach dem Erwerb dieser Gegenstände Anfang der 1980er-Jahre, als die Objekte zum ersten Mal einem forschenden Blick ausgesetzt waren, hatte das Museum angegeben, das Silber stamme ursprünglich aus der Türkei und sei legal aus der Schweiz importiert worden. Tatsächlich wurde es von Robert Hecht gekauft, dessen Person alleine schon ein Warnsignal hätte sein sollen, gerade angesichts der vorherigen Debatten über den Krater. Darüber hinaus war das Met gezwungen, den Schatz von Lydien an die Türkei zurückzugeben, und dort erhob man anschließend keine Ansprüche auf das Morgantina-Silber. Wo also dachte die Museumsleitung sollte es hergekommen sein? Noch Jahre später widersetzte sich das Met den Bemühungen Italiens, das Silber zurückzubekommen, und ging dabei sogar so weit, Hecht Kopien ihres Schriftverkehrs mit General Conforti zu schicken. Und obwohl das Met schließlich Professor Malcolm Bell erlaubte, das Silber zu untersuchen, hatte es ihm zunächst den Zugang verwehrt und ihn als „voreingenommen" und seine Argumente als „nicht vertrauenswürdig" bezeichnet. Als er die Objekte untersuchte, entdeckte er dann eine zuvor falsch übersetzte griechische Inschrift, den Namen Eupolemos, der bereits in Morgantina gefunden worden war. Die entsprechenden Kuratoren des Met müssen darüber informiert gewesen sein. Wieder einmal kann man nicht umhin zu fragen: Klingt dies nach einem Museum, das in gutem Glauben handelt?

Dann ist da die Frage der neuen Antiquitätengalerien des Museums, die im Frühjahr 2007 eröffnet werden sollen. Das Met hat von Shelby White für diese Galerien 20 Millionen Dollar angenommen. Laut der Website des Museums sollen sie „The Leon Levy and Shelby White Court" genannt werden. Aber mindestens neun Kunstwerke in der Levy-White-Sammlung wurden nach italienischen Behauptungen über Giacomo Medici erworben, und darüber hinaus ist aus den Unterlagen zu einigen dieser Objekte ersichtlich, dass Shelby White und Leon Levy gewusst haben müssen, dass eine beträchtliche Anzahl ihrer Antiquitäten den Erdboden erst vor kurzem verlassen haben und erst vor kurzem restauriert wurden. Daher wäre erst noch zu beweisen, dass Leon Levy und Shelby White immer in gutem Glauben gehandelt haben. Gebührt es sich für das Metropolitan, seine neuen Galerien nach ihnen zu benennen?

Der Kauf des Euphronios-Kraters durch das Metropolitan bleibt ein Ereignis von entscheidender Bedeutung, und das aus einer letzten, grundlegenden Überlegung heraus. Medici hatte wirklich gelernt, dass Qualität hohe Gewinne bringt, und er vergaß nie, dass Schönheit sich auszahlt.

Wie Richter Muntoni unterstrich, kam die Medici-Hecht-Cordata erst nach dem Kauf des Euphronios-Kraters durch das Met – zu einem, wie sich alle einig waren, sensationellen Preis – so richtig in Fahrt. Es ginge zu weit, wollte man das Metropolitan Museum für alle größeren und kleineren Verbrechen Hechts und Medicis verantwortlich machen, aber was viele damals schon sagten, ergibt durchaus Sinn: Das Metropolitan Museum trug dadurch, dass es so viel mehr als üblich für den Krater bezahlte, mit dazu bei, ein Klima zu schaffen, in dem Leute wie Hecht, Medici und Becchina florieren konnten. Uns wurde gesagt, die Tombaroli seien „verrückt geworden", als sie hörten, welcher Preis für den Euphronios-Krater bezahlt worden war, und hätten ihre Anstrengungen verdoppelt, zu plündern was sie nur konnten. Wie wir heute wissen, kamen zu dieser Zeit noch mehrere andere Vasen von Euphronios ans Licht. Vinnie Nørskovs Studie des Nachkriegsmarktes für griechische und süditalienische Vasen unterstützt die obige These. Und der deutsche Kunstkritiker Christian Herchenröder konnte nachweisen, dass auf Antiquitäten spezialisierte Fonds erstmals in den 1970er-Jahren gegründet wurden. Laut Nørskov war das alles auf den hohen Preis zurückzuführen, der für die Euphronios-Vase bezahlt wurde.

Ein letzter Gedanke noch: Wenn das Metropolitan Museum die Euphronios-Vase wirklich in gutem Glauben gekauft hat, dann haben seine gegenwärtigen Stiftungsratsmitglieder die treuhänderische Pflicht, die ausgegebene Summe von demjenigen zurückzufordern, der den Stiftungsrat vor all den Jahren in die Irre geführt und dazu verleitet hat, ein so extravagantes Stück Raubgut zu kaufen. Wäre die Summe von einer Million Dollar, der berühmt-berüchtigte Preis des Kraters, damals am Aktienmarkt investiert worden, wären diese Aktien heute wohl ein Vielfaches wert. Robert Hecht ist weit über achtzig und nach italienischem Recht zu alt, um ins Gefängnis geschickt zu werden, sollte er in Rom schuldig gesprochen werden. Sollten die Stiftungsratsmitglieder ihrer Aufgabe nachkommen, wäre das italienische Gerichtsverfahren allerdings seine geringste Sorge.

Dank und Widmung

Wir möchten all jenen danken, die in Italien, in der Schweiz, in Griechenland, Großbritannien und den Vereinigten Staaten an den Ermittlungen beteiligt waren und uns bei den Recherchen für dieses Buch unterstützt haben – und ohne die wir es nicht hätten schreiben können. Besonders möchten wir uns für die Hilfe derer bedanken, die es vorzogen, anonym zu bleiben. Dazu zählen die beiden Wächter auf Schloss Melfi, deren Namen als einzige in diesem Buch geändert wurden, um ihre Familien zu schützen.

Einer, bei dem wir uns namentlich bedanken können, ist General Roberto Conforti, der während der Ermittlungen in den Ruhestand ging. Ihm ist dieses Buch gewidmet.

Dossier

Übersetzung: Jana Plewa

Forensische Archäologie im Zollfreilager

Dies ist eine ausführliche Liste der Anmerkungen zu ausgewählten Objekten, wie sie von Professorin Bartoloni und ihren Kollegen während der Inspektion der Funde von Korridor 17 aufgestellt wurde. Professionelle Archäologen seien auf den im Original 58 Seiten umfassenden Bericht verwiesen. Unter den Medici-Objekten befanden sich:

▌ Eine Fibel aus der Eisenzeit (9. Jahrhundert v. Chr.) mit einer Scheibe in Form eines Steigbügels, der gebogene Teil umzogen von einem Goldfaden. Die steigbügelförmige Scheibe war das Endstück, hier kamen die zwei Nadeln zusammen. Eine der Nadeln war, im Gegensatz zu den heutigen Sicherheitsnadeln, meist gebogen. Fibeln wie diese wurden nur selten aus Gold gefertigt.

▌ Fünf weitere Fibeln waren mit kleinen Enten verziert, ein Motiv, das vorher nur in Villanova-Nekropolen in Bologna, Tarquinia, Veji, Capua und Pontecagnano gefunden wurde; eine sechste Fibel, verziert mit einer Katzenfigur, hatte Ähnlichkeit mit einer, die im Grab des Kriegers bei Tarquinia gefunden wurde.

▌ Mehrere der Keramiken aus dem 8. Jahrhundert v. Chr. in Medicis Lager stammten ausschließlich von den Nekropolen Kampaniens, entweder aus dem Sarnotal oder aus Cumae, das heißt sie wurden in der Antike nur dort und nirgendwo anders hergestellt.

▌ Drei kleine Amphoren mit geknoteten Henkeln, zwei Bacellate (Vasen mit Basrelief) gleicher Art und drei geriefelte Olpen (eine Art Weinkrug, wie ein Oinochoe jedoch mit breiten Henkeln) mit bogenförmigen Bändern (das heißt verziert mit Rippenbändern in Form von Bögen). Diese Gestaltungselemente wurden ausschließlich im Gebiet von Vulci im 8. und 7. Jahrhundert v. Chr. gefertigt und können somit nur von dort kommen.

▌ 32 Miniaturschälchen und 20 Miniaturolpen sahen einer Serie von Miniaturvasen (genauer Olpen) „sehr ähnlich", die 1992, nach der Entdeckung einer illegalen Grabung, bei einer offiziellen Grabung in Banditella, Canino, gefunden wurden.

▌ Fünf Kantharoi mit Kegelfrieshenkeln (das heißt in die Henkel war eine Reihe kleiner Konusse geprägt) und drei kleine Amphoren, ebenfalls mit Kegelfrieshenkeln. Alle stammten aus dem 7. Jahrhundert v. Chr. und „es lässt sich unschwer erkennen, dass sie aus Crustumerium stammen", wo Schalen und Amphoren „ihre berühmten Kegel bekamen". Francesco die Gennaro, Inspektor der Soprintendenza Archeologica di Roma, berichtete von illegalen Grabungen im Gebiet von Marcigliana bzw. Monte del Bufalo, der Gegend, in der sich die Nekropole von Crustumerium befindet.

■ Ein silberner Pokal mit Schuppenverzierung (das heißt mit einer fischähnlichen Oberfläche): Diese „wurden bisher einzig und allein" unter Grabbeigaben höherrangiger Personen in Palestrina, Caere, Veji oder Casa del Fosso „gefunden".

■ Ein schlauchförmiger Askos aus laminierter Bronze (eine kleinere Vase, ungefähr 8 cm hoch, die für Öle oder Parfüm benutzt wurde und häufig Tierformen hatte), verziert mit vielen kleinen Ketten. Ein Pendant dazu befindet sich im „prächtig ausgestatteten Grab des Bronzestreitwagens in Vulci."

■ Ein Gürtelhaken mit stilisierten Pferdeprotomen. Eine Protome ist ein eingeprägtes Gesicht, Mensch oder Tier. Ähnliche Objekte wurden im Gebiet von Vulci gefunden.

■ So genannte Impastokeramiken des 7. und 6. Jahrhunderts v. Chr., ähnlich denen, die im südlichen Latium bzw. im Norden Kampaniens bei Teano gefunden wurden. In den letzten Jahren wurden illegale Grabungen in der Umgebung des Flusses Liri gemeldet, insbesondere bei Teano, wo eine Kultstätte „stark unter heimlichen Grabungen gelitten hat".

■ Zwei prächtig bemalte etruskische Amphoren, „in Fragmenten, jedoch rekonstruierbar." Diese wurden von Dr. Bartoloni und den anderen Sachverständigen dem Kranichmaler zugeschrieben, der im zweiten Quartal des 7. Jahrhunderts v. Chr. in Caere tätig war. Eine weitere Amphore, verziert mit zwei riesigen Fischen im Netz, und ein seltener Askos mit einem Tierfries stammten ebenfalls vom Kranichmaler.

■ Eine bikonische Vase, bemalt in der „weiß auf rot" Technik, trug ein Fries mit kleinen phönizischen Palmen. Eine bikonische Vase hat ungefähr die Form von zwei übereinander stehenden Kegeln. „Weiß auf rot" heißt einfach, dass die Bemalung weiß war und der Untergrund rot. Und, so die Sachverständigen, „dies ist ein ausgezeichnetes Beispiel für Produkte aus Cerveteri und kann der Bottega dell'Urna Calabresi" zugeordnet werden.

■ Eine Olla, ebenfalls mit „weiß auf rot" gemalten konzentrischen Kreisen, gehört –Fachleuten zufolge – zur „Bolsena-Gruppe" aus dem Hinterland Vulcis. Eine „Gruppe" ist ein weiter gefasster Begriff als bottega: Die Vasen sind im selben Stil gefertigt, jedoch ist kein spezieller Meister bekannt, nach dem die Gruppe benannt werden könnte und deshalb ist sie nach einer Region benannt, in diesem Fall nach dem Lago di Bolsena bei Vulci.

■ Gemusterte etruskisch-korinthische Keramiken (das heißt Vasen im korinthischen Stil, hergestellt jedoch in Etrurien). Dieser zwischen 630 und 550 v. Chr. in Südetrurien und teils noch im etruskischen Kampanien produzierte Vasentyp fand nur in Etrurien, dem alten Latium und Kampanien Verbreitung und wurde nur selten noch auf dem Seeweg ins griechische Gallien, nach Sardinien und Karthago exportiert. Unter den in Genf beschlagnahmten Objekten befand sich eine große Anzahl etruskisch-korinthischer Keramiken verschiedenster Maler und botteghe. Die älteste ist eine seltene Oinochoe mit einem Steinbockfries, die dem Schwalbenmaler zugeordnet werden kann, einem in der Entstehungsphase der etruskisch-korinthischen Keramik in Vulci tätig gewesenen ostgriechischen Töpfer. „Demnach kommt die Vase, von mäßiger Qualität, mit Sicherheit aus dem Gebiet von Vulci." Eine andere Vase, eine Olpe, kann einem Schüler des Bärtigen Sphinxmalers zugeschrieben werden und „schien von derselben Hand gefertigt, wie die Olpe im Faina Museum in Orvieto." Eine dritte Vase, eine polychrome Oinochoe mit schmalem Körper stammt „wahrscheinlich vom Feoli-Maler, einem Meister der zweiten Generation der Vulci-Meister, von dem einzig eine weitere in derselben Technik bemalte Arbeit bekannt ist."
■ 153 etruskisch-korinthische Aryballoi und Alabaster: „... die Sammlung ist die Beute aus etwa 20 bis 30 südetruskischen Kammergräbern (an einem Objekt befinden sich noch Teile eines Eisennagels mit dem das Objekt an der Wand des Raumes befestigt gewesen war)."
■ Bucchero-Keramiken: Medici besaß 118 *intakte* Vasen, von denen alle „in Südetrurien hergestellt worden zu sein scheinen ... Nach heutigem Wissen handelt es sich bei den meisten um Vasen aus den zwischen 675 und 575 v. Chr. aktiven ‚botteghe' von Caere bzw. dessen kultureller Umgebung." Alle waren mit aus gepunkteten Linien bestehenden Signaturen in Form „kleiner Fächer" gekennzeichnet.
■ Eine große Amphore, datiert auf Ende 7. Jahrhundert v. Chr., auf dem Bauch mit Sgraffiato zweier Tierfriese, die von zwei horizontalen Bändern (Riefelungen) getrennt sind. Diese Amphore kann demselben Meistermaler zugeordnet werden, der eine ähnliche Amphore bemalt hat, die bei einer (legalen) Grabung in Cerveteri gefunden wurde.
■ Etruskische Nachbildungen ionischer attischer Keramiken. Da sie aus dem 6. und 5. Jahrhundert v. Chr. stammen, gingen die Fachleute davon aus, dass alle aus den Vulci-botteghe kamen.
■ Eine Reihe etruskischer Steinskulpturen und Stelen aus lokalem Vulkangestein, bekannt als Nephrit. Hier beweist nicht nur der Stil, sondern auch die Geologie die Herkunft der Skulpturen.

▎ Ein ostgriechischer Pokal sah einem im Panatenaica-Grab in Vulci gefundenen „sehr ähnlich" und war nahezu identisch mit einem Fragment, das in der Kultstätte von Gravisca in Porto di Tarquinia gefunden wurde.

▎ Bronze- und Eisenstatuen, Zier- und Schmuckgegenstände, Halsketten und Ringe sind in einem Stil gefertigt, der „vor allem" mit Ascoli Piceno in der zentraladriatischen Region (an der Grenze zwischen den mittleren Regionen der Marken und den Abruzzen) assoziiert wird.

▎ Keramiken griechischer Produktion: Wie die Fachleute herausstellen, waren die griechischen Kolonien Süditaliens und Siziliens wie auch die etruskischen Städte Haupthandelsziele für Vasen aus Griechenland – hergestellt in Athen, Sparta, Euböa oder Korinth. Besonders Amphoren und Parfümflakons wurden gehandelt. Offensichtlich war Etrurien jedoch aus einem bestimmten Grund etwas Besonderes, denn nur dort „wurden Objekte von außergewöhnlicher Qualität gefunden." Die Wissenschaftler glauben, dass diese herausragenden Objekte als Musterexemplare zu „Werbezwecken" gesandt wurden, um das Können einzelner botteghe zur Schau zu stellen und den internationalen Handel voranzutreiben. „Ohne Zweifel befinden sich unter den beschlagnahmten Objekten Medicis Stücke, die einen nahezu vollständigen exemplarischen Überblick über die oben erwähnten Werkstätten bieten."

▎ Eine der Vasen in Medicis Lager war eine Vase chalkidikeschen Typs, die in der chalkidikeschen Kolonie Rhegion (Reggio di Calabria) gefertigt wurden. Es ist nicht bekannt, dass dieser Typ über die Region oder über Sizilien hinaus exportiert wurde.

▎ Eine der lakonischen Vasen in Medicis Lager war ein einhenkeliger Krug, verziert mit einer roten Schärpe zwischen zwei dünnen weißen Linien. Dies sei „besonders gut vergleichbar" mit einer Vase, die Teil der Fracht eines antiken Schiffes war, das vor der Insel Giglio, vor der toskanischen Küste, Schiffbruch erlitt.

Dies ist keineswegs eine vollständige Darstellung des von den drei Fachleuten zusammengetragenen Beweismaterials. Es gab viele andere Fälle, bei denen sie zum Beispiel die Handschrift eines bestimmten Malers oder den Stil einer bestimmten bottega wieder erkannten, deren Werke nur aus Italien bekannt sind, und es gab viele andere Fälle, in denen Sgraffiato aus Buchstaben des etruskischen Alphabetes in die Vasen geritzt waren.

Altertümer im J. Paul Getty Museum, die auf den im Korridor 17 in Genf beschlagnahmten Polaroids abgebildet sind:

▌ Eine rotfigurige attische Kylix signiert von Douris und eine rotfigurige attische Kalpis, die dem Kleophrades-Maler zugeschrieben wird. Laut Beazley hatte Douris (Hauptschaffenszeit ca. 500–460 v. Chr.) ein langes Arbeitsleben und fertigte mindestens 280 Vasen. Von ihm ging eine eigene Schule aus. Dass die Einflüsse seiner Werke in den Arbeiten anderer Maler erkennbar sind, verdeutlicht seinen Bekanntheitsgrad und das Ansehen, das er unter den Malern genoss. Der Kleophrades-Maler hatte seine Blütezeit ungefähr zwischen 505 und 475 v. Chr., signierte seine Arbeiten jedoch nie. Er wurde deshalb nach dem Töpfer Kleophrades, Sohn des Amasis, einem bekannten Schwarzfigurmaler benannt. Kleophadres' Signatur befindet sich auf einer besonders großen rotfigurigen Trinkschale in der Bibliotheque Nationale in Paris. Eine Kalpis war, ähnlich einer Hydria, ein Wasserkrug, gewöhnlich jedoch keine Halsamphora. In der in Genf beschlagnahmten Dokumentation befanden sich Negative mit diesen Objekten, die sie ausgestellt im Getty Museum zeigen, obwohl sie auch auf Medicis Polaroids zu sehen waren – noch in Fragmenten. Laut der Getty-Akten wurden diese Objekte durch Robin Symes angekauft.

▌ Das nächste Objekt wurde im Bericht des Staatsanwaltes als „verstümmelte" Marmorstatue eines Kuros beschrieben. Diese wurde im Juni 1993 vom Getty erworben, aber nie ausgestellt, „obwohl es sich um ein sehr bedeutendes Objekt handelt". Diese Statue fand sich auf den beschlagnahmten Fotos Medicis – noch mit Erdresten.

▌ In den späten 1980er-Jahren wurde vom Getty ein marmorner Kopf erworben. Auch dieser erscheint auf den in Genf beschlagnahmten Negativen. Hier ist zu sehen, wie der Kopf im Getty Museum ausgestellt wird. Aber Pellegrini fand ebenfalls ein Bild unter den Polaroids, auf dem voller Erde ist. Dieses Objekt wurde dem Getty von Robin Symes angeboten und aus der vom Museum gelieferten Dokumentation erfahren wir, dass es mit feinen Resten einer Kruste aus eisenhaltigem Lehm und Karbonat eintraf. Diese Verunstaltungen entstehen durch die lange Lagerung in der Erde und gehören normalerweise zu den ersten Dingen, die ein Restaurator oder Museumskurator entfernen würde.

▌ Eine rotfigurige attische Amphora, verziert mit einer Szene, in der die Protagonisten sich um einen Tripus streiten. Dieses vom Getty 1979 erworbene Objekt fand sich auf den Polaroids in Medicis Lager wieder, abgebildet mit Erdresten. Laut der Ferri zur Verfügung gestellten Getty-Dokumentation wurde dieses Objekt von

Antike Kunst Palladion in Basel angekauft, die es wiederum von einem weiteren Unternehmen erworben hatte, das wahrscheinlich Becchina gehörte. Derselben Dokumentation zufolge gehörte es 1890 ursprünglich zur Rycroft Collection in England. Wenn dieses Objekt die Rycroft Sammlung 1890 in einem makellosen Zustand erreichte, ist es schwer nachvollziehbar, wie es mit Verkrustungen von einer Polaroidkamera fotografiert werden konnte. Kann den Informationen des Getty hier getraut werden? Der Erwerb der Vase fällt in die Zeit vor dem Zerwürfnis Medicis mit Becchina.

■ Eine rotfigurige Kylix, die Epiktetos zugeschrieben wird, wurde vom Getty in den frühen 1980er-Jahren erworben. Epiktetos' Blütezeit war zwischen 520 und 480 v. Chr. Er war einer der Hauptmaler der ersten Generation der rotfigurigen Vasenmaler. Über 112 Vasen von ihm sind erhalten, die meisten davon vom Typ einer Kylix, obwohl er auch Teller bemalte. Auf 60 000 US-Dollar geschätzt, scheint diese dem Museum im August 1983 von Michael R. Milken gistiftet worden zu sein und aus der Rycroft Collection in London zu stammen. (Milken war Bankier bei Drexel Burnham Lambert und wurde 1989 angeklagt wegen Betruges, für schuldig befunden und zehn Jahre inhaftiert.) Doch wiederum wurde die Kylix hier auf den Polaroids in Genf entdeckt. Darauf ist sie nicht nur schmutzig, sondern es sind zudem nur ihre Fragmente zu sehen.

■ Eine korinthische Olpe, die auf einem Foto in Genf zu sehen ist, auf dem geschrieben steht, „Foto gesendet an P.G.M. am 30/12/91".

■ Eine rotfigurige attische Phiale (ein flacher Teller); signiert von Douris, mit einer Inschrift vom Keramiker Smikros. Dieses Objekt mit einem Sgraffiato aus etruskischen Buchstaben wurde in Fragmenten erworben (siehe Kapitel 9).

■ Ein rotfiguriger Kelchkrater signiert von Syriskos. Dieser wurde für das Getty als Teil der Fleischman-Sammlung erworben (siehe Kapitel 9).

■ Ein rotfiguriger attischer Kelch, der dem Berliner Maler zugeschrieben wird. Auch dieser wurde über einen Zeitraum von sechs Jahren in Fragmenten erworben (siehe Kapitel 9).

■ Eine korinthische Olpe und eine dreilappige korinthische Oinochoe, die dem Vatikanischen Maler zugeschrieben wird, angekauft 1985 von Robin Symes.

■ Ein Spiegel mit Deckel, verziert mit Basrelief, angekauft von Robin Symes und für das Getty als Teil der Fleischman-Sammlung erworben (siehe Kapitel 9).

■ Ein polychromer Lekanis aus Marmor (ein Votivbecken), eine polychrome Marmorskulptur, die Greifen darstellt, und eine Marmorstatue Apollos mit einem Greif. Diese wurden vom Getty als Teil der Tempelsman-Sammlung erworben (siehe Kapitel 9). Die Polaroids dieser Objekte tragen allesamt dieselbe Sammelnummer. Die Objekte liegen auf den Fotos auf italienischem Zeitungspapier und sind noch nicht wieder zusammengesetzt.

- Ein Zeremonialtisch mit Greifen.
- Ein Marmorkopf, eine römische Kopie des Diadumenos von Polyklet. Er gehörte zusammen mit Myron, Phidias, Lysippos und Praxiteles zu den großen Bildhauern der griechischen Antike. Der Diadumenos gehörte mit dem Doryphoros zu seinen zwei berühmtesten Kompositionen. Er wurde aus Venosa unweit von Melfi gestohlen. Der Diadumenos wurde an Italien zurückgegeben. Er wurde vom Getty über die Fleischman-Sammlung erworben (siehe Kapitel 9).
- Ein etruskisches antefix in Form einer Menade und eines Silen, die miteinander tanzen. Dieses Objekt hat irgendwann einmal gebrannt, und die verbrannten Stellen sind sowohl an dem Objekt im Getty Museum zu sehen als auch auf den in Genf beschlagnahmten Polaroids. Es wurde vom Museum als Teil der Fleischman-Sammlung erworben (siehe Kapitel 9).
- Ein römisches Fresko, eine Lünette mit einer Maske von Herkules. Hierzu gab es ein Pendant unter den Objekten in Medicis Lager in Genf. Es wurde vom Museum als Teil der Fleischman-Sammlung erworben (siehe Kapitel 9).
- Ein rotfiguriger apulischer Glockenkrater, der dem Choregos-Maler zugeordnet wird. Dieses, auf Medicis Polaroids abgebildete Stück wurde von Fritz Bürki an die Fleischmans verkauft, von denen es das Getty erwarb (siehe Kapitel 9).
- Eine Marmorstatue der Tyche. Erworben von den Fleischmans durch Robin Symes und dann als Teil ihrer Sammlung vom Getty angekauft (siehe Kapitel 9).
- Eine kleine Statue des Dionysos mit einem Tier. In der Fleischman-Sammlung.
- Eine schwarzfigurige attische Amphore, die Dietrich von Bothmer dem Berliner Maler zuschreibt. Auf einer der beschlagnahmten Fotografien sind folgende Worte zu lesen: „OK con Bo 14/2/91. TUTTA MIA" [„OK mit Bo 14/2/91 ALLES MEINS"]. „Bo" steht hier für Bob Hecht, dies wird deutlich durch die Tatsache, dass die Amphore im Katalog von Atlantic Antiquities unter „Griechische und Etruskische Kunst der Antike" aufgeführt war. Die Amphore wurde vom Getty Museum mit der Fleischman-Sammlung angekauft.
- Eine schwarzfigurige attische Amphore, durch von Bothmer der Drei-Linien-Gruppe zugeschrieben (eine Gruppe, deren markantes Merkmal im Motiv dreier kurzer Linien bestand). Sie wurde 1989 von Bürki an die Fleischmans verkauft und dann vom Getty von ihnen erworben. Eine Notiz in den Getty-Akten, die sie gezwungenermaßen dem italienischen Staatsanwalt zur Einsicht überlassen mussten, gibt an,

dass „RG" (Robert Guy) gesagt hatte, dass dieses Objekt „zusammen mit" einem anderen Objekt „gefunden" wurde, das sich noch im Besitz von „REH" (Robert E. Hecht) befindet und einer Vase – eine Hydria des Würzburger Malers –, die noch im Besitz von Robin Symes ist.

■ Eine rotfigurige attische Kylix, die nach Robert Guy vom Nikosthenes-Maler stammt. 1988 von Robin Symes an die Fleischmans verkauft und von ihnen vom Getty erworben.

■ Eine pontische Amphore vom Titios-Maler. 1988 von Bürki an die Fleischmans verkauft und von ihnen vom Getty erworben.

■ Eine rotfigurige attische Amphore, angeblich aus der Rycroft Collection in England (1890), jedoch auf den in Genf beschlagnahmten Polaroids zu sehen.

■ Ein Terrakotta-Askos der Clusium-Gruppe in Form einer Ente. Dem Getty von Vasek Polak aus Kanada gestiftet und angeblich aus der S. Schweitzer Sammlung von 1940 stammend. Auch dieses Objekt taucht auf den in Genf beschlagnahmten Polaroids auf. Clusium, das heutige Chiusi bei Arezzo, wurde nach Clusius, Sohn des Tyrrhenos, benannt, einem der sagenumwobenen Gründer Etruriens.

■ Ein attischer giani-förmiger Kantharos der Vatikan-Klasse. Dieser wurde vom Getty von den Royal Athena Galleries in New York angekauft.

Antike Kunstschätze der Fleischman-Sammlung, die auf den im Korridor 17 beschlagnahmten Polaroids abgebildet sind:

■ Ein rotfiguriger apulischer Glockenkrater, angekauft von Fritz Bürki.

■ Eine Marmorstatue der Tyche, diesmal, der Dokumentation zufolge, von Robin Symes erworben. Die in ein dichtes Gewand gehüllte weibliche Figur lässt sich an ihrer Mauerkrone als Tyche identifizieren, an der sich wahrscheinlich auch die Stadt erkennen lässt, die sie beschützen sollte. Auch diese Statue ist wieder auf den beschlagnahmten Fotografien abgebildet, im noch ungereinigten Zustand, mit Erde behaftet. Ein bedeutendes Stück, vom Museum für zwei Millionen Dollar von den Fleischmans erworben.

■ Ein römisches Fresko, eine Lünette, auf der eine Maske des Herkules zu sehen ist und das auf 95 000 Dollar geschätzt wird, wurde von den Fleischmans von Bürki erworben. In diesem Fall wurde das Fresko jedoch mit Medici in Verbindung gebracht. Nicht wegen irgendwelcher Fotografien, sondern weil es von der Größe, dem Thema und vom Zustand her in Ferris Worten „das Gegenstück zu einem anderen Fresko zu sein scheint", das in Genf beschlagnahmt wurde. Im Katalog der Passion for Antiquities-Ausstellung schrieb Marion True zur Katalognummer 126: „Der großartige Illusionismus der Wandmalerei des zweiten Pompejianischen Stils wird in diesem Fragment vom oberen Teil einer pompejischen Wand auf hervorragende Weise sichtbar." Sie fügt dann an: „Der obere Teil des Freskos passt genau zum oberen Teil eines Freskenabschnitts aus der Shelby White and Leon Levy Sammlung ... und stammt aus demselben Raum wie Katalognummer 125".

▪ Katalognummer 125 war ein weiteres, aus zwei rechteckigen Tafeln bestehendes Freskofragment mit Landschaftsszenen in lichten blaugrünen Farben. Marion True sagt, dass angesichts der von rechts nach links verlaufenden Schatten auf den Säulen, „dieses [Fresko] beim Betreten des Raumes Teil der rechten Wand war." Diese zwei Stücke erinnern an die Freskos in der pompejischen Villa, auf die Pellegrini beim Eintauchen in Medicis Dokumentation zuerst stieß – auch sie waren im zweiten Pompejianischen Stil (siehe oberer Eintrag).

▪ Im Zusammenhang mit einer schwarzfigurigen attischen Amphore, die von Dietrich von Bothmer dem Maler von Berlin 1686 (Dieser wird „Maler von Berlin 1686" genannt, weil sich seine Namensvase auch in der Antikensammlung Berlin befindet. Die „1686" verweist auf die vom Museum vergebene Inventarnummer und unterscheidet ihn gleichzeitig von einem anderen Berliner Maler, dessen Namensvase im selben Museum steht.) zugeordnet und auf ca. 540 v. Chr. datiert wurde, finden sich sogar noch mehr Spuren in den Papieren. Auf beiden Seiten der Vase ist eine der zwölf Arbeiten des Herkules dargestellt. Eine davon ist der Raub der Stiere des Geryon. Dieses Objekt taucht auf den beschlagnahmten Polaroids auf. Aus anderen Dokumenten geht hervor, dass dieses Stück 1988 von Fritz Bürki wieder zusammengesetzt wurde. Die Amphore, geschätzt auf 275 000 Dollar wurde dann vom Getty Museum mit der Fleischman-Sammlung erworben.

▪ Nicht weniger aufschlussreich zeigte sich eine andere schwarzfigurige Amphore, die von von Bothmer der Drei-Linien-Gruppe zugeschrieben wurde. Diese Amphore ist auf zahlreichen herkömmlichen Fotografien und auf Polaroids zu sehen, die in Genf beschlagnahmt wurden. Sie wurde dem Getty von den Fleischmans angeboten, nachdem das Stück ihnen im Juni 1989 von Fritz Bürki verkauft worden war. Aus anderen Dokumenten wird ersichtlich, dass „RG" (Robert Guy) sagte, dass dieses Objekt „zusammen mit" einem anderen Objekt, das eine Darstellung der Gigantomachie zeigt, gefunden wurde, das sich noch im Besitz von „REH" (Robert E. Hecht) befindet und einer dritten Vase, einer Hydria des Würzburger Malers, die

„noch im Besitz von" Robin Symes ist. Wie konnte Guy das wissen? Offensichtlich sind hier noch mehr Verstrickungen im Gange, oder im Begriff sich anzubahnen.

■ Eine einzelne Vase, eine rotfigurige attische Kylix, die laut Robert Guy vom Nikosthenes-Maler stammt, ist auch auf den in Genf beschlagnahmten Polaroids zu sehen. Sie wurde dann Teil der Fleischman-Sammlung, verkauft dorthin 1988 durch Symes.

■ Auf demselben Polaroid wie die attische Kylix war eine pontische Amphore des Titios-Malers mit deutlichen Erdresten zu sehen, die auf einer anderen Fotografie wieder auftaucht – in restauriertem Zustand. Diese Amphore, datiert auf 530–510 v. Chr., mit Szenen vom Tod der Medusa gelangte 1988 über Bürki an die Fleischmans. Geschätzter Wert 400000 Dollar. Das Getty erwarb sie zusammen mit der Kylix.

■ Ein rotfiguriger apulischer Glockenkrater, der in den Medici-Polaroids gesichtet wurde. Zum Zeitpunkt seines Eintreffens bei den Fleischmans war er schon dem Choregos-Maler zugeschrieben (von A. D. Trendall) und auf ca. 380 v. Chr. datiert worden. Der Krater unterschied sich von den anderen Vasen darin, dass es sich hier um eine „Komödien"-Vase handelte. Statt eine Alltagsszene oder eine Szene aus der Mythologie darzustellen, bildete er eine Szene aus einem Phylax-Stück ab, eine Art possenhafte Komödie, die während des 4. und 3. Jahrhunderts v. Chr. im Süden Italiens vielfach aufgeführt wurde. Das Geschehen findet auf einer Holzbühne statt, die Maserung des Holzes ist angedeutet. Links auf der Bühne gibt es eine Tür und Stufen die von der Bühne herunter führen. Auf der Bühne selbst sind viele Schauspieler, zwei von ihnen sind mit einer Inschrift als „choregos" gekennzeichnet. Die Bedeutung ist noch nicht genau geklärt. Es könnte „Leiter des Chors" bedeuten, sie könnten aber auch die „Geldgeber des Stückes" sein. Der Krater war aufgrund seiner Seltenheit, und weil er mehr oder weniger unbeschädigt war, sehr bedeutsam, tatsächlich handelte es sich um die Namensvase für den Choregos-Maler. Er wurde mehrfach in wichtigen Nachschlagewerken aufgeführt. Die Fleischmans erwarben ihn von Fritz Bürki, und als das Getty die Vase ankaufte, wurde ihr Wert auf 185000 Dollar geschätzt.

■ Eine kleine Statue des Dionysos in Begleitung eines Tieres. Sie war Teil der Fleischman-Sammlung und ist wiederum auf den in Genf beschlagnahmten Fotografien abgebildet.

Antike Kunstschätze der Levy-White-Sammlung, die auf den im Korridor 17 beschlagnahmten Polaroids abgebildet sind:

▎ Eine kleiner Kuros aus Bronze, auf Seite 106, als Nummer 87 im Levy-White-Katalog aufgeführt. „Dieser taucht auf drei Polaroids und auf ungefähr zehn Fotografien auf, und ist dort eindeutig noch von Erde verschmutzt zu sehen."

▎ Eine chalkidikische Amphore, Nummer 102 im Katalog, aufgeführt auf Seite 134, ebenfalls auf den beschlagnahmten Fotografien zu sehen, dort noch vor ihrer endgültigen Restaurierung mit vielen Lücken zwischen den Fragmenten.

▎ Eine panathenäische Preisamphore, die dem Louvre Maler F6 zugeschrieben wird, Nummer 104 im Levy-White-Katalog, taucht auf einem Polaroid in einem der Alben auf, die Medici aufbewahrte. Darauf ist die Amphore beschädigt und mit Erde verschmutzt. Auf zwei anderen Fotografien eines zweiten Albums ist sie in restauriertem Zustand zu sehen. Die Nachforschungen Pellegrinis ergaben, dass diese Amphore am 17. Juli 1985 als Losnummer 313 bei Sotheby's in London zur Auktion angeboten wurde.

▎ Eine schwarzfigurige attische, dem Bucci Maler (540–530 v. Chr.) zugeschriebene Amphore war Nummer 106 in der Levy-White-Sammlung. Auch diese taucht auf den beschlagnahmten Fotografien auf und wurde bei Sotheby's in London versteigert – diesmal am 9. Dezember 1985, bei genau der Auktion, vor der Brian Cook vom British Museum Peter Watson gewarnt hatte. Das British Museum hätte mit geboten, wäre die Provenienz einwandfrei gewesen.

▎ Eine andere schwarzfigurige attische Amphore, diesmal der Medea-Gruppe zugeschrieben und auf 520 v. Chr. datiert. Nummer 107 in der Levy-White-Sammlung. Sie ist auf vier beschlagnahmten Polaroids abgebildet.

▎ Eine ganze Serie von Fotografien zeigt dutzende, zu einem Psykter gehörende Fragmente, „ein bedeutendes schwarzfiguriges Objekt", aufgeführt von Dietrich von Bothmer auf Seite 149 des Katalogs der Levy-White-Sammlung. Die Scherben liegen ausgebreitet auf einem Küchentuch. Im Levy-White-Katalog ist es vollständig restauriert.

▎ Ein dem Eucharides Maler (490–480 v. Chr.) zugeschriebener Kelchkrater mit Bildern von Zeus, Ganymed, Herkules und Iolaos und etruskischer Inschrift unterm Fuß. Von diesem Objekt, Nummer 117 in der Levy-White-Sammlung, sind auf den beschlagnahmten Fotografien nur die einzelnen Fragmente zu sehen.

▎ Pellegrinis Bericht lenkt besondere Aufmerksamkeit auf zwei Hydrien aus dem antiken Caere, dem heutigen Cerveteri. Besonders interessant ist, dass zu Illustrationszwecken eines Artikels der Zeitschrift Greek Vases in the J.Paul Getty Museum (Griechische Vasen im J. Paul Getty Museum; Ausgabe 6, 2000) diese zwei Vasen herangezogen wurden. Die beiden Stücke der Levy-White-Sammlung sind sehr auffällig – auf der einen sind ein Panther und eine Löwin zu sehen, die ein Maultier angreifen, und auf der anderen Odysseus und seine Gefährten, wie sie aus der Höhle des Polyphem fliehen. Beide Vasen waren auf den beschlagnahmten Fotografien zu sehen, beschädigt, mit ziemlich großen Lücken. In diesem Fall waren unter den Fotografien jedoch auch einige Vergrößerungen, die die Fragmente in Nahaufnahme zeigen. Was Pellegrini auffiel, war, dass in dem Getty-Artikel, der Form, Aufbau und so weiter erörterte, verschiedene Zeichnungen der Vasen benutzt wurden. Und diese zeigen die Vasen mit den ursprünglichen Bruchstellen, *wie sie sich aus den beschlagnahmten Fotografien erkennen lassen*. Mit anderen Worten, Peggy Sanders, die diese Zeichnungen angefertigt hat, muss diese Vasen entweder in den Phasen ihrer Restaurierung gesehen haben oder sie muss die später beschlagnahmten Fotografien gesehen haben.

Im Zusammenhang mit mindestens einer dieser Vasen enthielt die Dokumentation zudem Briefe zwischen den Levy-Whites (genauer dem Kurator ihrer Sammlung) und einer niederländischen „Institution", Professor Jaap M. Hemelrijk aus Wanneperven. Hemelrijk wollte etwas über die Hydria publizieren und fragte im Verlauf seines Briefes an, ob er vielleicht auch die Fotos benutzen könne (die er offensichtlich schon gesehen hatte), „die vor der Restaurierung der Vase aufgenommen wurden." Daneben hat jemand mit Hand „Aboutaam?" geschrieben. Der Brief trägt das Datum vom 16. Mai 1995, gerade ein Jahr nach der Phoenix Fine Art-Rechnung an die Levy-Whites. Anders gesagt, für jedermann war es offensichtlich, dass diese Hydrien erst kürzlich zusammengesetzt worden waren.

Maurizio Pellegrinis Liste der im Korridor 17 beschlagnahmten Objekte, die durch Sotheby's in London „gewaschen" wurden

1 Ein Terrakottakopf, von Editions Services am 2. März 1990 an Sotheby's gesendet, Nummer 44 auf dem Einlieferungsschein. Dieser wurde dort mit der Objektnummer 1012763 aufgenommen und war Losnummer Nr. 344 bei der Auktion antiker Kunstschätze am 31. Mai 1990. Er wurde an diesem Tag für 550 Pfund versteigert.

2 Eine nolanische Amphore, ursprünglich am 2. März 1990 von Editions Services an Sotheby's gesendet, war Nummer 24 auf dem Einlieferungsschein. Diese wurde bei Sotheby's mit der Objektnummer 1012763 aufgenommen und war Losnummer 125 bei deren Auktion antiker Kunstschätze am 8. Dezember 1994, wo sie für 6000 Pfund versteigert wurde.

3 Ein apulischer Maskaronkrater (mit zwei Protomen, einer von Medea) wurde von Editions Services am 3. September 1991 an Sotheby's gesendet, Nummer 1 auf dem Einlieferungsschein. Er wurde dort mit der Objektnummer 1037837 aufgenommen und war Losnummer 161 bei deren Auktion am 8. Dezember 1994, wo er für 11 000 Pfund versteigert wurde.

4 Eine Hydria im Gnathiastil wurde am 13. September 1989 von Editions Services an Sotheby's gesendet, Nummer 25 auf dem Einlieferungsschein. Sie wurde mit der Objektnummer 1002611 aufgenommen und war Losnummer 295 bei der Auktion am 8. Dezember 1994, wo sie für 1200 Pfund versteigert wurde. (Dies war das Objekt, durch das Pellegrini auf den „Waschvorgang" aufmerksam wurde.)

5 Vier apulische Terrakottavasen, am 2. März 1990 von Editions Services an Sotheby's gesendet, Nummer 51 und Nummer 57 auf dem Einlieferungsschein. Sie wurden mit der Objektnummer 1012763 aufgenommen und waren Losnummer 319 bei der Auktion am 8. Dezember 1994, wo sie für 1100 Pfund versteigert wurden.

6 Zwei apulische Terrakottavasen, am 2. März 1990 von Editions Services an Sotheby's gesendet, Nummer 10 und Nummer 36 auf dem Einlieferungsschein. Sie wurden mit der Objektnummer 1012763 aufgenommen und waren Losnummer 317 bei der Auktion am 8. Dezember 1994, wo sie für 600 Pfund versteigert wurden.

7 Ein Marmor-Torso, am 24. April 1990 von Editions Services an Sotheby's gesendet, Nummer 43 auf dem Einlieferungsschein. Er wurde mit der Objektnummer 1016305 aufgenommen und war Losnummer 287 bei der Auktion am 8. Dezember 1994, wo er für 2000 Pfund versteigert wurde.

8 Ein etruskisch-korinthischer Alabastron, am 2. März 1990 von Editions Services an Sotheby's gesendet, Nummer 43 auf dem Einlieferungsschein. Er wurde mit der Objektnummer 1012763 aufgenommen und war Losnummer 350 bei der Auktion am 31. Mai 1990, wo er für 950 Pfund versteigert wurde.

9 Eine bikonische Impastovase, am 24. April 1990 von Editions Services an Sotheby's gesendet, Nummer 9 auf dem Einlieferungsschein. Sie wurde mit der Objektnummer 1002611 aufgenommen und war Losnummer 498 bei der Auktion am 9. Juli 1990, wo sie für 1700 Pfund versteigert wurde.

10 Eine Marmorstatue, am 13. September 1989 von Editions Services an Sotheby's gesendet, mit den Nummern 35–37 auf dem Einlieferungsschein. Sie wurde mit der Objektnummer 1002611 aufgenommen und war Losnummer 480 bei der Auktion am 9. Juli 1990, wo sie für 1400 Pfund versteigert wurde.

11 Eine apulische Oinochoe, am 5. September 1990 von Editions Services an Sotheby's gesendet, Nummern 56 auf dem Einlieferungsschein. Sie wurde mit der Objektnummer 1023190 aufgenommen und war Losnummer 300 bei der Auktion am 8. Dezember 1994, wo sie für 2200 Pfund versteigert wurde.

12 Ein Terrakottakopf, am 13. September 1989 von Editions Services an Sotheby's gesendet, Nummer 50 auf dem Einlieferungsschein. Er wurde mit der Objektnummer 1002611 aufgenommen und war Losnummer 100 bei der Auktion am 11. Dezember 1989, wo er für 2200 Pfund versteigert wurde.

13 Vier Teano-Keramikvasen wurden von Editions Services am 3. September 1991 an Sotheby's gesendet, Nummer 12 auf dem Einlieferungsschein. Sie wurden mit der Objektnummer 1037837 aufgenommen und waren die Losnummer 312 bei der Auktion am 8. Dezember 1994, wo sie für 2400 Pfund versteigert wurden.

14 Zwei Terrakottaköpfe wurden am 5. September 1990 von Editions Services an Sotheby's gesendet, Nummer 20 auf dem Einlieferungsschein. Sie wurden mit der Objektnummer 1023190 aufgenommen und waren Losnummer 235 bei der Auktion am 8. Dezember 1994, wo sie für 1400 Pfund versteigert wurden.

15 Eine rotfigurige attische Kylix wurde von Editions Services am 2. März 1990 an Sotheby's gesendet, Nummer 17 auf dem Einlieferungsschein. Sie wurde mit der Objektnummer 1012736 aufgenommen und war Losnummer 228 bei der Auktion am 8. Dezember 1994, wo sie für 1800 Pfund versteigert wurde.

16 Ein apulischer Kandelaber wurde am 5. September 1990 von Editions Services an Sotheby's gesendet, Nummer 47 auf dem Einlieferungsschein. Er wurde mit der Objektnummer 1023190 aufgenommen und war Losnummer 313 bei der Auktion am 8. Dezember 1994, wo er für 750 Pfund versteigert wurde.

17 Eine schwarzfigurige attische Kylix wurde am 24. April 1990 von Editions Services an Sotheby's gesendet, Nummer 17 auf dem Einlieferungsschein. Sie wurde mit der Objektnummer 1016305 aufgenommen und war Losnummer 271 bei deren Auktion am 8. Dezember 1994, wo sie für 1100 Pfund versteigert wurde.

18 Eine schwarzfigurige attische Oinochoe wurde am 24. April 1990 von Editions Services an Sotheby's gesendet, Nummer 37 auf dem Einlieferungsschein. Sie wurde mit der Objektnummer 1016305 aufgenommen und war Losnummer 232 bei der Auktion am 9. Juli 1990, wo sie für 4200 Pfund versteigert wurde.

19 Zwei apulische Vasen und eine Bronze wurden am 3. September 1991 von Editions Services an Sotheby's gesendet, Nummer 16 auf dem Einlieferungsschein. Sie wurden mit der Objektnummer 1037837 aufgenommen und bildeten Losnummer 305 bei der Auktion am 8. Dezember 1994, wo sie für 1500 Pfund versteigert wurden.

20 Eine schwarzfigurige attische Amphore wurde an Sotheby's von Editions Services gesendet. Sie wurde unter der Kontonummer 216521 registriert und war Losnummer 283 bei deren Auktion am 14. Dezember 1987, wo sie für 17000 Pfund versteigert wurde.

Abbildungen

1 Die Burg im süditalienischen Melfi.

2 Die Vasen von Melfi, deren Diebstahl die „Operation Geryon" in Gang setzte.

3 Pasquale Cameras handgeschriebenes Organigramm, das von den Ermittlern in Danilo Zicchis Wohnung gefunden wurde.

4 Christo Michaelides (links) und Robin Symes während eines eleganten Abendessens in Monte Carlo, Juli 1999. Am folgenden Abend ereignete sich der tödliche Treppensturz von Christo während eines Festes.

5 General Roberto Conforti, der Leiter des Kunstdezernates der Carabinieri.

6 Gianfranco Becchina: Sein Prozess steht bevor.

7 Korridor 17: Der erste Raum in Giacomo Medicis Lager im Genfer Zollfreihafen. Sogar das steinerne Kapitell, das als Tisch dient, ist gestohlen.

8 Einer der 20 rotfigurigen attischen Teller, hier während seiner Restauration (links).

9 Ein Polaroidfoto, das in Medicis Genfer Lager gefunden wurde. Die Vase in der Mitte gelangte in die Hunt-Sammlung, die rechte kam ins Metropolitan Museum of Art.

10 Daniela Rizzo neben den komplett restaurierten rotfigurigen Tellern *(oben)*.
11 Dutzende Fotoalben aus Medicis Zollfreilager *(unten links)*.
12 Hunderte Vasenfragmente wurden in Genf in Schuhschachteln aufbewahrt *(unten re.)*.

13 Der Kantharos von Euphronios auf einem Foto aus Medicis Lager, erst teilweise restauriert.

14 Dieselbe Vase in dem Zustand, wie sie sich heute im J. Paul Getty Museum befindet.

15 Ein unscharfes Polaroid, ebenfalls aus Genf, von einem der Greifen, noch erdverkrustet, auf einer italienischen Zeitung (links).

16 Giacomo Medici neben „seinen" restaurierten Greifen im Getty Museum.

17 Medici neben dem Euphronios-Krater im Metropolitan Museum. Er ließ sich oft neben Artefakten fotografieren, mit denen er zuvor „gehandelt" hatte.

18 Marion True und Christo Michaelides in Griechenland, 1998 (links).

19 Robert Hecht neben dem Euphronios-Krater im Met; auch dieses Foto wurde in Medicis Unterlagen in Genf sichergestellt.

20 Zwei der Fresko-Wände, in deren Schmuggel Medici verwickelt war. Dieses Bild wurde offensichtlich kurz vor dem eigentlichen Raub von einem Tombarolo aufgenommen; der Raum der antiken römischen Villa ist noch mit lapillae, kleinen Kugeln aus vulkanischer Asche, gefüllt.

21 Das geraubte Fresko mit der Frauenfigur im Zustand seiner teilweisen Restaurierung. Die einzelnen Stücke sind bereits wieder zusammenmontiert, es fehlt noch die Übermalung der Bruchlinien.

22 Ein Foto aus Medicis Bestand in Genf: Es zeigt eine „verstümmelte" Fresko-Wand, die in viele handliche Einzelteile zerbrochen wurde, um den Schmuggel zu erleichtern, und die hier auf dem Restauratorentisch in Zürich liegt, um wiederhergestellt zu werden (oben).

23 Ein anderes Fresko, bereits wieder zusammengesetzt, aber noch ohne übermalte Bruchlinien (links).

24 Tombarolo Pietro Casasanta, der erfolgreichste Grabräuber aller Zeiten, gemessen an der Bedeutung der von ihm ausgegrabenen Objekte. Er steht vor dem Feld, in dem er den Elfenbeinkopf des Apollo gefunden hatte.

25 Der Elfenbeinkopf der Apollo-Statue, eines der weltweit seltensten und wertvollsten Raubgut-Stücke.